진정한 민주주의를 이루고자 노력하는

_____ 님께

이 책을 선물합니다.

진정한 민주주의를 향해,
부정선거의 미래와 정치개혁
정치공작(선거사기 등)에 희롱당하는 국민들, 이젠 깨어나야!

윤석남 지음

진정한
민주주의를
향해,

부정선거의 미래와 정치개혁

도서출판 백암

차례 진정한 민주주의를 향해,
부정선거의 미래와 정치개혁

Ⅲ. 더불어민주당과 중앙선관위가 결탁한 4·15 총선 부정선거

Ⅳ. 국민의힘당 이준석 대표의 부정경선

V. 4·15 총선 부정선거 의혹 잠재우기 공작과 부역행위

VI. 국민의힘당 전당대회의 부정경선 논란과 문제점

VII. 국민의힘 당 대표 후보자들의 논쟁

VIII. 계속된 여론조작과 내부총질

IX. 미국 2020년 11월 3일 대통령 부정선거와의 비교

X. 정치개혁, 부정선거의 미래
-부정선거로 대한민국이 망가지고 있었다!

XI. 좌파들의 진지가 서서히 무너지고 있다!

XII. 결론

DEMOCRACY

— I —

서언

진 정 한

민 주 주 의 를 향 해 ,

부 정 선 거 의

미 래 와 정 치 개 혁

01. 위기에 봉착한 대한민국, 그 원인과 나가야 할 방향은 어디인가?

김대중 좌파 정부에 이어 노무현 정부, 특히 문재인 좌파 정권하에서 주체사상을 신봉하는 주사파와 종북주의 민노총, 전교조, 참여연대, 민변 등 좌파단체(5·18 가짜유공자 단체를 포함한다)들은 국회 등에 진출하거나 정부예산을 지원받으면서 그들만의 카르텔을 만들어 자유민주주의와 시장경제의 혜택을 누려왔다. 그들은 미국 자유민주주의와 시장경제를 기초로 헌법을 제정한 이승만 건국 대통령의 업적을 비롯해 박정희 전 대통령의 애국정신과 부국강병의 공로마저 부정하고 있다.

더구나 그들은 북한이 바라는 김일성 주체사상하의 3대세습 독재, 미군 철수를 위한 종전선언, 자주국방 없는 말로만 평화선언, 인권이 말살된 북한체제의 옹호, 낮은 단계의 연방제 통일, "대한민국은 친일세력과 미국 점령군의 합작품으로 탄생했다"는 왜곡된 역사 인식을 갖고 있으며, 광우병·세월호, 내로남불 등 거짓 선동과 선전으로 진실을 모르는 학생들과 청년들을 오랜 기간 동안 기망해 왔다.

이들 세력을 기반으로 하는 더불어민주당 문재인 전 대표와 김종인 전 비대위원장, 추미애 전 대표, 이해찬 등의 의원들과 이석기 전 의원 등 경기동부연합 세력을 주축으로 하는 전 성남시장은 우발적이지 않은 세월호 사건과 JTBC 손석희 사장 등이 조작한 태블릿pc, 비선실세라는 최순실(최서원의 개명전 이름이다)을 결부시켜 날조된 허위 보도로 탄핵을 실행해 박근혜 정권을 무너트렸다.[1]

박근혜 대통령 탄핵은 한 정권이 무너진 것을 넘어 대한민국을 지켜온 3권분립의 자유민주주의 체제가 이재명 등의 주사파 세력과 권력을 탐한 일부 국회 권력자들에 의해 붕괴되는 국가반란, 내란이었다.

자랑스러운 대한민국이 왜 위기에 봉착했는가? 바꾸어 말하면 국민들이 왜 나라 걱정을 하게 되었는가?의 질문이다. 여러 원인이 있으나 근본적인 답은 더불어민주당 문재인 전 대표, 이해찬 의원, 국민의당 박지원 의원 등이 주도한 국회가 죄 없는 박근혜 대통령에 대한 거짓 선동·사기 탄핵(내란)이다. 그 과정을 되짚어 본다.

더불어민주당 문재인 전 대표, 이해찬 전 대표, 이재명 성남시장, 박원순 서울시장, 추미애 대표는 박근혜 대통령의 남은 임기 1년 3개월 후의 평화적인 선거로는 좌파 정권의 수립이 불가능하다는 판단 하에 중상과 묘략, 거짓과 선동, 세월호 괴담, 있지도 않은 국정농단 등의 죄목으로 국민을 속여 탄핵하기로 음모를 꾸몄다.[2] 그 방법은 여

---

1. 영국 언론 BBC의 한국 촌평; 한국은 제살 뜯어먹는 미친 나라, 멀쩡하던 나라가 박대통령의 탄핵으로부터 시작해 침몰해가는 과정을 보며 역사에 남을 멘트를 날렸다. "한국은 이대로 망할 것인가?"_영국 BBC 촌평, by 신한책. 2023. 7. 17, "법치 문란의 주범은 법원과 판사들... 이대로 가면 나라가 망한다. 법관들의 편향된 이념과 주체사상이 한국을 파탄내고 있다."_영국 BBC 촌평, 작성자 한글말.

2. 2016. 11. 8. 최순실 게이트(?)가 정국을 뒤흔들고 있는 가운데 여의도 한 식당에서 더불어민주당 추미애 대표, 이재명 성남시장, 문재인 전 대표, 박원순 서울시장, 김부겸 의원, 안희정 충남지사 6인이 만났다. 이 자리에서 이재명 시장은 "(태극기) 애국은 대한민국을 사랑하는 국민의 숭고한 가치였지만 (이제는) 반민주 매국 반역자들의 전유물이 되었고, 태극기는 보수를 참칭하는 부패 수구세력의 무기로 전락해 가고 있다"면서 "이제 박근혜와 새누리당 수구 기득권세력이 망쳐버린 민주공화국을 재건하고 빼앗긴 주권을 되찾기 위한 힘들고 긴 투쟁이 시작되었다"고 현 (촛

지없는 공산주의(공산당) 혁명 방식이다.

대통령을 탄핵하려는 경우 국회의원 300명 중 200명의 동의가 필요한데 더불어민주당 121명 만으로는 절대 불가능했다. 당시 새누리당은 여당이며 의원 128명을 가진 제1당이었다. 따라서 그들은 김무성, 유승민, 하태경, 권성동 등 일부 새누리당 의원들과 의원내각제를 비롯한 여러 다른 조건 등을 걸고 결탁과 정치공작을 해야만 가능했다.[3] 박지원과 안철수 등 국민의당 의원들, 심상정과 노회찬 등 정의당 의원들과도 야합을 해야 했다.

결국 그들은 JTBC, 한겨레신문 심지어 조선일보 등 주류 언론들을 동원해 선전·선동하기로 하고 민노총, 전교조, 조선족 등 친중·종북·좌파 단체들과 합세하여 치밀하게 탄핵을 실행하였다.[4] 만

불)집회와 시위를 '민주화 투쟁'으로 규정했다. 그는 11. 12.에 "박근혜 탄핵 촛불집회로 가득 채웁시다!"라고 하면서 더불어민주당 당원 총동원령을 내려야 한다고 하였다. [출처] 추미애-이재명-문재인-안희정-박원순-김부겸 한자리에 모여 '속닥속닥', 한강타임즈, 〈저작권자©내 손안의 뉴스〉.

3. 국민의힘당 내 탄핵파들은 '이제는 탄핵의 강을 넘자!'라는 말을 자주 한다. 안될 말이다. 더불어민주당 문재인 전 대통령, 이해찬 전 대표, 김종인 전 의원, 이재명 전 성남시장들과 결탁한 새누리당(현 국민의힘당) 김무성, 유승민 의원 등 배신의 주역들은 국민의당 박지원 의원 등과 연합하여 거짓 선전 선동과 정치공작으로 국민을 속여 죄 없는 박근혜 대통령을 거짓·사기 탄핵으로 물러나게 한 법적·정치적 책임이 매우 크기 때문이다.

4. 2016. 12. 3. 우상호 더불어민주당 원내대표, 박지원 국민의당 원내대표, 노회찬 정의당 원내대표가 대표 발의했으며 그 소속 의원들과 무소속 의원 171명이 헌법과 법률위반을 이유로 "대통령(박근혜) 탄핵소추안"을 국회에서 발의했다. 그 후 더불어민주당 문재인, 김종인, 우상호 더불어민주당 전체 의원들(121명)은 당시 새누리당 김무성, 유승민, 하태경, 권성동 등 일부 의원들(62명/128명 중), 박지원, 안철수 등 국민의당 전체 의원들(38명), 노회찬 등 정의당 전체 의원들(6명)과 무소속 의원들(7인)이 야합(찬성 234명/총 300명 중)하고, JTBC 한겨레신문 등 언론들은 많은 단원고 학생 등이 사망한 세월호 사건과 조작한 태블릿pc(검찰은 나중에 최서원의 것이 아니라고 공식 확인하였다) 비선실세라는 최순실(최서원의 개명전 이름이다)을 결부시켜 날조된 허위 보도를 했다. 마치 박근혜 대통령은 최순실을 통해 국정을 농단하고, 삼성 이재용 부회장 등으로부터 뇌물을 받은 대통령으로 몰았다. 이를 근거로 국회는 박근혜 대통령을 2016. 12. 9. 탄핵소추했다. 박근혜 대

약 그들이 평화적 정권교체에 의한 정부수립에 자신이 있었다면 헌법을 유린하고 국민을 속이는 매우 위험한 탄핵과 여론을 조작하는 부정선거, 검수완박, 월북조작 등 반국가 행위를 자행하지 않았을 것이다. 그들은 사기 탄핵을 위해 언론을 동원한 거짓과 선동, 괴담 유포, 공작정치 등과 함께 집회에 필요한 엄청난 자금과 부정선거(내부 경선 포함) 자금을 조달(대장동·백현동·위례신도시 특혜 개발, 쌍방울 등의 불법자금이 사용된 것으로 보인다)해야만 했다.

또 이정미 헌법재판소장 권한대행, 박영수 특별검사, 김명수 대법원장, 프락치 김종인 위원장, 이준석 대표를 내세워 거짓 탄핵이 정당한 것처럼 박근혜 대통령과 수많은 보수우파 인사들을 적폐로 몰아 국사國事 범죄로 몰고갔으며, 4·15 총선 등 문재인 정권에서 치러진 모든 선거에서 부정선거 없었다는 정치공작을 해야만 했다. 그러나 꼬리가 길면 밟힌다. 먼저 드러난 몇 가지 사실을 살펴보자.

박근혜 전 대통령의 "언젠가 진실이 밝혀질 것을 믿었다. 모든 게 주변을 관리하지 못한 제 불찰이다. … 좌파정권을 연장하지 않고 보수정권으로 교체된 것에 안도했다"는 2023년 9월 26일 중앙일보와의 인터뷰 내용과 곧 발간되는 그녀의 회고록, 우종창 전 조선일보 대

통령은 종북·친중 세력인 민노총, 전교조, 참여연대, 좌파 시민단체, 중국 유학생 등이 총동원된 선동 촛불집회와 거짓 증거로 2017. 3. 10. 헌법재판소 탄핵으로 물러나고, 2017. 5. 10. 문재인 정권이 들어섰다. 문재인 정권은 탄핵의 여세를 몰아 국민의당 박지원 등이 추천한 박영수 특별검사, 문재인 정부하의 검찰과 법원은 법률에도 없는 묵시적 청탁, 경제적 공동체를 만들어 박근혜 전 대통령을 감옥까지 보냈다. 더구나 이명박 전 대통령까지 감옥에 보내 보수우파가 더는 집권하지 못하도록 많은 인사를 적폐로 내몰았다. 결국 박영수 전 특검은 오히려 대장동 특혜사건, 가짜수산업자 사기사건, 알선수재 사건, 변호사협회장 돈봉투 사건, 테블릿pc 조작사건 등 부패사건에 연루되어 있으며 구속되어 법의 심판을 받게 되었다.

기자의 저서 『어둠과 위선의 기록』[5], 채명성 변호사의 저서 『탄핵, 인사이드아웃』 등과 그동안의 수사기록, 재판기록 등에서 거짓 탄핵의 실체와 주변의 음모들이 드러났다. 문재인 전 대통령의 부정당선 및 간첩죄와 반국가행위들, 수상한 김종인이 미래통합당 총괄선대위원장이 되고 4·15 총선에 참패하고도 당권을 획득한 과정, 그 후임자 이준석의 당 대표 당선과 그의 "부정선거 절대 없었다"는 수상한 발언과 하버드대학교 학력 위조 및 정권교체를 방해하는 내부총질도 확인되었다.

거짓 탄핵의 여세를 몰아 인터넷 댓글 조작의 부정선거[6](추미애 전 대표도 모를 정도로 극비로 진행하였고, 추미애 전 대표의 고발로 드러나 김경수 전 경남지사와 두르킹 김동원은 중형의 징역형을 받았다) 등으로 당선된 더불어민주당(여당)의 문재인 대통령은 "한 번도 경험해보지 못한 나라 만들

5. 박근혜 대통령 탄핵사건은 모든 게 거짓과 선동에서 시작되었다. 박 대통령이 최순실의 꼭두각시라는 좌파들의 논리는 JTBC(손석희 사장 등)가 날조 보도한 테블릿pc에서 비롯됐다. 이 주장은 『어둠과 위선의 기록』(우종창, 거짓과진실, 2021)의 서문 '역사의 기록을 남기기 위하여' 제1쪽에 나온다. 또한 2022. 11. 29. 피고인 최서원의 변호인 이동환 변호사는 기자회견을 통해 "최서원은 제1테블릿pc를 구입한 적, 개통한 적, 사용한 적 없으며, 제2태블릿(장시호가 "이 테블릿은 이모(최서원) 것"이라며 특검에 제출한 것)의 소유자는 장시호이며, 사용자는 '홍 모씨', '안 모씨'…특검 측 디지털 증거조작 정황이 발견되었다"라며 발표하였다. 〈미디어워치〉 변희재 대표 역시 꾸준히 최서원의 테블릿pc가 검찰 등이 조작한 것이라 주장한다. 이에 돈 봉투 사건의 피의자 송영길 전 더불어민주당 대표는 최근 최서원의 테블릿pc 조작 주체를 한동훈, 이원석 등 검찰로 몰아가 자신의 범죄혐의를 물타기와 반전을 시도하고 있다. 검찰은 테블릿pc의 조작에 관여했는지 여부를 재수사하여 박근혜 전 대통령과 최서원의 누명을 밝혀 국민들에게 보고해야 한다.

6. 대법원은 2021. 7. 21. 피고인 김경수에게 8,840만여 건의 인터넷 댓글 조작의 혐의를 인정하여 고등법원이 선고한 원심대로 징역 2년을 선고했다. 인터넷 사이트 운영자 드루킹 김동원과 네이버, 다음, 네이트 등 각종 포털 사이트의 기사 7만 6,000여 개에 달린 댓글 118만 800여 개에 8,840만여 회 '공감·비공감' 신호를 보내 문재인 후보 지지도 순위를 강제로 변경 여론을 조작했다. [출처] 3. 9 대선 앞두고 '김대업 병풍(兵風)사건' '김경수-두르킹 사건' 재연되나, 작성자 sansiblue.

겠다. 기회는 평등할 것이고 과정은 공정할 것이며, 결과는 정의로울 것이다"라고 2017년 5월 10일 취임사에서 천명하였다. 그러나 취임사는 거짓말이었고, 공산주의 전술·전략이었다. 국민들은 문재인의 실체와 그가 공산주의자임을 전혀 알지 못했다. 문재인 정부는 공산정권을 유지·완성해야 하는 바 언론·사법부와 국회를 장악해야 한다는 기본 목표와 다음 후계자로 주사파 당시 조국 교수, 김경수 경남지사, 이재명 성남시장, 서울시장 박원순 등을 염두에 두고 있었다.

이들은 국회를 장악하기 위해 안으로는 이해찬 전 대표, 양정철 전 민주연구원장, 이근형 등 여론전문가, 조해주 전 중앙선관위 상임위원 등이 모의하여 여론조작, 사전투표, 전자개표기, QR코드 활용, 가짜투표지 투입(4·15 총선 선거소송의 재검표가 문제가 되자 시간을 벌어 사후에 작업한 것으로 보인다) 등 부정선거를 실행할 방안을 강구하고, 밖으로는 선거기술자 김종인 더불어민주당 선대위원장 겸 비대위원장을 야당(자유한국당, 후에 미래통합당)에 보내 4·15 총선 부정선거 계획을 추진하였다.[7]

더 나아가 부정선거 문제가 소송에서 발각, 증명되지 않도록 김명수 대법원장, 권순일(박근혜 전 대통령이 임명했다)·노정희·노태악 대법관 겸 전 중앙선거관리위원장, 조재연·민유숙·이동원·천대엽 등을 대법관에 임명하여 사법부와 중앙선관위를 장악케 하고, 4·15 총선 재검표 지연 선거재판 뭉개기를 했다. 그것만으로는 부족해 권력욕 많고 젊은 이준석을 국민의힘당 대표로 내세워 피해당被害黨 스스로 부정선

---

7. Ⅲ장 06절, '4·15 총선의 부정선거 주동자들' 참조. 광화문 애국시민들을 극우로 폄하하고 갈라치는 공작을 포함한다.

거 결코 없었다는 정치공작을 펼쳤다.

이로써 더불어민주당의 의회 독재, 금권·부패정치, 공작정치, 패거리정치, 괴담정치로 자랑스러운 자유대한민국은 정치·경제·안보·국방·외교·사회·사법·선거·문화 등 모든 영역이 추락하고 있었다. 문재인 정부를 거치면서 많은 우파 국민들은 "박근혜 대통령 탄핵은 사기이다!, 문재인에게 속았다!, 부정선거 주범 사형!"이라는 격정으로 곧 다가오는 2022년 3월 9일의 제20대 대통령 선거에서 우선 정권교체만을 기대하고 있었다. 그것은 "문재인 타도! 조국 구속!" 등을 외치며 2019년 10월 3일 광화문광장 등을 꽉 채운 엄청난 인파(200만 명 이상으로 추산되며, 대한민국 건국 이래 최다이다)가 이를 잘 증명해 준다.

4·15 총선 부정선거 과정을 반추해 보면, 엄청난 시위 인파에 놀란 문재인 정권은 당황했다. 이들은 정권을 내놓지 않기 위하여 야당(새누리당→ 자유한국당→ 미래통합당→ 국민의힘당)에까지 공작정치를 펼쳤다. 가장 대표적인 공작정치는 더불어민주당 문재인 전 대표(2015. 12.~2016. 1.)의 바로 후임인 김종인 전 더불어민주당 비대위원장(2016. 1.~2016. 8.) 겸 선대위원장(2016. 1.~2016. 4.)이 당시 황교안 자유한국당 대표 등을 속여 미래통합당의 총괄선대위원장(2020. 3.~4. 15.)이 된 것이 그 사례이다.

그는 미래통합당의 총괄선대위원장으로서 황교안 대표와 김형오 공천관리위원장(국민공모 결과 김문수 위원장이 1위였다)과 함께 2020년 4·15 총선을 망쳐놓았다. 결국 더불어민주당은 사전투표로 180석을 만들어 국회를 장악했다. 실로 놀랍고 교묘한 선거 공작(선거사기)이었다. 황교안 대표는 총선 패배의 책임을 지고 즉각 물러났으나, 오히려 김종인 총괄선대위원장은 자신이 심어놓은 미래통합당(현 국민의힘당, 김종인 위원장이 당명과 로고를 변경했다) 의원들에 의해 2020년 5월 비대위원장이 되었다. 이는 우연한 일이 아니며 김종인 전 위원장이 양심 있고 책임 있는 정치인이라면 할 수 없는 일로써 치밀한 정치 공작이 아니고서는 불가능한 일이었다.[8]

그 증거는 바로 드러났다. 김종인 국민의힘당 비대위원장은 문재인 정부의 탄생이 정당한 것처럼, 자당의 박근혜·이명박 두 전직 대통령이 삼성 이재용 부회장 등으로부터 뇌물을 받고 결국 탄핵된 것처럼, 법원의 사법처리가 정당한 것처럼, 부정선거 없이 더불어민주당 후보들이 국회의원에 당선된 것처럼 대국민 사과성명(2020. 12. 15.)으로

---

8. [출처] 주동식 "김종인 비대위원장 추대 반대, 선거참패 책임자의 '전권요구'는 대한민국 역사상 최악의 파렴치", 미증유의 선거참패를 겪은 미래통합당이 위기를 헤쳐 나갈 비상대책위원장으로 김종인 전 선거대책위원장을 추대한다고 합니다. 저는 그 결정을 반대합니다. 이유는 다음과 같습니다.

① 김종인 씨는 선거참패의 책임을 져야 합니다. 김종인 씨는 미래통합당 총괄선거대책위원장으로서 21대 총선을 지휘했습니다. 김종인 씨가 통합당의 총선 지휘를 맡으면서 공동 선대위원장 제안에 불쾌감을 드러내고 말 그대로 전권을 행사하는 총괄선대위원장을 요구해 관철시켰다는 사실은 잘 알려져 있습니다. 총괄선대위원장을 요구했다는 것은 선거의 책임을 오롯이 자신이 짊어지겠다는 의미입니다. 통합당은 21대 총선에서 대한민국 건국 이래 최악의 참패를 당했습니다. 그렇다면 김종인 씨는 참패에 대한 책임도 지는 게 맞습니다. …(중략)… 저는 김종인 씨가 정계 은퇴와 함께 향후 어떤 정당의 선거 지휘도 맡지 않겠다고 선언하는 것이 정치원로로서 최소한의 도리라고 생각합니다.

② 김종인 씨는 국정파탄의 책임을 져야 합니다. 저는 이번에 광주서구갑에 출마하면서 첫 번째 공약으로 '경제민주화 조항을 철폐하는 개헌'을 내걸었습니다. 경제민주화는 정치민주화의 시대적 조류에 편승해 경제논리를 정치적으로 왜곡하는 헌법 조항이라고 판단했기 때문입니다. 더불어민주당과 좌파 정치세력이 무분별한 포퓰리즘과 기업 활동 규제, 노조 편향적 정책을 밀어붙이는 이념적 근거가 경제민주화 논리입니다. 그런 점에서 스스로 경제민주화의 발의자임을 주장하는 김종인씨는 무거운 책임감을 느껴야 마땅합니다. …(중략)… 김종인 씨는 선거과정에서도 "문재인 정권 탄생에 기여한 것에 무거운 책임감을 느낀다"고 인정한 적이 있습니다. 그 책임감은 선거참패와 함께 더 무거워져야 마땅합니다. 하지만 김종인 씨는 마치 책임 논란 따위와는 무관한 신성불가침한 존재처럼 행세하고 있습니다. …(중략)…

③ 정당의 위기는 당원이 해결해야 합니다. 이하 생략,

국민을 또 속였다.

그는 더 이상 우파로의 정권교체가 불가능하도록 공작정치를 일삼았다. 광화문 애국시민을 극우로 비하하며 문재인 정권을 반대하는 집회도 못 나가게 했다. 그러고는 탄핵파 김무성·유승민·하태경·이준석 등을 중심으로 당을 운영하였다. 더욱이 의문의 정치적 인물인 조성은[9] 등 좌파 회색인사들로 문재인 정권에 협력할 선대위원장(김종인 자신은 선대위원장), 선관위원 당무감사위원장 등 주요 당직자와 당협위원장을 인선하였다.

김종인 비대위원장은 보수우파 국민들의 강력한 반대와 저항에 부딪혀 물러나게 되었다. 참으로 다행스러운 일이었다. 그러나 그는 또 잔꾀를 내 김무성·유승민 전 대표, 하태경 의원[10] 등 당권파와 함께 자신들의 후계자로 젊은 최고위원 이준석을 내세웠다. 그 결과 인격과 능력이 알려진 바 없는 젊은 이준석이 2021년 6월 11일 전당대회에

9. 윤석열 X파일 제보자 조성은은 박지원 당시 국정원장을 수차례 만난 사실이 공개되었다. 그녀는 김정은, 문재인 대통령을 찬양했다. 정치경력으로는 박원순 선거참모로 일하다가, 국민의당(안철수) → 민주평화당(박지원) → 미래통합당(황교안)으로 당적을 옮겨 (박형준, 정병국 전 의원에 추천에 의해) 공천관리위원, 선관위 부위원장 중책을 맡았다. 그녀는 여당의 이재명 후보를 찬양하고 있다. 공작정치의 전형을 보여주고 있는 대목이다.

10. 하태경은 현 국민의힘당 의원(3선)이다. 중국 지린대학교 대학원 박사학위를 받은 사실상 친중 좌파이다. 즉, 무늬만 보수당이다. 임수경과 같은 운동권 출신으로 새누리당으로 2번, 미래통합당 후보로 1번 출마해 당선되었다. 그는 세월호 사건에 대해, "박근혜가 학생들을 죽이기 위하여 청와대 안에서 부적을 담아두는 오방낭을 달아 기도했다"고 악의적 발언을 하였다. 탄핵정국 시에는 국민들을 향해 "촛불에 타죽기 싫으면 탄핵에 동참하라"고 선동하였다. 탄핵정국 후 탄핵 주동자인 새누리당 유승민 의원을 따라 2016. 12. 27. 탈당 후 2017. 1. 24. 바른정당을 창당하였다. 그 후 하태경 의원은 안철수 대표의 국민의당으로 당적을 옮겨 정치를 했는데, 그는 대선 후보자 경선 과정에서 MBC 방송에 출연해 안철수 국민의당 대표와 윤석열 전 검찰총장에 대해, "이미 과거형이고, 안철수 대표가 연이어서 헛발질을 해 그들의 시대는 끝났다고 생각하며, (입당하지 않아) 점점 국민들이 지쳐가고 있다"고 혹평하였다. 김명수 대법원장 국회 임명동의안 때에는 국민의힘당 내에서 유일하게 찬성표를 던졌다.

서 중진도 하기 어려운 한국 역사상 최연소 당 대표로 당선되었다.[11]

필자는 처음엔 당 집행부의 도움과 중앙선관위의 부정경선, 조작된 여론조사와 역선택에 의해 당선은 이미 예정되어 있었던 게 아닌가? 하는 단순한 의심만을 하였다. 하지만 김종인 전 위원장과 계속되는 이준석 대표의 수상한 행적과 발언으로 비추어볼 때 더불어민주당과 내통하고 있음을 확신했다. 그래서 절체절명의 정권교체 시기에 야당(국민의힘당)으로의 정권교체가 과연 가능할까? 심히 우려됐다. 시간이 지나면서 구체적 증거들이 계속 드러나기 시작했다. 필자는 이를 국민들에게 알려야만 했다.

2022년 3월 9일 제20대 대통령을 뽑는 절체절명의 정권교체 시기에 야당의 누가(윤석열, 홍준표, 원희룡, 최재형, 유승민, 안철수 후보 등) 위기의 대한민국을 구할 것인가?라는 국민적 과제가 되어 있었다. 그러나 과연 제1야당 국민의힘당이 정권교체란 막중한 역할을 할 수 있을지 여러 의문과 함께 국민들은 대한민국의 미래를 걱정하고 있었다.

당시 국민의힘당은 탄핵세력인 더불어민주당 출신 김종인 전 위원장, 바른미래당 출신 이준석 대표, 김무성·유승민 전 대표, 하태경 의원 등 기회주의자들이 득세하고 있었고, 탄핵의 여파로 보수우파 국민들은 분열되어 있었다. 특히 이들이 당권을 가지고 있는 한 야당의 정체성(거짓 탄핵에 대한 사과 한마디도 없었다)과 리더십의 문제로 당내

---

11. 이준석은 새누리당 혁신위원장 재직 중 유승민과 함께 새누리당을 탈당하여 2017. 11. 24. 바른정당을 창당하면서 2018. 2. 서울시 노원병 당협위원장이 되었다. 그는 자신이 올린 네이버 프로필에는 2020. 2. 17. 자유한국당과 합당 후 '미래통합당 최고위원'으로 등재되어 있고, 하버드대는 복수전공이 없음에도 '컴퓨터과학, 경제학 학사'로 등재되어 있다. 사실 여부를 조사 검증해봐야 한다.

출중한 인사(김종인 위원장은 김문수 전 경기지사, 민경욱 전 의원, 황교안 전 대표, 홍준표 전 대표 등의 공천을 하거나 낙선시킴)들을 잘라 버려 정권교체는 불가능했다. 아울러 국민들이 인식하지 못한 더불어민주당의 거짓 선동과 부정선거도 문제였다.[12] 이 문제를 해결할 수 있는 사람은 오로지 임명권자인 문재인 대통령의 부당한 권력에 대항하는 당시 윤석열 검찰총장과 최재형 감사원장으로만 비춰졌다.

　이런 이유로 필자는 2022년 1월 문재인 정부 때 『위기의 대한민국 누가 구할 것인가? 부제로 -정권교체의 걸림돌, 국민의힘당 이준석 대표와 김종인 전 위원장의 리더십과 부정선거』란 첫 번째 책을 썼다. 이들이 더불어민주당에 부역하는 더러운 공작정치와 부정선거(경선) 문제를 추적 증명하기로 결심했다.

　김종인 전 위원장, 이준석 후보, 유승민 전 대표, 하태경 의원 등은 4·15 총선이 총체적 부정선거였음을 잘 알고 있는 자들이다. 이들은 중앙선관위, 심지어 더불어민주당의 일부 세력과 유착하여 4·15 총선 등 3번 낙선한 이준석 후보를 내세워 당 대표 만들기를 희망했고, 부정경선으로 당선시켰다. 그런 다음 사무총장, 비서실장, 대변인, 윤리위원장, 선대위원 등 주요 당직자들과 일부 당협위원장을 이들의 심복 또는 측근으로 임명했다.

　유승민 전 의원의 추천으로 박근혜 대통령이 임명하여 청년최고위원이 된 이준석 후보와 교활한 김종인 전 위원장은 더불어민주당과

---

12. 더불어민주당과 중앙선관위는 4·15 총선 부정선거 문제가 발각되거나 더 이상 의혹이 확대되지 않도록 피해자인 미래통합당 인사 중에 부정선거 없었다는 대변인이 필요했다. 바로 그가 더불어민주당 출신인 미래통합당 김종인 선대위원장 겸 비대위원장, 3번 낙선한 바른미래당 출신인 이준석 후보와 당선자 하태경 의원이다. 기막힌 정치공작이다.

중앙선관위의 사전 언론 띄우기 공작과 여론 조작으로 당선 후 더불어민주당에 보답을 해야만 했다. 가장 핵심적인 증거는 "이준석 자신이 이들과 결탁하여 부정경선으로 당 대표에 당선되고도 더불어민주당(중앙선관위)의 부정선거 없었다.", "박근혜 대통령 탄핵은 정당한 것이었다"라고 한 발언이다. 이들 증거와 이유를 개괄적으로 우선 살펴본다.

이준석 후보는,

① 2021년 6월 3일, 대구·경북지역 당 대표 후보 합동연설에서 지역정서에 맞지 않아 당장 표가 떨어질 것이 뻔한데도 "박근혜 탄핵은 옳았다"라는 의심스러운 발언을 했다. 수상했다.

② 특히, 자신도 10개월 전 2020년 4·15 총선 사전투표에서 낙선했음에도 4월 17일 갑자기 〈KBS라디오〉에 출연하여 "유튜버들에게 휘둘리는 이런 수준의 정당은 이제 안 된다. 보수 후보자 중에서 본투표에서 이기고 사전투표에서 진 곳이 많다. 저도 그렇다. 저는 단 한 표도 부정이 없다고 보는데 왜 난리를 피우는지 모르겠다. 그래서 선거에서 진 것이다."라고 통계학자들은 물론 많은 국민들과 상충되는 이해할 수 없는 주장을 했다.[13] 더 수상했었다.

③ 4월 19일에는 "부정선거 의혹이 남았다면 천안함재단에 100만 원을 기부한 후 영수증 또는 이체증을 보내주시는 분 중 선착순 5명을 뽑아 유튜브 등으로 생중계되는 공개토론회를 열자. 이준석을 박살낼 좋은 기회다"라고 하면서 "부정선거가 없었고, 자신이 옳았다"라는 글을 페이스북에 또 올렸다. 이준석 낙선자는 천안함재단에 기부를

---

13. 이준석이 낙선(3번) 직후 방송에 출연해 자신과 미래통합당이 패배한 것을 자인하는 발언은 심리적인 상황과 여러 여론조사 판세와 정황에 비추어 우연한 일이 아니다.

했는가? 마치 애국자인 척했다.

④ 이준석은 지역구에서 3번 낙선할 만큼 스스로 전혀 노력하지 않고 전략공천에만 기댔다. 자신이 하바드대 경제학과, 컴퓨터과학을 복수전공 졸업했다는 허위 학력 의혹이 있다. 이 의혹을 풀기 위해서는 공식적인 하바드 대학교의 졸업증명서 등 서류가 필요했다. 그러나 권력에 대한 욕망으로 사설업체가 발급한 허위 학위 서류를 4번이나 중앙선관위에 제출했었다.[14]

⑤ 이를 문제 삼지(학교 당국에 조회하지) 않은 중앙선관위의 봐주기 행태가 존재했다. 이준석 후보의 허위 학력 약점과 권력욕, 중앙선관위의 부정선거 약점 때문에 상부상조한 것으로 보인다.

⑥ 더불어민주당 김남국 의원은 2021년 5월 28일 sns를 통해 "국민의힘당에서 젊은 이준석 돌풍이 일고 있다. 덕분에 저의 당에서도 변화의 바람이 불고 있습니다"라고 여론 띄우기를 했다. 정치원로 유인태 전 의원은 5월 31일 〈SBS방송국〉에 출연해 "이준석 후보의 돌풍은 정치권의 충격으로 받아들이고 민주당 사람들은 굉장한 위기감을 느낀다. 그가 국민의힘당 대표가 되면 내년 대선이 끝난 것 아닌가 하는 목소리가 있다"며 추켜세웠다. 반면 "나경원 후보는 서울시장에 출마해 떨어졌어도 또 출마한 것은 당을 위해 출마한 것이 아니라 자기신변 보호용으로 출마한 것으로 본다"며 폄훼하는 발언을 하는 등

---

14. 14. 김영윤 폴리티코 정치연구소장은 〈이봉규TV〉 방송에 출연하여 "이준석은 노무현 1호 과학장학생으로 하바드대에 입학은 했으나 학위에 대해서 하바드대는 당시 복수(컴퓨터과학, 경제학) 전공 자체가 없었고 졸업논문도 검색된 바 없으며, 그의 영어성적과 발언 수준이 그 대학을 졸업한 실력이 되지 못해 제2의 신정아에 비교 된다"고 하였다. 또 이준석 스스로 올린 네이버 자료와 성적표(비공식적) 자료를 볼 때 전후가 다르고, 중국어·한국어를 전공했다는 등 많은 의혹을 제기하였다.

더불어민주당 지도부의 대대적인 언론공작이 있었다.

⑦ 여론조사 조작(국민의힘당 여의도연구원의 자체 여론조사와 전당대회의 여론조사 모집단은 중앙선관위가 제공한다고 민경욱 전 의원이 폭로하였다)이 있었다.

⑧ 총선 직후 130여 명에 이르는 자당 낙선 후보들과 국민들이 "사전투표에 의혹이 있다"라며 선거무효 및 당선무효 소송을 제기했음에도 "부정선거 없었고 부정선거를 주장하는 자는 음모론자이다. 더 나아가 벌레충이다"라고 발언했다.

⑨ 보수를 자처하는 조갑제·정규재 등과 함께 "만일, 4·15 부정선거 재검표를 주장했다면 보수 야당은 한방에 갔을 것이다"라는 거짓말을 했다.

⑩ 당 대표가 된 후에도 계속 더불어민주당과 중앙선관위를 도와주는 부역행위를 하였다. 즉, 자당 후보들이 제기한 부정선거 소송을 방해하거나,

⑪ 김종인 전 위원장과 똑같이 김문수 전 경기지사, 민경욱 전 의원, 차명진 전 의원, 김소연 당협위원장, 황교안 전 대표 등 경륜 있는 소신 정치인들을 탄압·제거했다.[15]

⑫ 김어준·진중권·이정희·김종인 등 좌파 인사들과의 밀접한 관계, 여야를 넘나드는 행보 등 노회한 회색정치인의 행동과 발언을 서슴치 않았다.

---

15. 김종인 위원장은 2020. 12. 24. 당무감사와 공천관리위원회의 구성한다는 핑계로 부정선거 소송을 제기한 민경욱 인천시 연수구을 당협위원장, '달님은 영창으로~'라는 슬로건으로 당시 문재인 대통령과 더불어민주당 및 중앙선관위를 공격한 김소연 대전 유성구을 당협위원장 등 24개 원외 당협위원장의 지위를 박탈하였다.

⑫ 오세훈 후보와 안철수 후보와의 합당 조건으로 단일후보가 된 오세훈 후보가 서울시장 보궐선거에 이겨놓고도 안철수 국민의당과의 합당 반대 언행이 있었다(김종인 전 위원장도 마찬가지였다).

⑬ "안철수 후보, 윤석열 후보가 서울시장, 대통령에 당선되면 나는 지구를 떠나겠다"고 했다.

⑭ "내가 당 대표가 되어 유승민 후보를 대통령으로 만들겠다"는 발언은 이준석이 이미 대표가 예정된 것을 알고 있었던 것이다.

⑮ "윤석열 후보는 김종인 전 위원장을 총괄선대위원장으로 모셔야 한다"는 발언을 수차례 했다. 윤석열 후보를 속였다.

⑯ 윤석열 후보의 낙선운동과 윤핵관(그가 만든 비속어이다) 프레임 씌우기를 했다.

⑰ 두 차례 당무 거부의 해당행위와 내부총질로 더불어민주당에 계속 부역하고 있었다.

⑱ 윤석열 후보와의 전화 녹취록과 이에 대한 거짓말로 사퇴 위기에 몰린 이준석 대표에 대해, 더불어민주당 지도부의 여러 차례 보호하기가 있었다.

⑲ 김남국 의원의 코인사태가 터지자 "그(김남국)는 없는 척했는데 재산이 있었다. 이런 건 검증의 영역도 아니고 그냥 욕먹고 끝날 일이다"라며 "이해충돌의 코인과세 유예는 국민의힘당 의원들이 먼저 발의했고 김남국 의원의 의견 따위와는 관계없이 여야 합의 처리된 사안이었다.", "잘못 물고 들어가면 국민의힘당이 되치기 당한다"라는 SNS 글에서도 수상함이 여실히 드러났다.

하태경 의원은 최근에,

⑳ "이재명, 9월 안에 구속, 내년 총선 이재명 없으면 여與는 부산도

위험, 전국이 위험(이는 '이재명 대표를 구속하지 말아야 한다'는 속셈이다), 이준석 전 대표를 끌어 안아야 한다"는 취지의 발언을 했다.

㉑ "이낙연 전 대표 같은 중도 합리적 인사가 당을 맡게 되면 우리 당이 총선 170석이 아니라 130석, 120석도 힘들 것"이라고도 발언했다. 틀린 말이 아니다. 이번에도 4·15 총선처럼 더불어민주당이 계속 부정선거를 전제하고 한 말이다. 그럼에도 그는 "부정선거 없었다"고 국민들을 속였다.

대법원은,

㉒ 과거엔 공직선거법에 따라 모든 선거소송을 6개월 이내에 끝냈다.

㉓ 그러나 문재인 정부하의 김명수 대법원은 법을 어겨가며 130여 곳의 4·15 총선 선거소송 재판 뭉개기를 하였다. 더 나아가 증거에 부합되지 아니한 엉터리(기각) 판결을 하였다.

㉔ 이재명 후보의 대장동·백현동 개발특혜, 성남FC 후원금, 횡령·배임의 불법 자금과 관련된 권순일 전 대법관 겸 중앙선관위원장의 50억 원 등 수수 의혹과 변호사비 대납, 재판거래 의혹(김만배 사장이 8번이나 대법원을 방문했다), 김만배와 신학림, JTBC 사이의 언론 선거공작도 펼쳤다.

중앙선관위(위원장은 대법관이 겸한다)는,

㉕ 선관위의 북한정찰총국 해커 침입 사실을 은폐했고

㉖ 당연히 보관해야 할 중앙서버의 투표지 스캔했던 원본 이미지 파일을 삭제하는 등의 행위를 했다.

㉗ 정진석 후보 선거구의 전자개표기 조작 사실과

㉘ 가짜투표지 투입, 진짜투표지 빼돌리기 등의 사례도 언론에 보도되었다.

㉙ 위 ㉔항의 엄청난 불법 자금과 김남국 의원의 코인거래 자금의 사용처가 이재명 대통령 후보의 경선자금과 대통령 선거자금, 당 대표 경선자금 및 로비자금(국민의힘당 곽상도 전 의원 등)과 연결되는 것으로 보인다. 그런 게 아니라면 김만배 사장, 김남국 의원, 관련인들은 사실대로 밝히면 된다.

이런 자신의 언행 사실, 언론보도 내용, 대법원과 중앙선관위의 재검표 과정에서 드러난 부정선거 증거들을 종합해 보면, 김종인 비대위원장의 바로 후임에 경륜 없고 리더십 없는 젊은 이준석이 더불어민주당과 중앙선관위의 공작정치와 경선에서의 여론조작, 모바일 투표 부정으로 중진도 하기 어려운 당 대표로 선출된 것에 대해 합리적 의심이 충분했다.

따라서 우리 국민들은 공작정치, 부정선거로 참정권 훼손과 선거의 공정성·정직성을 훼손하여 정권교체와 정치교체를 어렵게 하고, 안보는 중국과 북한에 위협당하여 대한민국이 망가지고 있는 위기 상황임을 깊이 인식하여야 한다.

조선 선조 때 영의정 류성룡은 7년 동안에 걸친 임진왜란의 참혹한 상황을 설명하면서 『징비록』을 쓴 이유를 밝혔다.

> "임진왜란 발생 1년 뒤 한양을 되찾았을 때 거리에는 시체 썩는 냄새가 진동했다. 다시는 그런 환란이 일어나지 않도록 후손들에게 경계하기 위함이었다"

필자 역시 절박한 심정이다. 자유대한민국에서 일어나고 있는 공작정치와 부정선거로 인한 폐해를 알려야만 했다. 대한민국의 미래를 위해서 이런 망국의 공작정치를 극복해야 했다. 그래서 이 글을 썼다.

보수우파 지도자(특히 윤석열 후보)들도 필자와 같은 생각을 했을 것이다. 그러기에 사전투표, 전자개표기 등의 부정선거가 교묘히 자행되고 있다는 것을 인식하고 있을 것이다. 지도자들은 이를 혁파하기 위해선 이승만 대통령의 '애국심'과 자유민주주의와 시장경제 이념을 기초로 한 '미래 비전과 통찰력', 그리고 박정희 전 대통령과 같은 '구국의 혁명정신'과 '부국강병의 지도력·조직통솔력'을 갖추어야 하며, '중앙선관위와 여론조사기관 등에 대한 4·15 총선 부정선거 수사'가 필요하다고 필자는 역설力說하였다.

2022년 3월 9일 대통령 선거과정에서 이재명 후보는 전과 4범에다. 친형 정신병원 강제 입원, 형수 욕설, 대장동과 백현동 및 위례신도시 개발특혜, 재판거래, 언론 선거 공작 등 부정·부패 사건이 밝혀져 그 정체가 대부분 드러났다.

우파 유튜버 및 애국 시민들이 4·15 총선 부정선거 의혹, 이재명의 대선후보 부정경선 의혹, 지난 대통령 선거에서조차 부정선거 의혹을 제기해 과거처럼 더불어민주당과 중앙선관위가 자기들 마음대로 통 크게 부정선거를 자행할 수 없게 하였으니 그나마 다행한 일이었다.

강직한 검사 출신 윤석열 후보는 보수우파 국민들의 열렬한 지지와 응원, 검사로서의 예리한 판단력과 뚝심, 포용하는 정치력으로 사전투표의 부정선거와 뉴스타파 및 JTBC 등의 언론의 거짓 선동과 선거공작이 자행되었음에도 제20대 대통령 선거에서 당선되었다.

만일 국민의힘당 윤석열 대통령으로 정권교체가 이뤄지지 않았다면 고故 미 국방부장관 캐스퍼 와인버거가 그의 저서 『The Next War』에서 "만약 대한민국이 멸망한다면, 간첩과 주사파의 공작에 의한 내전에 의해서 일 것이다"라고 예측했었던 것처럼 이미 대한민국은 공산주의, 전체주의가 되었을 것이다.[16] 오죽하면 일본 국회에서 한국 난민을 어떻게 수용처리 할 것인지 대비책까지 논의했겠는가?

미 국무부장관과 CIA국장을 지낸 마이크 폼페이오는 2022년 8월 13일 언론과의 인터뷰에서 "지금 이 상태로 간다면 다음 전쟁은 대한민국이다"라며 충격적인 발언을 하였다.[17] 전문가들도 이 상태로 간다면 다음에는 대한민국에서 전쟁이 일어날 것이라고 예측하고 있다.

우파 국민들의 부정선거 감시하에 국민의힘당 윤석열 후보가 2022년 3월 9일 제20대 대통령에 당선되자 자유시장경제와 법치주의, 한미일 안보·경제 동맹을 강화하는 한편, 민노총, 전교조, 환경단체, 좌파 시민단체 등에 대해 윤석열 정부의 검찰, 감사원, 경찰, 국세청, 공정거래위원회 등 사정기관은 문재인 정부하에 지속된 불법행위와 이권(약탈) 가르텔, 반국가 세력의 범죄행위를 엄벌함으로써 망가진 자유민주주의를 재건하고 있는 중이다.

반면, 더불어민주당은 2022년 10월 29일 이태원 참사가 발생하자 세월호 사건처럼 젊은 청년들의 죽음을 이용해 윤석열 정부의 책임으로 돌리며 탄핵으로 몰고 갔다. 문재인 전 대통령과 이재명 대표는 자

---

16. Caspar Willard Weinberger GBE(1917. 8. 18.~2006. 3. 28.), 와인버거는 레이건 대통령 시절 국무부장관을 원했지만 국방부장관이 되었다. 『The Next War』(와인버거, 카스파 W, 피터 슈와이저, Regnery, 1998).

17. 마이크 폼페이오 국무부장관은 2022. 8. 13. 잠실 롯데호텔 인터뷰에서 대만해협 사태와 관련, "미국과 관련국들의 결의가 약해졌다고 판단한다면, 중국은 대만을 공격할 것이다"라며 한국과 베트남은 '쿼드(Quad)'에 참여해 중국의 도전에 맞서야 한다고 강조했다. 쿼드는 미국·일본·호주·인도 4개국이 참여한 안보협의체이다. 그는 2018년 싱가포르와 2019년 베트남 하노이에서 개최된 트럼프 대통령과 북한 김정은 위원장의 북·미 정상회담을 막후에서 조율했다.

신들의 불법행위를 덮기 위해 검경수사권 조정을 하고, 심지어 검사의 수사권을 박탈하고 방탄국회를 열어놓고서도 "윤석열 정부는 검찰독재 공화국이다. 법치의 탈을 쓴 사법사냥이 일상화되는 폭력의 시대다. 국가권력을 갖고 장난하면 깡패이지 대통령이냐?"라고 선동하였다. 그러나 국민들은 사기 탄핵의 학습효과와 우파 유튜버의 활동으로 더 이상 선동당하지 않고 있다.

민노총 지도부는 고용세습, 건폭 등 불법행위와 이권 카르텔로 먹이사슬을 구축하고 있었다. 이들은 반국가 세력의 불법행위를 혁파하려는 윤석열 정부에 대해 조직적으로 반발하고 있다. 더불어민주당도 이들 세력과 보조를 맞춰 국회권력을 이용하고 있다. 「노란봉투법」, 「양곡관리법」, 「간호법」, 「민주유공자법」, 「이태원참사특별법」, 「국가정보원법」 등을 제·개정하여 다수의 이기심과 편 가르기를 하고 있으며, 반국가 세력을 활용하여 정권 뒤집기를 시도하는 등 첩첩산중이다.

그럼에도 불구하고 여당(국민의힘당)은 단합을 해도 야당 더불어민주당에 수적으로 버거울 때에 서로 헐뜯기에 바쁘다. 김종인 전 위원장, 이준석 전 대표, 유승민 전 대표, 하태경 의원들은 원래부터 그렇다고 하더라도 대통령 후보로 나섰던 홍준표 대구시장까지도 "5·18 정신을 헌법전문에 수록하는 것을 반대한다. 전광훈 목사가 우파를 통일했다"고 발언한 김재원 전 최고위원에 대해, "그를 징계하라"고 문제를 제기하자, 김기현 대표는 "지방자치행정을 맡은 사람은 그 일에 더 전념하시면 좋겠다. 우리 당은 전광훈 목사와 강한 선을 그어야 할 만큼 관계가 없다"고 말했다.

그 말에 홍 대구시장은 어이없는 발언이라고 응수하면서, "김기현 대표 참 옹졸하다. 새 지도부는 지지율이 급등하는데 왜 거꾸로 폭락하는지 검토해 봤느냐? 무기력하게 줏대 없는 행동을 계속하면 총선 전에 또 비상대책위원회 체제로 안 간다는 보장이 있느냐"고 재차 폄훼했다. 김기현 대표는 당원들이 선출한 김재원 * 태영호 최고위원에 대해 막말을 했다며 중징계했다. 험란한 당의 예고편이다.

또 그는 유시민 전 노무현재단 이사장[18]과 더불어민주당 이재명 대표를 차례로 만나 지금의 대치정국을 여야가 머리를 맞대어 풀어야 한다는 식으로 윤 대통령을 정치 초년생으로 폄훼까지 했다. 정치 경험이 많은 홍 시장은 그들이 형사피고인 또는 피의자로서 윤 대통령이 이들과 협치할 단계가 아닌 상황을 모르는 바는 아닐 것인데 말이다.

더구나 홍 시장은 6월 11일 페이스북에 "우리는 후쿠시마 원전 오염수 해양투기를 찬성하지도 않을 것이고, 찬성해서도 안 됩니다." 하고 썼다. 이는 세계적으로 인정한 과학적인 원전 처리수 문제를 의혹으로 부풀려 윤석열 정부가 추진한 한일 간 경제·안보 동맹에 흠집을 내고,[19] 국민적 의혹이 많은 5·18 사건의 가짜 유공자 등을 문제 삼은

---

18. 유시민 전 이사장은 한동훈(법무연수원장)의 명예를 훼손한 혐의로 1심에서 500만 원의 벌금형을 선고받았다. 그는 "판결 취지를 존중한다. 항소해서 무죄를 다퉈 보겠다"고 했다.

19. '나는 꼼수다'의 방송인 주진우 씨가 2023. 6. 16. 라디오 생방송 중 방사능 전문가인 경희대학교 정범진 교수에게 "후쿠시마 오염수 방류가 걱정된다"고 말했다가 반박당하는 모습이 온라인을 통해 알려졌다. 정 교수는 "선동에 속은 것"이라고 했다. 방송인 주진우는 "일본이 후쿠시마 오염수를 방류할 것 같은데 괜찮은가? 걱정이 된다"며 운을 뗐다. 이에 정 교수는 "걱정하지 않으셔도 된다"고 말했다. 이어 "2011년에 후쿠시마 원전사고가 났다. 그 당시에는 전혀 처리시설 없이 생성됐던 오염수를 몇 개월 간 하루 300톤 씩 그대로 바다에 방류했다. 그 당시 우리나라에 영향이 없었다. 지금 후쿠시마에 보관되어 있는 오염수의 방사선 양은 그 당시 배출했던 양의 0.1% 미만이다. 그것도 30년에 걸쳐 서서히 오염수를 방류한다"고 덧붙였다. 그 외 카이스트 원자력양자공학과 정용훈 교수, 박일영 충북대 약대 교수 등도 같은 취지로 국민의힘당 의원총회나 방송 등에서 강연을 하였다. 필자는 더불어민주당에 다음과 같은 질문을 하고 싶다. 후쿠시마 오염수

전광훈 목사를 종교이단자나 극우로 몰며, 김기현 대표를 지도력이 없다는 등의 폄훼 발언으로 계속 내부총질하는 상황이다.

홍 시장은, 최근 이재명 대표의 구속영장 기각과 관련하여 국민의 힘당이 낸 "개딸에게 굴복한 법원, 국민께서 '법이 만인에게 평등한가'라고 묻고 계신다"란 논평을 겨냥해 지난 9월 27일 페이스북에 "'개딸에게 굴복' 운운 논평은 여당답지 않게 저급해 보인다"고 비판했다.

그는 "지난 2년 동안 부패사건의 중심에 섰던 (더불어민주당)이재명 대표 사건이 어젯밤 구속영장이 기각되어 불구속으로 결론이 났다"며 "닭 쫓던 개 지붕 쳐다보기 격이지만, 국민의힘당은 이제부터라도 이재명에만 매달리는 검찰수사 정치는 버리고, 여당다운 정책정당으로 거듭나는 모습을 보일 필요가 있다"고 하면서 국민의힘당과 한동훈 법무부장관, 검찰을 비판했다. 이는 검사 출신 윤석열 대통령을 비난한 것과 같다.

이준석 전 대표는 9월 30일 자신의 SNS에 "정신 나간 인간들, 이따위 전술을 해놓은 게 개탄스럽다"고 하면서 여당 지도부와 한동훈 장관, 윤 대통령을 비난했다. 지난 강서구청장 선거에서 국민의힘당이 패배한 이후 과연 그는 어떤 행동을 할까?

방류가 그렇게 위험하다면, ① 그린피스 등 세계 유수 환경단체들은 왜 조용히 있을까? ② 가장 피해가 큰 미국과 캐나다 등 태평양 연안 국가들은 왜 항의하지 않을까? ③ 우리나라 좌파와 사이비 환경단체들만 왜 유독 시끄러울까? ④ 유엔 원자력안전기구 IAEA는 오염처리수가 왜 안전하다고 거듭 발표할까? ⑤ 처리수가 한국에 도달할 때까지는 긴 시간과 엄청난 바닷물에 희석된 사실 등 과학에는 관심이 없고 오직 선동만을 주장할까? ⑥ 중국 원전 대부분이 중국 동부 연안, 즉 한반도 서해안과 맞닿아 있고 중국은 일본과는 달리 오염수를 제대로 처리하지 않고 방류하는데 더불어민주당은 왜 중국에는 항의하지 않을까? ⑦ 왜 문재인 정부 때에는 조용히 있다가 윤석열 정부 때 극성일까?

02. 정치공작(선거사기 등)에 희롱당하는 국민들, 이젠 깨어나야!

이에 소시민으로 살던 필자는, 이 책에서 정국을 이끌어가야 할 여당의 중진들이 불필요한 논쟁으로 내부 분열을 조장하고, 2024년 4월 10일 제22대 총선거에서 또다시 자행될 중앙선관위의 부정선거 문제와 증거인멸, 서버은폐 등 부정선거 방지대책에 당력을 집중하지 않고 있으며, 오로지 자신들이 차기 대통령 후보로 또는 차기 국회의원 후보로 공천받을 일에만 몰두하는 자세를 질타하였다.

한편, 대법원의 선거소송 재판 뭉개기와 엉터리 판결을 보고도 아무 말도 하지 못하는 무책임한 국민의식을 개조하지 않고서는 대한민국은 망하거나 선진국으로 나갈 수 없다는 점을 강조하였다. 반드시 새정치를 이뤄야 한다.

이런 의미에서 이승만 대통령이 운명하시면서 남긴 유언을 마음속에 되새겨보아야 한다.

"나라를 한 번 잃으면 다시 찾기가 얼마나 어려운지를 우리 국민은 잘 알아야 하며 경제에서나 국방에서나 굳건히 서서 두 번 다시 종의 멍에를 메지 말아야 한다. 이것이 내가 우리 국민에게 주는 유언이야. 반드시 자유를 지켜야 한다."

필자는 이승만 대통령의 유언을 되새기고 새정치를 이루기 위해 『진정한 민주주의를 향해, 부정선거의 미래와 정치개혁 - 정치공작(선거사기극)에 희롱당하는 국민들, 이젠 깨어나야!』라는 두 번째 책을 펴냈다.

이 책에는 지난 4·15 총선과 여야 당 대표 경선 및 최근 강서구청장 보궐선거마저 부정선거였다는 사실을 입증하기 위해 부정선거에 관한 숫자와 통계, 여론조작, 가짜투표지 투입, 실제 투표지 빼돌리기, 사전 투표자 부풀리기와 대법원의 엉터리 판결내용 등의 증거를 담았다.

이 책은 김덕영 감독의 다큐영화 〈당신의 한 표가 위험하다〉와 까뿌까가 제작한 〈왜왜: 더 카르텔〉과 함께 4·15 총선 등이 총체적 부정선거였다는 실체적 진실을 마주할 수 있는 기회와 중앙선관위와 결탁한 일부 정치세력이 자행한 부정선거의 실체를 알리는 계몽서啓蒙書가 될 것이다. 2023년 7월, 미국에서 개봉되었던 잔혹한 아동 성매매 실상을 폭로한 실화 영화 〈사운드 오브 프리덤Sound of Freedom〉과 향후 개봉될 박근혜 대통령 탄핵사건의 다큐영화 〈특검〉(제목은 공모 중에 있다) 시놉시스를 보는 느낌일 것이다.

또한 문재인 정권하에서 이루어진 탈원전, 근거 없는 소득주도성장, 통계 조작, 군사무장 해제, 고급 정보가 담긴 usb 전달, 대북송금, 주적 개념 삭제, 북핵 폐기 없는 종전선언, 가짜 평화 주장, 육군사관학교 교과변경 등 설립목적 훼손, 해수부 공무원 월북조작, 귀순 어부 강제북송 등의 간첩죄·이적죄·여적죄·국가정보원법 위반 및 반국가 세력을 처벌하는데 이 책이 증거로 활용되었으면 한다.

더불어민주당 이재명 대표와 김만배 사장, 송영길 전 대표, 김남국 의원 등이 불법 조성한 자금과 그 사용처, 중앙선관위의 부정선거와 부정경선 등의 의혹에 관한 검찰(경찰) 수사와 감사원 감사에 대한 증거 및 단초端初를 제공하는 지침서가 되었으면 좋겠다. 희망을 가져본다.

II

거짓 선동 사기 탄핵의
정치공작과
문재인 정권의 출범

진 정 한

민 주 주 의 를 향 해 ,

부 정 선 거 의

미 래 와 정 치 개 혁

01. 더불어민주당 문재인 전 대표 거짓 선동의
사기 탄핵으로 정권 탈취

더불어민주당 문재인 전 대표, 추미애 대표, 이해찬·김종인 의원, 이재명 성남시장, 이들과 야합한 새누리당 김무성·유승민 의원과 국민의당 박지원 의원, 정의당 심상정 의원의 주도로 국회는 존재하지도 않은 거짓 탄핵사유를 만들어 2016년 12월 9일 박근혜 대통령에 대한 탄핵소추를 결의했다.

JTBC 손석희 사장은 물론 한겨레신문, TV조선 등 언론들도 박근혜전 대통령의 비선실세라는 최순실(최서원)을 등장시켜 그녀가 무능한박 대통령을 대신하여 기획 조작된 테블릿pc[1]로 문서를 수신·수정하여 국정 전반에 깊숙이 개입했다고 보도했다.[2]

더불어민주당은 거짓 선동과 선전으로, 박근혜 대통령은 무능하고새누리당은 부패한 당으로 몰아붙였다. 안민석 의원은 박정희 전 대

---

1. 테블릿pc에 대한 국립과학수사연구원이 서울중앙지방법원에 제출한 감정의뢰 회보(2017. 11. 21.)에 따르면, "문제의 테블릿pc는 문서의 수정기능이 없다"고 회보하였다. 즉 JTBC는 허위 조작 보도를 한 것이다. 각주 5 참조.

2. 옥고를 치루는 최서원은 자신의 옥중 편지를 통해 박영수에게 "특검 때 혼자 깨끗한 척하며 박근혜 전 대통령하고, 저를 경제공동체로 뒤집어씌우더니, 본인은 뒤에서 딸과 아들을 취업시키고 또 고문료를 받고 친척은 100억 원을 받았다. 그런 이가 특검으로 돈 한 푼 안 먹은 저와 대통령을 엮을 수 있는지 세상이 미쳐간다"라고 썼다.

통령의 통치자금 300조 원을 비선실세 최순실을 통해 해외에 숨겼다는 허위 괴담을 유포했다. 거기다 우발적이지 않은 세월호 사건으로 박근혜 정부가 어린 학생들을 수몰시켰다는 거짓 선동과 댓글 조작 등 가짜뉴스와 선동이 난무했다.[3]

---

3. 2014. 4. 16. 세월호에는 안산 단원고 학생 325명을 포함한 476명이 승선하고 있었다. 사고가 발생하자 학생들에게 "대기하라, 가만히 있어라"는 안내방송만 이어졌다. 승객 보호에 책임이 있는 선장 이준석과 승무원 15명은 가장 먼저 탈출했고 시간이 충분했음에도 해경의 구조도 제대로 이루어지지 않았다. 사고대책본부도 우왕좌왕하면서 구조는 그야말로 총체적 난국이었다. 그 결과, 많은 학생들과 시민들이 무참히 수장되어 304명이 사망하였다. 여러 상황을 종합해보면 매우 수상한 점을 발견할 수 있다. 세월호의 침몰의 직접적인 원인은 세월호의 불법 증축과 무리한 화물 적재로 보고서는 작성되어 있으나, 전문가들의 판단은 다르다. 그 이유와 증거는 다음과 같다. ① 2014. 4. 15. 밤 9시경 출발 당시 인천항에는 안개가 자욱하여 선사들은 출항을 포기했으나, 세월호는 출항했다. ② 학생들에게 20여 회 "대기하라"는 방송만 하고 갑판장 박한결과 선원들은 목포해경 보트로 전원 탈출했다. ③ 세월호 침몰 이틀 전(2014. 4. 14.)에 국회 앞 남도마루 식당에서 더불어민주당 김용익 의원 등이 모여 '세월호 특별법 간담회'를 한 것이 월간조선 기사에 실렸다. ④ 팽목항에서 진도군청 기획실장은 전원 구조되었다고 잘못된 소문을 퍼트려 헬기와 잠수사들의 현장 진출이 막혔다. ⑤ 세월호 사건 당일 박근혜 대통령이 밀회를 위하여 정윤회와 만났다는 루머가 돌았고, 박 대통령이 '행방불명된 7시간 동안 정씨와 만났다'는 산케이 보도가 있었는데 기사는 거짓이었다. ⑥ 청와대 출입 기록, 대통령 일정, 경호 관련 자료를 넘겨받아 정씨가 사고 당일 청와대에 출입하지 않은 것으로 결론을 내렸다. ⑦ 문재인 정부 검찰의 수사로 세월호 참사 당일 박근혜 전 대통령이 보고받은 시간을 사후 조작한 혐의 등으로 기소된 김장수·김관진 전 국가안보실장은 1심 무죄, 집행유예를 받은 김기춘 전 대통령 비서실장마저 대법원은 무죄를 선고한 원심을 2023. 6. 29. 확정했다. ⑧ 어느 전교조 교사의 양심고백이다. "세월호 사건은 우리(전교조)가 조작 모의한 사건으로 단원고 희생자 가족 여러분 너무나 죄송합니다. 우리 전교조는 전교조를 말살하는 박근혜 정부를 말살하기 위하여 기획한 사건입니다. 박근혜 정부의 교육부 시책인 시험을 거부하기로 학생들을 꾀어 현장체험학습이라는 명목으로 어린 학생들을 유혹하여 현장체험을 가기로 결정하였습니다. …(중략)…구조 시작 전에 KBS, MBC, YTN, MBN, TV조선, JTBC, 채널A 등 전 방송사가 "학생 338명 전원구조" 거짓 방송, 한쪽에서는 수장시키고 다른 쪽에서는 전원구조 언론플레이 및 구조 무력화 흉계였다. 이글의 출처는 미국 LA에 있는 교포 언론인 배부전 씨가 대표로 있는 인터넷 「미주통일신문」 2017. 1. 7.자 내용이다. ⑨ 문재인 대통령은 2017. 3. 10. 오전 11시 박근혜 대통령 탄핵 후 세월호 피해자들을 위로하는 자리에 찾아가 "얘들아 너희들이 촛불광장의 별빛이었다. 너희들의 혼이 천만 촛불이 되었다. 미안하다. 고맙다"라고 방명록에 썼다. 우연일까? 잘 알고 있다는 취지의 글이다. 오히려 특이한 점은 ⑩ 유병언 일가가 경영하던 세모는 1997년 IMF 외환위기 때 부도를 냈고, 문재인 변호사는 당시 법원에 의해 채권자 측 파산관재인으로 선임됐다. 신세계종금 등 5개 채권사가 떼일 위기에 놓인 채권액은 2,200억 원에 달했다. 문재인 변호사는 예금보험공사와 함께 2002. 10. 유병언과 세모 등을 상

언론조작임을 간파하여 탄핵을 반대하는 많은 국민들의 집회는 이미 탄핵세력에 기울어진 언론들에 의해 철저히 보도하지 않았다.[4]

그 여세를 몰아 박영수 특별검사와 특검팀은 19대 대통령 선거에서 국민의 과반수 이상(51.6%)의 지지를 받아 당선된 박근혜 대통령을 평범한 유치원 원장 최서원과 함께 묶어 형법에도 없는 묵시적 청탁과 경제공동체를 만들었다. 그들은 박근혜 대통령과는 아무런 상관도 없는 최서원의 딸 정유라가 사용했던 승마(3마리)를 승마회장 삼성전자 이재용 부회장이 준 뇌물로 간주했다.

한국의 우수기업들이 문화창달과 스포츠 발전, 청년들에게 도움을 주기 위해 설립한 미르재단과 K스포츠재단에 출연한 것도 마치 박근혜 대통령이 개인적 이익을 취하기 위한 목적으로 보고 직권남용과 강요죄로 몰았다.[5]

대로 '가집행을 할 수 있다'는 내용까지 담긴 승소 판결을 받아냈다. ⑪ 하지만 유병언 일가의 은닉재산을 찾아내 가압류·가처분 등 적극적 조치를 제대로 취하지 않고, 2003. 2. 청와대 민정수석에 임명되었다. 미국에서 활동하는 「선데이저널」은 이 문제에 대해 2015. 8. 16.자 첫 보도하고, 2017. 3. 16.자 후속보도를 냈다. 문재인 변호사의 책임을 인정해야 한다"는 취지의 내용이다. ⑫ 2023. 8. 4. '유병언 미국서 강제송환, 세월호 유병언 차남, 기내 체포…'란 언론 보도가 나왔다. 네티즌 kwon ****는 "세월호 사건 전면 재수사해야 한다. 악천후로 다른 배들은 운항하지 않았는데 유독 세월호만, 경기도 교육감 지시로 출항한 것부터, MBC는 전원 구조되었다고 방송한 것도, 세월호 조사위의 거듭된 역공 역시 의심스럽다. 조직적인 배후 세력이 있지 않고는 일어난 일련의 행적들을 설명하기 어렵다"고 댓글을 올렸다.

4. 국민들은 기자와 언론들을 '기레기'라고도 하는데, 이는 기자와 쓰레기의 합성어로 허위 사실과 부풀린 기사로 저널리즘의 수준을 현저하게 떨어뜨린다. 언론은 당시 박근혜 대통령의 지지율이 5% 내외로 보도하고 있었다.

5. 박근혜 전 대통령은 검찰조사에서 전혀 다른 주장을 한 바 있다. 자신은 안종범으로부터 K스포츠와 미르재단 관련해 전경련과 민간기업이 자발적으로 만들고 있다고만 보고받았다는 것이다. 전 월간조선 우종창 기자는 자신의 책 『태블릿 백서』에서 안종범, 차은택, 고영태가 원팀이라 분석해 놓은 바 있다. 『변희재의 태블릿, 반격의 서막』 21쪽에서 재정리했다.

또한 수십 년 동안 국정원 예산에 반영된 특수활동비를 받아 청와
대 직원들에게 준 돈을 국고손실 뇌물죄로,[6] 당 총재인 대통령이 소속
의원 공천 타당성을 위해 지급한 여론조사 비용을 국고손실죄로 감옥
까지 보냈다.[7]

박근혜 전 대통령이 국정을 농단했다거나, 삼성전자 이재용 부회장
의 뇌물을 받았다고 믿는 국민과 문재인 정부를 지지하는 국민 외의
우리 국민은 이제, 언론과 민노총, 한국노총, 전교조, 더불어민주당,
정의당 등 좌파 세력들과 당시 권력을 탐한 새누리당(미래통합당을 거쳐
현재 국민의힘당) 일부 의원들이 야합해 촛불시민 혁명이라고 선동하면
서 작당한 것임을 알게 되었다.

그렇다고 박근혜 전 대통령이 국민이 위임한 정권을 빼앗긴 정치적
책임과 사익과 권력을 탐한 김무성, 유승민, 하태경 등 소속 의원을 관
리하지 못한 책임과 친박·친이의 분열책임을 부정하는 건 아니다.

탄핵소추로 갈라진 새누리당(94석)을 혁신하기 위해 2016년 12월
29일 인명진 비대위원장 체제가 출범했다. 이후 2017년 2월 13일 자
유한국당으로 당명 변경과 당헌·당규 개정이 있었다.

---

6. 문재인 정부 때 국정원 특수활동비를 '안보비'로 명칭만 변경하여 더 많이 책정하고 지출하였
다. 심지어 대검찰청이 배정했던 특수활동비를 박범계 전 법무부장관이 배정하였다. 내로남불이
다.

7. 앞의 각주 5) 참조. 돈 봉투 사건의 피의자 송영길 전 더불어민주당 대표는 테블릿pc 조작 주
체를 검찰로 몰아가고 있다. 검찰은 테블릿pc의 조작에 관여했는지 여부를 재수사하여 억울한 박
근혜 전 대통령과 최서원의 누명을 밝혀 국민들에게 알려야 한다. 문재인 대통령이 임명한 김명수
대법원은 박근혜 전 대통령에게 22년 징역, 벌금 180억 원, 추징금 35억 원을 선고하였는데, 박
근혜 전 대통령이 벌금 등을 납부하지 못하자 검찰청은 내곡동 자택을 공매하기에 이르렀다. 박근
혜 전 대통령의 명예회복을 위해 잘못된 판결은 재심을 통해 파기되어야 할 것이다.

02. 국민을 배신한 탄핵세력의 새누리당 탈당과 문재인 정권의 출범

2016년 12월 27일, 새누리당 당권을 획득하지 못한 김무성·유승민 의원 등 비박계 의원 29명은 집단 탈당하여 2017년 1월 24일 바른정당(31석)을 창당하였다.[8] 2017년 3월 10일에는 박근혜 대통령에 대한 헌법재판소 탄핵심판 결정이 있었고, 법률과 헌법을 위반한 탄핵심판 결정으로 박근혜 대통령은 이날 사임하였다.

대통령 궐위(대통령이 사망·사퇴·탄핵·당선 무효)되는 경우 사유가 확정된 때부터 새 대통령선거는 60일 이내에 실시하고, 선거일은 늦어도 선거일 전 50일까지 대통령 또는 대통령권한대행이 공고한다. 황교안 대통령권한대행은 2017년 3월 15일 임시국무회의를 열어 대통령 선거일을 2017년 5월 9일로 지정해 공고하였고, 임시공휴일로 정하였다.

자유한국당은 홍준표 대표[9], 더불어민주당은 문재인 전 대표, 국민

---

8. 2016년 12월 27일 새누리당 비박계 의원 35명 이상이 탈당할 것이라 예상했는데 실제로는 29명만 탈당했다. 그 이유를 보면, 탈당이 예상되었던 심재철 국회부의장, 나경원 의원이 의사를 번복했으며, 김현아 의원은 탈당 시 자동으로 의원직을 상실하는 비례대표 신분이었기 때문이었다. 그리고 먼저 탈당한 김용태 의원을 포함한 총 30명으로 일단 원내교섭단체를 결성하였다. 2017년 1월 5일, 가칭 개혁보수신당의 창당 발기인대회를 개최했다. 이어 2017년 1월 8일에 바른정당으로 당명을 확정하였으며, 1월 24일에 창당대회를 열고 공식 창당하여 원내 4당이 되었다. 초대 당 대표는 정병국, 원내대표는 주호영이 맡았다. 창당 초기에는 새누리당 내 비박계의 양두(兩頭)인 김무성계, 유승민계가 중심이었으나 2017년 5월 초 대선을 앞두고 김무성계가 대거 탈당하였다. 2017년 11월에는 김무성 본인을 비롯한 나머지 통합파 의원들까지 보수통합과 문재인 정부 견제를 명분 삼아 탈당하고 자유한국당에 복당했다. 그러나 유승민계의 바른정당은 안철수계의 국민의당과 합당하여 2018년 2월 13일 바른미래당을 창당했다. 2020년 4월 15일 총선이 임박해오자 살아 남기 위해 황교안의 자유한국당과 합당하기로 하고 2020년 2월 17일 미래통합당으로 당명을 변경하였다.

9. 홍준표(洪準杓, 1953) 1984년 검사로 임용되었다. 1995년 검사에서 사직한 후 변호사로 활

의당은 안철수 대표, 바른정당은 유승민 대표, 정의당은 심상정 대표 등이 대통령 후보로 출마하였다.

선거 결과 거짓 언론선동에 의한 박근혜 대통령 탄핵에 이어 나중에 밝혀진 바와 같이 드루킹 인터넷 댓글조작과 처음 실시된 사전투표(투표율 26.1%)의 부정선거로 문재인 더불어민주당 후보가 2017년 5월 9일 총투표자 32,672,175명(무효표 135,733표 제외) 중 득표수 13,423,800표(득표율 41.08%)를 얻어 1위로 대통령에 당선되고, 홍준표 자유한국당 후보는 7,852,849표(24.035%)로 2위, 안철수 국민의당 후보는 6,998,342표(21.417%)로 3위, 그외 바른정당 유승민 후보는 2,208,771표(6.760%), 정의당 심상정 후보는 2,017,458표(6.174%)를 각각 득표하였고, 그 밖에 8명 군소 후보의 득표 합계는 0.52%에 그쳤다.[10] 문재인 당선자는 정권인수위원회 없이 다음 날 2017년 5월

동하다가, 김영삼 대통령 겸 신한국당 총재의 권유로 정계에 입문해 1996년 제15대 국회의원이 되었다. 1999년 선거법 위반으로 의원직을 상실한 후 미국에서 지내다가 정계에 복귀하여 제16·17·18대 국회의원을 지냈다. 18대에는 제12대 한나라당 대표를 역임했다. 2012년부터 2017년까지 민선 5·6기 경상남도지사를 지냈다. 2017년 5월 자유한국당 제19대 대통령 후보로 출마했으나 낙선하였다. 낙선 후 자유한국당 대표가 되었다. 당 대표로서 2018년 6월 14일 제7회 지방선거에서 참패 후 대표직을 사퇴하였다. 2020년 제21대 국회의원 선거공천 과정에서 중진의 힘찬 출마를 요구하는 미래통합당 지도부와 갈등을 빚어 미래통합당을 탈당하고 무소속으로 대구 수성구을에 출마하여 이인선 미래통합당 후보를 꺾고 5선 국회의원이 되었다. 이후 복당을 선언했으나 김종인 위원장의 견제로 1년 후에야 복당하였다. 그는 제20대 대통령 선거를 앞두고 국민의힘당 대선후보 경선에 나섰으나 윤석열 후보에게 패하였다. 2022년 4월 22일에 국민의힘 대구광역시장 후보로 선출되어 4월 29일 국회의원직을 사퇴하고 당협위원장 자리를 낙선한 이인선(여)에게 넘겼다. 2022년 6월 1일 제8회 지방선거에서 대구광역시장으로 당선되었다. 이인선은 21대 국회의원 보궐선거에 당선되었다. 정치경력은 화려하나 불필요한 발언으로 앞날이 불투명하다.

10. 안철수, 유승민, 홍준표 등 중도 및 보수 진영의 후보들을 두고 비문 단일화를 촉구하는 목소리도 일부 있었으나, 적극적으로 단일화에 나서거나 스스로 사퇴 의사를 밝히는 후보가 없어 무산되었다. 따라서 본격적인 선거전은 문재인·홍준표·안철수·유승민·심상정의 원내 5대 주요 정당 후보들 간의 5자 대결 구도로 진행되었다.

10일 제19대 대통령에 취임하여 문재인 정부가 출범하였다.

문재인 대통령은 탄핵세력 박지원 의원이 추천한 호남 출신 박영수 특검(여러 죄목으로 구속되어 재판을 받고 있다)과 문재인 정부의 검찰과 법원은 법률에도 없는 묵시적 청탁, 경제적 공동체를 만들어 탄핵당한 박근혜 전 대통령을 감옥까지 보냈다. 나중에는 이명박 전 대통령까지 감옥에 보내 보수우파가 더는 집권하지 못하도록 수많은 인사를 적폐로 내몰았다.

03. 더불어민주당, 중앙선관위와 결탁한 4·15 총선 부정선거로 국회권력 장악

박근혜 전 대통령 탄핵의 여세를 몰아 문재인 대통령 후보의 캠프 김경수(후에 경남지사가 되었다)와 드루킹 김동원의 인터넷 댓글조작 등의 부정선거로 2017년 5월 10일 문재인 정부가 들어섰다. 약 2년 반의 문재인 대통령 집권기간 동안 노동자만을 위한 소득주도성장(결국 노동자도 일할 곳을 잃어 피해를 본다), 세계 최고의 원전기술 포기(脫原電), 군사안보 목표인 주적을 없애고, 한미동맹 파괴, 유엔사 해체를 위한 종전선언, 운동권 출신 중용, 역사왜곡(6·25전쟁은 북침이다. 미군은 점령군, 중국군은 해방군이다), 제주도 4·3 사건 왜곡[11], 5·18 민주화운동진상규명 법안 등(차별금지법, 여성가족부, 부동산임대 3법 등)으로 국민을 피아로 나누고, 부동산가격 폭등, 세계 최고의 부채증가, 세계 1위의 자

---

11. 문재인 정부하의 과거사정리위원회는 대법원의 기존 판결을 뒤집은 사례가 허다하다.

살륭, 천문학적인 옵티머스, 라임, 브이아이케이, 디스커버리 펀드 등 문재인 정부 실세들이 개입한 듯한 금융사기 사건,[12] LH 부동산투기 사건, 가짜수산업자 자칭 사기사건[13]과 이재명 전 성남시장(이후 경기지사를 거쳐 당시 여당의 더불어민주당 대통령 후보, 2022년 6월 1일 보궐선거에 의한 국회의원, 이후 당 대표가 되었다)의 대장동 택지개발 특혜사건 등과 검찰개혁을 빌미로 자신들의 대형 부정·부패사건들을 덮기 위한 검경수사권 조정, 검수완박 등 혼란을 경험하고 있었다. 아울러 박근혜 전 대통령 탄핵이 선동과 거짓이었다는 사실이 알려지기 시작했다.

그리하여 2019년 10월 3일 광화문·서울시청·청계천·서울역 등 광장에는 200만 명 이상의 엄청난 애국시민이 모여 "탄핵 무효! 문재인 타도! 조국 구속!"을 외치고 있었다. 깜짝 놀란 문재인 정권과 더불어민주당은 6개월 후 실시될 2020년 4·15 제21대 국회의원 총선거(이하 '4·15 총선'이라 한다)을 대비한 치밀한 선거 공작(선거사기)을 기획하였다.

04. 문재인 정권의 언론장악과 장기집권 계획

주사파(좌파)의 대부격인 문재인 대통령과 더불어민주당의 이해찬

---

12. 추미애 법무부장관은 검찰의 증권범죄합동수사단을 해체해버려 관련 수사가 파장에 이르렀다.

13. 가짜수산업자 피고인 김태우에 관한 사기 사건인데, 박영수 특별검사와 양재식 특검보, 이방원 부장검사(특검팀 검사), 이정원 변호사(특검팀 수사관)와 탄핵 주동자 김무성 전 의원, 박지원 의원(전 국정원장)과 언론인 등의 유명인사의 이름이 거론되고 있다. 필자는 단순한 사기사건이나 청탁금지법(김영란법) 위반사건으로 보지 않는다. 박근혜 전 대통령 탄핵과 관련된 사후 뇌물죄 등의 사건으로 보인다.

대표를 비롯한 핵심 의원들, 언론노조 간부들은 국회와 언론까지 완벽히 장악하는 치밀한 계획을 세웠다.[14]

문재인 대통령과 더불어민주당은 언론노조 간부들을 내보내 MBC(최승호 대표이사, 전 뉴스타파 앵커), KBS(김의철 대표이사) 등 언론들을 장악하고, 「평등법」, 「부동산3법」, 「언론중재법」, 「검경수사권조정」, 「공수처법」 등 악법을 일방적으로 제정(개정) 추진하고, 코로나19를 이용하여 이들에게 유리하도록 사전(부정)투표[15]를 조성하기 위한 「공직선거법」을 개정하였다.

이들은 계획한 바 4.15 총선에서 여론조작과 중앙선관위와 결탁한 부정선거, 특히 사전투표와 전자개표기, 가짜투표지로 미래통합당(위성정당 미래한국당 포함)은 300석 중 103석을 얻어 참담한 실패를 했고, 반대로 더불어민주당(위성정당 더불어시민당 포함)은 180석을 얻어 국회도 완전 장악했다.

그 결과 당시 야권인 미래통합당(현재의 국민의힘당)은 대패하고, 국민의당, 정의당, 우리공화당, 국가혁명당, 자유통일당, 시대전환당 등으로 사분오열되었다. 그래서 이들은 길게는 100년, 짧게는 20년, 30년 이상 주사파 종북 좌파 정권이 계속 집권할 것을 장담(이해찬 전 대표의 발언이다)하고 있었다.

다시 말해 지난 4·15 총선처럼 곧 있을 2022년 3월 9일 대통령 선거와 2022년 6월 1일 동시 지방선거뿐만 아니라, 2024년 4월 10일

---

14. 당시 언론에 보도되지 않았지만 탄핵반대(무효) 집회에 모인 국민들의 수를 보면 지지율 5%는 허위인 것처럼 보인다.

15. 본 투표일(2020. 4. 15)은 하루인데. 사전투표일(2020. 4. 10. 4. 11)은 2일이었다.

제22대 국회의원 총선거에서 (부정선거)로 승리할 것으로 자부하였다.

그래서 국민의힘당에 분탕 세력이나 프락치 세력을 심어 국민의힘당(당시 야당)을 분열시켜 주사파, 민노총, 전교조, 민변, 참여연대 등 친중·종북 정권을 유지시킬 목적이었다. 먼저 4·15 총선의 선거 공작과정을 살펴본다.

05. 황교안 자유한국당 대표의 오판과 실책

황교안 전 대통령권한대행(2016. 12. 9.~2017. 5. 10.)은 탄핵사태로 문재인 정부가 들어서자 근신 후 2019년 1월 15일 자유한국당에 입당하고 당 대표로 출마하였다. 당시 박근혜 정부의 각료들은 대부분 적폐로 몰려 감옥에 갔다. 하지만 그에겐 아무런 일도 없었다. 그래서 국민들은 황교안 전 대통령권한대행이 박근혜 대통령을 배신한 것이 아닌가 하는 의심을 하기도 했었다.[16] 이런 이유로 필자는 황교안 후보가 자유한국당 대표가 될 수 없다고 판단했었다.

그런데도 2019년 2월 27일 그는 무난히 당 대표로 당선되었다. 그래서 문재인 전 대통령과 가깝게 지내는 김무성 전 대표와 유승민 전 대표의 도움을 받아 당선된 것이 아닌가? 하는 의구심을 갖기도 하였다. 황교안 대표는 "정책정당·민생정당·미래정당으로 자유한국당을 담대하게 바꿔 나가겠다. 자유우파의 대통합을 이뤄 내겠다"고 당선 소감을 밝혔다.

---

16. 필자만의 생각은 아닐 것이다.

그때 보수우파 국민들은 과거 탄핵처럼 2020년 4·15 총선에서도 좌파 문재인 정권에게 국회권력마저 빼앗겨 결국 대한민국은 사회주의·공산주의로 전락할 것을 매우 우려했다. 그래서 보수우파 국민들은 황교안 대표가 이끄는 자유한국당이 탄핵세력인 더불어민주당 비대위원장 김종인, 유승민·하태경·오신환·이준석이 이끄는 바른미래당과의 통합을 적극 반대했었다.

그럼에도 정치경험 없는 황교안 자유한국당 대표는 2020년 4·15 총선거가 다가오자 결국 탄핵세력인 바른미래당과 합당함으로써 2020년 2월 17일 미래통합당으로 당명을 변경하였다. 황교안 대표의 매우 잘못된 판단이며 치명적인 정치적 과오였다.[17]

06. 4·15 총선 등 부정선거는 박근혜 대통령 탄핵세력과 관련성 있어

필자는 대한민국 정치를 추락시킨 탄핵의 실상과 미래통합당이 참패한 4·15 총선에서의 김종인 총괄선대위원장 행태, 비대위원장이 된 후 보수우파 국민 갈라치기와 편파적인 당무감사를 통한 자기 사람 심기, 그 뒤를 잇는 이준석 후보의 부정경선 당 대표 당선, 대표 이후의 부정선거 잠재우기 공작은 '더불어민주당 일부 세력과 중앙선관위와 함께한 교묘한 선거사기이다'라고 판단했다.

이유는 김종인은 더불어민주당 문재인 대표의 후임으로 선대위원

---

17. 황교안 전 대표는 자신의 정치인생에 있어 가장 실수한 것이라고 고백했다.

장과 비대위원장을 하였고, 그런 그가 4·15 총선을 참패(예견된 일이었다)시켜 놓고 국민의힘당 총괄선대위원장을 거쳐 비대위원장이 되었다. 그는 비대위원장을 사퇴하면서 후임에 이준석이 부정경선으로 당대표에 당선되었다. 이게 우연일까? 필자는 짜여진 '선거사기', '정치공작'이라고 생각한다. 한편 더불어민주당 이재명 대표는 2024년 4월 10일 실시될 제22대 총선에서, 과거 4·15 총선 환경과는 다르더라도 사법 리스크(구속과 무기징역)에서 벗어나기(살기) 위해 필사적으로 부정선거를 자행할 것이다.

07. 4·15 총선의 패배 원인과 이유; 정치공작과 부정선거

설상가상으로 미래통합당 황교안 대표는 바른미래당과의 통합 후 정치성향이 완전히 다른 더불어민주당의 중책을 맡았던 김종인을 총괄선대위원장(2020년 3월~4월 15일)으로 임명하여 함께 4·15 총선을 지휘하였다.

황교안 대표가 정체성이 모호한 김종인을 미래통합당 총괄선대위원장으로 내보낸 것은 큰 실수였고 정치적 과오였다. 공천위원장은 당초 공모했는데 공모 결과 1등을 한 것으로 알려진 김문수 전 경기지사를 임명하지 아니하고 김종인 총괄선대위원장의 뜻대로 전 국회의장 김형오를 공천위원장으로 임명하여 김종인 선대위원장과 함께 4·15 총선거와 공천을 지휘하게 했다.

2020년 4·15 총선의 참패원인은 김종인 선대위원장과 김형오 공천위원장 등이 정체성이 불분명한 후보들의 공천과 사천, 김문수 전 의원, 윤상현 전 의원, 홍준표 의원 등을 공천에서 탈락시키고 지역연고를 무시한 바꿔치기 등 여러 원인들이 있다.

필자는 그중 가장 큰 원인으로 김무성 전 대표와 유승민 바른미래당 간의 통합, 김종인 전 총괄선대위원장의 정체성과 공작정치, 더구나 더불어민주당과 결탁한 중앙선관위의 부정선거가 광범위하게 자행된 합작품으로 보고 있다.

이로써 미래통합당(미래한국당 포함)은 20대 총선에서 얻은 122석보다 19석이 적은 103석으로 참패했고, 반대로 더불어민주당(더불어시민당 포함)은 123석보다 57석이 많은 180석을 얻어 국회권력마저 더불어미주당에 완전히 넘겨주었다. 이는 박근혜 대통령 탄핵에 이어 4·15 국회의원 총선마저 사전투표와 전자개표기, 가짜투표지의 부정선거로 참패해 보수당의 몰락을 가져오는 계기가 되었다.

기회주의 정치인들에 둘러싸여 4·15 총선 참패 후 더불어민주당과 중앙선관위의 교활한 부정선거를 몰랐던 황교안 대표는 중앙선관위가 발표한 선거결과를 그대로 믿고 공천실패와 선거패배의 모든 책임을 지고 대표직에 물러나 4·15 총선 부정선거 의혹을 즉각 제기하지 못했다.[18] 이 점도 정치경험 없는 황교안 전 대표의 정치적 과오였다.

결국 국민의힘당 김무성·유승민 전 대표, 하태경 의원, 김종인 위원장과 그 후계자 이준석 대표는 당권을 계속 장악하는 원인을 제공했고, 이후 이들은 중앙선관위, 당시 정부 여당(더불어민주당)과 결탁해

---

18. 황교안 대표는 총선 불복으로 비춰지는 것 같았고, 김종인 총괄선대위원장이 차명진, 김대호 후보의 세월호 등 막말로 패배했다고 한 말에 속아 정확한 판단을 못한 것으로 추정된다. 그는 뒤늦게 대통령 후보경선 과정에서 부정선거 문제를 언급하기 시작했다

부정선거 및 부정경선 의혹 잠재우기를 위한 공작을 노골화했다. 보수우파 국민들은 이제 믿을 당이 없어지게 되었다.

여기에서 눈여겨볼 사안은 나이 든 철새정치인 김종인이 더불어민주당 (총괄)선대위원장과 비대위원장을 거쳐 미래통합당 (총괄)선대위원장과 비대위원장으로, 다시 윤석열 후보의 총괄선대위원장으로 위촉되었다는 사실은 정치공작이 없이는 이뤄질 수 없는 일이다. 그는 이당 저당 옮겨 다니며 비례대표 5선을 하였다. 그러나 결말은 다 좋지 않았다.

08. 김종인 전 위원장의 과거 행적

김종인은 신군부 전두환 보안사령관 겸 중앙정보부장이 1980년 5월 31일 발족한 국보위의 자문위원으로 임명받고 전두환·노태우의 민주정의당 창당발기인으로 참여하였다. 제24대 보사부장관(1989. 7.~1990. 3.)을 거쳐 노태우 정부 때는 경제수석을 역임했다. 1988년 서울 관악구에 출마했으나 낙선하였고 1992년 김영삼 정부 시절 민주자유당 소속의 제14대 비례대표 의원이 되었다. 그러다가 1993년 동화은행 비자금 사건에 연루되어 구속되었다.

그 후 2004년 3월경 그는 김대중 전 대통령의 눈에 들어 새천년민주당에 영입되고 제17대 비례대표 의원이 되었다. 2007년 17대 대선에서는 정동영 후보를 적극적으로 도왔다. 그런 그가 권력을 좇아 2012년 9월경 제18대 대선 때 보수당인 새누리당 박근혜 후보의 국민행복추진위원장을 맡았다. 박근혜가 제18대 대통령(2013. 2.~2017.

3.)에 당선되자 많은 것을 요구하여 의견 충돌로 갈라섰다.

그러고 나서 그는 더불어민주당에 입당하여 선대위원장(2016. 1.~2016. 4. 15.)을 하였고, 문재인 대표 후임의 더불어민주당 비대위원장(2016. 1.~2016. 8.)을 거쳐 제20대 비례대표 의원(2016. 5.~2017. 3.)까지 지냈다. 권력을 탐하는 김종인 의원이 2017년 3월 8일 갑작스럽게 의원직을 사퇴했다. 무슨 일이 있었을까? 정체성이 없는 정치기술자 김종인 전 위원장에게 어떤 능력이 있기에 이런 일이 가능할까?

09. 김종인 전 위원장의 정체

김종인 전 위원장은 이당 저당을 수없이 옮겨 다녔다. 더불어민주당 문재인 대표 후임으로 더불어민주당 비대위원장이 된 그는 2016년 1월 28일 오전 현충원을 찾아 김대중 전 대통령 등을 참배하면서 이승만 건국 대통령은 참배하지 않았다. 이에 대해, "자기 스스로 건국하면서 만든 민주주의의 기본적인 원칙을 소위 3선개헌이라든가, 1960년 3·15 부정선거로 파괴했다"라며 과오를 과장하여 부정평가를 하였다. 3·15 부정선거는 자유당 이기붕 일당이 몰래 저지른 것임에도 이승만 대통령이 책임을 지고 물러난 것인데도, 건국 대통령의 지대한 공적을 인정하지 않는 생각을 여과 없이 드러냈다.

그는 이날 4·19 민주묘지 참배 직후에도 "(이승만 전 대통령이) 결국 불미스럽게 퇴진을 하고 외국에 나가 망명생활을 하다가 돌아가셨기 때문에 현실대로 받아들여야 하지 않나 생각한다. 나라를 세운 사람을 국부라고 그렇게 흔히 얘기하는데, 나라를 세우신 이런 측면에서는 그렇게 생각하는 사람들이 있을지 모르지만 결과를 나쁘게 만들었다"라고 폄훼했다. 이 발언의 배경은 무엇일까? 바로 좌파들의 인식과 동일한 것이다.

이날 참배는 더불어민주당 이종걸 원내대표와 비서실장 박수현 의원, 비대위원인 박영선·우윤근·변재일 의원·이용섭 전 의원·표창원 전 경찰대 교수·김성수 대변인 등이 참석했다. 그러나 민심은 싸늘했다. 조사기간 중 관련기사에 표시된 표정을 분석한 결과 '좋아요'는 평균 32.0%, '화나요'는 평균 64.4%로 집계되며 부정감성이 우세한 것으로 나타났다.[19]

김종인은 더불어민주당 선대위원장, 비대위원장, 20대 비례대표 의원으로 문재인 전 대표[20]와 함께 박근혜 전 대통령 탄핵에 앞장섰다.

---

19. [출처] 빅터뉴스(http://www.bigtanews.co.kr).

20. 1953년 경상남도 거제군에서 출생(이점에 대해, 조우석 평론가 등은 많은 의문을 제기하고 있다). 경남고등학교, 경희대학교 법과대학을 졸업. 사법시험에 합격한 후 부산의 재야 인권변호사로 활약하다 법무법인 부산에서 동업한 노무현과의 인연으로 참여정부에서 대통령비서실 민정수석비서관, 시민사회수석비서관, 비서실장을 지냈다. 이후 퇴임한 노무현 전 대통령과 함께 봉하마을을 근거지로 정치와 거리를 두며 생활하다 노 전 대통령이 서거하면서 노무현재단의 2대 이사장으로 활동하였다. 2011년 『운명』이라는 책을 내고 본격적인 정치의 길에 뛰어들게 된다. 2012년 제19대 국회의원 선거에 출마해 부산광역시 사상구 국회의원에 당선되었으며, 안철수와 함께 제18대 대통령 선거의 야권 대선주자로 발돋움한 후 경선과 단일화 과정을 거쳐 새누리당 박근혜 후보와 양강구도를 형성했으나 최종 48.02%를 득표해 3.53%의 근소한 차이로 낙선한다. 이후 2015년 새정치민주연합의 제2대 당 대표로 선출, 20대 총선을 이끌며 당명을 더불어민주당으로 개정한 뒤 김종인을 선거대책위원장으로 임명하고 당 대표직에서 사퇴한다. 2016년 20대 총선에서 물밑에서 여러 지원을 하며 참패가 예상되었던 선거에서 대반전(?)으로 새누리당이 패배하는 여소야대의 결과가 나옴으로써 정치생명 최대의 위기를 극복하였다. 그 영향으로 2016년 하반기부터 더불어민주당의 대권주자로 인식되었고, 탄핵으로 인해 박근혜 전 대통령이 파면된 이후 대세를 몰아 제19대 대통령 선거에 출마하여 41.08%의 득표율을 기록하며 대한민국 제19대 대통

이당 저당을 옮겨 다닌 노회한 철새정치인 김종인을 보수우파 국민들은 좋아할 리 없고 심지어 혐오한다.

10. 김종인 전 선대위원장의 4·15 총선 패배의 속임수

이와 관련하여 김종인 당시 총괄선대위원장의 4·15 총선 전·후의 수상한 행적을 살펴볼 필요가 있다. 그의 정치경력은 한마디로 정체성이 없으며 권력을 쫓는 해바라기 정치인일 뿐이어서 국민의 신뢰가 없다.

더구나 문재인 정권에 반대하는 광화문 애국시민을 의도적으로 갈라치기 했다. 특히 2020년 4월 6일 부천 소사구 차명진 후보가 후보자 방송토론에서 한 "세월호 자원봉사자와 세월호 유가족이 텐트 안에서 말로 표현할 수 없는 문란한 행위를 했다는 기사 내용을 이미 알고 있었다" 발언과 서울 관악갑 김대호 후보가 "…30대 후반에서 40대는 대한민국의 성장과 발전과정을 모르는 세대입니다. 이들은 논리가 아닌 막연한 정서이며 무지와 착각을 갖고 있습니다. 노인들은 나이가 들면 장애인이 됩니다"라는 발언에 대해, 김종인 총괄선대위원장은 전후 맥락을 잘라 버리고 "두 우리당 후보가 막말을 했다." 하며 이들을 제명하여야 한다며 황교안 후보(종로구에 출마하였다)를 압박하여 황교안 대표와 함께 대국민 사과를 하였다.

필자가 판단하기에는 두 후보자가 소신대로 한 발언이지 막말이 아

령에 당선됐다.

니었다. 그 발언은 일부 세월호 유족에게는 섭섭하게 들릴지 몰라도 대다수 많은 국민들에게는 오히려 설득력이 있는 말이었다. 만일 두 후보의 발언이 막말이었다면 두 후보에게만 영향이 있지 다른 지역구 후보에게는 거의 영향이 없는 것이다. 사과를 하더라도 차명진, 김대호 두 후보가 해당 지역구민에게 하면 된다. 이를 당 차원의 큰 잘못으로 돌렸다.

이와 같이 김종인 총괄선대위원장은 총선 패배의 명분을 찾고 있던 중 소신발언 사건을 침소봉대하였다. 놀라운 속임수이다. 게다가 김종인 선대위원장은 차명진 후보와 김대호 후보를 전쟁 중에 당원 지위를 박탈하는 해괴한 일을 했다.[21]

김종인 선대위원장과 김형오 공천위원장은 김문수, 윤상현, 홍준표 등 당선후보자를 공천에서 배제했고 민경욱 후보는 공천 시비가 많았다. 또한 정체가 불분명한 검증되지 않은 인사들을 공천하거나 지역 연고를 배제하면서까지 막장 공천을 하였다. 이는 스스로 자멸하는 길이었다. 미래통합당 황교안 대표는 기획된 부정선거로 낙선될 종로구에 출마하는 등 이들에게 속은 것이 분명하다.

---

21. 차명진 후보는 선거 막바지에 후보자격을 박탈당할 뻔한 상태에서 법원에 효력정지가처분 신청을 해 후보자격을 유지하였으나 낙선하였다. 그 후 당원자격을 박탈당한 차명진 후보는 명예를 되찾고자 '당원 제명결정 무효확인 소송'을 제기하여 2021년 11월 3일 항소심에서 승소하였다. 이처럼 김종인 위원장은 정당정치를 유린하였다.

11. 황교안 대표의 사퇴와 김종인 전 위원장의 꼼수

황교안 대표는 중앙선관위가 발표한 선거결과를 그대로 믿고 공천 실패와 선거 패배의 모든 책임을 지고 대표직에 물러나 반성의 나날을 보냈다.[22]

반면 김종인 총괄선대위원장은 공천 실패와 선거 패배의 원인을 모두 황교안 대표와 차명진, 김대호의 두 후보의 막말로 돌려 책임을 모면하였다. 당시 판세분석과 당일선거에서는 국민의힘당이 참패할 수 없는 상황인데도, 김종인 위원장은 "차명진, 김대호 후보의 막말로 지역구 50석이 날라 갔다"라고 자체분석 결과를 내놓고, 4·15 총선 패배의 책임을 황교안 대표와 차명진 등 후보에게 돌렸던 것이다. 이는 교묘한 속임수였다.

그런 그가 자신이 심어놓은 미래통합당 의원들에 의해 2020년 5월부터 2021년 4월 15일까지 다시 미래통합당 비상대책위원장으로 추대되어 실질적인 당 대표를 했다. 그는 야당 대표 11개월 동안 역할을 제대로 하지 못하고 당명을 그의 뜻대로 지금의 '국민의힘당'으로 변경하였다.[23] 그리고는 광화문·서울시청 등 광장에 모인 "박근혜 대통령 탄핵무효! 문재인 물러나라!, 조국 구속!"를 외치는 진정한 애국시민을 '태극기부대' 또는 '극우'라 폄훼하면서 갈라치기를 했다.

보수우파 국민들의 생각과는 달리 김종인 전 비대위장은 2020년

---

22. 황교안 대표는 2023년 2월 28일 자 〈고성국 TV〉에서 당시 당 대표로서 공천권을 자신이 내려놓음으로써 당을 위해 헌신한 사람을 공천하지 못한 것이 가장 큰 실수라고 발언하였다.

23. '국민의힘당'은 탄핵세력들이 광장에 모여 "박근혜 물러나라"고 했을 때 그들이 썼던 표현이다. 김종인 전 위원장의 이념과 정체를 알 수 있는 대목이다.

12월 15일 국회에서 박근혜, 이명박 두 전직 대통령의 사법처리와 관련하여 박근혜 대통령은 국정농단과 뇌물을 받아 탄핵이 정당하고 이로써 문재인 정권의 탄생이 정당하다는 것을 기망하기 위해 탄핵세력이 원하는 바와 같이 "탄핵당한 국민의힘당은 반성하고 앞으로 잘하겠다(?)"라는 다음과 같은 사과문을 발표했다.

존경하는 국민 여러분!

2016년 12월 9일 박근혜 전 대통령에 대한 탄핵소추안이 국회에서 가결되었습니다. 그로부터 4년이 지난 지금, 대한민국의 전직 대통령 두 명이 동시에 구속 상태에 있습니다. 저는 오늘 이 문제와 관련해 국민 여러분께 간절한 사죄의 말씀을 드리려고 이 자리에 섰습니다.

대통령을 배출한 정당은 국가를 잘 이끌어가라는 공동경영의 책임과 의무를 국민으로부터 위임받게 됩니다. 대통령의 잘못은 곧 집권당의 잘못이기도 합니다. 저희 당은 당시 집권 여당으로서 그러한 책무를 다하지 못했으며, 통치 권력의 문제를 미리 발견하고 제어하지 못한 무거운 잘못이 있습니다.

대통령을 잘 보필하려는 지지자들의 열망에도 제대로 보답하지 못했습니다. 오히려 자리에 연연하며 야합했고[24], 역사의 목소리에 귀 기울일 지혜가 없었으며, 무엇보다 위기 앞에 하나 되지 못하고 분열을 했습니다. 헌정사상 최초로 대통령이 탄핵받아 물러나는 사태가 발생하였으면, 국민을 하늘처럼 두려워하며 공구수성恐懼修

---

24. 김종인은 더불어민주당 비대위원장으로서 새누리당 의원들과 야합한 사실을 인정하고 있다.

曲의 자세로 자숙해야 마땅했으나, 반성과 성찰의 마음가짐 또한 부족하였습니다. 그러한 구태의연함에 국민여러분께서 느끼셨을 커다란 실망감에 대해서도 고개 숙여 사죄의 말씀을 드립니다. 아울러 탄핵을 계기로 우리 정치가 더욱 성숙하는 기회를 만들어야 했는데 민주와 법치가 오히려 퇴행한 작금의 정치 상황에 대해서도 책임을 느끼며 깊이 사과를 드립니다.

두 전직 대통령의 과오에는 정경유착의 어두운 그림자가 짙게 깔려 있습니다. 특정한 기업과 결탁하여 부당한 이익을 취하거나 경영 승계 과정의 편의를 봐준 혐의 등이 있습니다.[25] 또한 공적인 책임을 부여받지 못한 자가 국정에 개입해 법과 질서를 어지럽히고 무엄하게 권력을 농단한 죄상도 있었습니다.[26] 국민과의 약속은 져버렸습니다.

다시는 우리 역사에 이러한 일이 발생하지 않도록 하여야겠습니다. …그리고 지금 두 전직 대통령이 영어의 몸이 되어 있습니다. 국가적으로도 참담하고 부끄러운 일입니다. …(중략)… 이 작은 사죄의 말씀이 국민 여러분의 가슴에 맺혀있는 오랜 응어리를, 온전히 풀어드릴 수는 없겠지만, 다시 한 번 진심을 담아 고개 숙입니다. 저희가 이 역사와 국민 앞에 큰 죄를 저질렀습니다. 용서를 구합니다.

- 2020년 12월 15일 국민의힘당

---

25. 삼성그룹 이재용 부회장의 구속과 사법처리는 박지원 전 대표가 추천한 박영수 특별검사와 문재인 대통령이 임명한 김명수 대법원장 체제하의 정치재판의 결과로 보인다.

26. 김종인 위원장의 발언대로 최서원(최순실)은 정치인 박근혜의 오랜 지지자로서 박근혜 전 대통령을 팔아 국정에 개입한 구체적 행위가 무엇인지? 과연 그러한 불법행위가 존재하는지 의문이다.

12. 김종인 전 위원장의 정치활동의 목적

왜 김종인 비대위원장은 전광훈 목사 등 많은 광화문 애국시민들을 극우라 폄하하면서 소속 의원들을 시위현장에 못 나가게 방해했을까? 또 굳이 자신이 나서 두 전직 대통령에 대한 사과발언을 왜 했을까? 박근혜, 이명박 두 전직 대통령에게 책임이 있는 것처럼 기망한 것은 어떤 의미일까? 두 전직 대통령에게 허락을 받은 것인가? 분명히 그렇지 않았다.

그는 두 전직 대통령에 대한 대국민 사과를 함으로써 자신을 대통령의 반열에 올리고, 문재인 정부의 대변인처럼 박근혜 전 대통령은 국정농단과 기업과 결탁하여 뇌물을 받아 국민으로부터 탄핵되었고, 이명박 전 대통령은 정경유착으로 사법처리는 적법하고, 이로써 문재인 정부가 탄생한 것은 정당한 것처럼 착각케 하여 국민을 기망한 것이다. 즉, 이런 게 정치공작이고 문재인 정권에 노골적으로 부역한 것이다. 국민은 이 사실을 인식하여야 한다.

국민의힘당 오세훈 시장 후보와 안철수 국민의당 대표와의 합당을 전제로 2021년 4월 7일 서울·부산시장 보궐선거에서 승리하였음에도 김종인 위원장은 안철수 국민의당 대표와의 합당을 끝까지 거부하였다. 더불어민주당과 내통하여 국민의힘당 분열을 노리고 온 것이 분명하다.

DEMOCRACY

— Ⅲ —

더불어민주당과
중앙선관위가 결탁한
4·15 총선 부정선거

진 정 한
민 주 주 의 를   향 해 ,
부 정 선 거 의
미 래 와   정 치 개 혁

01. 4·15 총선이 부정선거임을 확인해 주는 정황 증거들

지난 2020년 4월 15일에 실시된 제21대 4·15 국회의원 총선거가 총체적인 부정선거였다는 증거는 정황증거와 구체적인 증거가 있다. 그 정황증거로는 아래 ①항부터 ㉞항까지 34개가 있다. 이를 먼저 살펴본다.

① 더불어민주당의 선거전략 연구소의 역할을 한 양정철 전 민주연구원장과 서훈 전 국정원장과의 2019년 5월 21일 4시간의 밀담사건이 있었고,[1] 양정철 전 원장이 더불어민주당 전체 의원들에게 일본과 타협하지 않고 단호하게 맞서는 것이 1년 후의 4·15 총선에 유리하다는 「선거전략 보고서」를 메일로 발송한 사건과 2019. 10. 9.~10. 12. 사이 중국 공산당 당교와 정책협약을 체결한 사실은 4·15 총선 부정선거 개시를 알리는 정황증거이다.

② 4·15 총선 하루 전 2020년 4월 14일 유시민 노무현재단 이사장[2]은 범여권 포함 180석이 된다는 기막힌 예상의석수를 언론에 흘렸

---

1. 두 사람의 밀담에 대해 자유한국당은 "정보권력자와 민주당 최고 공천 실세와의 만남에서 선거 공작 냄새가 난다"며 맹공을 퍼붓고, 더불어민주당은 "사적 만남 자리에 불과하고, 기자가 동석했는데 총선 얘기를 하겠느냐"며 무리한 정치공세라고 반박하였다.

2. 유시민 노무현재단 전 이사장은 "저는 민주당에서 어떤 데이터도 귀띔받은 적이 없고, 제 말은

는데, 사전투표의 출구조사는 법률상 금지되어 있었고 본투표는 아직 하지 않았는데 예상의석표가 그리 똑같았을까? 검찰은 예상의석표의 입수과정과 작성과정, 발표과정을 수사해야만 했다.[3]

③ 유시민 이사장이 발표한 의석수 180석 발언이 부담이 되었는지 곧바로 이근형 (선거)전략기획위원장은 180석은 꿈의 숫자라며 지역구 숫자는 130석에다 플러스 알파라며 진화하였다. 그는 개표결과 직후 전략기획팀의 예측 광역별 판세 180석(더불어민주당 163석, 더불어시민당 등 17석)을 올리면서 '사전투표 보정 값'을 표시했다. 이 사실이 문제가 되자 즉시 이 자료를 내렸다.

④ 또한 양정철 전 원장은 더불어민주당이 180여 석을 얻은 4·15 총선결과에 대해, "무섭고, 두렵기도 하다"면서 입술을 떨며 죄인이 된 것처럼 아무런 직책을 맡지 않고 총선 직후 미국으로 떠났다. 그는 더불어민주당 전략기획위원장 이근형과 함께 선거전문가, 선거전략가로 알려져 있다. 문재인 정부의 검찰은 요지부동이었다. 윤석열 정부의 검찰은 어떤 결론을 내릴까?

⑤ 하태경 미래통합당 해운대갑 후보는 같은 날에 "민주당 180석을 반드시 막아주셔야 한다"고 호소하면서 180석을 기정사실화한 수상한 발언이 있었다. 하태경 의원은 더불어민주당과 내통하고 있다는 증거이다.

⑥ 4·15 총선 출구조사 결과 더불어민주당은 예상했던 180석을 얻

개인적 견해"라며 집권 세력의 대표 스피커처럼 받아들여지고, 그 말이 악용당할 때의 책임을 질 수가 없다는 점을 강조하였다.

3. 부정선거를 수사하는 단초(증거)를 제공하는 것이다.

는다고 보도되었을 때, 그 결과에 환호해야 함에도 꿀 먹은 벙어리처럼 있었던 사실은 더불어민주당 지도부는 이미 180석을 획득했다는 사실을 알고 있었음을 추정케 한다.

⑦ 인천 미추홀 선거구에서 더불어민주당 남영희 후보가 무소속 윤상현 후보에게 사전투표에서는 3,920표 차로 이겼으나 본투표까지 합친 최종결과 171표 차이(0.15%)로 낙선하여 재검표를 신청했다가 4월 20일 바로 포기한 사실이 있는 바, 재검표를 하면 오히려 더불어민주당이 부정선거 사실이 발각되기 때문이었다.

⑧ 사전투표자 수가 엄청 부풀려졌다는 추정이 가능했다. 이유는 중앙선관위가 4·15 총선 투표자들을 대상으로 유권자 의식구조 통계조사를 한 결과 총 투표자 수 29,126,396명 중 사전투표자 수 29.1%, 본투표자 수 70.9%로 나타났는데, 투표결과는 사전투표자 수 40.32% 본투표자 수 59.68%로 너무나도 다르게 나타났기 때문이다. 통계조사를 기준으로 계산했을 때 부풀려진 사전투표자 수는 29,126,396명 × (40.32% - 29.10%) = 3,267,981명에 이른다.

이를 한 표로 정리하면 다음과 같다.

〈표1〉 유권자 의식구조조사 비율에 의한 사전투표자 수

구 분	사전투표자 수	본투표자 수	총투표자 수	비고, 점유비
실제 투표자 수(1)	11,742,677	17,383,719	29,126,396	
실제 투표비율	40.32%	59.68%	100.00%	
의식구조조사 비율	29.10%	70.9%	100.00%	의식구조 조사 비율과 큰 차이
의식구조조사 비율에 의한 투표자 수(2)	8,475,871	20,650,615	29,126,396	
사전투표자 수 차이 (1 - 2)	3,267,981	-3,267,981	-	사전투표자 수 조작 가능성

(단위 : 명)

⑨ 선관위는 사전투표지 투표함을 CCTV가 없는(관련규정이 그러했다) 장소에 본투표일까지 보관하였고, 이것이 문제가 되자 "CCTV가 설치된 장소에 보관해야 하고, 그 정보는 선거일 후 6개월까지만 보관하도록 한다"며 2021. 3. 26. 관련 「공직선거법」을 개정한 사실이 있다.

⑩ 사전투표지함 봉인지의 선거관리인의 서명이 위조되거나 찢어진 사례와 증거를 보전할 투표지함 법원 보관사무실을 개문한 사실이 있다.

⑪ 미래통합당 김종인 선대위원장은 자당의 차명진, 김대호 후보가 4월 6일 4·15 총선 후보자 방송토론 중 한 말에 대해, 더불어민주당의 막말 프레임 주장을 받아들여 대국민 사과를 하여 패배한 거짓 근거를 만들었다.[4] 그리고는 두 후보에 대해 선거 중에 후보 지위를 박탈하였다.

당시 여론조사에 의한 판세분석과 본투표 선거에서는 미래통합당이 유리(124 vs 123으로 이겼다)하거나 참패할 수 없는 상황임에도 김종인 선대위원장은 "차명진, 김대호 후보의 막말로 지역구 50석이 날라갔다"고 거짓의 자체분석 결과를 내놓고, 4·15 총선 패배 책임을 두 후보 등에게 돌렸다.[5]

⑫ 김종인 전 위원장과 김형오 공천위원장은 김문수, 윤상현, 홍준

---

4. 차명진 후보는 2020. 4. 6. 후보자 방송토론에서 "세월호 자원봉사자와 세월호 유가족이 텐트 안에서 말로 표현할 수 없는 문란한 행위를 했다는 기사를 이미 알고 있다.", 김대호 후보는 "30, 40대는 논리가 없고, 나이 들면 장애인이 된다"라는 발언을 했다. 이에 대해 김종인 선대위원장과 황교안 대표는 "막말을 했다"라면서 두 후보를 제명하고 대국민사과를 하였다. 두 후보의 발언이 막말이라면 두 후보에게만 영향이 있지 다른 후보에게는 영향이 거의 없었다.

5. 양산을의 6차례 여론조사에서는 국민의힘당 나동현 후보가 모두 상당한 격차로 이겼다. 이처럼 당일투표처럼 전국적인 판세는 전혀 당시 야당인 미래통합당이 불리하지 않았다.

표 후보 등 유력 후보를 공천에서 배제하고 정체가 불분명한 검증되지 않은 인사를 공천하거나 활동한 지역연고를 배제하면서까지 막장 공천을 하였다. 그 결과 참패하였다. 이것은 참패를 위한 김종인 위원장의 고도의 작전이다.

⑬ 대법원(선관위)은 소 제기일로부터 공직선거법 제225조 규정의 180일 내에 판결을 선고해야 하는데 이번 4·15 총선에 대해서는 대법원과 해당선관위 모두 법을 어겼다. 이는 부정선거 외에는 특별한 사정이 없다.

⑭ 중앙선관위는 전자개표기(법적 문제가 되자 이를 전자개표분류기로 명칭을 바꿨다)로 개표를 완료했으므로 증거로 보관해야 할 중앙서버의 기억장치를 중앙서버를 수리해야 한다는 이유로 교체 또는 데이터를 삭제했다고 스스로 주장하였다. 이는 범인이 증거를 인멸했다는 것과 다를 바 없다.

⑮ 계획적으로 전자개표기 컴퓨터 등 전산장비(서버포함)를 임차사용하고 임대업체에 반납하여 원본 파일이 없다고 거짓 주장했다.[6]

⑯ 특이하게 4·15 총선이 끝난 후 선거장비, 투표지 등을 집중 보관한 군포(E동), 이천, 남양주 등 물류창고에서 계속 화재가 발생하였다. 이는 실제 투표지를 인멸하려는 세력이 있다는 것이다.

⑰ 충남 부여·공주·청양 선거구의 사전투표지 1장이 경기 시흥시의 폐지 야적장에서 발견된 사실이 있다.

⑱ 2020. 12. 15.경 위 군포 물류창고(C동)에서 뭔가 밤새 작업을

---

6. 근거 없는 거짓주장이다. "임차 사용한 전산장비에 의한 원본파일은 모두 중앙서버에 의원임기 4년 동안 보관한다"고 KBS 토론(2021. 5. 1.)에서 선관위가 밝혔다. [출처] 2021. 9. 6.자 〈손상대TV〉, 「투표지 이미지 파일 없다더니, 물류센터에서 이 짓을?」

한 사실이 있다.

⑲ 최초 부정선거를 제기한 대전시 중구, 부산시 중구, 인천시 연수구을 선거구의 투표지 바꿔치기 작업한 듯한 표지가 위의 군포 물류창고에서 발견되었다.[7]

⑳ 시흥 고물상에 버려진 청양지역구 관외사전투표지가 발견되었다.[8]

㉑ 경기 구리시 개표소에서 있어서는 안 될 잔여 백지사전투표용지 6매가 발견된 사례가 있었다. 그런데 이를 신고한 참관인 이종원 씨를 사전투표지를 훔친 도둑으로 몰아 법원은 실형을 살게 했다. 선관위와 법원은 이런 식으로 국민을 협박했다.[9]

㉒ 선관위 직원, 개표참관인은 대한민국 국민이어야 하나 참관인의 성을 새씨, 개씨, 히씨, 힉씨, 힝씨, 들씨, 깨씨 등으로 허위 기재하여 가짜투표지의 책임소재를 밝힐 수 없게 하였다.[10]

---

7. 3곳의 선거구는 부정선거 소송을 제일 먼저 제기한 곳인데, 선관위는 투표지를 바꿔치기 위해 이곳에서 작업을 했던 것으로 추정된다. 이후 미래통합당 이언주, 이은권 후보는 누군가(?)의 압박과 방해에 의해 소 취하를 하였다. 소송을 방해한 자들은 누구일까?

8. [출처] '시흥 고물상에서 발견된 청양 지역구 관외사전투표용지는 부정선거의 스모킹 건입니다', 작성자 애국멸공, 2020. 10. 17. 13:15

9. 2021. 9. 5.자 〈이봉규TV〉 권오용 변호사와의 대담프로에서, 이종원 구속 결정적 증거(감정서) 유효한가?. 참관인 이종원은 사전투표 잔여투표용지 6매에 대해 "모르는 개표소 요원으로부터 투표용지를 건네받은 뒤 기표되지 않은 투표용지가 개표소에서 발견된 자체가 범죄의 증거라고 생각해 보관한 것을 민경욱 의원에게 전달했다"고 하였다. 민경욱 의원은, 2021. 5. 11. 국회 의원 회관에서 "공익제보자가 전달한 부정선거의 증거"라고 투표용지를 공개하였는데, 이 사건으로 이종원은 투표지를 훔친 자로 몰려 수감되어 유죄를 선고받고 상고심 판결에서 최종 유죄판결을 받았다. 그는 "선관위(법원이) 반성문을 쓰라고 했음에도 자신의 행위가 옳다며 반성문을 쓰지 않았다"고 증언했다.

10. 「공직선거법」 제181조(개표참관) ⑪ 다음 각 호의 어느 하나에 해당하는 사람은 개표참관인이 될 수 없다. 예를 들면, 대한민국 국민이 아닌 사람(개정 2015. 8. 13.).

㉓ 선거구마다 달라야 할 투표관리관이 경주시 양남면 제2사전투표소와 경주시 보덕동 제2사전투표소의 관리관이 김준오로 동일한 사실, 서울특별시 노원구 공릉2동 제2사전투표소와 경기도 용인시 처인구 남사면 제2사전투표소의 투표관리인이 송수원으로 동일한 사실이 있다. 있을 수 없는 일이다.

㉔ 믿지 못할 여론조사업체가 난무하고 있고, 당선 전에 이준석 당대표 후보에 관한 조작된 여론조사가 언론에 검증, 증거 없이 발표된 사실이 있었다.[11]

㉕ 각 방송사의 개표상황이 더 많이 진행되었다가 마지막에 중앙선관위의 보도 내용과 맞춘 사실이 있다.[12]

㉖ 중국 공산당과 북한은 대한민국의 선거에 개입(우마우당, 청주간첩단 사건의 김정은 지령문)하여 한국을 속국으로 만드는 정책을 추진했으며, 도지사, 시장, 군수가 당시 더불어민주당인 경우 지자체와 깊숙히 연결되어 있었다.

㉗ 이준석 대표 등 일부 정치인들은 4·15 총선 부정선거 없었다고 손사래 치고 방해하는데, 이런 일은 중국이나 중앙선관위, 더불어민주당에서 이익을 받지 않고서는 일어날 수 없는 일이다.[13]

㉘ 한국산 전자개표기 등 전산장비에 대해, UN 안전보장이사회가 콩고 정부에게 도입 중지를 경고했는데도 콩고, 이라크, 키르키스스탄이 한국산 전자개표기를 부정선거에 사용함으로써 결국 전국적

---

11. 이준석 당 대표 경선과정에서 거짓의 여론조작 사실이 언론에 수차례 발표되었다.

12. [출처] 2021. 7. 18. 공병호 박사와의 〈바실리아TV〉 대담프로에서.

13. 2021. 8. 30. 박대석 칼럼니스트(한국경제)가 페이스북에 쓴 글을 〈공병호 TV〉가 방송하였다.

인 시위가 일어났다. 특히 키르키스스탄은 2021. 11. 4. 국회의원 총선거가 부정선거로 대통령이 사퇴하고, 총선거가 전면 무효가 선언되고, 재선거를 실시 하였다.

㉙ 2021. 7. 8.(현지시각) 워싱턴포스트에 따르면, 자이르 보우소나루 브라질 대통령은 이날 "전자투표시스템을 핵심으로 하는 현행 투표방식을 바꾸지 않으면 내년으로 예정된 대선이 취소될 수도 있다"는 발언[14]을 했다. "브라질의 사법부와 선거시스템이 다 무너졌고 부정선거 의혹을 제기하는 대통령을 제거하기 위해 그런다"고 호소하며 국민들이 대법원에 진입한 브라질 부정선거 시위가 있었다.[15]

㉚ 다음 〈표2〉의 7개 국가의 부정선거사례 분석표와 같이 아프리카 말라위에서는 2019년 5월 치러진 대선에서 무타리카 대통령이 3% 포인트 승리해 재선에 승리했지만 곧이어 부정선거 논란에 휩싸여 말라위 헌법재판소와 대법원은 대선무효 결정과 판결을 내렸다. 재선거는 2020. 6. 23. 치러졌고 새로이 야당 대표 라자루스 차퀘라 후보가 당선되었다.[16]

㉛ 다음 〈표2〉는 7개 국가의 부정선거 사례 분석표이다.[17]

---

14. 보우소나루 대통령은 지난 몇 주 동안 2018년 대선이 부정선거로 치러졌다면서 1996년 도입된 브라질 전자투표시스템의 안정성에 대한 의문을 제기하며 투표방식 변경을 요구해 왔다. 2018년 대선은 보우소나루 대통령의 승리로 끝났지만, 1차 투표만으로 승부가 나지 않아 2위인 노동자당 페르난두 아다지 후보와 결선투표까지 가야 했었다고 주장하였다.

15. [출처] 브라질의 트럼프 보우소나루 대통령, 브라질 부정선거 논란 속 대규모 시위 폭발 중, 작성자 wisdomk.

16. 김형철, 「4·15 부정선거 비밀이 드러나다」, 도서출판 대추나무, 2021, 제22, 23쪽 참조.

17. 김형철, 위의 책, 제24쪽 참조.

국가(선거)시기	야권의 반발	국민저항	사법부 / 선관위의 개입	결과(효과)
미국(대선) 2020. 11. 03.	공화당의 반발	저항 중간	주마다 다름	재검표감사 진행 공화당지지 확대
케냐(대선) 2017. 08.08	강력반발	강력저항	대법원 선거무효판결	재선거 (정권유지)
민주콩고(대선 2018. 12월	미미	저항미미	미개입	변화 없음
말라위(대선) 2019. 5월	강력 반발	강력 저항	헌재/ 대법원 선거무효판결	재선거 (정권교체)
볼리비아(대선) 2019. 10월	강력 반발	강력 저항	미개입	대통령사임 재선거
벨라르스(대선) 2020. 08. 09	강력 반발	강력 저항	미개입	변화 없음
키르기스스탄(총선) 2020. 10. 04	강력 반발	강력 저항	중앙선관위 선거무효결정	대통령사임 재선거 실시

㉜ 투표소 인근에 2020년 2월부터 선거가 끝난 직후까지 해당 선관위와 연결되는 행정망 사용신청을 하는 등 중앙선관위 임시사무실 9곳을 개설하여 운영한 사실이 있다.[18]

㉝ 2020년 4·15 부정선거에 관한 보고서(영문판, 한글판, 일본어판, 중국어판)가 작성된 사실이 있다.[19]

㉞ 캐나다 언론은 "중국 공산당이 캐나다 선거에 개입해 민주주의 건드렸다"고 보도했다. 캐나다 매체 〈글로벌뉴스〉에 따르면, 캐나다 온타리오주 지방의원 사무실에 중국이 보낸 25만 캐나다 달러(약 2억 5,100만 원)가 전달되었다는 것이다. 이런 선거개입을 총괄 지휘한 건 토론토주재 중국 총영사관으로 조사 확인되었다.

중국 공산당은 위챗 등 SNS에 조작한 정보들을 퍼뜨려 선거 캠페인

---

18. 김형철, 앞의 책, 제94쪽 내지 제98쪽 참조.

19. 민경욱 전 의원의 발표 내용이다.

을 교란했다. 이들이 노린 대상은 캐나다에 사는 100만 중국인들이었다. "캐나다 보수당이 만들 법안이 중국계 캐나다인을 선별하고 억압하며 중국인을 별도로 등록하게 하는 등 차별했다"라는 거짓 정보가 대표적이다.

이 점에 대해, 캐나다 트뤼도 총리는 시진핑 주석과의 대화에서 "민주주의에 간섭하는 외국(중국)의 행태에 맞서 싸우는 데 계속 투자할 것이다"고 말했고, 연장선상에서 캐나다 정부는 중국의 총선개입에 대해, 특별조사를 착수하였다.

02. 4·15 총선이 부정선거임을 증명하는 구체적인 증거들

뿐만 아니라 4·15 총선이 부정선거임을 증명하는 구체적 증거·사례와 유사한 외국의 사례 등 총 220여 개가 확인되었다.[20] 지면상 34개만 적시한다.

"지금 세상에 부정선거가 어디 있어?"라고 반문하는 사람들이 많다. 우리나라 선거시스템에 관한 이해부족과 피해자인 미래통합당(현 국민의힘당) 이준석 전 대표, 김종인 전 위원장, 하태경 의원이 스스로 "부정선거가 없었다"고 국민을 속이고, 소속 의원들은 꿀먹은 벙어리이거나 부화뇌동하고, 더불어민주당은 속으로 웃으면서 침묵하고(즐기고) 있기 때문이다.

---

20. 윤석남, 『위기의 대한민국 누가 구할 것인가?』 한스하우스, 2022, pp.152~333.

① 2020년 4·15 총선에서, 당일투표 득표율은 더불어민주당 대 미래통합당(현 국민의힘당)이 123 vs 124로 미래통합당이 이겼는데, 미래통합당의 사전투표 득표율이 당일투표 득표율보다 모두 낮아져 최종 163 vs 84로 패배하였다.

이러한 확률은 당일투표 승률(123 vs 124 ≒ 1 vs 1, 50%)을 그대로 적용했을 때 253개 선거구 수만큼 동전 253번을 던졌을 때 계속 같은 면이 나오는 확률(0, =2의 253승분의 1)이다. 즉 불가능한 일이 일어났으니 인위적인 조작임이 틀림없다.

② 이준석 전 대표 등은 사전투표는 더불어민주당 지지자들이 많았다고 주장한다. 거짓말이다. 경험칙상 통계상 보수당을 지지하는 어른들이 준비성이 많아 더 일찍 투표를 했다. 또한 지역선거구별 선거로 각 후보들의 능력과 지지도와 지역특성에 따라 각자 다르기 때문에 당일투표 득표율보다 모두 낮아질 수 없다.

필자는 중앙선관위의 연령별 선거통계자료를 분석한 결과 다음의 〈표3〉 4·15 총선 연령별 사전투표자 수 및 비율표와 같이 50대 미만보다 50대 이상의 보수성향의 장년들이 사전투표를 89.7% vs 100%로 더 많이 한 사실을 확인 증명하였다. 따라서 전 선거구, 투표소에서 일률적으로 국민의힘당 사전투표 득표율이 당일투표 득표율보다 전 선거구 모두 낮아진 것은 확률상 불가능하다.

③ 또한 총 유권자수 43,994,247명, 총 투표자수 29,126,396명(투표율 66.2%) 중 당일투표자 수(17,383,719명, 투표율 39.51%, 구성비율 59.68%)와 사전투표자 수(11,742,677명, 투표율 26.69%, 구성비율

<표3> 4·15 총선 연령별 사전투표자 수 및 비율표

연령별	투표자 수	연령별	투표자 수	비 율
20대 미만	263,505	50대	2,576,527	
20대	1,720,002	60대		
30대	1,494,267	70대 이상	2,152,575	
40대	2,074,663			
50세 미만	5,552,437	50세 이상	6,190,240	89.7% vs 100%

40.32%)[21]와 같으며, 선거구별 모집단이 같고 투표자 수가 대단히 커 대수大數의 법칙法則에 의해, 당일투표나 사전투표의 투표성향이 동일한바[22], 전 지역구에서 국민의힘당 사전투표 득표율이 모두 낮을 확률 역시 불가능하다.[23]

이점에 대해, 2020년 4월 20일 수학천재 명지대학교 물리학 박영아 교수는 "4·15 총선 결과를 보면 통계적으로 불가능한 일이 일어났다. 서울특별시 49개 지역선거구를 동별로 보면 424동인데, 이 모든 424개 동에서 더불어민주당은 사전투표 득표율이 당일투표 득표율보다 12%가 높고, 반면 국민의힘당은 비율이 −11%로 낮은 바 이런 일이 일어난 확률은 2의 424승분의 1이다. 그리고 경기와 인천지역 73

---

21. 중앙선관위의 선거통계시스템에 의한 자료 내용이다.

22. [네이버 지식백과] '대수의 법칙 law of large numbers' (한경 경제용어사전) : 적은 규모 또는 소수로는 불확정적이나 대규모 또는 다수로 관찰하면 거기에 일정한 법칙이 있게 되는데 이를 대수의 법칙이라고 한다. 사람의 사망에 관해서도, 어떤 특정인이 언제 사망할 것인지 예측할 수 없으나, 많은 사람들을 대상으로 해서 관찰해 보면 매년 일정한 비율로 사망하는 것을 알 수 있게 된다. 이 경우를 사망률에 관한 대수의 법칙이라 한다. 선거에서도 마찬가지다. 적은 투표자 수(인원)로는 그 지지율이 정확하지 않으나, 천 명, 만 명 이상이 되면 지지율이 정확하게 나온다. 10만 명, 100만 명 이상은 지지율 차는 거의 없다.

23. 서울대학교 박성현 통계학 교수와 명지대학교 박영아 물리학 교수의 의견이다.

개 선거구의 700여 개 동에서 동시에 일어났으니, 확률은 2의 1,000 승분의 1보다 작을 것이다. 이런 사건이 현실세계에서 일어나는 것은 불가능하다. 따라서 인위적인 조작이 분명히 있었다"라며 밝혔다.

그럼에도 4·15 총선에 낙선한 이준석 후보와 하태경 의원 등이 비난하자, 박영아 교수는 2020년 6월 1일 "대한민국 가치를 지킬 의지가 없는 미래통합당을 탈당한다"라며 결별을 선언하였다.

④ 사전투표 결과 선거인(유권자) 수보다 투표자 수가 많은 곳은 지역구 10곳, 비례대표 27곳, 합계 37곳에서 있을 수 없는 일이 일어났다.

⑤ 4·15 총선의 당일투표에서의 부정선거 사례는, ▲전자개표분류기(실제 기능은 전자개표기이다) 사용. ▲[공직선거법]을 위반한 바코드가 아닌 부적법한 QR코드 사용.[24] ▲130여 곳의 선거소송이 제기되었음에도 피고의 투표증거를 보존할 투표정보가 수록된 중앙서버 수리교체와 원본 이미지 파일의 훼손이 있었다(피고 연수구을 선관위는 2021년 6월 28일자 재검표검증 절차에서 이렇게 진술했다).

⑥ 사전투표에서 부정선거 사례의 구체적 증거로는, ▲중앙선관위가 스캔한 원본 이미지 파일 훼손 ▲부족한 사전투표지를 재투입하기 위해 새로 인쇄하면서 파란색으로 나타난 일명 배춧잎 투표지 ▲사전투표지함 봉인지 훼손 ▲사전투표지함 봉인지 선거관리관 서명 상이 ▲특히, 관외사전투표지는 우편봉투를 사용해야 하므로 투표지를 접어야 하나 접은 흔적이 없는 완전 빳빳한 사전투표지 뭉치 ▲사전투표관리관 서명란에 이름 없는 일장기가 날인된 1,000여 장의 투표지,

---

24. QR코드를 사용한 것은 헌법이 보장한 비밀투표를 위반한 불법행위로써, 개인 신상정보뿐만 아니라 투표성향을 알게 되어 여론조사대상의 모집단으로 악용될 수 있다.

▲투표관리관 확인 도장이 없는 백지투표지, ▲투표관리관의 선거구 이름이 상이한 투표지 ▲본드로 붙어 있는 자석식 사전투표지 ▲정식규격 기표도장이 아닌 위조된 기표도장으로 날인된 3,000여 장의 가짜투표지 ▲정식규격 기표도장보다 큰 위조된 기표도장으로 찍힌 투표지 등 대대적인 부정선거 사례가 있었다. 정식규격 기표도장을 대조하면 잘 알 수 있다.

특히 사전투표는 무엇보다도 투표소에 따라 투표자의 신원을 확인하지 않았다는 맹점이 있고 정확한 사전투표 인원을 파악하지 않고 있으며, 4박 5일 동안 아무도 감시하지 않은 비공개 장소에 투표함을 보관하는 과정에서 문제가 발생한다. 사전투표제도, QR코드 투표지, 전자개표기 등이 함께 어우러진 대한민국의 선거시스템은 부정선거를 위해 설계된 토탈시스템Total System이라 할 수 있다.[25]

알기 쉽게 말하면, 국민의힘당 후보의 득표수는 전자개표기로 한계값을 정한 후 그 초과된 득표수를 빼고 그 수만큼을 더불어민주당 후보에게 더한 것이라 판단된다. "투표한 사람은 아무것도 결정하지 못한다. 표를 세는 사람이 모든 것을 결정한다"는 스탈린이 남긴 이 말을 되새겨 보아야 할 것이다.

다음 부정선거 시스템 체계도를 살펴보면 다음의 〈표 4〉와 같다.

또한 4·15 부정선거 의혹을 제기하고 우편투표 전수조사를 실시한 박주현 변호사의 주장에 따르면,[26]

⑦ 관외 사전투표지(우편투표)의 우체국 등기발송·접수과정에서, 관

---

25. 김형철, 앞의 책, 제37쪽 참조.

26. 2020. 9. 21. 한국경찰일보 기사 내용이다.

<표4> 부정선거 시스템 체계도 [27]

A. 선거구별 부정선거 설계
■ 유리한 선거구 ■ 경합 선거구 ■ 전략적 선거구

B. 여론 조작 및 야권지지자 혼돈과 착각
■ QR코트 활용한 투표 성향 파악, 모집단 조작, 여론 조작 ■ 국민들 착각 현상, 여론 조작, 지지 성향 바꿈 ■ 상대당(미래통합당) 지지자 탄압

C. 부정선거 실행, 특히 사전투표지 조작
■ 사전투표일 수 늘림 : 표 바꾸기를 할 수 있어서 부정선거 용이 ■ QR코트 활용, 차후 여론 조사 때 모집단 악용 ■ 선거인 수 조작, 투표자 수 조작 특히, 사전투표지 바꿔치기

D. 개표 조작 및 개표 상황표 조작
■ 전자개표기에 의한 개표 조작 ■ 원본 이미지 파일 삭제, 통갈이

E. 대법원 장악 및 선거소송 지연 또는 뭉개기
■ 각급 선거관리위원회 위원장은 지방법원장 또는 (수석)부장판사가 맡음 ■ 법정 선고기일(180일)를 준수하지 못했다. 중앙선관위 위원들이 많고, 조재연 대법관의 전 근무지 법무법인 대륙아주가 해당선관위 피고를 대리했다.

외 사전투표지 2,727,843표를 전수 조사한 결과 ▲수신 날짜가 없는 것 138,860건, ▲배달 완료되지 못한 것 138,851건 ▲불가능한 순간 이동배송 328,723건 ▲ 접수가 취소되고 다시 접수된 것 30,063건 ▲출발-출발, 도착-도착 과정이 수상한 것 99,772건 등 635,386건이

관외사전투표 과정에서 부정의혹이 있었다고 밝혔다.

03. 똑같은 관외사전투표득표수가 미래통합당 후보들만 있고 더불어민주당 후보들은 없는 이유와 통계적으로 발생할 수 없는 증거들

⑧ 미래통합당 후보가 2명씩 짝을 이뤄 전국 18개 지역구에서 동일한 관외사전득표수가 발생한 사례가 있었다. 즉, 성남 중원구 신상진 4,220표와 서울 송파(갑) 김웅 4,220표, 경기 광명(을) 김용태 1,980표와 인천 강화·옹진 배준용 1,980표, 경기 남양주(병) 주광덕 4,725표와 경북 경주시 김석기 4,725표, 서울 동대문(갑) 허용범 3,713표와 울산 남구(을) 김기현 3,713표, 안산 단원구(갑) 김명현 2,070표와 경남 사천시 하영재 2,070표, 용인시(갑)·처인구 정찬민 4,850표와 평택시(을) 유의동 4,850표 등이 있다. 이런 일이 현실적으로 발생할 수 있을까? 통계상 확률상 불가능한 일이다.[28]

사전투표에서 국민의힘당 후보의 득표수는 전자개표기로 한계 값을 정한 후 초과된 득표수를 빼고 그 수만큼을 더불어민주당 후보에게 더한 것이라고 판단된다. 공병호 박사가 주장하고 이에 관한 책을 썼다.

---

27. 김형철, 위의 책, 제38쪽 참조.

28. 예컨대 성남 중원구 신상진 후보와 서울 송파갑 김웅 후보 2인이 동일한 관외사전득표수가 발생할 확률은 적어도 1/신상진 총득표수 × 1/김웅 총득표수 = 1/4,220 × 1/4,220 = 1/17,808,400이 된다. 더 나아가 18곳이 동일한 경우의 확률은 불가능한 일이다.

⑨ 화성시 봉담읍의 관내사전투표 결과(집계)가 통째로 사라진 사례와 선거인명부보다 실제 투표자가 많은 사례(파주시 진동면).

⑩ 인천시 연수을 선거구 3인 후보들의 관내사전득표율 대비 관외사전득표율이 모두 0.39로 일치한 사례.

⑪ 서울·인천·경기 지역구 100곳의 여야 사전투표득표 비율이 63 vs 36으로 동일한 사례. ⑩, ⑪은 통계상 있을 수 없는 일이다.

⑫ 부천 신중동 투표소(1개)는 관내사전투표수 인원이 18,210명으로, 실제 투표 시간은 1일 12시간씩 24시간이었다. 즉, 1분당 12.6명, 4.7초에 한 사람씩 연속적으로 투표를 해야 한다. 이는 현실적으로 불가능한 일이다.

⑬ 이에, 판사와 함께 법원결정문을 들고 해당선관위에 증거보전 집행에 나서도, 선관위는 사전선거인 명부를 내놓지 않는 등 상당한 부정선거 의혹이 있음을 우리와 같은 평범한 사람도 알고 있다.

⑭ 이준석 전 대표, 하태경 의원이 더불어민주당과 중앙선관위를 위한 "4·15 총선 부정선거가 없었다"는 확신에 찬 발언은 부역행위이고 매우 잘못된 것이다.

이준석 대표와 하태경 후보는 정부나 더불어민주당이나 중앙선관위와 분명 특별한 이해관계가 있거나, 말 못할 특별한 사정 또는 매우 큰 약점이 있다고까지 여겨진다.[29].

---

29. 2013년 8월경 이준석 최고위원은 대전지검의 수사기록에 의해, 2차례의 성 상납과 현금을 받은 사실이 있고, 이 사실을 더불어민주당이 알고 있다는 사실을 〈가로세로연구소TV〉 김세의 대표, 강용석 변호사가 2021. 12. 27. 폭로하였다. 필자가 예측했던 바 사실이 밝혀졌다. 이런 이유로 더불어민주당과 거래를 한 자로 보인다. 또한 코인거래에 대한 자금출처 등에 관한 조사를 하여야 한다.

⑮ 낙선 후보자, 기독자유통일당,[30] 국민들이 4·15 총선거는 부정선거라며 제기한 130여 건이 되는 선거소송 사건과

⑯ 낙선한 후보들과 많은 애국시민의 수사기관에의 고소·고발 사건,[31]

⑰ 통계상 조작 없이는 이루어질 수 없는 사전투표 득표율, 그리고 당일투표의 여·야 비교표 및 여러 과학적 증거와 통계.

⑱ 바로 전 제20대 총선과 제21대 4·15 총선과의 여·야 사전투표 득표율 비교표 등에 관한 통계학자, 수학자, 공학자, 정치학자의 통계상 수학상 부정선거로 볼 수밖에 없는 분석과 연구 결과도 있다.[32]

04. 전자개표기 오류(조작) 사건

⑲ 충남 부여·공주·청양선거구 4·15 사전투표지에 대한 전자개표기(분류기)에 오류(사실상 조작이다)가 있었다는 경찰의 공식발표 사례도 있다. 구체적으로 설명하면, 충남 부여·공주·청양선거구는 국민의힘당 정진석 의원이 출마한 곳인데, 당일투표에서는 정진석 후보가 이

---

30. 현재 국민혁명당으로 당명이 바뀌었고, 비례대표 선거 관련 지역구에 선거무효 소송을 제기하였다. 대법원에 수차례 기일 지정 신청을 한 바 있으나, 재검표검증 기일을 지정한 바 없다. 이를 일괄 기각해 버렸다.

31. 4·15 부정선거국민투쟁본부(국투본), 부정선거감시단 등 시민단체와 국민들이 대검찰청 (윤석열 검찰총장)에게 고발하자, 대검찰청은 이를 모두 서울중앙지방검찰청에 이첩했다. 이첩 받은 서울중앙지방검찰청검사장 이성윤은 모두 기각처리 하였다. 직무유기, 직권남용 혐의로 당시 이성윤 서울중앙지방검찰청검사장(현 서울고등검찰청검사장)을 직무유기로 고소, 고발하여야 할 것이다.

32. 미시간대학교 월터미베인 정치학 교수가 발표한 4·15 부정선거에 관한 논문도 있다. 부정선거에 관한 그의 논문과 기고문에 의해 검토대상 국가는 다 부정선거로 밝혀졌다.

기고 있던 중 갑자기 사전투표에서 결과가 뒤집어졌다.

이에 정진석 후보 측 참관인이 즉시 재검표 요구를 함으로써 선관위 직원들은 당초 출력된 개표상황표를 찢고 재검표 후 변경된 개표상황표에 의해 정진석 후보가 당선되었다(사전투표에서 패배한 다른 선거구도 검증하면 똑같을 것이다).[33] 그런데 이 문제는 전국적인 문제로 확대되지 않고, 충남 부여·공주·청양선거구 1개 지역구 문제로 그치고 말았다.

이러한 개표과정의 문제점에 대해, 김소연 변호사가 선관위 직원들을 경찰에 고발하였고, 경찰수사 결과 전자개표(분류)기에 오류가 있었다는 피의자 선관위 직원의 진술이 있었다. 이런 수사상황을 경찰이 확인·발표하였다.

---

33. 2020. 5. 15. 중앙일보 김방현 기자의 보도 내용이다. 부여군 선관위 관계자는 "재검표를 한 것은 맞다"고 인정했다. 하지만 선관위는 "A씨의 주장처럼 1·2위 표차가 많이 나서 재검표를 한 게 아니고 다른 선거사무원이 재확인용 투표용지함(59표)과 바로 옆에 있던 무소속 정연상 후보(3표 득표)의 투표지를 섞어놓은 것을 발견하고 투표용지 전체를 모아 재검표한 것이다"라고 해명했다. 선관위는 또 "재검표를 하기 위해 노트북 컴퓨터에 있던 옥산면 개표 데이터만 지운 것일 뿐 컴퓨터를 재부팅한 것은 아니다"라고 설명했다. 투표지 분류기와 노트북 컴퓨터를 담당했던 개표사무원은 "A씨가 화를 냈고, 재검표가 이루어진 것은 맞지만, A씨가 왜 화를 냈는지는 기억나지 않는다"고 말했다. 반면 다른 개표사무원 C씨는 "기계(분류기)가 이상해서 재검표 한 것으로 알고 있다"고 했다. 이날 미래통합당 측 또 다른 참관인 D씨도 A씨와 유사한 주장을 했다. 그는 "관내 사전선거와 관외 사전선거 투표지를 읍·면 단위로 개표했는데 1번 후보의 득표함에 2번 표가 쌓이는 장면을 여러 차례 목격했다"고 말했다. 게다가 "2번 후보는 유독 재확인용(미분류)으로 처리되는 경우가 많았다"고 증언했다. D씨는 "그때마다 항의해서 분류기를 재가동해 2번 후보의 표를 읍·면 단위별로 많게는 30~60장씩 되찾아 왔다"며 "이런 현상은 사전투표지를 개표할 때 자주 발생했다"고 했다. 그는 "개표기가 워낙 빨리 작동해 유심히 관찰하지 않으면 개표가 어떻게 진행되는지조차 알기 어렵다"라고도 했다.
부여, 김방현 기자 kim.banghyun@joongang.co.kr [출처] 중앙일보 [단독] "부여개표소 분류기 이상했다." 선관위 "기계 이상 없다." 중앙일보 종이신문에는 나오지 않는다. 네이버 기사도 사라졌다.

05. 위법한 QR코드 사용을 집착하는 중앙선관위

⑳ 중앙선관위는 공직선거법 제151조 제6항의 BAR코드 사용의 규정에도 불구하고 현실적으로 QR코드 투표용지를 사용해 왔다.[34] 문제를 제기하자, 아무런 잘못이 없다고 발뺌하고 있다. 2017년 3월 10일 대선에서도 사전투표 용지에 QR코드를 사용하였는데, 이와 관련한 소송(대법원 2017수61)이 제기되어 있다.

상식의 국가기관이라면 자신들이 법 규정을 잘못 적용하여 소송을 당하고 있는 경우, 법규에 맞도록 시정하면 될 것인데 중앙선관위는 사실과 법리에 어긋난 주장을 하고 QR코드 사용을 아래의 세 가지 이유를 들어 정당한 것처럼 주장하고 있다.[35]

첫째 이유로는, QR코드는 제2차원 바코드이고 2차원 바코드의 동의어는 2차원 막대부호이므로 QR코드는 법에 규정된 바코드의 일종이다는 것이다. 억지이다.

㉑ 그러나 문제는 2차원 바코드(=QR코드)는 암호화가 가능하다는 것이다. 즉, QR코드에 투표자의 주민등록번호 등 인적사항을 암호화하고 전용 스캐너(전자개표기 등)가 있으면 모든 투표지는 어느 누가 어떤 후보에게 투표했는지를 알 수 있다는 것이다. 명백히 헌법상 비밀

---

34. 공직선거법 제151조 ⑥ 구·시·군선거관리위원회는 제1항 및 제5항에도 불구하고 사전투표소에서 교부할 투표용지는 사전투표관리관이 사전투표소에서 투표용지 발급기를 이용하여 작성하게 하여야 한다. 이 경우 투표용지에 인쇄하는 일련번호는 바코드(컴퓨터가 인식할 수 있도록 표시한 막대 모양의 기호를 말한다)의 형태로 표시하여야 하며, 바코드에는 선거명, 선거구명, 관할 선거관리위원회명 및 일련번호를 제외한 그 밖의 정보를 담아서는 아니 된다. 〈신설 2014. 1. 17., 2021. 3. 26.〉

35. 김형철, 앞의 책, 제77쪽 내지 83쪽 참조.

투표의 원칙을 위반하고 있는 것이다. 사전투표지만 집계해도 자동적으로 당선자를 알게 된다.

㉒ 이유는 사전투표와 본투표는 모집단이 같아 거의 동일한 값이 나온다. 당선시키기 위해서는 사전투표지에 조작 값을 입력시킨다.

둘째 이유는, 사전투표의 용지의 폭이 10㎝로 좁아서 바코드 대신 QR코드를 사용한다고 주장한다. 그럴싸한 거짓말이다. 사전투표지 용지의 폭은 10㎝이므로 바코드는 용지에 충분히 들어갈 수 있다. 핵심적인 문제는 4·15 총선에 사용된 사전투표지는 QR코드에 31자리 숫자를 담고 있다는데 그 해답이 여기에 있다.

셋째 이유는, QR코드는 복원력이 있어서 어느 정도 훼손되어도 정보 확인이 가능하다. 중앙선관위가 복원력을 최하위인 L로 설정한 이유는 31자리 숫자 이외의 정보를 더 담아야 하기 때문으로 풀이된다.

QR코드 사용은 비밀투표 원칙을 위반한 것이다. 때문에 선거인 정보와 QR코드 사용과 관련하여 가장 우려되는 사안은 QR코드로 인하여 투표자의 투표 성향을 알 수 있다는 점이다.

사전투표 용지의 QR코드에는 일련번호, 선거명, 선거구명, 관할선관위명만 들어가고 선거인의 개인정보는 어떠한 내용도 들어있지 않다고 주장한다. 그러나 이런 중앙선관위의 주장은 다음과 같이 거짓임이 입증된다.

QR코드 등의 대표적인 기업은 일본의 덴소 웨이브사이고 총선에 사용된 코드 역시 덴소 웨이브사의 제품이었다. QR코드 중 일반정보와 암호정보를 저장하는 SQRC(Secrete-function equipped QR Code, 암호화 QR코드)가 있다. 따라서 SQRC인 경우 투표자의 주민등록번호 13자리 숫자는 암호화하여 넣을 수 있다. 이렇게 숨겨 넣은 투표자의 주민등록번호를 인식하기 위해서는 주민등록번호를 암호화할 때 사용한 key 값을 전용스캐너 프로그램에 입력해야 한다.

2020년 12월 24일 김상환 대법관 입회하에 검증기일이 열렸다. 이 자리에서 중앙선관위는 "사전투표를 한 선거인의 정보를 서버에 보관하고 있다"고 밝혔다. 따라서 중앙선관위는 누가 언제 어디서 사전투표를 했는지에 관한 정보 데이터를 보관하고 있다는 것이다.[36]

2020년 4·15 총선투표가 끝난 후 모든 투표지는 전자개표기를 거쳐 개표되었다. 이때, 전자개표기를 지나가는 투표지는 고속스캐너에 의해 이미지 파일로 만들어진다. 이렇게 만들어진 이미지 파일은 노트북에 저장되고, 개표가 끝난 후 이미지 파일의 사본을 usb에 담아서 각 선관위가 보관하고 있다고 한다.

그렇다면 더욱 문제이다. 중앙선관위는 왜 이 자료가 필요할까? 이미 설명하는 바와 같이 선거 결과를 좌지우지할 수 있는 여건 조성과 그들이 원하는 것을 얻기 위하여 이 자료가 반드시 필요하다.[37] 중앙선관위는 여론조사심의위원회를 두고 선거여론조사 업무를 관장한다.

여론조사가 이루어지는 과정을 살펴보면, 2,000명 이상 대상의 여론조사를 위해서 통신사로부터 30배에 달하는 6만 명의 데이터베이스(모집단)를 공급받게 된다(?)는데 사실일까? 여론조사 기관에 제공되는 데이터베이스가 오염되지 않았다고 누가 확신할 수 있을까?[38] 국민이 한 번이라도 제대로 검증한 사실이 있었는가?

---

36. 김형철, 앞의 책, 제81쪽 참조.

37. 김형철, 위의 책, 제86쪽 참조.

38. 김형철, 위의 책, 제87쪽 참조.

그렇다면 2021년 6월 11일 국민의힘당 전당대회 때 경선과정에서의 이준석 대표의 당선은 중앙선관위의 오염된 모집단에 의한 여론조사 조작과 모바일 투표의 조작에 의한 것이 아닌가? 의심하는 국민들이 상당히 많다.[39]

06. 4·15 총선의 부정선거 주동자들

㉓ 민경욱 전 의원은 중앙선관위를 상대로 인천시 연수을에 대한 선거무효 소송을 제기하였고, 이에 대한 재검표검증 과정에서 드러난 1,000여 장의 사전투표관리관 직인의 공인위조 및 행사혐의에 대해, 문재인·이해찬·윤호중·조해주·양정철을 고소하였다. 그러자 조해주 중앙선관위 상임위원은 사퇴서를 제출하였고 문재인 대통령은 8월 5일 그의 사표를 반려했다. 하지만 법위반 사항을 당시 검찰은 계속 덮고만 있는 것이다.

㉔ 선거와 여론조사를 오랜 연구한 김미영 〈VON news〉 대표는 2021년 9월 9일 「괴물이 된 중앙선관위, 이해찬과 부정선거 5적, 여론조작 메카니즘」에서, 4·15 총선 부정선거 주범 5적을 더불어민주당 이해찬 전 대표, 윤호중 전 원내대표, 양정철 전 연구원장, 고석주, 조해주 전 선관위 상임위원이라고 발표했다.

박대석 칼럼리스트도 130여 곳의 수많은 부정선거로 인한 선거무효 소송과 고소·고발이 있었으므로 심리와 수사를 해야 한다. 법원이

---

39. 김형철, 위의 책, 제88쪽 참조.

나 검찰이 더 이상 뭉개고 있으면 안 되며, 계속 그러면 국민적 저항이 일어날 것만 같다고 말했다. 당시 문재인 정부는 국민들의 부정선거 의혹과 경제문제는 아랑곳없이 코로나19 방역을 4단계로 격상시키는 등 온갖 방법으로 헌법상 보장된 국민의 집회와 시위의 자유를 봉쇄하고 있었다.

07. 김명수 사법부에 대한 부정선거 고발장

㉕ 4·15 총선 부정선거 의혹에 대한 진상규명을 위해 소송을 진행해 온 변호사들이 주축이 된 자유변호사협회 변호사들은, 2022년 9월 20일 '사법부에 대한 고발장'을 온라인에 게시하고, "정의와 진실의 이름으로, 대법관이란 직함으로 정의를 더럽힌 그들을 대한민국 국민들이 심판해야 한다"고 밝혔다. 다음은 고발장 주요 내용이다.

> 자유변호사협회의 대한민국 변호사들은 대한민국 주권을 유린한 4·15 부정선거의 각종 증거와 증인을 눈과 귀로, 서면으로 보았으면서도, 그리고 이른바 육감으로도 투표, 개표, 재검표 등 선거의 전 과정이 부정선거였음을 뼛속까지 느꼈으면서도, 이를 낱낱이 밝히지 않고 오히려 4·15 부정선거 범죄자들과 결탁하여 대한민국 주권을 한 번 더 짓밟은 자유대한민국을 부정선거 범죄자들에게 팔아먹은 사법부를 고발합니다. (…중략…)
> 특히 사법부의 최고 수장인 대법관은 선거무효 소송의 결론과 과정에 대해 가장 직접적인 책임을 지고 있는바, 거짓 내용을 담은 판

결문을 작성한 허위공문서작성을 비롯한 각종 위법사항에 대해 법적으로도 처벌받아야 할 것입니다. 이들의 행위는 고소장, 고발장 하나에 포괄적으로 적시하여 처벌받게 하기보다는, 그들의 행위를 하나하나 국민들에게 알려 국민들이 그들의 행위를 하나씩 하나씩 고발하여 경찰서에서, 검찰청에서 소환되어 수사를 받고, 법정구속 되고, 병합기소되어 처벌받게 해야 할 것입니다. (…중략…)

그런데도 대법관들은 지금까지 진상규명을 위해 노력했던 것들을 모조리 무시하고 '성명불상의 특정인'이라고 단정하여 너무나 당연한 주체를 무시한 채, 원고가 "원고는 변론종결에 이르기까지 이른바 부정선거의 주체를 명확하게 밝히지 못하고 '성명불상의 특정인'이라고만 주장하였다."는 허위 사실을 기재한 판결문을 작성하였습니다. (…중략…)

이는 허위공문서 작성이면서 동시에 명백한 직무유기입니다. 형사소송법 제234조 제2항은 "공무원은 그 직무를 행함에 있어 범죄가 있다고 사료하는 때에는 고발하여야 한다"라고 규정하고 있습니다.

대법관 조재연은 법원행정처장직을 좌파 대법관인 김상환에게 이임하고 그 후 핵심사건인 연수을의 재판장, 영등포을, 양산을의 주심을 맡아 선거무효소송을 진두지휘합니다. 심지어 그가 주심을 맡았던 영등포을 선거무효소송 사건에서는 투표함 등 보관하는 곳의 봉인이 훼손된 흔적이 발견되어 증거보전 후 재검표 전에 또 다시 투표지들을 바꿨다는 의혹도 있었고, 그가 재판장인 인천 연수을 선거무효소송 재검표 과정에서 법원직원이 촬영했던 가짜투표지 사진들을 삭제해버린 일도 있었습니다.

이러한 행동들은 모두 부정선거의 실체적 진실을 찾는 것을 방해하는 범죄 또는 범죄에 준하는 행위들입니다. 대법관 조재연은 대법관이 되기 전 법무법인 대륙아주 소속 변호사였고, 인천 연수을의 소송대리인도 법무법인 대륙아주였습니다. 이후 황교안 전 국무총리 및 국민의힘당 대통령 후보 경선 후보가 문제를 제기하자 대륙아주가 사임을 하였지만, 명백한 이해충돌이며 변호사법 위반 여지도 있다 할 것입니다. (…중략…)

2022. 7. 28. 대법관들이 내린 선거무효소송 기각판결의 주된 이유는 범인인 부정선거를 일으킨 주체를 밝히지 못했다는 점과 위반된 사실이 일어난 일시, 장소, 행위의 실행 방법 등에 관한 구체적 주장과 함께 이를 뒷받침하는 증거가 제출되어야 하지 못했다는 점이었습니다. 그러나 이는 명백히 사실과 다릅니다.

중국 우한 코로나임에도 중국인의 입국을 막지 않은 것도 부정선거와 결 부되어 있다 할 것입니다. …(중략)… 139건의 선거무효소송 재판 진행을 6개월 내에 모두 처리하여야 한다는 공직선거법 제225조에도 불구하고 1년이 넘는 기간 동안 단 1건의 변론기일도 열지 않은 점, 수많은 가짜투표지들을 무시하고 유효로 인정한 점, 명백한 증거와 증언에도 불구하고 기각한 점, 판결문을 거짓내용으로 기재한 점, 부정선거의 증거조사를 방해한 점 등은 대법관들이 심판이 아니라 부정선거의 또 다른 주체일 수 있다는 생각을 하게 합니다.

숫자가 맞지 않은 관외사전투표 선거인수, 투표수, 회송용 투표수가 발생하는 까닭이 '그냥 다를 수 있다'는 무논리의 선관위를 옹호만 하고, 원고가 제기한 증거에 대해서는 "객관적인 증거라고 보기에는 부족하다"고 하고 있습니다. 그러나 하나의 쟁점에 대해 '그럴 수도 있다'고는 할 수 있어도 수십 개의 연속된 쟁점에 대해 모두 그럴 수는 있다고 볼 수 없습니다. 수많은 확률이 동시에 같이 일어나야 할 확률은 현실세계에서는 도저히 일어날 수 없기 때문입니다. 사전투표에서 더불어민주당 : 미래통합당의 비율이 수도권에 일률적으로 63 : 36으로 득표가 되었다는 것 역시 마찬가지입니다. (…중략…)

1,974매 중 1,000매가 넘는 일장기 투표지에 대해서 투표록과 개표록에도 없고, 투표관리관이 이를 본적도 들은 적도 없고, 투표사무원이 이런 투표지를 보지 못했다고 법정에서 증언했음에도 불구하고, "해당 투표용지를 발급·교부한 투표사무원이나 이를 교부받은 선거인이 특별히 투표용지에 대하여 이의를 제기하지 않았다면 위 투표지의 존재를 사전투표관리관이 알지 못할 수 있고"라는 기적의 무논리와 범죄자 감싸기 논리로 가짜투표지를 정규의 투표지로 인정해 버렸습니다. …(중략) … 그들은 판결 한 번으로 눈 한번 감으면, 이 엄청난 범죄가 감춰질 수 있다고 착각할 수도 있겠지만, 결코 그렇지 않다는 것을 대한민국 국민들은 보여줘야 합니다. 정의와 진실의 이름으로 대법관이란 직함으로 정의를 더럽힌 그들을 대한민국 국민들의 이름으로 심판해야 합니다.[40]

2022. 9. 20.
자유변호사협회

---

40. [출처] 파이낸스투데이 (http://www.fntoday.co.kr).

08. 사전투표에 부정이 있다고 많은 국민이 의문을 가지고 있는 이상 정부 이를 밝힐 의무가 있다

많은 국민들과 많은 유투버들은 부정선거가 확실하다고 믿고 있다. 필자도 마찬가지다. 국가는 국민들이 헌법이 보장한 참정권에 관하여 문제를 제기하고 있으므로 의혹 해소 차원에서 반드시 수사 또는 감사하여야 한다.

설사 김명수 대법원이 이를 가로막고 있다 하더라도 국민의 참정권 침해와 헌법에 위반하는 것이므로 검찰은 포렌식 검사 등으로 부정선거의 사실 여부를 수사하여야 한다. 하루 이틀 정도만 형식적으로 하는 대법원의 재검표는 무의미하다. 그럼에도 불구하고 지금까지 수많은 부정선거의 증거가 발견되었다. 윤석열 정부는 다음 제22대 총선거 전까지 반드시 수사하여 그 결과를 발표하여야 한다.

㉖ 2022년 3월 9일 대통령 선거에서 '소쿠리 투표'와 사전투표 논란으로 국민적 지탄을 받은 중앙선관위가 북한의 해킹조직으로부터 여러 차례 해킹 공격을 받고도 국가정보원과 행정안전부의 보안점검을 거부하였다. 북한의 해킹 메일과 악성코드가 선관위에 수신 감염된 사실을 국정원이 선관위에 알리고 보안점검을 권고했으나 중앙선관위가 이를 수용하지 않았다.

중앙선관위는 "전 부처 공통으로 제공받는 통상적 해킹 의심 메일 통보를 받았을 뿐"이라며 "정부의 보안컨설팅을 받으면 헌법기관으로서 정치적 중립성이 훼손될 우려가 크다"라고 주장하고 있다. 이해할 수 없는 변명이다. 국정원이 선관위 입회 아래 해킹 점검을 하는 것이 업무 중립성과 무슨 상관이 있는 것인지 납득하기 어렵다. 해킹 사실을 부정하고 부정선거 증거를 감추려는 중앙선관위의 속셈이 보인다.

09. 소결론

4·15 총선, 서울시장·부산시장 보궐선거와 최근 강서구청장 보궐선거에서의 부정선거의 핵심은 중앙선관위의 사전투표에 대한 전자조작(전자개표기 포함)과 이에 짜 맞춘 사전선거 투표지이다. 다행히 그 증거가 통계와 숫자, QR코드를 이용한 사전투표 내용, 재검표 한 가짜투표지 등에 남아 있다.

㉗ 공병호 박사가 지적한 바와 같이 "전 지역구에서 사전투표 개표 시 미래통합당 득표수 5%~13%를 빼앗아 더불어민주당에 더해 결과적으로 10%~26% 및 36.4% 차이로 더불어민주당이 완승한 총체적 부정선거였다. 재야전문가가 전산 조작된 특표수를 발견하여 나에게 알렸고, 통계를 아는 사람은 다 안다"고 했다.

㉘ 윤진기 경남대 명예교수는 '사법부에 의한 헌법 유린, 바로 잡아야 한다'라는 주제로 대법원이 원고들의 증거신청을 일괄 기각하는 기이한 상식과 법리를 무시하는 결정은 '헌법유린'으로 규정할 수밖에 없다고 하였다. 우리는 2020년 11월 3일의 미국의 대통령 선거조차도 전산장비(전자개표기 등)와 우편투표(우리나라의 관외사전투표와 유사하다)로 민주당의 조 바이든 후보가 대통령에 당선되는 명백한 부정선거였다는 사실을 알아야 한다.

㉙ 공병호 박사는 2023년 10월 7일 〈공병호 TV〉에서 "중앙선관위가 서버에 외부 접속이 불가능하다고 거짓말을 해왔다. 그러나 국가

정보원의 보안점검 결과에서 밝혔듯이 접속이 가능하여 득표수를 조작한 부정선거이다"라고 했다.

㉚ 〈숟가락 타임즈〉는 국가정보원의 보안점검 결과에 대해, "선관위 전산 점검, (펑 뚫린) 보안 취약, 그러나 이전 선거에서 해킹 흔적은 없다?"는 면죄부에 대해, 다음과 같은 반발 기사를 실었다.

"멍청한 국정원이 선관위에 면죄부를 주었다. 선관위가 부정선거의 주체인데 해킹을 했겠나? 사무실에서 앉아서 인가받은 계정으로 조작을 했을 것 아닌가? 거기다 부정선거 의혹이 들불처럼 번지자 서버를 싹 교체했는데 뭐가 남아 있을까? (지방선거가 끝난지 1년이 넘었는데) 그 사이에 증거인멸 할 시간은 차고 넘친다. 현재 해킹에 취약하고 과거 흔적은 서버가 교체되었고 시간이 너무 지나서 알기가 어렵다고 정직하게 말해야 하는 것 아닌가? 멍청한 것인지 아직도 전 정부 찌끄레기가 남아서 장난을 치는 것인지 한숨만 나온다."

㉛ 전산조작 의혹이 빗발치자 국가정보원은 2023년 10월 10일 "선관위·국정원·한국인터넷진흥원KISA이 합동보안점검팀을 구성해 국회 교섭단체가 추천한 여야 참관인들의 참여하에 2023년 7월 17일부터 9월 22일까지 보안점검을 실시한 결과, "해킹조직들이 통상적으로 사용하는 수법을 통해 선거관리위원회 내부망 해킹이 가능했고, 사전투표 및 개표 결과를 포함한 선거 관련 시스템조작이 가능하다"고 발표했다.

— IV —

국민의힘당
이준석 대표의
부정경선

진 정 한

민 주 주 의 를   향 해 ,

부 정 선 거 의

미 래 와   정 치 개 혁

01. 김종인 비대위원장 체제와 후계자 이준석 대표의 등장

김종인 비대위원장은 더불어민주당과 싸울 수 있는 김문수, 윤상현, 홍준표 후보 등을 탈락시키고 유승민 전 대표 등과 함께 주요 당직에 지상욱 여의도연구원장 겸 서울 중구 당협위원장, 이양희 당무감사위원장(후에 윤리위원장), 조성은[1] 선관위 부위원장, 허은아(비례대표 의원), 천하람(순천·광양·곡성·구례갑 당협위원장), 김용태(최고위원겸 광명을 당협위원장), 이기인(경기도의회 의원) 등을 심어 놓았다.

그는 정체성으로 보수우파 국민들의 반대와 저항에 부딪혀 당 지지율이 오르지 않고 소속 의원들과의 갈등과 국민여론에 밀려 2021년 4월 14일 비대위원장을 사퇴하게 되었다. 그는 사퇴하면서 "국민의힘당으로 차기대선을 해볼 도리가 없다"면서 자신의 정체성과 리더십 처신의 문제점을 인정하지 않고 노골적으로 자신이 속했던 국민의힘당을 폄훼했다. 그는 국민의힘당에 애초부터 애정이 없었다.

그는 떠나면서 그 후임에 교활한 전 최고위원 36세의 이준석(바른미래당 최고위원)을 내정하고 그를 밀어 2021년 6월 11일 전당대회에서

---

1. 조성은은 박지원 전 국정원장을 수차례 만난 사실이 공개되었다. 그녀는 김정은, 문재인 대통령을 찬양하기도 하였다. 박원순 선거 참모로 일하다가, 국민의당(안철수)→민주평화당(박지원)→미래통합당(황교안)으로 당적을 옮겨 공천관리위원(박형준, 정병국 전 의원에 의해) 선관위 부위원장 중책을 맡았다. 그녀는 현재 여당의 이재명 후보를 찬양하고 있다.

대표로 당선하게 하였다.

김종인 전 위원장의 행태를 보면, 탄핵에 관한 언행, 이당 저당을 넘나드는 행태, 회색정치인의 행동과 가치관, 더불어민주당 문재인 대표의 후임으로 비대위원장 선대위원장 비례대표 의원을 한 사실, 후계자 이준석 후보에 대한 여론 띄우기, 거짓 여론조사, 역선택, 사퇴위기에 몰린 이준석 대표 보호하기, 이준석 대표의 부정선거 없었다는 지속적인 주장과 선거소송을 제기한 소속 후보들에 대한 제거와 탄압, 중앙선관위의 불공정한 위탁 경선, 대법원 재판뭉개기 등이 있었음에도 더불어민주당을 대변하는 대리인으로서 두 분 모두 충분한 소질이 있으며 매우 교활하다.

이와 같이 김종인 전 위원장은 이준석 후보를 내세워 더불어민주당과 중앙선관위에 의해, 부정경선으로 당 대표에 당선된 합리적 의심 충분했다.

이러한 정치환경 변화와 여정 속에서, 보수우파 국민은 보수당(새누리당→ 자유한국당→ 미래통합당→ 국민의힘당)의 몰락과 4·15 총선의 패배원인을 제22대 총선을 3개월 앞둔 지금 반추·검토해 볼 필요가 있다.

02. 이준석 대표(후보)의 부정경선 증거들과 사실들

김종인 위원장의 후임으로 경험 없는 젊은 이준석 대표가 되었다. 이는 더불어민주당이 원하는 바다. 저렇게 교만한 자가, 당원들의 의사에 반하는 자가, 중진도 하기 어려운 보수당 대표에 어떻게 당선될

수 있었을까? 필자는 이준석 대표 당선을 의심하기 시작했다. 당 선
관위가 중앙선관위에 경선위탁계약을 했다. 그런데 사후 검증조차 할
수 없도록 중앙선관위와 노예계약이 되어 있다는 것이 확인되었다.
게다가 당시 여당(더불어민주당)의 중진들이 이준석 후보를 띄우는 공
작이 있었다. 거짓 여론조사(모집단은 중앙선관위가 제공하였다) 공표와
오염된 모집단에 의한 역선택 의혹도 있었다. 이처럼 이준석은 부정
선거로 당 대표에 당선되었다.

더구나 이준석 대표의 분탕질과 내부총질이 있었다. 김무성과 유승
민, 김종인과의 만남, 이들을 편드는 노골적인 형태와 편파적인 당무
집행, 자기정치, 부정선거로 낙선한 후보들의 소송 방해행위, 과거 청
년최고위원 지위를 이용한 금품수수와 성 상납 의혹, 성상납이 없었
다는 거짓 주장과 증거인멸 행위 등 자기관리 소홀, 경험·가치관·정
체성·리더십과 통찰력의 부족에서 이같은 사실이 드러났다.

이를 종합할 때 그런 그가 보수당의 당 대표에 당선되는 것은 상식
밖의 일이다. 내부와 외부 세력의 개입 없이는 경험 없고 젊은 이준석
으로서는 도저히 불가능한 일이다.

필자는 김종인 전 위원장, 유승민·김무성 전 대표, 하태경 의원의
당권파들과 중앙선관위, 더불어민주당 지도부에 의해 당선은 이미 예
정되어 있었던 것이 아닌가? 하는 강한 의구심을 갖게 되었다. 제1장
서언에서 개괄적으로 언급했지만 이 장에서는 구체적으로 그 이유와
증거를 살펴보기로 한다.

① 그는 한 유튜브 방송에서 공작 정치적인 발언을 했다. 옵티머스
불법투자 및 자녀 표창장 위조 등 혐의로 전 법무부장관 조국과 처 정

경심 교수를 수사해 기소하려는 윤석열 전 검찰총장에게 "윤석열이 대통령이 되면 나는 지구를 떠나겠다. 내가 당 대표가 되어 유승민이 대통령이 되는 것을 만들겠다. 윤석열 총장은 두 번의 토론으로 곧 제거된다"라는 수상한 발언을 하였다.

② 또 "안철수 대표가 서울시장이 되어도 지구를 떠나겠다"라는 발언도 했다. 이 발언에는 국민의당과 힘을 합쳐 서울시장을 국민의힘당에서 반드시 당선시키고, 차기 대통령 선거와 제22대 총선도 여세를 몰아 승리해야만 하는데 이에 반하는 의도가 숨어 있다. 이는 당분열 행위이며, 국민의사를 무시한 언행이었다.

③ 국민의힘당 전당대회 대구·경북지역의 대표 후보 연설에서 당장 표가 떨어질 것이 뻔한데도 "박근혜 대통령의 탄핵은 옳았다"라는 발언을 했다. 이는 그가 탄핵세력인 김무성 전 대표, 김종인 전 위원장, 유승민, 하태경 후보 등 당권파들과 더불어민주당 지도부의 협조로 당 대표가 예정되어 있었기 때문이라 짐작된다. 이준석 후보는 자신의 미래를 알고 있었다.

④ 2020년 4·15 총선 직후 미래통합당(국민의힘당 전신)이 당일투표에서는 124 vs 123으로 이겼는데 사전투표에서는 253개 지역구(투표소는 상당히 더 많다) 모두 져 국민들은 사전투표의 공정성에 대해 의심을 하기 시작했다. 확률이나 대수大數의 법칙法則 상 이런 현상 존재할 수 없다.

⑤ 그런데 노원병 선거구에서 더불어민주당 김성환 후보에게 패배한 미래통합당 이준석 후보(당시 최고위원)는 2020년 4월 17일 갑자기 〈KBS라디오〉에 출연하여 "유튜버들에게 휘둘리는 이런 수준의 정당은 이제 안 된다. 보수 후보자 중에서 본투표에서 이기고 사전투표에

서 진 곳이 많다. 저도 그렇다. 저는 단 한 표도 부정이 없다고 보는데 왜 난리를 피우는지 모르겠다. 그래서 선거에서 진 것이다. 사전투표 의혹론을 제기하는 사람들이 있는데, 제발 그런 것 좀 거두라고 말하고 싶다"고 발언했다.[2] 더 수상했다.

⑥ 이어 "사전투표장에 CCTV가 없기 때문에 정부에서 부정을 일으킬 가능성 있다며 사전투표 말고 본투표로 가라고 설득했던 게 유튜버들이다." 그래서 보수 유권자들이 본투표에 몰려가고 사전투표에 안 간 것이다.[3] "그런 그들이 지금에 와서 '사전투표 부정 맞지?'라고 말하는 것은 죽어도 정신을 못차리는 것이고, 이는 (과거 선거에서 음모론을 폈던) 김어준 씨와 다를 바가 없는 주장이다"라고 비판했다. 그의 말은 거짓이고(표3 참조), 그는 좌파 선동 방송인 김어준과 자주 어울려 방송에 나왔다. 이율배반적 행동이다.

⑦ 4·15 총선이 참패로 끝나자 여의도연구원에 대해, 2020년 4월 18일 "황교안 대표가 임명한 인사가 원장이 됐는데 과거와 선거지원이 달랐다. (나는) 같은 지역선거를 두 번 치렀는데 판세분석도, 정책지원도 거의 없었다"라며 의도적으로 황교안 대표에게만 책임을 돌렸다. 이는 이준석 낙선자와 김종인 위원장의 말 맞추기 공작정치이다.

⑧ 이준석 후보(청년최고위원)는 2020년 4월 18일 페이스북에, 선거 패배의 원인을 "좌파, 빨갱이, 사기 탄핵, 선거 불복을 외치면서 소멸

---

2. 이준석이 낙선(3번) 직후 방송에 출연해 자신과 미래통합당이 패배한 것을 스스로 자인하는 발언은 심리상황과 여러 여론조사 판세와 정황에 비추어 거짓이며 우연한 일이 아니다.

3. 이 주장은 거짓이다. 오히려 2020. 4. 15. 총선 당시에는 사전투표의 문제점을 몰랐고 코로나 19 공포로 나이 많은 어른들이 사전투표를 더 많이 한 것으로 확인되었다.

해갈 것인가. 공정, 정의, 안티PCPolitical Correctness 경쟁, 젠더 이슈 등을 다룰 수 있는 방향으로 메시지를 전환할 것인가"라고 하면서, "메시지를 바꾸기 위해서는 당의 주인이 바뀌어야 한다. 미래통합당은 이제 (중도) 노선투쟁이 필요하다"며 글을 올렸다. 이 또한 거짓말이다. 박근혜 전 대통령에 대한 탄핵은 위법 위헌이었으며, 4·15 총선은 부정선거임이 거의 확실하다.

⑨ 그리고는 4월 19일 페이스북에 어려운 조건을 내걸며 "(음모론 지지자들은) 제기할 의혹이 남았다면 천안함재단에 100만 원을 기부한 후 영수증 또는 이체증을 보내주시는 분들 중에서 선착순으로 5명을 뽑아 유튜브 등으로 생중계되는 공개토론회를 열자"고 제안했다. "이준석을 박살 낼 좋은 기회다"라고 하면서 자신이 애국자인 척하며, 부정선거가 없었고 자신이 옳았다고 했다.

좌파 정치인과 오피니언 리더들이 부정선거 없다는 말을 시작하면 부정선거의 전선이 좌파 대 우파로 옮겨가게 된다. 즉 진영싸움이 되는 것이다. 더불어민주당은 이것을 두려워하고 있었다. 그런데 그들이 나서지 않아도 국민의힘당 이준석 대표나 조갑제·정규재 등 우파의 똑똑한 바보(?)들이 부정선거 없다고 주장하니 멀리서 웃고 있는 것이다.[4] 부역행위이다.

⑩ 이준석 자신도 사전선거에서 패했다. 하지만 4·15 총선 결과에 승복하는 것처럼 가장하고, 공개토론 할 것처럼 국민을 기망하면서 부정선거 논란을 계속 잠재웠다. 덕분에 중앙선관위는 어려운 궁지를 빠져나갈 수 있었다.

---

4. 김형철, 『4·15 부정선거 비밀이 드러나다』, 도서출판 대추나무, 2021, 20쪽.

⑪ 또한 이준석 대표는 4·15 총선 직후부터 지금까지 계속 하태경 의원, 보수논객으로 알려진 조갑제·정규재 전 주필 등과 함께 "절대 부정선거 없었다. 사전투표 조작 없고 관리부실로 부정선거를 주장하는 유튜버들의 농간에 놀아나면 안 된다. 부정선거 의혹을 제기하는 사람은 음모론자이다"라고 말했다. 심지어 이준석 대표는 "민경욱 의원이 옳으면 제가 정치를 그만두면 되는 것이다"라고도 했다. 이준석 대표는 자기 말에 책임을 질 사람이 아니다. 그는 전당대회 전후에도 계속 "부정선거를 주장하는 자는 야만인이다. 만일, 4·15 부정선거 재검표를 주장했다면 보수야당은 한방에 갔을 것이다"라며 이해할 수 없는 언행을 계속 되풀이하였다.

⑫ 이준석 대표 당선이 더불어민주당과 중앙선관위의 야합이라는 핵심적인 증거는 당 대표 경선 시 문재인 정부와 당시 더불어민주당이 언론에 개입해 이준석 여론 띄우기 공작과 후술하는 중앙선관위가 위탁받아 한 국민여론조사 (70%, 케이보팅K-voting)와 전자투표 방식이다.

위의 증거들에 의해, 이준석 후보 측(김종인 전 비대위원장, 유승민, 김무성 전 대표, 하태경 의원)과 중앙선관위의 이해관계가 맞아떨어져 지역구에서 세 번이나 낙선한 이준석 후보가 중진도 하기 어려운 당 대표 선거에서 여론조작과 이를 믿게 하는 부정경선(선거)으로 이미 당선이 예정되어 있었구나 하는 합리적인 의심은 충분했다.

03. 여론조작과 문재인 대통령의 각별한 축하인사

⑬ 정권교체 시기에 더불어민주당은 국민의힘당을 비난하거나 꼰

대보수당으로 조롱해 왔음에도, 입을 맞춘 이준석 후보의 등장을 칭송하는 행진과 '이준석 돌풍이 일어났다'라는 언론 띄우기가 쏟아졌다. 언론 띄우기 현상은 우연이 아니다. 이준석 후보를 제1야당의 대표가 될 수 있도록 문재인 정부와 더불어민주당이 언론을 이용해 공작한 것이다.

⑭ 송영길 더불어민주당 대표는 2020년 5월 26일 청와대 여야 영수모임에서, "젊은 이준석 후보의 약진이 대단하다"고 하면서 큰일이라도 난 듯이 참석한 국민의힘당 김기현 원내대표에게 반문하는 쇼를 하였다.

⑮ 5월 28일에는 더불어민주당의 김남국 의원은 SNS를 통해, 이준석 후보를 적극적으로 옹호하면서 "국민의힘당에서 젊은 이준석 돌풍이 일고 있다. 덕분에 저의 당에서도 변화의 바람이 불고 있습니다." 하고 한층 띄웠다. 뭔가 이준석 후보와 짠 느낌이 든다. 수상하다.

⑯ 국회 전 사무총장이자 민주당 원로 유인태 전 의원은 2020년 5월 31일 〈SBS 방송〉에 출연해, "이준석 후보의 돌풍은 정치권의 충격으로 받아들이고 민주당 사람들은 굉장한 위기감을 느낀다. 그가 야당(국민의힘당) 대표가 되면 내년 대선이 끝난 것 아닌가? 하는 목소리도 있다"고 의도적인 여론띄우기 공작을 하였다.

⑰ 반면 나경원 후보에 대해서는 "나경원 후보는 서울시장에 출마해 떨어졌어도 또 출마한 것은 당을 위해 출마한 것이 아니라 자기신변 보호용으로 출마한 것으로 본다"며 폄훼하고 비하하는 발언을 하였다.

⑱ 민주당 강병원 최고의원은, 5월 28일 〈불교발송〉에 출연하여 "이준석 돌풍을 보면서 놀랍고 부럽기도 하며 무서운 현상이다. 국민의힘

당은 낡고 고루함의 상징이었는데, 이준석의 약진으로 새로운 변화가 만들어지고 있다"며 계속 이준석 후보를 칭송하는 발언을 하였다.

⑲ 이준석 후보 띄우기에 대해, 언론계에 오래 몸담았던 민경욱 전 의원은 SNS를 통해 "조롱을 해야 할 더불어민주당이 젊은 이준석의 등장에 벌벌 떠는 모습을 연출하고, 언론도 동조하고 있다"고 괴이한 현상을 지적하였다.

⑳ 정치 경험이 많은 홍준표 의원도 이러한 현상이 "요즘 야당(국민의힘당) 전당대회의 흐름을 보면 꼭 4년 전 탄핵사태를 재현하는 것 같다. 막후에 보이지 않은 손과 언론의 선동적 보도도 그때와 다르지 않고 매우 의도적으로 느껴진다"며 여론 띄우기 현상을 포착하였다. 정확한 판단이다.

㉑ 이준석이 2020년 6월 11일 국민의힘당 당 대표에 당선되었다. 그러자 예견했다는 듯이 문재인 대통령은, 매우 기쁜 표정으로 "아주 큰 일을 하셨다. 훌륭하다. 우리 정치사에 길이 남을 일이다."하고 과도한 친밀감을 표시하였다.

국민의힘당 전당대회 경선기간과 당선 후 3주 동안 계속 언론이 이준석과 관련한 기사를 쏟아냈다. 이런 '여론 띄우기' 현상은

㉒ 김대중 전 대통령이 부산 출신 노무현 후보를 언론에 띄어 호남인들의 절대적인 지지로 대통령으로 만든 과정이나, 광우병 사건이나, 박근혜 전 대통령을 탄핵으로 몰고 간 것처럼 더불어민주당이 조직적인 개입과 언론들의 합작품이다

㉓ "이준석 돌풍, 경이로운 투표율, 이준석이 대표가 된 후 청년당원들이 대거 늘었다(실망해 떨어져 나가는지는 지지자들을 망각하는 것 같다). 국민의힘당 지지율이 40%가 넘었다. 따르릉 출근한다. 젊은 대변

인들을 토론 전쟁으로 뽑았다."하고 이준석 착시현상을 한층 띄웠다. 하지만 사실은 문재인 정권을 옹호 내지는 연장하기 위해 여론 전술을 펼치고 있었던 것이다.

㉔ 이에 대해 필자는, 더불어민주당과 야합한 탄핵세력인 김무성·유승민·김종인·하태경 등이 정치 전면에 나설 수 없자 젊은 이준석 대표를 내세우고 대리정치를 하고 있다고 단정하게 되었다. 다시 말해서 '이준석 현상은 거품이고 허상으로 당시 정권교체를 방해할 것이라는 결론이다.

㉕ 필자의 이런 우려는, 더불어민주당 이재명 후보가 대장동 택지 개발 특혜 사건과 관련하여 "나는 1원도 받은 일이 없다"고 말한 것에 대해, 이준석 대표가 "박근혜 전 대통령도 통장에 1원도 받은 일이 없다"는데 비유했다. 또 "내가 당 대표 된 걸 보고 감옥에서 위안받으셨으면 한다"며 조롱했다. 그는 보수우파의 분열 행위와 여러 당 운영행태에서 대표직을 수행할 수 없는 상황에 이르기까지 정확하게 일치하고 있음이 확인, 증명되었다.

04. 이준석 대표와 김종인 전 위원장이 내통한 증거

이준석 대표는 보수우파 국민들의 질타로 물러난 김종인 위원장과 회동을 하고, 정권교체를 바라는 국민의 의사를 받들어 정권교체를 위해 가장 시급한 안철수 국민의당 대표, 윤석열 전 검찰총장, 최재형 전 감사원장, 홍준표 의원을 삼고초려로 모셔 와야 할 시급한 상황임

에도[5],

㉖ "윤석열 전 검찰총장은 버스 빨리 타라. 안 그러면 출발한다. 정치 초년생이므로 국민의힘당에 빨리와 전문가(김종인 전 위원장을 의미하는 것이다)를 통해 배워야 한다. 안철수 대표와 같은 전철을 밟지 마라. 김종인 위원장을 선거대책위원장으로 중용하여야 한다"라는 말로 윤석열 전 검찰총장을 폄훼하고, 4.15 총선에 참패한 김종인 전 총괄선대위원장을 추켜세우는 등 황교안 전 대표에게만 책임을 돌리는 수상한 발언(⑦번 참조)을 하였다.

05. 이준석 대표의 불공정한 경선

㉗ 유승민, 하태경이 대통령 선거에 출마하겠다는 발언이 부쩍 늘고, 김무성 전 대표의 활발한 활동과 이준석 대표와의 비밀 만남, "유승민 전 대표의 야권내 지지도는 2위이다"라는 거짓 언론보도, 오세훈 후보와 안철수 대표와의 합당 약속으로 국민의힘당 지지율이 올라 서울시장·부산시장 보궐선거에 승리하자 자강론으로[6] 그는 "2021년 8월 중에 경선하겠다"며 윤석열 전 총장을 압박하며 비빔밥 속의 당근, 춘천 닭갈비로 폄훼하는 이준석 대표의 일방적이고 의도된 발언들은,

---

5. 무소속 홍준표 의원이 국민의힘당에 입당하기 전 기준이다.

6. 서울시장·부산시장 보궐선거에서 안철수 대표의 단일화를 기대하고 윤석열 전 검찰총장과 최재형 감사원장이 국민의힘당에 입당하는 것을 전제로 지지도가 높을 것으로 보아야 한다.

㉘ 2021년 4·7 서울시장 및 부산시장 보궐선거에서 승리를 가져다준 안철수 국민의당 대표와 감정싸움을 계속 벌여 김종인 전 위원장이 바라는 바대로 국민의당과의 합당은 불가능했다.

㉙ 송영길 당시 여당 대표와의 만남에서 자당의 공식의견을 뒤엎는 전국민 재난지원금 지급 합의와 사전투표 확대에 관한 언행, 자신의 병역문제, 여동생 「의료법」 위반 문제로 경찰청에 고소되자 경찰청장을 찾아가 90°인사하는 비굴한 태도와

㉚ 선관위원장, 선관위원의 선정과 경선룰, 토론회 방식 등을 미리 짜놓고, 「언론중재법」 통과를 막아야 할 시급한 상황에서 서바이벌게임 형식의 합동토론회(내부 반발에 부딪혀 발표회로 바뀌었다) 소집과

㉛ 소속 의원 12명의 국민권익위원회의 부동산투기 의혹에 대한 졸속 대처 등 편파적이며 해당행위를 하면서도 대통령 후보들에게는 "흙탕물 만들지 말라"는 식의 자기정치를 하였다.

이준석 대표는 윤석열·최재형·안철수 등 유력 예비후보들을 국민의힘당에 입당하라 권하면서 한쪽에서는 김종인 전 비대위원장·유승민·하태경·홍준표 후보 등과 함께 이들에 대한 총질과 견제를 하고 있었던 것이다.

윤석열·최재형 예비후보가 입당하자 최고위원회의 결의도 없이 이준석 대표는 완장 찬 듯 휴가를 이용하여 개인택시 운전면허를 받더니 후보나 후보 참모들과 사전협의도 없이 "예비후보 토론을 하겠다. 모두 모이시라."하는 일방적인 소집을 밝혔다. 준비하지 못한 윤석열·최재형 예비후보를 낙마시키기 위한 전술이었다.

이 과정에서 윤석열 캠프의 정무실장 신지호 전 의원은, 2021년 8월 11일 이준석 대표의 갑작스런 토론회 소집에 대해 "아무리 대통령

이라도 헌법과 법률에 근거하지 않으면 탄핵도 되고 그런 거 아닌가?"
하고 말했다.

이 점에 대해 이준석 대표가 "당 대표를 너무 흔드는 것 아니냐?"라
는 취지로 항의하자, 신지호 전 의원은 자신의 발언에 대해 "국민의힘
당 이준석 대표를 겨냥하거나 염두에 둔 발언은 아니었다. 오해하지
않았으면 좋겠다."하고 한발 물러났다.

윤석열 예비후보는 다음 날 예를 갖춰 전화로 이준석 대표에게 이
같이 유감의 뜻을 전했다.

윤석열 "신지호 박사에게 어제 일(탄핵발언)에 대해, 단단하게 이야기했
다."

이준석 "싹 함구령을 내려달라. 아직 정신을 못 차린 것 같다."

윤석열 "정치권이란 곳은 여기저기서 아무 말이나 하는 곳이니까 이해
를 부탁한다. 대표님과 저는 국민이 볼 때 손잡고 가야 된다. 우리가
옆에서 뭐라고 한다고 흔들리면 안 된다."

이준석 "캠프 구석구석 이 정서가 전해졌으면 한다."

㉜ 이준석 대표는 자신이 윤석열 예비후보를 제압했다는 것을 증명
하기 위하여 통화내용을 녹취한 다음 언론에 공개했다.

㉝ 녹취 사실이 문제 되자, 이준석 대표는 페이스북을 통해 "60여
명 이상의 기자들이 윤석열 후보와 나눈 대화 내용에 대해 저에게 집
중 취재가 들어와 취재 과정에서 구두로 전달된 부분들이 정리되어
문건화된 것으로 보인다. 녹취 파일은 존재하지도 않고 유출 사실도
없다"고 거짓말을 했다.

㉞ 당 분란은 이준석 대표 자신이 만들어 놓고 "이대로 가면 다음 대통령선거에서 우리당 후보는 여당(더불어민주당)에게 5% 정도 패배한다"는 책임 회피성 발언을 했다. 채널A 모 기자에게는 "윤석열 전 총장은 토론 두 번이면 곧 정리된다"고도 했다.[7]

㉟ 원희룡 후보에게도 같은 취지의 발언과 "나는 문 정부와는 대여 투쟁을 하지 않는다. 합동토론회는 강원도에서 2~3일 동안 서바이벌게임의 토론회를 생각하고 있다"라는 발언을 종합하여 보면, 윤석열·최재형·안철수 예비후보를 국민의힘당에 끌어들인 다음 김종인 전 비대위원장 등과 연합하여 짜여진 틀에서 낙마시키고, 유승민(차선으로는 홍준표) 후보를 당선시키려는 이준석 대표의 공작정치가 여실히 드러났다.[8]

원래 이준석은 유승민이 창당한 바른정당 때부터 안철수 국민의당 대표를 폄훼해 왔다. 자신이 모셨던 안철수 대표를 ㅂㅅ이라는 발언뿐만 아니라,

㊱ 서울시장 보궐선거 전 채널A 모 기자와의 대화에서는 "안철수 대표가 서울시장이 되면 나는 지구를 떠나겠다."하는 어리석고 건방진 언행에서 그의 생각을 읽을 수 있을 것이다. 이 발언의 배경은 안철수 대표에게 쏠리는 시선과 그의 정치적 이익을 막아야 하는 이유가 있기 때문이다.

㊲ 서울시장 보궐선거기간 중 국민의힘당과 국민의당은 합당을 전

---

7. 문재인 대통령의 많은 약점과 비밀을 아는 더불어민주당이 국민의힘당 윤석열 후보를 탈락시키려는 전략과 동일하다.

8. 더불어민주당은 상대적으로 약한 국민의힘당 유승민 후보가 선출되는 것을 원하고 있다.

제로 오세훈 후보로 단일화했다. 오세훈 후보가 당선되자 국민의당 안철수 대표와의 합당 과정에서, 이준석 대표는 자신이 오세훈 전 의원을 서울시장에 당선시켰다는 방자한 자세로 유승민 후보, 김종인 전 위원장이 원하는 바대로 국민의당과의 합당이 결렬되도록 실행했다.

㊳ 그 결과, 국민의당 안철수 대표는 2021년 8월 16일 기자회견에서 "국민의힘당과의 통합노력을 멈춘다."하며 합당 결렬을 선언하고 제3지대 대선후보로 남게 되었다.[9] 정권교체를 해야 하는 중요한 시기에 윤석열 후보와 국민의당 안철수 대표를 폄훼하고, 유승민 전 대표를 당 후보로 밀려는 이준석 대표의 불공정한 선거관리, 분열정치, 자기정치와 평론가 수준의 행태는 한국 정치사에 오점으로 평가될 것이다.

06. 이준석 대표를 살리기 위한 더불어민주당의 수상한 행태

위와 같은 언행과 녹취사건으로 이준석 대표는 사퇴할 위기를 맞게 되었다. 그런데 더불어민주당은 이준석 대표의 사퇴를 막기 위해 옹호하는 술수를 부린다.

---

9. 당시 안철수 대표는 이준석 대표에게 책임을 돌리지 않고 주호영, 김기현 원내대표와의 합당 과정에 대해 "국민의힘당 사정에 의해 연기해달라고 요청해서 합당이 계속 지연되었다"고 발언하였다. 더불어민주당, 이준석 대표, 김종인 전 위원장이 바라는 바대로 안철수 대표와의 통합이 일단 중지되었다.

㊴ 강병원 최고위원은 2021년 8월 18일 국회에서 열린 최고위원에서, "당 대표 탄핵까지 운운한 윤석열 총장 측의 토끼몰이에 이준석 대표가 굴복했다"며 "대선에 출마한 사람이 토론을 회피하는 것은 이력서, 면접, 자기소개서 없이 취직하겠다는 것처럼 황당하다. 검증을 도로도리로 회피하고 오만한 독선은 국민이 심판할 것이다"라고 이준석 대표를 두둔하는 발언을 하였다.

㊵ 김용민 최고위원도 같은 날 "민주주의는 대화와 토론이 전부라 해도 과언이 아닌데, 국민의힘이 대선예비후보 토론회를 취소하고 발표회로 대체하겠다는 것은 놀랍다. 대화와 토론 없이 후보를 결정하는 생각 자체가 놀랍다."하며 윤석열 후보를 폄훼하고 이준석 대표를 옹호하는 발언을 했다.

㊶ 문재인 대통령은 다음 날 8월 19일 이준석 대표와의 영수회담이 갑자기 개최되는 듯하다가 여론이 안 좋아 불발되었다. 왜 더불어민주당과 문재인 대통령은 의도적으로 국민의힘당 이준석 대표를 옹호하고 사퇴를 막고 있을까? 공작정치가 판치는 현실에서 이준석 대표와의 어떤 밀약이 당연히 있었을 것이다.

07. 이준석 대표의 수상한 행동과 해당행위害黨行爲

㊷ 이준석 대표는, 문재인 후보의 수행비서였던 김경수 드루킹 댓글조작 사건에 대해 대법원의 유죄판결이 선고되었음에도, "문재인 후보는 댓글조작에 관여하지 않았을 것"이란 비상식적 발언을 하였다.

㊸ 청주간첩단에 하달된 반미운동 전개, 한미훈련 반대, 한미연합

사 해체, 사드 배치 반대운동, 박근혜 전 대통령 석방 반대, 스텔스 F-35A 전투기 도입 반대[10], 4·15 총선에서 야당(국민의힘당)을 참패시키고, 그 책임을 황교안 대표에게 돌려야 한다. 검찰개혁 등의 김정은 지령문이 확인되고, 간첩들이 문재인 캠프에서 특보로 활약했다는 언론보도가 발표되었음에도[11] 이준석은 대표로서 문재인 대통령을 전혀 공격하지 않는 수상한 태도는 도를 넘어서고 있었다.

08. 국민권익위 전현희 전 위원장의 덫

전현희 국민권익위원회 전 위원장은 종전에 더불어민주당은 12명, 이번엔 국민의힘당 12명, 열린민주당 1명이라는 부동산투기 의혹 전수조사 결과를 가지고 2021년 8월 24일 〈CBS 라디오뉴스쇼〉에 출연해 "숫자는 비슷하지만 그 내용을 보면 비율은 국민의힘당이 약 2배 정도 많다"고 발언을 했다.

그러면서 국민권익위 전현희 위원장은 더불어민주당 조사 때와 마찬가지로 이번에도 국민의힘당 해당의원의 실명과 구체적인 내용은

---

10. 스텔스 F-35A는 레이다의 포착 없이 북핵과 공격기지를 타격할 수 있는 최고 성능의 전투기이다. 실제 청와대를 통한 스텔기 F-35A 관련 국방부 예산삭감이 있었다. [출처] 이춘근 박사의 〈너알아TV 방송〉.

11. 문재인 대통령 자신도 북한에 포섭된 공산주의자라는 주장이 있다. 그의 저서 『운명』에서 "미국, 월남이 패망하는 것을 보고 진실의 승리이고, 희열을 느꼈다"라고 썼다. 또 스스로 "나는 신영복(공산주의자)을 제일 존경한다"는 발언을 했다. 이는 미국의 고든 창 변호사, 고영주 변호사 및 조우석 평론가의 주장과 발언에서 확인된다. 이 간첩들은 북한 김정은으로부터 많은 돈을 받았고, 4년간 활동했다는 보도가 있었다.

공개하지 않았으나 ▲부동산 명의신탁 의혹 1건 ▲편법증여 등 세금 탈루 의혹 2건 ▲토지보상법, 건축법, 공공주택특별법 등 위반 의혹 4건 ▲농지법위반 의혹 6건이라고 밝혔다.[12] 국회의원들에 대한 국민의 부동산투기 혐오심리를 이용하여 국민의힘당 지지율이나, 특정인(윤희숙 의원으로 보여진다)을 낙마시키기 위한 공작정치인 것이다.

전현희 국민권익위원장의 경력을 보면, 치과의사 출신 정치인으로서 민변 환경위원회 여성인권위원회 위원이었고, 제18·20대 국회의원으로서 제20대 전반기 국회 국토교통위원회 위원을 지냈다.[13] 특히, 19대 대선과정에서 더불어민주당 문재인 대통령 후보 중앙선거대책위원회 직능특보단장을 지냈다.

실제 더불어민주당 의원들은 180석으로 국민의힘당에 비해 의원 수가 훨씬 많고, 여당으로서 각종 신도시개발 등 정보를 획득할 기회가 더 많았을 것이다. 그럼에도 전현희 위원장은 문재인 정부의 부동산 정책을 과감히 비판하는 대통령 예비후보로 나서는 윤희숙 의원을 끼어 넣고, 국민의힘당 의원들의 부동산투기 혐의자가 많다고 특별히 강조하면서 공표하였다.

이준석 대표는 야당 흠집내기 부동산투기 의혹에 대해, 해당의원들의 소명 내용을 검토하여 여당 의원들의 투기사례와 비교한 후 신중하고 사리에 맞는 성명을 내고, 적극적인 대응을 했어야만 했다.

㊹ 그러나 이준석 대표는 최고위원회의에서 "우리가 판단하지 말고

---

12. [출처] 이데일리 정다슬 기자의 기사이다.

13. 신도시 개발 및 부동산정책을 총괄하는 국토교통위원회 위원으로 활동했던 전현희 국민권익위원장과 그 가족의 부동산거래 상황에 대해 필자는 반문하고 싶을 정도이다.

그냥 다 전체적으로 탈당권유를 하거나 제명해야 된다"고 상식이하의 입장을 피력했다. 이는 여당 더불어민주당이 바라는 바 공작정치의 냄새가 난다.

⑮ 헌법기관인 소속 국회의원들의 부동산 거래에 대해, 문재인 대통령이 임명한 전현희 권익위원회의 조사를 받겠다는 생각부터가 잘못된 판단이며 결정이었다.[14] 제1야당으로 의원 수가 부족한 마당에 투기의혹을 받는 소속의원들에게 모두 탈당, 제명하자는 이해할 수 없는 주장은 당 대표로서 할 수 없는 해당행위이다.

⑯ 그런데 이준석 대표는 자신의 부친 농지법 위반사실이 후에 드러났지만 자신은 모르는 일이라고 발뺌했다. 이율배반적인 행동이다.

09. 공작정치로 소중한 윤희숙 의원 잃음

윤희숙 의원은 부친의 부동산투기 혐의에 대해, 국회 소통관에서, 의원으로서의 염치와 상식을 지키고자 "현역 국회의원직을 서초갑 지역구민과 국민들께 돌려드리겠다. 이 시간부로 대선후보 경선을 향한 여정을 멈추겠다"하면서 이같은 상식에 반한 국민권익위를 강력히 비판하였다.

"저희 아버님은 농사를 지으며 남은 생을 보내겠다는 소망으로 2016년 농지를 취득했으나 어머님 건강이 갑자기 악화하는 바람에

---

14. 국민의힘당은 소속 의원들에 대하여, 권익위에 부동산투기 전수조사를 의뢰해야 할 법적 근거와 그 결정 과정 등을 점검해 볼 필요가 있다. 결정자(필자는 김종인 전 위원장으로 판단된다)를 찾아내 책임을 물어야 한다.

한국농어촌공사를 통해 임대차계약을 했다. 저는 26년 전 결혼할 때 호적을 분리한 이후 아버님의 경제활동에 대해 전혀 알지 못하지만, 공무원인 장남을 항상 걱정하고 조심해온 아버님의 평소 삶을 볼 때 위법한 일을 하지 않았을 것이라고 믿는다. 독립관계로 살아온 지 30년이 지난 아버님을 엮은 무리수가 야당의원의 평판을 흠집 내려는 의도가 아니고 무엇이겠나? 권익위의 끼워 맞추기 조사이다"라고 비판했다.

그러자 더불어민주당은 윤희숙 의원이 쇼를 한다고 비방하면서, 김어준의 뉴스공장과 이재명·김두관·김남국·김용민 의원과 대변인 등 많은 의원들이 윤 의원이 한 발언을 꼬투리 삼아 '이혼하여 혼자 사는 사람이 친정아버지 찾는다', '6배의 시세차익', '30억 원 투기이익', '나도 국회의원직을 던지겠다'라는 등 계속 윤희숙 의원을 집중 공격하였다.

이에 윤희숙 의원은 2021년 8월 27일 다시 기자회견을 열어 부친이 보낸 편지 내용을 밝혔다.

"아버님의 농지매입은 투기의혹으로 비칠 여지가 있다는 점을 부정하지 않고 변명하지 않겠습니다. 저희 아버님은 성실히 조사를 받고 결과에 따라 적법한 책임을 지실 것입니다."(그러면서 부친이 보낸 편지라며 울먹이며)

"…출가외인인 딸자식에게 이렇게 큰 상처를 주게 되어 애비된 마음은 천갈래 만갈래 찢어집니다. 딸자식이 못난 애비 때문에 숱한 모욕을 겪으면서도 자식된 도리를 다하고자 하는데 애비된 자가 어찌 애비된 도리를 다하지 않을 수 있겠습니까? 이번에 문제가 된

농지는 매각되는 대로 그 이익은 사회에 환원하겠습니다. …"

그러고는 다시 이렇게 맹공을 퍼부었다.

"내가 KDI 재직 시절 미공개 정보를 이용해 공모했다는 의혹들은 터무니없다"며 내부자 정보를 이용한 투기라는 심각한 범죄를 타인에 씌울 때는 구체적인 근거가 있어야 한다는 상식조차 내다 버린 것입니다. 평생 공작정치나 일삼으며 입으로만 개혁을 부르짖는 (더불어민주당) 정치모리배들의 자기고백이다. 지금 저 자신을 공수처에 수사의뢰하겠다. 공수처가 못하겠다면 정부합동특별수사본부에 다시 의뢰하겠다. 대신 내가 무혐의로 밝혀지면 의혹을 제기했던 이재명 지사는 사퇴하고, 김어준도 공적인 공간에서 사라져라. 김두관·우원식·김용민·김남국 등등은 의원직을 사퇴해야 한다."

윤희숙 의원이 여당의 집중포화를 맞고 있는데, 이준석 당 대표와 중진의원, 대변인들은 윤 의원을 위해 왜 나서주지 않을까? 그렇지 못하면 선전 선동에 투쟁하는 윤희숙 의원이 거대 여당을 상대하기엔 역부족으로 살신성인의 정신이 물거품이 될 수 있음을 유념해야 할 것이다. 즉, 윤희숙 의원을 껄끄럽게 보는 더불어민주당은 윤 의원의 사퇴의 건을 그대로 가결시킬 것이다.

㊼ 의원직 사퇴성명을 발표하는 윤 의원에게, 가짜눈물을 흘리며 의원직을 던져 안타깝다는 이준석 대표의 행동은 여당과의 야합을 덮기 위한 비겁한 행동으로만 보일 뿐이다. 윤 의원은 당시 이재명 지사와 여당의 정치공작에 당한 것이다.

10. 윤석열 후보에 대한 공작정치와
이준석 대표의 편파성

마찬가지로 윤석열 후보는 「뉴스버스」 이진동 발행인, 제보자 조성은(의문의 정치적인 인물이다)[15], 송영길 전 대표가 의혹 제기한 고발사주 의혹[16]과 김무성 전 대표의 보좌관였던 장성철 소장이 의혹을 제기한 윤석열 X파일에 의해 농락당할 수도 있었다.

검사 출신 윤석열 후보(캠프)는 윤석열 X파일은 마타도어이며, 불법 사찰로 만들어진 허구라고 강력하게 대응했다. 그러자 장성철 소장은 X파일을 파기할 것이라며 책임회피와 꼬리 자르기를 했다. 윤석열 후보가 검사 출신이 아니었으면 당했을 것이다. 윤석열 X파일은 어디에서 누가 만들었으며, 그 목적은 무엇일까?

㊽ 이준석 대표는 공수처를 믿고 있는 듯 고발사주사건에 대해, 자당의 "김웅 의원 등에 대한 신속한 수사를 해야 한다"라는 옹호발언을 하였다. 정말 한심스러운 대처 방법이다.

한편 윤석열 후보는 제보자 조성은, 그녀와 만난 박지원 국가정보원장, 실명 미상의 1명을 공수처에 고발했다. 공수처는 즉시 엄정하고 공정하게 수사하여 한점 의혹 없이 밝혀 관련 인사들은 즉시 처벌해

---

15. 제보자 조성은은 박지원을 수차례 만난 사실이 공개되었다. 김정은, 문재인 대통령을 찬양하였다. 박원순 선거참모로 일하다가, 국민의당(안철수) → 민주평화당(박지원) → 미래통합당(황교안)으로 당적을 옮겨 공천관리위원(박형준, 정병국 전 의원에 의해) 선관위 부위원장 중책을 맡았다. 그녀는 현재 여당의 이재명 후보를 찬양하고 있다.

16. 고발장이 당시 미래통합당에 접수되어 검찰에 고발하여 수사한 사실도 없다. 김만배- 신학림 사건과 마찬가지로 윤석열 후보를 탈락시키기 위한 정보기관 여당 또는 자당 다른 후보의 공작인지 여부에 관하여도 수사하여야 한다.

야 한다.

이준석 대표는 한 언론과의 인터뷰에서,

㊾ "이게(고발사주가) 진실이라면 심각하다. 공작인지 아닌지 단언하기 어렵다. 김웅 의원이 해명을 명확히 하지 않아 당무감사를 통해 파악하겠다"고 했다.[17]

㊿ "그래서 내가 후보검증단을 설치하자고 했는데, 이제라도 후보검증단을 만드는 것을 고민하겠다"며 이준석 대표는 정홍원 선관위원장에게 후보검증단 설치 의견을 구하였다. 그러나 정홍원 선관위원장은 검증단이 잘못 운영되면 특정인을 공격할 수도 있기 때문에 당내 분란이 발생할 여지가 있다며 이준석 대표의 의견을 거절했다.

㊿ 유승민 전 의원은 이준석을 하버드대학교의 국비장학생(노무현 1호 과학장학생)으로 추천해 주었고, 새누리당 청년최고위원으로도 추천해 박근혜 대통령이 임명하여 고위직 정치입문의 기회를 주었다. 대표 경선에서도 유승민·김무성·김종인·하태경 등이 힘껏 밀어주어 당선됐다. 이준석 대표는 이들 회색정치인들에게 빚을 많이 진 셈이다.

(52) 때문에 이준석 대표는 유승민 후보가 대통령이 되는 것이 꿈이다. 이러한 태도에 비추어 대통령 후보 선출을 위한 경선절차와 방법이 유승민·홍준표·하태경 후보에게는 유리하게 작용할 것이고 윤석열·최재형·황교안·원희룡·박진·장기표 후보에게는 불리하게 작용할 것이다.

(53) 이준석 대표의 표리부동한 발언과 행동, 정권교체가 절체절명의 중차대한 시기에 계속 헛발질만 하는 판단, 당 대표 당선 의혹과 확인

17. 이 사안은 정치공작적이라서 당무감사로는 밝혀지기 어려운 상황이다.

되지 않은 재산 형성 과정,[18] 불공정 경선 등 당 분열행위는 계속되고 있었다.

㉞야당이 정권과 국회를 탈환하기 위해서는 야권통합이 필수적이다. 이준석 대표 등의 방해로 안철수 대표는 제20대 대통령선거에 재도전할 의사를 밝히며 '독자 출마'를 선언하였다. 그 원인을 살펴보면 통합의 결렬 책임은 이준석 대표와 김종인 전 위원장에게 있음이 분명하다.

㉟이에 대해 이준석 대표는 2021년 11월 3일 "이번에 우리 당 대통령 후보가 누구로 결정될지는 모르겠지만, 결정되는 순간 그 다음 날부터 어느 누구든지 당 지도부나 후보와 미리 상의하지 않고, (안철수 대표 측과 단일화) 거간꾼 노릇을 하는 사람은 해당행위자로 징계하겠다"고 격하게 반응하였다.

㊱또한 "윤석열 캠프의 정치인들은 하이에나와 같다"라고 폭언을 하는 등 정권교체를 바라는 보수우파 국민들과는 너무나도 동떨어진 행동을 하고 있다. 그 예로 이준석 대표의 어리석은 판단과 언행, 후에 드러난 성상납 문제와 증거를 인멸하려는 범죄행위, 당내 문제가 많은 의원들 즉, 허은아 의원과 황보승희 의원[19]을 자신의

---

18. 이준석 대표는 2021. 6. 15. 조선일보 데일리 팟캐스트 모닝라이브에 출연하여 "가상화폐 투자로 선거 서너 번 치를 정도의 돈을 벌었는데 요즘 다시 (가상화폐 가격이) 많이 떨어졌다"고 말했다. 가상화폐 투자에 성공한 배경에 대해 이 대표는 "내가 원래 프로그래머였기 때문에 가상화폐 자동투자 프로그램을 짤 수 있었다"며 "재미로 프로그래밍을 해봤는데 수익을 봤다"고 했다. 그러나 이에 대한 객관적인 증거를 제시한 적 없다. 거짓말을 하고 있음이 보인다.

19. 21대 국회의원 총선거에서 이언주 전 의원이 부산 중·영도구에 출사표를 던지자 해당 지역구 당협위원장이던 곽규택이 삭발을 하며 경선을 요구하였다. 이언주 전 의원은 부산 남구를 지역구로 이동되고 곽규택 위원장은 중구·영도구에서 배제되었으며, 부산 서구·동구로 재배치되어 경선을 치루게 되었다. 이렇게 미래통합당은 억지로 꿰어맞춘 중구·영도구에 추가 공모를 했다.

측근 또는 수석대변인으로 발탁한 행위 등이 있다.

11. 국민여론조사 부정의혹과 케이보팅(K- voting) 문제점

중진도 하기 어려운 당 대표 선거에서 정치경험이 없고 리더십을 보여준 적 없는 이준석이 국민의힘당 대표 당선에 관한 부정경선 의혹을 필자가 제기한 이유와 증거들로는, 전술한 56개의 이유와 증거 및 중앙선관위의 국민여론조사 부정의혹과 케이보팅의 문제점 등 아래 ①항 ~ ⑩항까지 총 66개가 있다.[20]

① 당 대표와 최고의원을 선출하는 국민의힘당 첫 전당대회가 2021년 6월 11일 개최되었다. 전당대회를 치르기 위해 형식적으로는 당 선관위 조직이 있으나 당원 및 국민여론조사를 중앙선관위에 일괄

이때 김형오 공천관리위원장의 비서 출신 황보승희가 응모해 사전 논란이 확대됐다. 이에 대해 황보승희 후보는 "김 위원장과는 사전에 교감하지 않았다"면서, "김세연 위원이 추가공모 전에 준비하라고 알려줬다"고 말했다. 그녀는 김세연 부산시당 위원장 시절 시당 시민소통센터장에 발탁된 바 있다. 또 미래통합당 중구·영도구 당원과 전·현직 지방의원이 곽규택 예비후보를 지지하는 기자회견을 열었을 때 대표로 기자회견문을 낭독했다. 이때 "선거가 임박한 상황에서 이언주 후보를 지지할 수 없다"라며 이언주 전 의원을 겨냥하기도 했던 만큼 추가 응모에 응한 것에 대해, 오랜 활동을 해온 박병철 중구·영도구 당협 홍보위원장은 "황보승희는 곽 후보와 함께하자고 약속했던 동지들을 배신했다. 자기 욕심만 채우는 정치인으로 전락했다"고 비판했다. 황보승희 후보는 이언주 전 의원과 곽규택 위원장이 빠진 경선에 참가했고, 경선 상대자는 지역에서 인지도가 거의 없는 강성운이었다. 그 결과 황보승희 후보가 경선에서 승리했다. 황보승희는 국회의원 당선 후 부동산 개발업체의 회장으로부터 불법적인 후원을 받았다는 의혹을 받고 있다. 후원자 측은 황보승희 의원과 연애(사실혼) 관계이기 때문에 경제공동체로서 문제가 없다는 입장이었는데, 정작 문제는 황보승희 의원은 당시 기혼자였다는 것이다. 불륜 의혹은 황보승희 의원의 전 남편 조모 씨가 「서울의소리」에 제보했을 때 시작되었다. 「서울의소리」는 황보승희 의원이 2019년 6월경부터 11세 연상의 지역건설업자 정모 씨와 불륜관계를 가졌다는 의혹을 보도했다.

20. 윤석남, 『위기의 대한민국 누가 구할 것인가?』 한스하우스, 2022.

위탁하여 치러졌다. 이번 전당대회에서는 이준석 대표 후보와 같은 목적(부정선거 없었다는 주장을 해주는 관계)이 있는 중앙선관위에 의해 모바일 투표, ARS 투표, 일반여론조사 결과의 검증 불가, 역선택을 허용하였다.

② 국민의힘 당 선관위는 2021년 5월 26일~27일 사이의 여론조사 결과를 5월 28일 발표했는데, 당 대표 후보 컷오프에서 통과한 후보 5명만 발표해야 하나, 실제로는 조작된 것으로 보이는 지지도까지 발표하였다.

③ 전당대회 때 당원들의 모바일 투표, ARS 투표, 국민여론 조사를 중앙선관위에 위탁한 소위 케이보팅K-voting은 문제점이 많은 것으로 드러났다. 검증절차의 문제점을 제기한 도태우 변호사가 모바일 투표 관련 로그기록과 집계현황 등 제출에 관한 가처분신청 확인 결과, 위탁받은 중앙선관위는 ARS 조사나 국민여론조사를 직접 이행하지 않고, 중앙선관위가 다시 여론조사기관을 지정(도급)하여 실시한 사실이 확인되었다.[21]

④ 여기에서 당원에 대한 모바일 투표율과 ARS 투표율이 오차범위 밖의 극심한 차이를 보이는 점도 눈여겨볼 필요가 있다. 여론조사라면 오차범위 내에 있어야만 신뢰할 수 있기 때문이다. 즉, 모집단이 국민의힘당 당원이므로 통상적으로 ±3% 내외이다.

그러나 나경원 후보는 모바일과 ARS가 -7.82%의 차이가, 이준석 후보는 +10.92%가 차이가 나는 것은 통계상 믿을 수 없는 결과이다.

---

21. 갑과 을의 계약관계이므로 "ooo을 유리하게 하라"면 하도급받은 여론조사기관은 그렇게 할 수밖에 없을 것이다. 여론조사기관이 중앙선관위로부터 제재를 받은 사실이 드러났다.

이를 검증하려고 해도 불가능했다(도태우 변호사의 방송대담과 제2, 3차 합동토론회 황교안 후보 발언). 여론조사 내용과 진실을 사후 검증할 수 없도록 노예계약을 하였기 때문이다.[22]

⑤ 전당대회일인 6월 11일 당원 득표율에서 나경원 후보 40.9%, 이준석 후보 37.4%로 나경원 후보가 3.53% 차이로 승리했다. 그러나 2일 전 6월 9일까지의 국민여론조사와 당원여론조사에서는 이준석 후보의 지지율이 나경원 후보의 3배이고, 이준석 후보의 지지율이 나경원 후보을 포함해 4인의 지지율의 합계보다 더 많다고 언론들이 여론을 조작하여 국민을 속였다.

⑥ 여론조사업체와 전 언론과 전 방송, 전 종편에서 특히 당 대표 후보 컷오프 후인 5월 28일부터 여론조사업체가 발표하면 언론에서는 받아썼다. 방송사에서는 계속되는 '정치의 새로운 바람으로, 젊은 층의 정치 참여'란 제목을 달아 이준석 띄우기를 하는 등 여론을 조작하였다. 즉, 이준석 후보의 당선에 대해 의심하지 못하게 거짓 발표한 것으로 보인다.[23]

⑦ 국민여론조사 위탁관리를 맡은 중앙선관위가 자신들의 부정선거 의혹을 덮거나 위기를 넘기기 위해서는 "부정선거 없었다"는 이준석 후보의 당선에 협조한 것이라고 추론할 수 있다. 반대로 "4·15 부정선거 문제를 특검으로 밝히겠다"라는 황교안·안상수·장기표 예비후보를 경선에서 탈락시킬 수 있다. 여론조사의 노하우가 있는 중앙선관위에서는 특정인을 당선시키고 탈락시키는 것은 식은 죽 먹기이다.

---

22. 도태우 변호사가 국민의힘당과 중앙선관위에 대한 가처분소송 과정에서 얻어낸 결과이다.

23. [출처] 뉴스타운(http://www.newstown.co.kr).

⑧ 6월 11일 전당대회 때 최고위원 후보로 출마한 도태우 변호사가 중앙선관위 및 당 선관위에 국민여론조사 결과 등에 관하여 검증할 수 있는 자료를 요구했으나 거부당했다. 가처분신청(소송)을 제기했음에도 서로 미루며 자료 제출을 거부하였다.

⑨ 이준석 대표는 유승민, 김무성, 하태경, 김종인, 지상욱(당시 여의도 연구원장) 등 전·현직 의원 등 노회한 정치인들과 교류를 해왔다. 이들은 이준석 대표를 에워싸고 있다. 이들은 당을 현실적으로 장악하고 당 선관위와 중앙선관위 함께 이준석 대표의 당선을 도왔다. 선거에 있어서 자기편을 지지하는 것은 당연한 일이지만, 공정선거에 관한 원칙과 기본룰은 지켜져야 한다.

⑩ 황교안 예비후보는 2차 방송토론에서, "당 대표와 최고위원 선출을 중앙선관위에 일괄 위탁하였다는 놀라운 사실이 있다. 부정선거 주범인 중앙선관위에 우리 당의 경선을 맡기는 것은 도둑에게 집 열쇠를 맡기는 것과 마찬가지이다"라고 강조하였다.

12. 전자투표(케이보팅) 시스템의 부정선거 사례들

가. 엠넷(Mnet) 오디션 프로그램 생방송 투표에서의 조작 사례

그 사례로 2019년 11월경 '프로듀스X 101'(프듀X) 등 엠넷Mnet 오디션 프로그램 생방송 투표에서 조작이 이뤄졌는데 이 프로그램이 바로 중앙선관위의 케이보팅이었다.

이 생방송 투표에서 발생한 투표순위 조작사건 역시 시청자들이 투표 결과에서 이상한 수치들이 반복적으로 등장하는 것을 보고 의심을 하면서 시작됐다. 1위부터 10위 사이에 무려 5번이나 29,978표가 반복적으로 나타났던 것으로 조작된 결과이다.

검찰은 '프로듀스 101'시리즈 전 시즌에서 순위 조작이 있었다고 결론짓고, 안준영 PD와 김용범 CP는 구속기소, 이미경 보조 PD, 기획사 임직원 5명 등 6명은 불구속 기소로 재판에 넘겼다. 검찰의 공소장에 따르면 시기와 방식이 적시되어 있는 바 이 과정에서 피의자들은 2018년 1월부터 2019년 7월까지 47차례에 걸쳐 총 4,683만 원 상당의 술 접대가 있었던 사실도 확인하였다.

공소장에는 CJ ENM 등 방송관계자들은 제작진들의 투표조작을 알지 못한 채 프로그램에서 탄생한 아이돌그룹의 계약과 활동 관리를 해왔다고 결론 내리고, 윗선 개입 가능성에 선을 그었다.

서울중앙지방법원(1심)은 안준영 PD에 대해서는 징역 2년, 김용범 CP에 대해서는 징역 1년 8개월의 실형을 선고하였다. 서울고등법원(2심)도 제1심과 같이 각각 징역 2년과 징역 1년 8월의 실형을 선고하였다. 대법원은 2021년 3월 11일 안준영·김용범의 상고를 기각하고 원심을 확정했다.

나. 초등학교 회장 선거에서의 조작사례

2023년 1월 6일 전북도교육청에 따르면, 지난해 12월 29일 군산의 한 초등학교에서 3·4·5학년 학생 109명을 대상으로 투표를 했다. 이때 전교 회장과 부회장을 뽑는 임원선거에서 부정선거 문제가 제기됐다. 선거결과 회장 후보자 2명 가운데 56표를 받은 A군이 상대 후보인 B양이 받은 53표를 3표 차로 따돌리고 당선됐다.

위의 선거는 투표자 수가 109명임에도 수개표를 하지 않고 군산시 선관위 전자투표 시스템K- voting을 이용해 진행됐다. 학교 측은 해당 교사가 고의로 투표 결과표를 조작한 것으로 보고 B양을 회장으로 정 정했다. 초등학교 회장 선거에서, 굳이 참여 투표 학생이 109명임에 도 수개표를 하지 않고 중앙선관위 전자투표 시스템을 이용하여 56 : 53으로 결정한 것은 고의적이었다.

낙선한 후보 학생의 학부모가 투표결과지의 수상한 점을 발견하여 군산시 선관위에 이의를 제기하면서 선거결과가 53 : 56으로 뒤집어 졌다. 이는 승리한 B양의 3표를 훔쳐 낙선한 A군에게 더해 조작한 것 이다. 해당 교사는 경찰조사에서 "A군을 이뻐해서 그랬다"라며 혐의 를 인정했다. 경찰은 해당 교사를 위계에 의한 공무집행방해 등의 혐 의로 검찰에 송치했다. (중앙)선관위의 전자투표 시스템K- voting의 위험 성을 국민들은 인식하여야 한다.

다. 통진당 전당대회에서의 여론조작, 전자투표(대리투표) 부정선거 사례

과거 대대적인 부정경선으로 세상을 놀라게 했던 통합진보당 경기 동부연합의 부정선거 사건이 있었다. 이때 이석기[24]는 주변 인물들을 영입하여 이들에 대한 여론조작과 인터넷 대리투표 등 불법 선거운동 을 펼쳤다.

---

24. 2013. 8. 28. 국가정보원과 검찰이 통합진보당 이석기 의원을 중심으로 한 경기도당 인사들, 통칭 RO(지하혁명조직)을 내란음모 혐의로 압수수색 및 일부 체포한 사건이다. 3년 전부터 국정원 이 내사를 해왔다고 한다. 이석기가 이끄는 지하혁명조직의 구성원인 약 100여 명이 연루되어 있 으며 경기도당 인사들이 연루되어 그중 몇 명은 압수수색이나 체포를 당했다. 대법원에서 내란음 모는 무죄로 판단하고 내란 선동·국가보안법 위반 혐의는 유죄로 인정해 이석기 의원을 징역 9년 과 자격정지 7년을 선고한 원심을 확정했다.

2012년 4월 11일 19대 총선 후 발생한 통합진보당 경선 모바일 부정선거 사건인 바 비례대표 후보를 선출하는 과정에서 모바일 경선 투표의 결과를 조작해 특정 계파인 경기동부연합이 유리한 결과가 나오도록 한 것이다. 이 사건은 이청호 부산광역시 금정구의원의 폭로로 드러났다.

2012년 7월 3일 검찰 수사 결과 투표자 절반 이상이 동일 IP 컴퓨터에서 중복 투표가 이루어졌음이 확인했다. 이석기에게 투표된 경선 투표 중 58.8%가 중복 투표로 확인됐다고 한다. 검찰 수사 결과 7명이 구속되었는데 부정선거의 주체인 이석기와 김재연은 기소되지 않았다.

비열하기 짝이 없는 수단을 동원한 모바일 부정경선이라는 국민적인 공감대가 형성될 정도로 사태는 심각했으며, 그 부정경선에서 나온 폭력 사태, 경기동부연합의 불법성, 종북 논란 등은 통합진보당에 최악의 이미지를 강화시켰다. 그 후 통합진보당은 이석기 간첩사건이 불거지면서 해산되었다.

13. 소결론;
이준석 대표와 김종인 위원장의 정치공작과 리스크

이준석 인물이 중요해서가 아니다. 그는 사악하다. 이준석 대표를 지켜보는 당원들과 국민들의 반감, 성상납 의혹과 증거인멸 시도 등 이에 관한 징계와 국민소환제를 종합하여 보면, 절체절명의 정권교체기에 위기의 대한민국을 구할 수 있는 제1야당의 지도자가 될 수 없다는 점이 드러났다. 또한 보수우파 국민들의 지지가 없는 김종인 전 위원장을 윤석열 후보의 총괄선대위원장으로 밀려는 행태에서도 드러났다. 김종인 전 위원장은 2020년 4·15 총선을 망친 것처럼 제20대 대통령 선거를 또 망칠 모양이었다.

필자는 이 점을 매우 우려하고 있었다. 그래서 이점을 알리기 위해, 첫 번째 책 『위기의 대한민국 누가 구할 것인가? -정권교체의 걸림돌, 국민의힘당 이준석 대표와 김종인 선대위원장의 리더십과 부정선거』를 썼다. 그런데도 4·15 총선 부정선거 문제에 대해, 아직도 국민의힘당은 함구하고 있다. 이해할 수 없다.

약 3개월 후면 제22대 총선이 있을 예정이다. 그래서 필자는 두 번째 책 『진정한 민주주의를 향해, 부정선거의 미래와 정치개혁 — 정치공작(사기극)에 희롱당하는 국민들, 이젠 깨어나야!』를 쓰게 된 이유이다.

문재인 정권은 초헌법적인 탄핵과 부정선거로 정권을 획득했고, 김종인 전 위원장과 이준석 대표의 행보는 문재인 정권과 궤를 같이하고 있기 때문이다. 이들의 정체는 반드시 밝혀져야 한다.

작금昨今의 이들의 행보와 발언 등을 종합해보면 심히 의심되는바, 우파보수 국민들을 분열시켜 정권교체의 가능성을 낮게 만들고 있는 형국이었다. 필자는 "이준석 대표가 사퇴하지 않거나 제명하지 못한다면, 또 김종인 위원장이 윤석열 후보의 (총괄)선대위원장이 된다면, 국민의힘당은 지지율은 계속 떨어져 결국 정권교체는 큰 위기에 봉착할 것이다"고 판단하였다. 필자의 오랜 경험과 직감에 의한 정확한 예측이며 판단이다.

거짓 선동과 괴담으로 박근혜 대통령을 탄핵하고, 4·15 총선에서 부정선거의 맛을 본 문재인 전 대통령과 더불어민주당 이해찬 전 대표, 이재명 대표 등은 권력을 절대 내놓지 않기 위해, 2022년 3월 9일 대통령 선거와 2022년 6월 1일 동시지방선거, 2024년 4월 10일 제22대 국회의원 총선에서 할 수 있는 모든 수단을 동원할 것은 뻔한 일이다.

다행히 윤석열 후보는 대통령에 당선되었다. 검찰은 뒤늦게 2023년 9월 1일 신학림 전 전국언론노조 위원장의 집과 사무실을 전격 압수수색했다.

신 전 위원장이 2021년 9월 대장동의 김만배 사장과 공작하여 '윤석열 후보가 2011년 검사 시절 부산저축은행 사건을 대출 브로커 조우형에게 커피를 타주며 수사를 무마했다'는 허위사실을 인터뷰하고, 그 내용을 대통령 선거 3일 전인 2022년 3월 6일 신 전 위원장 자신이 전문위원으로 있는 〈뉴스타파〉를 통해 허위 보도한 혐의를 받고 있다. 이 과정에서 신 전 위원장은 대장동 ㈜화천대유 김만배 사장(대주주이기도 하다)으로부터 1억 6,500만 원을 받았다는 것이다.

〈뉴스타파〉는 위 인터뷰를 근거로 대통령 선거 사흘 전 2023년 3월 6일 '윤석열 후보가 2011년 검사 시절 부산저축은행 사건을 무마했다'는 거짓의 녹음파일을 의도적으로 공개했다. 〈뉴스타파〉가 허위 인터뷰를 대서특필하자 좌파성향 언론 JTBC 등이 그대로 받아 썼다.

언론보도 직후 더불어민주당 이재명 대표와 의원들은 인터뷰 내용을 근거로 "대장동 특혜 사건은 이재명 게이트가 아니라 윤석열 게이트"라고 뒤집어 씌우기를 했다. 이러한 정치공작 선거공작이 난무한 상황하에서 이준석 전 대표나 김종인 전 위원장은 윤석열 후보를 낙마시키기 위해, 더불어민주당(중앙선관위를 포함한다)과 어떤 공작을 했을까?

　미국의 공화당 부통령 마이크 펜스가 직속 상관인 도널드 트럼프 대통령을 배신함으로써 트럼프가 재선에 실패한 사례와 김무성·유승민·이준석 대표와 하태경 의원이 박근혜 대통령을 배신한 사례 등을 비추어 볼 때, 정치공작은 속성상 잘 드러나지 않고 있지만 생각보다 많다는 사실을 잊지 말아야 한다.

V

4·15 총선 부정선거 의혹
잠재우기 공작과 부역행위

진 정 한
민 주 주 의 를　향 해 ,
부 정 선 거 의
미 래 와　정 치 개 혁

01. 이준석 대표의 당선과 부정선거(경선) 의혹 잠재우기 공작

제21대 국회의원 선거가 미래통합당(현 국민의힘당)의 참패로 끝나자 국민들과 우파 유튜버들, 통계학자들 일각에서 부정선거 의혹이 제기됐다. 이들은 21대 총선을 1960년 3·15 부정선거에 빗대 4·15 총선 부정선거라 부르고 지금도 부정선거 의혹을 주장하며 투쟁하고 있다.

더불어민주당 지도부와 중앙선관위와의 협력(결탁)으로 국민의힘당 당 대표가 된 이준석은 "4·15 총선에서 부정선거 절대 없었다"며 2022년 3월 9일 대선에서도 부정선거 없을 것이라는 방패막이를 했다. 더불어민주당을 공격할 수 있는 명분을 없애 버리고, 부정선거 의혹을 제기하는 보수우파 국민들을 갈라치기 한 것이다. 결국, 내부총질로 윤석열 후보로의 정권교체를 방해하여 정권을 이재명 후보에게 빼앗길 뻔했다.

이에 대해 더불어민주당은 조용한 반면 정작 이를 밝혀야 할 미래통합당 이준석 전 대표나 하태경 의원, 김종인 전 위원장은 부정선거 없었다고 주장하고 있다. 심지어 그들은 부정선거 의혹을 제기한 민경욱 전 의원과 김소연 변호사 등에 대한 출당과 당협위원장 직위를 박탈하는 조치를 취했다.

그러나 부정선거를 주장하는 전광훈 목사, 광화문 애국시민들, 이봉규TV, 공병호TV, 황교안TV, 권순활TV, VON뉴스(김미영), 뉴스타운TV(조우석), 고성국TV, 가로세로연구소(김세의), 강미은TV(방구석외신), 마이클심TV, 프랭크남쇼TV, 김채환 시사사이다. 프리덤뉴스(이상로), 뉴스데일리베스트 등 우파 유튜버들에 의해 가까스로 정권교체에 성공했다. 김종인 전 위원장이나 이준석 대표의 분탕질이 없었다면 더 쉽게 더 높은 득표율로 정권교체를 할 수 있었을 것으로 필자는 생각한다.

02. 국민의힘당 지도부의 4·15 총선 부정선거 소송 방해행위

더 나아가 낙선한 자당 후보들에게 소송을 제기하지 말라는 선거소송방해행위는 도저히 이해할 수 없으며 직권남용으로써 황당하기까지 하다. 이런 행위는 더불어민주당과 중앙선관위를 위해 자당인 국민의힘당을 모해 증언하는 것과 똑같은 범죄행위이다.

국민의힘당은 선거에 낙선한 자당 후보나 국민이 부정선거 혐의 있다는 주장과 증거, 통계자료 등을 첨부하여 소송과 고소·고발을 하면, 법률지원단을 만들어 자당 후보들을 돕는 등 적극적으로 대처해야만 했었다.

그러나 김종인 전 위원장이나, 이준석 대표, 하태경, 한기호 등 국민의힘당 집행부 의원들은 부정선거 없었다는 억지 주장을 하면서 재판 중인 선거소송을 방해하거나 더불어민주당이나 중앙선관위에 동조하고 있는 실정이다.

이들과 조갑제, 정규재, 김진 등 일부 우파 언론인들, 카이스트 이병태 교수의 부정선거 없었다는 주장은 거짓이었음이 사실관계 및 법리, 재검표 검증, 미국의 월터미베인 교수의 논문(보고) 등에서 밝혀졌다.[1]

이와 같이 이준석 대표의 수상한 태도와 선거소송 방해행위는 정치에 관심이 없거나 남의 말을 잘 믿은 국민들은 속일 수 있어도 웬만한 통계지식과 확률을 아는 국민들에게는 먹혀들 리 없다. 이준석 대표 등 당 집행부는 부정선거 소송을 제기한 자당 원고들에 대해, 자유민주주의의 신성한 주권행사에 대한 부정선거 의혹 검증을 포기하라고 계속 강요하고 방해했다.

낙선한 후보들과 애국시민들은 증거와 물증(통계분석, 도표, 영상물, 사진 등)을 가지고 소송, 고소·고발을 하였음에도 이준석 대표는 하태경, 김종인, 조갑제, 정규재 등과 함께 "부정선거 없었다. 선관위 공무원은 정치적 중립을 지켜야 하는데 그걸 문제 삼으면 바로 그것이 음모론이다." 하고 역공했다.

한성천 중앙선관위 전 노조위원장은 "과거에도 부정선거가 있었고, 4·15 총선에서는 대대적인 부정선거가 있었다"라는 놀라운 내부폭로가 있었음에도 여전히 부정선거가 없었으니, 국민들은 국민의힘당(집행부)을 믿으라고 강요했다. 그러니 중앙선관위원장인 대법관이 공직선거법에서 정한 180일 내에 판결을 하지 않고 지금까지 뭉개고 있는 것이다. 과거 정부에서는 이런 일이 한 번도 없었다.

---

1. 미시간대학교 월터미베인 정치방법론, 통계학 교수가 발표한 4·15 총선의 부정선거에 관한 논문도 있다. 부정선거에 관한 그의 논문과 기고문에 의해 대상 국가는 다 부정선거로 밝혀졌다.

03. 부정선거 의혹을 전면 부인하는 이준석 대표의 태도

이준석은 당 대표 후보 출마 시에는 "부정선거쟁이와는 결별하겠다"라고 하였고, 당 대표 취임 후에는 "4·15 부정선거 없었고, 이를 주장하는 자는 야만인(심지어 야만충이라고도 했다)이다. 만일, 4·15 부정선거 재검표를 주장했다면 보수야당은 한방에 갔을 것이다"라고 발언했다.

그는 대장동 사건에 대한 거리시위 중 4·15 총선의 부정선거 여부에 대한 한 시민의 질문에, "부정선거 얘기를 하면 안 됩니다. 그걸 얘기하면 하루 종일 토론하셔야 합니다. 토론에서 저를 이기지 못합니다"라며 드러난 부정선거 증거와 범행사실 등을 토론으로 하자고 둘러대는 말을 했다.

결국, 이를 보다 못한 민경욱 전 의원은 이준석 대표에게 "당당히 토론을 하여 결론을 내자"고 제의했으나 그는 발뺌했다.

취임 100일을 맞이한 이준석 대표는 "…여론조사는 조작됐다. 부정선거를 심판하라 등 비과학적이고 주술적인 언어로 선거를 바라보는 사람이 늘어날수록 정권교체는 요원해진다. …결국, 보고 싶은 것만 보기 위해 모인 100만 구독자 유튜브 시청자들은 인구의 2%가 채안 됐던 것"이라며 우파 유튜버를 폄훼하고 거짓말을 했다.

믿을 수 없는 4·15 총선의 사전투표득표율 통계나 재검표로 인해 가짜투표지 등 부정선거 증거가 확실하게 드러났음에도 그는 부정선거 주장은 말이 안 된다는 등의 발언으로 국민을 속이고 있다.

미래통합당 민경욱 후보의 2021년 6월 28일 연수을, 나동연 후보의 8월 23일 양산을, 박용찬 후보의 8월 30일 영등포을 선거구 재검표 과정 등에서 인쇄된 가짜투표지와 증거를 인멸하려는 중앙선관위와 대법관의 태도에 관한 유튜브 언론보도 등을 보면, 부정선거가 명백하다는 것을 쉽게 판단할 수 있다. 국민을 바보로 아는 이준석 대표에게 희망을 가지는 것은 무리였다.

04. 부정선거 없었다는 이준석 대표의 거짓 주장

2020년 4·15 총선에서, 부정선거 결코 없었다는 이준석 대표의 위험한 언행은 수많은 부정선거 정황증거와 그동안 확인된 구체적 부정선거 사례가 명백히 있는데도 이를 방송하는 유튜버를 극우로 몰고 있어, 오히려 더불어민주당을 돕는 부역행위로 볼 수밖에 없는 범죄행위로 보인다.

문재인 정부와 더불어민주당은 부정선거를 주장하는 국민들의 시위를 봉쇄하는 「방역예방법」, 「코로나19 방역수칙」 시행과 함께 변이코로나19 확대 정책으로 전자투표 확대 등 「공직선거법」 개정, 대법관들의 편파적 선거재판 진행과 증거 조작[2], 선거소송재판 뭉개기 등 참정권행사를 방해하여 헌법가치를 훼손하면서 부정선거가 드러나지 않게끔 노력할 것이다.

필자가 2022년 1월에 쓴 첫 번째 책 『위기의 대한민국 누가 구할 것인가? 정권교체의 걸림돌, 이준석 대표와 김종인 전 위원장의 리스

---

2. 증거로 보존해야 할 일명 배춧잎 투표지는 대법관 조재연에 의해 변조되었고, 재판 진행 중인 증거물인 투표지를 피고 선관위에 반환하는 행위를 했다고 원고들은 주장하였다.

크와 부정선거』[3]첫 번째 책과 두 번째 책 진정한 민주주의를 향해, 부정선거의 미래와 정치개혁에서 부정선거 문제를 재차 강조하고 있다. 이유는 국민들이 부정선거의 실체를 아직도 인식하지 못하면 2024년 4월 10일에 실시될 22대 총선에서 국민의힘당이 또 패배할 것이고, 국회를 정상화하지 못한다면 변화와 개혁을 추진하지 못해 우리나라는 공산화되고 부국 베네수엘라가 망한 것과 같은 결과가 예상되기 때문이다.

다행히 제20대 대통령 선거에서는 국민의힘당 윤석열 후보가 더불어민주당 이재명 후보를 0.73% p의 간만의 차이로 승리하였다.[4]

부장판사 출신으로서 촌철살인의 평론으로 유명한 차기환 변호사는 SNS를 통하여, "4·15 총선은 역사에 없었던 총체적인 부정선거였다. 수년간 애국자의 헌신적인 희생 결과 뇌가 있고 사고를 할 줄 안다면 4·15 총선의 부정선거 의혹을 부인하지 못한다. 이를 밝히려는 사람들은 애국자이고 대단한 사람들이다"라고 단언했던 사실을 우리는

---

3. 저자 윤석남(尹錫南)은 1956년 충남 논산에서 태어났다. 휘문고등학교를 졸업하고, 뒤늦게 경기대학교에서 회계학, 성균관대학교(국정전문대학원)에서 정책학을 공부했으며, 강남대학교 대학원에서 세무학 박사학위를 취득했다. 재무부, 국세청 등 공직을 거쳐 세무사로 활동했다. 제3회 조세학술(논문)상을 수상했으며, 국세청장, 국무총리 표창을 받았다. 한국세무사회 연구이사, 「세무와 회계연구」 편집위원장, 한국세무사회 공익재단 이사, 우체국금융개발원 감사와 대한민국재향군인회 이사 등을 역임했고 현재 (사)성균국정연구원 이사장 등을 맡고 있다. 과거에는 정치·경제·사회 등 여러 문제에 대해서 언론이나 편향되지 않은 시민단체, 검찰, 법원들이 바로잡아 주어 편하게 지내왔다. 그러나 문재인 정부와 더불어민주당은 말로만 평화를 외치고, 내로남불 무능 부정·부패로 대한민국을 망가트리고 있으며, 4·15 부정선거로 국회마저 장악해 필자는 더 이상 침묵할 수가 없었다. 만일 이들이 재집권하면 북한, 베네수엘라와 같은 빈국이 될 것이 자명하여 국민에게 널리 알려 정권교체와 정치교체에 일조했으면 하는 동기에서 책을 썼다고 이유를 밝히고 있다.

4. 필자는 이재명 후보의 부정선거 때문에 0.73%p의 승리는 사실이 아니라고 판단한다. 그 격차는 10% 이상이 될 것이다.

명심하여야 할 것이다.

공병호 박사는 4·15 총선의 사전투표에 대해, "거의 전 지역구에서 미래통합당(국민의힘당)의 득표수를 빼앗아(5%~13%) 더불어민주당에 더한 총체적 부정선거였다. 그 결과로 10%~26% 차이로 패배했다"며 부정선거를 알리는 일에 전력투구하고 있다. 공병호 박사의 노력을 높이 평가해야 한다.

그는 부정선거를 증명하고, 이를 국민에게 알리기 위하여 『도둑놈들 1: 선거, 어떻게 훔쳤나? 도둑놈들 2: 2022 대선, 어떻게 훔쳤나? 도둑놈들 3: 2022 대선, 무슨 짓 했나? 도둑놈들 5: 2022 지방선거 어떻게 훔쳤나?』란 책을 발간하였다.

특히, 〈김일성의 아이들〉[5]이란 시사다큐로 유명한 김덕영 감독은 국민의힘당 최승재 의원이 주최한 4·15 부정선거를 다룬 다큐멘터리 영화 〈당신의 한 표가 위험하다〉의 시사회를 가졌다. 시사회는 2023년 4월 15일 여의도 국회의원회관 소회의실에서 주식회사 VON(대표 김미영), 민경욱 국투본 상임대표 주관으로 열렸다. 민경욱 전 앵커

---

5. 1950년 한국전쟁 이후 100,000명 이상의 전쟁고아가 남북 각지에 생겨났다. 북한 김일성은 6·25 전쟁이 한창이던 1952년부터 전후(戰後) 1960년까지 전쟁고아 5,000여 명을 폴란드·루마니아·불가리아·헝가리·체코 등 동유럽으로 수출했다. 공산주의의 따뜻함을 선전하기 위장전술을 위해서였다. 그들의 이야기는 지금까지도 세상에 제대로 알려지지 않았다. 시사 전문 다큐 감독인 김덕영(다큐스토리 대표)은 북한과 동유럽에 버려진 이 전쟁고아들의 사연을 접하게 된다. 2004년부터는 유럽에 남은 전쟁고아들의 흔적을 찾아 나섰다. 이를 다큐멘터리로 기록해 2020년 영화 〈김일성의 아이들〉로 담았다. 이 영화에는 생생함이 묻어난다. 1950년대 루마니아에서 단체 생활을 하는 북한 아이들이 아침 6시 30분이면 어김없이 일어나 김일성 얼굴이 그려진 인공기를 바라보며 경례하는 장면이 등장한다. 북한은 내부 사정으로 인해 1956년부터 이 전쟁고아들을 다시 강제로 불러들인다. 김 감독은 "전쟁고아들이 북한과 동유럽에서 두 번이나 삶의 터전을 잃었다"며 "역사에서 자취를 감추고 사라졌던 이들의 비극적 운명을 재조명하는 것도 우리의 책무"라고 밝혔다.

의 내레이션으로 진행된 다큐멘터리 〈당신의 한 표가 위험하다〉와 최근 배우 윤주상의 내레이션으로 진행된 〈왜(歪): 더 카르텔〉는 2020년 4·15 총선이 부정선거에 대한 진실을 마주할 수 있는 기회가 될 것으로 보인다.

이 다큐 영화가 나오게 된 배경은 인천 연수구을을 비롯한 130여 곳의 지역구의 선거무효 소송에서 일괄 기각 판결이 내려졌다. 김명수 대법원장하의 재판에서 갖가지 형태의 가짜투표지들이 현출되었으나 증거로 채택되지 않았고 통계적으로 도저히 일어날 수 없는 수치가 반복적으로 나왔음에도 대법관은 "그 범인을 특정하지 못했다"며 전혀 진실규명의 의지를 보이지 않았다는 이유에 근거를 두고 있다. 많은 국민들이 "선관위의 부정선거를 파헤쳐야 한다!"며 시위를 하고 있으나, 아직 진상규명이 이뤄지지 않고 있는 상황을 담고 있다. 이 다큐 영화를 기점으로 다소 주춤했던 부정선거 진상규명의 분위기는 다시 활성화될 것으로 보인다.

DEMOCRACY

—— VI ——

국민의힘당 전당대회의
부정경선 논란과 문제점

진정한
민주주의를 향해,
부정선거의
미래와 정치개혁

01. 자의적인 서류심사 컷오프 기준

지난 2023년 2월 5일 유흥수 국민의힘당 선거관리위원장과 이양수, 김석기 등 선관위원들이 자신들 마음대로 후보자들을 컷오프시켰다. 그들은 당 대표 및 최고위원 후보자들이 기탁금[1]을 내고 서류를 접수했는데 마감 후 이틀 만에 서류심사만으로 후보자(출마자)들을 중도에 탈락시켰다.

이에 따라 3월 8일 최종 결정되는 국민의힘당 대표 예비후보에는 김기현·안철수·윤상현·조경태·천하람·황교안 6인이, 최고위원 예비후보에는 김병민·김용태·김재원·문병호·민영삼·박성중·이만희·이용·정미경·조수진·천강정·태영호·허은아 후보 13인이 진출했다. 청년최고위원 후보는 이기인·장예찬 등 11인 신청자 전원이 예비경선 진출자가 됐다.

후보등록 전 컷오프 기준을 사전 공지한 바 있었는가? 아니면 사후에 밝힌 "국민의 눈높이에 맞는 후보들을 엄선했다"라는 기준은 사실인가? 그렇다면 '국민의 눈높이에 맞는 기준'은 공개해야 하는 것 아

---

1. 기탁금은 당 대표 후보의 경우 예비경선 4,000만 원, 본경선 5,000만 원으로 전당대회 출마 후보가 본 경선까지 치르면 총 9,000만 원이 된다. 최고위원은 4,000만 원, 청년최고위원은 1,000만 원이다.

닌가?

이에 대해 당 선관위는 "구체적인 사유(기준)에 대해서는 말할 수 없다"라며 발뺌하고 심지어 국민을 기망했다. 국민의힘당 당헌 제97조 [후보자 예비심사(컷오프)제도 도입]에는 "당 대통령 후보자, 당 대표 및 최고위원, 당 공직후보자 선출 시 후보자 난립을 방지하고 당선자의 대표성을 확보하기 위하여 후보자 예비심사 컷오프 제도를 도입할 수 있다"라고 규정되어 있다.

여기에서 말하는 예비심사 컷오프 제도는 엄격하고 공정해야 하며 합리적이어야 한다. 특히 국민의 지지를 받을 수 있는 후보자들이 쉽게 참여할 수 있도록 기회를 부여해야 하고 당의 주인인 당원들이 동의하여야 한다. 당 집행부의 자의적 판단이거나 특정인을 위해서는 안 된다.

상식적으로 생각해보자. 천하람·허은아·김용태·이기인 등 이준석 전 대표를 따르는 사람들은 국민의 눈높이에 맞는 후보이고, 윤석열 대통령 당선을 도운 '건희사랑' 펜클럽 대표 강신업 변호사, 김준교 전 자유한국당 청년최고위원, 윤기만 기업인 대표, 보수 우파를 상징하는 신의한수 신혜식 대표와 가로세로연구소 김세희 대표, 이만희 의원과 유여해 전 자유한국당 최고위원, 김준교 등은 국민의 눈높이에 맞지 않은 후보인가.

천만의 말씀이다. 국민의힘당 선관위(이하 "당 선관위"라 한다)는 정반대로 경선 관리을 하고 있다는 것이다. 윤석열 정부의 탄생에 크게 기여한 강신업 변호사, 김준교 전 청년최고위원, 신의한수 신혜식 대표, 가로세로연구소의 김세의 대표, 류여해 전 자유한국당 최고위원 등 탈락자들은 즉각 반발했다. 특히 강신업 변호사는 "국힘당 내 간신들

과 역적을 제거하겠다" 등의 취지로 전당대회 서류심사 효력정지가처분 신청을 내면서 크게 반발하였다.[2]

그러나 이러한 후보자 선출(탈락) 결정에 대해, 당 선관위는 "국민의 눈높이에 맞는 후보들을 엄선했다"라며 서류심사 컷오프 이유와 구체적 기준에 대해서는 "구체적인 사유는 말하기 어렵다"라고 발표했다.

강 변호사는 이에 대해, "국민의힘당이 탈락이유도 밝히지 못한 채 강신업을 컷오프 했다"라며 "한마디로 X같은 당, 나는 국민의힘당을 탈당한다"라고 말했다. 2월 6일 그는 "나는 오늘 그동안 품어왔던 국민의힘당에 대한 희망을 내려놓고 탈당한다"며 "사악한 무리들의 농간에 의해, 나의 꿈은 산산이 부서졌다"라는 글을 남겼다.

이와 같은 원칙에도 없는, 당원들의 의사도 확인되지 않은, 그것도 밀실에서 국민의 눈높이라고 할 수 없는 자의적인 기준에 의해 후보자를 내치거나 선정하였는 바 이러한 당 선관위의 행위는 우파 국민들을 분노, 실망케 하는 패거리 국민배신 정치의 일면이다.

당원들이 천하람·허은아·김용태·이기인 후보를 실제로 지지한다거나, 이준석 전 대표가 국민의 존경을 받거나 당원들의 지지를 받는 경우라면 문제가 될 수 없겠으나 분명 그렇지 못하다는 것이다. 이들은 강신업·신혜식·김세의 후보보다 경륜이나 명성이 떨어졌고, 윤 대통령 당선에 기여한 공로도 없다. 이렇게 성 상납, 금품수수 문제 등을 제기해 이준석 전 대표를 당에서 쫓아 낸 후보들은 전원 탈락했다. 반대로 이준석계 후보들은 다 통과되었다. 이는 자의적인 컷오프이거나 부정한 힘이 작용했다고 본다. 필자가 판단할 때 이준석계 후보들의

---

2. 강신업 후보가 낸 가처분신청은 서울남부지방법원에 의해 기각되었다.

정체성과 이준석의 그릇된 과거 행적 때문에 당원들에 의해 최종경선에서 다 탈락할 것이 분명하다.

국민의힘당은 2023년 2월 10일 서울 여의도 당사에서 책임당원 6,000명을 대상으로 한 1차 예비경선(컷오프) 여론조사 결과를 발표했다. 당 대표 본선 진출자는 김기현·안철수·천하람·황교안 후보 4인이, 최고위원은 김병민·김용태·김재원·민영삼·정미경·조수진·태영호·허은아 후보 8인이, 청년최고위원은 김가람·김정식·이기인·장예찬 후보 4인이 통과되었다.

본경선에 영향을 주지 않도록 후보별 지지율과 순위는 공개되지 않았다고 한다.[3] 초등학교 반장선거도 더불어민주당도 득표수와 득표율을 공개하는데 공개하지 못하는 당 선관위의 비공개 이유는 타당하지 않다.

이 점을 지적하는 국민의힘당 후보들도 없다. 공당이 그런 판단을 내린다면 대단히 어리석은 일이다. 부패한 중앙선관위에 끌려다니는 과오를 당이 스스로 자초하는 일이다.

02. 서류심사 컷오프 기준과 1차 예비경선 컷오프 기준의 문제점

서류심사 컷오프 기준과 1차 예비경선 (컷오프)기준 및 그 결과에 대

---

3. 국민(당원)이 어느 후보를 더 지지하는지 정확한 정보를 공개할 필요가 있다. 공개하면 문제점이 드러나기 때문에 잘 안 하지만 더불어민주당은 후보경선 득표수와 득표율을 공개하고 있다.

해 구체적으로 알아보자.

먼저 서류심사 컷오프에서는 청년최고위원 출마 후보들은 모두 통과시킨 반면 대표 후보에서는 강신업·김준교·윤기만을 탈락시켰다. 최고위원 후보로는 신혜식·김세의·류여해 후보를 합리적인 기준 없이 컷오프시켰다. 들리는 말에 의하면 탈락이유가 극우 유튜버(?)라는 것이다. 극우란 표현은 다른 말로 표현하면 애국심이 큰 사람을 의미한다. 결론은 밝히지도 못하는 서류심사 컷오프 기준은 객관성도 없고, 공평성도 없다.

1차 여론조사(컷오프)에서는 대표 후보로 조경태·윤상현 중진이 탈락되고, 최고위원 후보로는 박성중·이만희·이용·문병호·천강정이 탈락되었다. 반면 이준석계의 대표 후보로는 천하람, 최고위원 후보로는 허은아·김용태· 정미경·청년최고위원 후보로는 이기인이 통과되었다.

그런데 눈여겨 볼 내용이 있다. 조경태 후보는 5선 중진의원이고 청렴한 국회의원으로 소문나 있으며, 지난번 대통령 후보로도 출마해 전국적인 인지도가 있음에도 탈락됐다. 윤상현 후보도 친박 의원으로서 3선 중진의원이지만 탈락되었다. 이에 반해 천하람 후보는 변호사로서 바른미래당 출신이다. 그는 전 박원순 캠프에서 일한 의문의 정치인 조성은과 함께 국민의힘당에 합당해 전남 순천·광양·곡성·구례 갑 당협위원장 외 별다른 경륜이 없음에도 서류심사와 1차 여론조사 컷오프에서 통과되었다.

특히 21대 총선 당시 미래통합당 후보로 출마한 천 후보는 2020년 3월 25일 전남 CBS유튜브 채널에 출연해 "김대중 전 대통령과 박정희 전 대통령 둘 중 누가 더 좋으냐?"라는 취지의 질문을 받았다. 그는

"죄송한 말씀이지만 박정희 대통령이 저희 당의 뿌리라고 할 수 있지만 독재시대의 대통령은 사실 엄밀한 의미에서 제가 평가할 만한 대통령이라고 생각하지 않는다. 김대중 대통령은 물론 제가 동의하지 않는 부분들도 많이 있지만 자기 스스로 시대의 흐름을 만들어내는 정치인이셨다"라고 말했다. 김대중 전 대통령에 대한 우파 국민들의 역사적 평가는 어떠할까?

쉽게 얘기하면, 박정희 전 대통령은 평가 대상이 될 자격이 없는 반면 김대중 전 대통령은 그 방향에 대한 시시비비를 떠나 큰 정치인이고 시대 흐름을 만든 정치인이라고 긍정 평가를 한 셈이다. 이는 우리 당의 이념과 가치에 정면 배치되는 셈이다. 우파 국민들은 김대중 전 대통령이나 김영삼 전 대통령, 나아가 문재인 전 대통령을 존경하지 않는다고 감히 말씀드린다.

또한 허은아 최고위원 후보는 2차례의 음주운전 전과가 있고 비례대표 의원이다. 한마디로 평가하면 윤석열 대통령계는 대부분 탈락하고, 이준석 전 대표계는 모두 통과되었다는 점이다. 이러한 컷오프는 비상식적이다. 당 선관위나 중앙선관위의 모종의 작업이나 압력이 있지 않았을까. 당원들의 기준으로 판단한다면, 이 후보들은 예비경선에서 탈락해야 하는 것이 합당하다. 최종 경선 결과를 보면 문제가 있다는 것을 알 수 있다.

이 점에 대하여 박주현 변호사는, "천하람이 누구지? 인지도 조사 꼴등일 텐데, 여론조사 1등이라... ㅎㅎ, TV조선 토론회에서 응원하는 사람 1명도 안 보이는데 여론조사 1등!! ㅋㅋ, 도대체 여론조사, 온라인에서 투표하는 자들은 실존 인물일까. 여론조사업체 수사할 생각이 없으신가요? 윤 대통령님!!"이라며 페이스북에 글을 올렸다. 필자와 동일한 생각이다.

여기에다 중앙선거관리위원회(이하 "중앙선관위"라 한다)에 위탁한 여론조사 경선방식을 지속적으로 반대하는 당원들의 이의제기와 대대적인 해외동포의 반대 성명이 있었다.[4] 심지어 당사 앞에서 천막을 치고 투쟁하는 당원과 시위하는 당원들도 많았다. 2020년 4·15 총선 재검표 현장에서 위조투표지, 가짜투표지, 인쇄된 투표지, 빳빳한 신권다발 투표지, 소쿠리 투표지[5] 등 증거들과 중앙선관위의 서버에 북한 정찰총국의 해커가 8번이나 침투했다는 경고를 받고도 이를 무시한 수상한 태도, 직원 고용세습 특혜, 4·15 총선 선거관리와 투·개표 문제점에 대해서는 검찰, 감사원, 국민권익위의 감사를 절대 받지 않겠다고 생떼를 쓰는 중앙선관위의 수상한 혐의가 쏟아져 나왔기 때문이다. 그래서 많은 국민들은 중앙선관위를 믿지 못하고 있는 것이다.

---

4. 국민의힘당 책임당원 연대(국책연대) 이광현 강원도본부장이 선거관리위원회에 국민의힘당 3·8 전당대회 당 대표 선거 위탁을 반대하며 서울 여의도 국민의힘당 당사 앞에서 1인 단식투쟁을 벌였다. 이 본부장은 선관위에 이번 전당대회 당 대표 선거 위탁을 반대하며 단식투쟁에 나선 이유로 선관위를 신뢰할 수 없기 때문이라고 밝혔다. 구체적으로 이 본부장은 선관위 위탁 반대 외에도 ▲모바일·ARS 투표 시 기기 인증 필수 ▲선거결과에 대한 사후검증 보장 등을 주장했다. 이 본부장은 "저는 지난해 6·1 지방선거도 그렇고 2022년 3월 9일 대선에서도 투표참관인과 개표참관인을 다 해보면서 투표과정이나 개표과정에서 여러 가지 불합리한 점을 많이 봤다"며 "그런 걸 많이 지켜봐 온 사람이라 선관위는 도저히 신뢰가 안 가는 단체라고 믿는다"고 주장했다.

5. 2022년 3월 9일 대통령 선거과정에서 소쿠리 투표가 발각되었다. 2020년 4·15 총선 때 이종원(투표지 공익신고자)은 구리선관위의 구리체육관 개표소에서 기표되지 않은 사전투표지를 발견하고 약 1시간 정도 선관위원장, 선관위 간부 및 경찰에게 소명 요구와 고발을 했으나 받아들여지지 않았다. 오히려 구리선관위에 의해 투표지 탈취범으로 몰려 억울한 옥살이를 하였다. 그의 발언(2023년 6월 7일 「이봉규TV」)에 의하면, 2022년 3월 9일 대통령 선거 옥중투표를 할 때 "감옥에서도 공개된 소쿠리 투표를 하였다"라고 증언하였다. 그는 "윤석열 대통령이 대장동 사건들보다도 시급한 부정선거 문제를 최우선적으로 밝혀야 한다"고 주장하였다.

03. 모집단 책임당원 6,000명의 오염 가능성

2023년 1월 31일 현재 국민의힘당 책임당원은 83만 7,236명이고 일반당원은 약 4만 명으로 알려져 있다. 그리고 당직이나 공직선거 후보자는 이준석 전 대표가 당선된 바 있는 일반여론조사 방식의 역선택(당원 30%, 일반국민 70%)을 방지하기 위하여 100% 당원들의 투표로 선출하도록 최근 당헌 당규를 개정하였다. 이는 부정경선이나 외부세력의 공작을 방지하기 위한 것으로 국민의힘당 비대위(위원장 정진석)가 모처럼 잘한 일이다.

그런데 당선관위(중앙선관위)가 컷오프를 위한 여론조사 대상 모집단을 6,000명으로 정했다. 이는 책임당원의 1%도 안 된다. 이렇게 모집단 비율이 매우 낮기 때문에 표본추출방식은 과학적이고 합리적이며, 공정한 방법으로 선정되어야만 한다. 만약 모집단이 오염된다면 여론조사에 의한 예비경선 결과는 당연히 왜곡될 수밖에 없다.

따라서 모집단 당원 6,000명이 어떤 과정을 통해 등록되었는지, 표본추출 방법에 문제가 없는 것인지, 중앙선관위가 어떤 경로로 전달하였는지, 여론조사기관에 모집단이 제대로 전달되었는지 부정선거와 여론조사 부정이 판치는 현실에서 모집단의 정당성과 오염 여부를 반드시 검증할 필요가 있다. 특정한 세력, 예컨대 김종인 전 위원장이나 이준석 전 대표 등이 심어놓은 꼼수세력들과 중앙선관위나 당 선관위가 오염된 모집단 명부를 작성하는 데 관여하고 그 오염된 모집단을 기준으로 한 여론조사로 예비경선 컷오프를 했다면, 이는 보수가치와 정당민주주의를 훼손한 일이 아닐 뿐 아니라 국민을 속이는 정치이기 때문이다. 또한 여론조사 기관은 중앙선관위의 허가를 받아 설립되었고, 과거 더불어민주당을 지지하는 대표자가 대부분이며, 여론조사 조작사례가 수 없이 있었기 때문이다.

이런 점에서 다른 모집단을 통해 각 후보들의 지지율을 사후에라도 검증해 볼 필요가 있어야 한다. 그래야만 부정이 개입될 소지를 막을 수 있다. 검증 방법으로는 당원들의 표심을 알 수 있는 보수 유튜버들의 (간이)여론조사를 비교 검증하는 방법, 모집단을 달리하여 다른 객관적인 여론조사 기관에 의뢰하여 비교 검증하는 방법, 모집단의 오염 여부 등의 과학적 검증, 사후 우편조사 방법 등이 있다. 보수 유튜버들이 실시하는 간이 여론조사를 보면 천하람·허은아 후보 등 이준석계의 후보들의 지지도는 꼴찌 수준이다. 사실상 국민의힘당 책임당원들은 보수 유튜버 구독자들 못지않게 충성도가 견고하기 때문에 이준석 전 대표와 그를 따르는 후보들을 지지할 리 없다. 하지만 어떠한 경우라도 문제를 제기할 수 없다고 한다. 한마디로 중앙선관위가 뽑아준 대로 따라오라는 것이다. 선관위는 애초부터 "후보자들은 선관위의 결정에 무조건 승복해야 한다"는 이해할 수 없는 서약서까지 징구하여 아예 전당대회에 관한 의혹제기 자체를 못 하도록 원천 봉쇄하고 있다.

이는 뭔가를 숨기고 있다고 봄이 타당하다. 이러한 서약서 징구는 정당민주주의와 법치주의를 지향하는 보수 가치를 지닌 국민의 일반 상식에 반하는 일이다.

04. 당 선관위의 선거관리 공정성 여부

국민의힘당은 2023년 2월 17일 이양수 선관위원장 명의로 '김기현 당 대표 및 최고위원의 부동산투기 의혹에 대해' 공문(기획조정국-제2023-1-45호)을 후보자들에게 발송한 바 있다.

이에 대해, 국민의힘당 책임당원 전국연대는 2월 20일 성명서를 발표하고 "3·8전당대회와 관련, 중앙당 선거관리위원회의 편파적 행위를 경고한다"고 밝혔다.

국책연대는 "지금까지 당 대표 후보들이 제기한 문제들이 단순 의혹 수준을 넘어 국민의힘당을 단숨에 폭망시킬 수 있는 심각한 사안으로 받아들이고 있다"고 말했다. 그러면서 "특히, 해당 후보가 울산 KTX 역세권 인근 임야를 소유한 것이 팩트이고, 당초 계획된 연결도로 노선이 바뀐 것도 팩트"라며 "울산MBC 등 공중파 방송을 통해 널리 알려진 사실도 있으며, 해당 후보가 이에 대하여 울산MBC를 고소했으나 패소한 것도 팩트이다"라고 밝혔다. 국책연대는 "경쟁 후보자가 이런 팩트'에 대하여 문제 제기나 사실 규명을 요구할 수 없도록 한다면, 공정선거를 넘어 전당대회 자체를 중단시켜야 한다"고도 주장했다.

국회의원 총선거에 있어 당 대표, 최고위원 등 집행부의 선거관리 역할은 매우 중요하다. 그러므로 후보들의 이념과 가치관, 생활방식, 재산형성 과정, 자녀 문제 등으로 인해 상대 당으로부터 공격을 받지 않을 후보가 대표나 최고위원이 되어야 할 것이다.

05. 이번 전당대회의 의미와 이준석 전 대표 등의 꼼수세력들

국민의힘당은 판사, 검사, 변호사 등의 법조인과 관료들이 많아 '웰빙정당'이다. 싸움도 제대로 못 하는 약체 당이기도 하다. 그러기에 이번 전당대회에서는 이재명 대표를 위시한 내로남불, 일사불란한 노조들이 지지하는 더불어민주당에 대적할 수 있는 참신하고 강한 정체성을 가진 지도자를 선출해야 한다.

그러나 불행히도 성 상납, 성 상납 무마 사건 등으로 물러난 이준석 전 대표의 인사들과 김종인·김무성·유승민·하태경 등이 심어놓은 세력에 의해, 지난 이준석 대표 경선처럼 이번 전당대회의 경선에서도 농간을 부리고 있는 것으로 보인다.

선관위는 국민의 의사에 반하는 불공정한 컷오프 결정으로 이번 전당대회도 정당사에 큰 오점을 남기게 될 것으로 예상된다. 스스로 더불어민주당과 힘겹게 싸울 아군 장수들과 동지들을 찌르고 잘랐다. 심지어 천하람·허은아의 홍보물에는 '**천**하람 **찍**어야 자유발언 **지**킨다는 **천축자지**'와 '**간보지** 않은 소신정치'라는 성 비하 발언까지 등장해 당의 품격을 떨어뜨리는 해당행위를 저질렀다. 언론들도 합세했다. 이준석 전 대표를 옹호하는 김종인 전 위원장, 민중당 출신 이재오 상임고문, 박지원 전 국가정보원장의 여론 띄우기 작전 등 참으로 괴이하고 이해할 수 없는 수상한 일이 발생하였다.[6]

---

6. 이에 대해 전여옥 전 새누리당 의원은 페이스북을 통해, "'잊힌 준돌이'가 '잊힌 상처'를 다시 생생하게 재방송해준다"라며 "당원들은 쓰러렸던 '준돌이 트라우마'를 떠올린다. 일부러 '관심 쓸기냐', 이준석 '성 상납 어쩌구'를 되살리려는 필살기냐"라고 지적하였다.

서류심사 컷오프 사건, 저질홍보물 사건, 황교안 후보와의 부정선거 토론주장에서 부정선거가 없었다는 천하람 후보의 주장은 우연한 일이 아니고 축제가 되어야 할 전당대회를 망치는 고도의 방해공작의 일환이다. 이들은 자신들의 후보를 계속 지원함으로써 제22대 총선에서의 공천 지분과 당내에서의 자리를 챙기기 위한 전술을 펼친 것이다.

이준석계 후보들은 지난 3월 4일 국민의힘당 서초갑 책임당원인 필자에게 "서울 서초갑 당협이 총선에서 승리하기 위해서는 최고위원은 허은아, 김용태로 뽑아야 합니다. (010—4788-2890)"라는 메시지를 당협위원장 명의로 보내왔다. 당이 지지하는 것처럼 보이는 술수였다.

06. 불공정한 경선의 주도자는 누구인가? 밝혀야 한다

이번 전당대회에서 자의적인 컷오프 국민배신 행위를 누가 주도했을까? 유승민일까? 김종인과 이준석일까? 아니면 당선관위, 중앙선관위일까?

필자는 문재인 정부와 이준석을 당 대표로 만든 탄핵세력(박지원, 박영수 특검, 안철수 의원, 하태경 의원 등을 포함한다)과 아직 남아 있는 이준석 대표의 당선관위 수하들의 공작과 여론조사 기관, 중앙선관위의 일부 조직들에 의해 자의적으로 이뤄지고 있다고 생각한다.

과거 이준석 대표 시절 대통령 후보자 경선 과정 중에도 중앙선관위의 여론조사 결과를 밝히라고 황교안 후보가 문제를 제기했다. 당선관위와 김재원 전 공명선거추진단장은 검증자료를 제시하겠다고 약속했으나 결국 밝히지 못했다.

그 이유가 무엇인가? 감추면 의혹이 계속 남기 마련이다. 지금도 여론조사 결과에 대해 어떠한 경우라도 이의를 제기하지 못하도록 당과 중앙선관위는 '승복서약서'로 가로막고 있다. 이것은 부패한 중앙선관위가 30년 동안 만들어 놓은 덫이다.

이것을 확인하기 위해서는 이번 국민의힘당 2023년 3월 8일 전당대회를 위탁한 중앙선관위의 모바일 투표(전자투표)에 대한 포렌식 조사를 긴급히 실시할 필요가 있었다.

07. '선거결과 승복서약서'의 문제점

경선이 공정했다면 후보자들은 그 결과에 승복하는 것이 원칙이다. 이런 경우 경선이 공정했다면 이의를 제기하는 후보들도 없다.

그러나 경선 과정에서 승복할 수 없는 정도의 불법행위와 부정행위가 이뤄졌다면 피해 후보자는 언제든지 문제를 제기할 수 있어야 한다. 미리 승복서약서로 경선진행과 그 선거결과를 정당한 것으로 전제하여 출마한 후보자들이 모든 사안에 대해 무조건 승복하라고 강제하는 것은 정당 민주주의 원칙이나 공정하게 선거를 관리해야 할 중앙선관위나, 당 선관위가 요구해야 할 사항이 아니다.

오히려 경선진행과 절차 등에 관한 공정성 여부 및 이에 관한 문제제기는 후보자나 당원이 가지는 권리인 것인데 이를 원천 봉쇄하는 것은 도무지 이해가 되지 않는다. 이 점을 지적하는 용감한 후보들도 없었다. 정말 아쉬운 대목이다.

'선거결과 승복서약서'의 내용에는 "…둘째, 본인은 서류심사를 통

한 선거관리위원회의 결정, 케이보팅(전자투표나 전자개표방식을 말한다),
ARS 등 선거관리위원회에서 결정한 투표방식에 따른 경선 관리, 경
선 결과에 승복하며 선거관리위원회의 결정에 소송 제기를 포함한 일
체의 이의를 제기하지 않을 것을 서약합니다. …마지막으로, 이 서약
서의 모든 사항에 대해 충분히 설명을 들었으며 정확히 내용을 이해
하고 있음을 밝힙니다. 만약 단 하나라도 어길 경우에는 당에서 결정
하는 그 어떤 처분도 수용할 것이며 민형사상의 불이익을 감수하겠습
니다. 2023년 2월 일, 서약인 ○○○ 인"으로 규정되어 있다.

이 승복서약서는 후보자가 선관위에게 어떠한 이의를 제기하는 경
우라도 당이 엄청난 불이익을 줄 것이다고 압박하고 있는 것이다.

또한 서약서 내용에 특정 업체의 선거시스템을 못 박아 놓은 점도 매
우 이례적이다. 서약서에는 '케이보팅k-voting'이라는 시스템명을 특정하
였는데 이 케이보팅은 이미 많은 문제를 야기하면서 부정선거의 도구로
쓰일 수 있다는 의혹이 제기된 중앙선관위의 선거관리 시스템이다.

케이보팅은 이미 수차례 선거조작의 혐의를 받고 각종 고소·고발
에 연루된 시스템으로 지난 4·15 총선 이후 각종 선거에서 조작에 노
출되기 쉽다는 평가를 받아왔다. 공직선거뿐만 아니라 민간영역에서
도 빈번히 사용되면서 각종 구설수에 실제로 휘말리기도 했다.

08. 이번 국민의힘당 전당대회에서 일부 세력의 전자투표 조작 의혹

2023년 3월 4일부터 3월 7일까지 시행된 국민의힘당 전당대회 모

바일 투표에서, 참관인으로 참여한 위금숙 위기관리연구소 소장(컴퓨터소프트웨어 공학박사)과 장영후 박사, 2022년 4·15 총선 부정선거 의혹을 꾸준히 주장해 온 맹주성 교수(항공우주공학 박사)들은 "또 국민의힘당 전당대회에서도 모바일 투표 부정이 있었다"고 주장했다.

이들은 컴퓨터 프로그램의 권위자들로서 근거 없는 주장을 할 분들이 아니다. 이를 확인한 공병호 박사, 박주현 변호사, 필자와 전문가들은 모바일 투표조작이 있었다고 전적으로 동의한다.

모바일 투표조작은 "5초가 지날 때마다 증가된 투표자 수가 모두 10의 배수 단위(30, 40, 50)이고, 투표자 수 끝자리는 계속 5(특정한 수)이다"라며 "주사위를 여러 번 계속 던졌을 때 모두 1이 나올 확률이 얼마나 되냐? 그런 원리"라고 설명했다. 이 점에 대해서 국민의힘당 당선관위나 위탁받은 중앙선관위는 진위를 밝혀야 한다. 그러나 함구하고 있다. 누가 이런 모바일 투표조작을 하였을까? 반드시 범인을 찾아 형사책임을 물어야 한다. 최근 국가정보원이 중앙선관위에 대한 전산 보안 점검 결과처럼 중앙선관위 서버에 접속해 투표·개표를 조작할 수 있다는 사실과 관련이 있어 보인다.

09. 소결론

중앙선거관리위원회의 케이보팅(전자투표 및 전자개표기)에 대해, "왜 국민세금으로 운영되는 중앙선관위가 민간영역의 선거에 관여하면서 부정까지 저지르냐?"며 국민들의 많은 비판을 받아왔다. 더욱이 "선거결과 승복서약서란 문구가 들어간 서약서에 후보자들이 후보자라는 신분 때문에 어쩔 수 없이 서약을 한 경우, 계약(서약서)은 위헌적인 요소가 있어 그 계약은 법적으로 무효가 될 수 있다"고 한다.[7] 이와 같은 문제가 많음에도 중앙선관위는 케이보팅 시스템을 계속 고집하고 있다.

독일에서는 2000년대 초부터 선거에 사용되었던 전자투표기에 대해서 뜨거운 논쟁이 벌어졌다. 편리함과 신속함 때문에 사용된 전자투표기가 개표오류나 선거결과에 조작 여부를 판단할 수 없다는 것이 중요한 쟁점이었다.

그 결과 2009년 독일 연방헌법재판소는 선거에 사용되는 모든 전자투표기의 사용에 대해 위헌결정을 내렸다. 모든 선거는 공개적으로 심사되어야 하고 선거결과에 대한 검증이 명확하게 이루어져야 한다는 것이 그 이유였다. 즉, 선거결과에 대해 "검증 가능할 수 있도록 하는 장치들이 없기 때문에 무효이다"라고 위헌결정한 것은 당연한 일이다. 국민은 온라인상의 투표나 개표조작이 더 쉽다는 점을 분명히 인식해야 한다.

필자가 강조하는 것은 국민의힘당 경선절차를 당내에서 충분히 해결할 수 있는 선거관리를 왜 하필 말도 많고 탈도 많은 중앙선관위 케이보팅 시스템에 위탁하는지와 왜 여론조사 모집단을 중앙선관위로부터 받는지, 왜 이런 '승복서약서'를 굳이 징구하는 것인지 그 의구심을 해소해야 한다는 것이다. 그러나 해소되지 않고 있다.

중앙선관위는 투표조작과 부정선거의 증거를 분명 숨기고 있다. 이런 사실들은 4·15 총선 부정선거 소송 재검표 과정에서 명확히 드러

---

7. [출처] 2023년 2월 3일, 「파이낸스투데이」(http://www.fntoday.co.kr).

났다. 전자개표기 오류(조작) 사건, 사전투표지에서 발견된 빳빳한 신권 다발 투표지, 원형의 정식 기표도장이 아닌 위조된 타원형 손가락형, 한쪽이 더 뾰족한 모양, 길쭉한 모양 등 45개 종류의 기표도장이 찍힌 가짜투표지[8]가 3,000여 장이 발견된 사실, 배춧잎 투표지, 일장기 투표지, 본드 먹은(붙어 있는) 투표지, 인쇄된 투표지 등 수많은 위조 증거들이 재검표 선거구마다 대량 쏟아져 나왔다.

결론은 국민이 실제 투표한 사전투표지와 선관위가 보관 중(재검표 대상)인 사전투표지가 서로 다르다는 것이다. 국민이 실제 투표한 사전투표지는 소각해 버리거나 분쇄기로 갈아 없애 버리고, 짜맞춘 위조된 가짜투표지가 삼립빵 박스 등에 보관한 사실이 재검표 과정에서 발각된 것이다. 그 증거로 2023년 7월 31일자 〈스카이데일리 신문〉 1면과 5면에 보도된 바와 같이 파주을 선거구 재검표 과정에서 "선관위가 투표지 빼돌린다"라는 법정 경위들이 대화한 내용이 포착되었다. 사전투표지는 인쇄될 수 없고, 잉크젯 프린터(앱슨롤 프린터)로 한 장 한 장씩 출력하여 교부되기 때문이다. 중앙선관위가 진짜 투표지를 소각해 버린 사실도 곳곳에서 발견되었다.

이번 국민의힘당 전당대회의 경선 룰에 대한 문제점도 드러났다. 천하람·허은아·김용태·이기인 등 이준석 전 대표를 따르는 사람들은 국민의 눈높이에 맞는 후보이고, 윤석열 대통령 당선을 도운 '건희사랑' 펜클럽 대표 강신업 변호사, 김준교 전 자유한국당 청년최고위원, 윤기만 기업인 대표, 신의한수 신혜식 대표와 가로세로연구소 김세희 대표, 이만희 의원과 유여해 전 자유한국당 최고위원, 김준교 등은 국

---

8. 45명(중국인으로 추정된다)이 개입된 증거다.

민의 눈높이에 맞지 않은 후보라는 것이다. 1차 예비여론조사 경선에서 인지도가 높은 조경태·윤상현 후보가 탈락하고 인지도가 낮은 천하람·허은아 후보가 된 것은 잘못된 것이다. 이를 검증할 수 없도록 선거결과 '승복서약서'로 방어막을 미리 친 것이다.

이번 전당대회에서 윤석열 대통령계의 김기현·조수진·장예찬·김병민 후보는 모두 당선되었다. 반대로 이준석계의 후보들은 모두 낙선하였다. 이게 당원들의 진짜 마음이고 투표 결과이다. 그렇다고 해서 필자가 주장하는 전당대회에서의 서류심사 컷오프 의혹과 중앙선관위가 제공한 모집단에 의한 여론조사에 의한 1차 예비심사 의혹, 모바일 투표 부정선거 의혹과 이준석 대표 부정경선 의혹, 2020년 4·15 총선 부정선거 의혹을 철회하거나 부인하는 것은 아니다.

정치개혁은 공정한 선거에서 시작된다. 부정선거로 당선된 자와 공산주의하에서의 지명선거에 의한 자는 지도자라 할 수 없다. 그는 국가를 망가뜨린다. 두루킹 인터넷 댓글 등 부정선거로 당선된 문재인 전 대통령, 4·15 총선에 부정 당선된 더불어민주당 의원들, 부정경선, 부정선거에 의한 이재명 대표(대통령 후보, 국회의원 당선, 대표 당선, 이 점에 관하여는 제 IX장 02절에서 설명한다)[9], 국민의힘당 이준석 전 대표가 대표적 예가 될 것이다. 필자는 이점을 믿는다. 부정선거(경선)로 지도자가 된 자는 국민의 신뢰를 잃고 사라지게 된다. 증거가 보존되어

---

9. 더불어민주당 이재명 대표 주변 인사들 중에는 이해찬 전 대표, 김경수 전 지사 송영길 전 대표, 윤호중 원내대표, 권순일 전 선관위원장, 조해주 선관위 상임위원, 이근형 여론조사심의위원 등 선거관련인 및 여론조사 전문가들이 포진되어 있다. 지난 2022년 6월 1일 인천 계양을 보궐선거에서 부정 당선 의혹 및 제20대 대통령 후보 경선에서의 이해할 수 없는 여론조사가 발견되었다.

있다면 밝혀지는 것은 시간의 문제일 뿐이다.

국외 사례로도 많은 인물이 있다. 이미 베네수엘라의 차베스, 마두루 전 대통령이 있다. 미래에는 미국의 조 바이든 대통령[10], 중국 공산당 시진핑 주석[11]과 러시아 푸틴 대통령, 북한 김정은 위원장이 될 것이다. 부정선거로 당선되면 그 증거가 남게 되어 발각된다. 그래서 지도자는 신뢰를 잃게 되고 사실을 은폐하기 위해 독재정치, 공작정치, 금권정치를 하게 된다. 언론장악 또는 외국과의 무모한 전쟁을 일으키기도 한다.

다행스럽게 대한민국 우파 국민들은 국민의힘당 윤석열 대통령을 선택했다. 당 전당대회에서도 우려했던 모바일 투표, ARS여론조사 등 소위 케이보팅 방식이 진행됐지만 역선택을 못 하도록 100% 당원투표 등의 전략적 투표방식을 선택하였다. 이번 전당대회는 지난 이준석 후보가 나선 역선택과 여론조작이 난무한 2021년 6월 11일 전당대회와는 달리 보수우파 국민들은 내 한 표로 나라를 지키고, 당을 살려야 한다는 마음에서 책임당원에 열렬히 가입했다. 경선투표에도 적극적으로 참여함으로써 투표율이 역대 최고인 55.10%(83만 7,236명 중 46만 1,313명)를 기록했다.

경선 결과 정체성이 불분명한 이준석계 후보들은 몰락하고, 부도덕한 당권파의 세력은 일단 쇠퇴하기 시작했다. 윤석열 대통령계의 김기현·조수진·장예찬·김병민 후보들은 모두 당선되었다. 불행 중 다

---

10. Ⅶ. 2020년 11월 3일 미국 대통령 부정선거와의 비교 참조.

11. 재미 중국인의 대표적 지식인 전 중공교 차이샤 교수 등의 "시진핑의 권력이 교체되어야 중국이 산다" 라는 발언이 있다. 많은 정치평론가들은 시진핑 주석이 무리한 독재로 곧 권력을 잃을 것으로 예측하고 있다.

행이다. 김기현 후보는 52.93%로 과반을 득표하면서 2차 결선까지 가지 않고 무난히 대표로 당선됐다. 안철수·천하람·황교안 후보는 각각 23.37%, 14.98%, 8.72%를 득표했다. 4~5일 모바일 투표와 6~7일 ARS 투표를 합산한 결과다.

전당대회 후 3월 9일 당선된 김재원·조수진·장예찬 최고위원들은 이준석 전 대표의 지원을 받은 '천아용인' 후보들의 낙선을 두고 "이준석 정치를 제거해야 한다"라는 취지로 강하게 비판하였다. 이에 대해 천하람 당협위원장은 "제거할 테면 제거해봐라, 제거 못 한다."하며 항변했다. 부끄럽다.

그런데 천하람 후보가 얻은 득표율 14.98%가 사실일까? 필자가 앞에서 설명한 바 조경태 후보는 5선 중진의원이고 청렴한 국회의원으로 소문나 있으며, 지난번 대통령 후보로도 출마해 전국적인 인지도가 높음에도 불구하고 경험도 없는 천하람 후보가 1차 여론조사 컷오프에서 통과되고, 조경태 후보는 탈락했다. 이점 심히 의심스럽지 아니한가?

보이는 적보다 내부의 적이 더 무섭다(박정희 전 대통령 1979년 10·26 시해사건이나 박근혜 대통령 탄핵사건, 미국 공화당 마이크펜스 부동령의 배신행위로 2020년 11월 3일 대통령 선거에서 공화당 트럼프 후보가 재선에 실패했고, 2021년 1월 6일 미국 의사당 광장에서의 시민항쟁도 물거품이 되었다). 그들에 의해 한 나라가 무너진다. 우리 지도자들은 이 점을 명심해야 한다.

—— VII ——

국민의힘당
당 대표 후보자들의 논쟁

진정한

민주주의를 향해,

부정선거의

미래와 정치개혁

01. 김기현 후보의 출사표

2022년 12월 27일 김기현 의원은 국회에서 당 대표 출마선언을 하였다. 김기현 후보는 "켜켜이 쌓아온 신적폐를 청산하고 대한민국을 정상화하기 위해선 2024년 총선 압승이 반드시 필요하고, 누구보다도 제가 가장 적임자"라며 "총선 압승과 윤석열 정부의 성공을 뒷받침하겠다"고 밝혔다. 그는 당지지율 55%, 대통령 지지율 60%를 달성하겠다는 〈5560 비전〉도 제시했다.

김 후보는 "더불어민주당과 싸우기보다 우리 당 내부에서 싸우는 일에 치중하거나, 큰 선거에서 싸워 이기지 못한 채 패배하거나 중도에 포기해버리는 리더십으로는 다음 총선 압승을 이끌어낼 수 없다"고 했다. 윤심만 바라본다는 지적에 대해선 "윤심이란 표현은 적절치 않다. 우리 당이 지향해야 할 건 민심을 얻는 것"이라며 "나는 민핵관(국민)"이라고 받아쳤다.

애당심도 전면에 내세웠다. 그는 "당이 난파선이 됐을 때도 당을 떠나지 않고 끝까지 지켰다"고 강조했다. 또 '안철수 의원이 차기 총선은 오픈프라이머리(국민경선)로 공천하겠다'라는 발언과 관련해서는 "공천 시스템의 기본틀은 가지고 있다." "상당 부분을 구체화하고 있지만 지금 말씀드릴 단계가 아니다"라며 안 의원과는 다른 방향의 총선 공천 계획을 알렸다.

김 후보는 이준석 전 대표에 관련해서는 "특정인에 대한 왈가왈부는 적절하지 않은 것 같지만, 이준석 전 대표는 여러 가지 사법적 문제를 해결해야 할 숙제가 남아있다. 단정적으로 말할 만큼 전제조건이 숙성되지 않았다"고 선을 그었다.

김기현 후보는 이재명 더불어민주당 대표와의 관계와 관련해서는 "적법한 대표이고, 대표의 위상을 존중해야 한다. 이 대표가 가진 사법 리스크는 개인의 문제들이고, 별개로 대표이기에 예우해야 한다. 저는 여당 대표로 이재명 대표는 야당 대표로 적절한 파트너십을 형성할 것이다"라고 덧붙였다.

그러나 이재명 당 대표가 온갖 가증스러운 거짓말을 일삼고, 전과자임에도 현재 여러 사건의 피의자임에도 "이재명 대표를 예우한다"라고 했다. 틀린 말이다. 윤 대통령의 생각과도 다르다.

02. 안철수 후보의 언행과 과거 행적

어제의 적은 오늘의 동지가 될 수 있고 오늘의 동지가 내일의 적이 될 수 있다고는 하나, 안철수 의원의 지난번 전당대회의 언행은 지나친 것 같다.

만일, 안철수 의원이 당 대표가 되면 국민의힘당은 어떻게 될까? 그가 당을 제대로 이끌어 온 경험과 그만한 능력이 아직은 없다고 필자는 생각한다. 안철수 후보는 윤석열 정부가 탄생하도록 한 공은 사실상 지대하다.

국민의힘당 전당대회 본경선에 진출한 후보들은 2023년 2월 11일 이재명 더불어민주당 대표의 지역구인 인천 계양을에 모여 이 대표의 심판과 내년 총선 압승의 중요성을 강조했다. 이날 열린 인천 계양구을 당원협의회 당원대회에 안철수·황교안 대표 후보, 조수진·태영호 최고위원 후보, 장예찬 청년최고위원 후보 등이 연설에 나섰다.

안철수 후보는 "2021년 정권교체 가능성이 없다고 생각했을 때 서울시장 선거에 출마해서 제 모든 것을 다 바쳐 그 선거에서 이겼다. 그리고 윤석열 대통령과 단일화를 통해 정권교체를 이뤘다. 그때는 군인 같은 심정이었다. 정말 이재명 후보가 대통령이 되면 안 되니까 목숨을 바쳐 나라를 구하고 싶은 마음이었다"라고 발언했다. 맞는 말이다.

정치적 이념과 정체성에서는 윤석열 후보와는 다르지만 이재명 후보가 대통령이 되어서는 안 된다는 생각으로 윤석열 후보를 그토록 애를 태우다 승리할 것 갖자 그의 손을 잡아주었다. 이는 정치활동 중 최고의 선택이었다.

윤 대통령은 그의 공로를 인정하여 안철수 후보를 인수위원장에 임명하고, 당은 2023년 6월 1일 성남시 분당구갑 보궐선거에 출마케 하여 국회의원에 당선되었다. 윤석열 대통령은 안철수 의원에게 국무총리나 장관직을 제안했다. 그러나 그는 고사했다. 왜 그랬을까? 대통령이 되려는 경우 자기관리를 위해, 능력을 보여주기 위해, 장관이나 국무총리 자리를 원한다.

필자는 안철수 의원을 비난하고 싶지 않지만, 지나친 것은 미치지 못한다는 과유불급過猶不及 '욕심이 과하면 망한다'는 진리를 깨달아야 한다. 그는 오래전 주사파 박원순에게 서울시장직을 헌납했고 노무현 전 대통령의 뜻을 이루겠다고 했다.

박근혜 대통령 탄핵에 앞장선 자이나 윤 대통령과는 달리 사과 한

번 안 했다. 대한민국에 간첩이 없다고도 했다(그런 사실 없다고 반문하였다). 문재인 전 대통령처럼 공산주의자 신영복을 존경한다고 하면서 그의 사상이 펼쳐질 날이 있을 것이라고 했다. 미국 우방이 지원한 안보를 지키는 사드 배치를 반대했고 김명수 대법원장의 임명 동의에 큰 역할을 하였다. 이상민 행안부장관의 해임도 주장하였다. 결국 더불어민주당은 이상민 장관에 대해 탄핵소추를 결의했다. 그러나 더불어민주당의 탄핵추진은 실패했다.

안철수 후보의 정체성은 무엇인가? 그는 보수우파의 지도자가 과연 될 수 있을까? 그토록 싫어하고 사사건건 반대하던 이준석 전 대표와 한물간 김종인 전 위원장을 왜 만나려 하고?, 김무성 전 대표를 왜 만나려 할까?

당 대표를 만드는 비법을 잘 알고 있는 정치인들에게 손을 내민 것으로 필자는 본다. 그를 따르는 국민들이 있다는 점도 부인하지 않는다. 그러나 국민의힘당은 보수우파 정당이고 이들 국민이 윤석열 정부를 떠받들고 있기 때문이다. 아직 충분한 시간이 있으며, 애국 우파 국민들이 국민의힘당 내의 이준석·유승민·김종인계의 회색정치인들을 제어(제거)하면서 국민의힘당을 올바르게 인도할 수 있는 능력을 배양할 때까지 시간이 필요하기 때문이다. 안철수 의원은 대표에 낙선한 후 지금 그의 역할이 보이지 않는다.

03. 황교안 후보의 통렬한 반성과 재도전

2020년 4·15 총선 참패 후 더불어민주당과 중앙선관위의 부정선거를 몰랐던 황교안 후보는 공천 실패와 선거 패배의 모든 책임을 지고 당 대표직에 물러나서 반성의 나날을 보냈다.[1]

그 후 황교안 전 대표는 명예회복을 위해 국민의힘당 대통령 예비후보로 나섰다가 실패하였다. 그는 예비후보 합동연설에서 과거에는 알지 못했던 4·15 총선의 부정선거 문제와 당 대통령 후보 경선 방식에 대해 "부정선거에 개입한 중앙선관위에 위탁하는 것은 고양이에게 생선을 맡긴 꼴이다"며 강력히 문제를 제기하였다. 하지만 이해가 충돌되는 중앙선관위에서 실시한 2차 경선 투표에서 고의적으로 컷오프된 것으로 보인다. 황교안 후보는 유승민 후보보다는 당원의 지지율이 높은 것으로 필자는 판단한다. 만일 그렇지 않으면 선관위는 컷오프 자료를 공개(제시)하면 된다. 그러나 선관위가 끝내 이를 제시(공개)하지 않았다. 황교안 후보는 다시 국민의힘당 대표 후보로 도전하였다. 다행히 이번에는 1차 당 대표 후보자(김기현·황교안·안철수·천하람)가 되었다.[2]

황교안 후보는 당 대표 후보로 출마하면서 과거 자유한국당 대표시절 바른미래당 유승민 대표(이준석 최고위원을 포함한다)와의 합당으로 국민의힘당이 바른미래당 출신의 인사들에게 당을 장악케 한 것은 자신의 큰 실수라고 공개 사과를 하였다.

그는 20대 대통령 후보 경선 때처럼 부정선거 문제를 계속 제기하면서 당의 이번 전당대회 경선을 자당 선관위가 아닌 중앙선관위에

---

1. 황교안 대표는 당시 당 대표로서 공천권을 자신이 내려놓았는데 그때 당을 위해 헌신한 사람을 공천하지 못한 것이 가장 큰 실수라고 사과했다. 2023. 2. 28. 〈고성국TV〉에서 한 발언이다.

2. 당 대표 후보 경선에서 황교안 후보를 또 탈락시키면 부정선거, 부정경선 문제가 직접 거론될 것을 우려한 것으로 보인다.

위탁하는 것은 잘못된 일이라고 문제를 제기하였다. 그러나 이번에도 당 선관위는 이를 묵살하였다. 많은 국민들이 중앙선관위의 위탁경선을 반대하고 있음에도 말이다. 이해할 수 없는 일이다.

그런데 황교안 후보는 정통보수의 진정한 계승자라고 주장하며 부정선거, 부정경선 의혹에 관한 문제 제기를 잠시 보류하였다. 왜 그랬을까? 후보로 출마하기 위해 제출한 '승복서약서' 때문일 것이다. 정치인은 사실과 정의, 국민과 국가를 위한 일관성이 있는 소신 발언이 중요하다. 당 대표 후보로서의 정치인 황교안은 "어떠한 경우라도 승복해야 한다는 '승복서약서'를 왜 받느냐?", "중앙선관위가 부정선거의 주범이다"라는 자신의 소신을 일시적이나마 접어 부방대 대표로서의 하강 변곡점을 맞이하게 된다.

04. 김기현 후보에 대한 부동산투기 의혹 등 제기

황교안 후보는 3월 5일 여의도 대하빌딩 캠프에서 김기현 후보의 울산 KTX역세권 땅 시세차익 의혹 및 전광훈 목사 고소 등 현안과 관련된 특별기자회견을 열고, "어떤 분들은 제가 김기현 후보에 대해 자꾸 얘기하니까 내부총질 하지 말라고 한다. 그런데 근거가 있고 꼭 검증해야 하는 상황인데, 이걸 얘기하는 게 내부총질이냐? 내부총질이 아니라 내부수술이다"라고 말했다.

그는 이날 기자회견에서 김 후보와 지인 김정곤 씨가 울산지역 부동산을 부당하게 취득했다는 주장을 계속하였다. 황 후보는 "김씨는 1996년 박모 씨를 상대로 울산 상북면 토지가 차명재산이라는 이유로 소송을 제기하여 승소하였는데, 이 사건 소송대리인이 김기현 변호사였다"고 지적했다. 또 "2000년에도 김씨가 울산세무서를 상대로 8,200만 원의 양도소득세 부과처분을 취소하라는 사건 소송대리인도 김기현 변호사였는데, 이때 제출한 3개의 서증이 위조된 것이라고 판명되었고, 패소했다"라고 말했다.

이어서 "김 후보는 30대 초중반 변호사이던 시절부터 재개발조합장 김정곤의 유형 무형의 조력으로 울산 번화가 상가부지와 투기의혹이 있는 KTX울산역 인근 임야를 취득하고, 2015년 울산시장의 지위에서 연결도로 개설을 국비로 개설하겠다고 입장을 밝혔다. 이를 추진하는 것 자체가 적절하지 않았다. 시장의 권한을 자신의 사익추구에 이용한 것으로 보인다"라고 설명했다. 당초 김 후보가 교회 지인의 어려운 사정을 감안해 울산 땅을 샀다고 해명했던 사실에 관해서도 반박했다.

"부동산을 통한 재산증식에 유무형의 도움을 받은 보상으로 2017년 이례적으로 1년도 안 걸려 단기간에 승인해주는 등으로 특혜를 준 것으로 의심받을 수밖에 없다."

황교안 후보는 "김 후보는 1998년 투기의혹이 있는 문제의 KTX울산역 인근 임야 3만 5천 평을 김씨로부터 취득했다"라며 "사업이 어려워져 임야를 파는 사람이 11일 전에 임야를 매입했다가 다시 판다는 것은 상식적으로 납득하기 어렵다"고 지적했다.

그러면서 "김 후보는 김정곤 재개발 조합장과의 관계에 대해 소상히 밝힘으로써 국민적 의혹을 해소할 의무가 있다"라고 설명했다. "일각에서는 '의혹'이라고 하지만, 저는 의혹의 단계를 지났다고 본다. 물러날 때는 확 물러나야 다음을 기약할 수 있다"고 말했다. "이 외에도 김기현 후보는 아파트 등 16건의 부동산을 종류별로 총망라해서 보유하고 있다"라며 "이러한 시기에 김기현 후보가 여당 대표가 된다면 국민적 공분을 사게 되고, 반드시 총선에서 필패할 것이다"라고 목소리를 높였다. 그러나 김기현 후보를 지지하는 당원과 국민들은 황 후보의 이런 주장을 가짜뉴스라고 하면서, 내부총질이라고 반박했다.

그는 또 안철수 후보를 향해서는 "박왕자 씨 피살 사건 뒤 북한의 사과 없이 금강산 관광과 개성공단 가동 재개를 주장하다가, 2017년 돌연 개성공단 재가동 반대로 입장으로 선회했다"라며 "신념이나 가치 없이 그저 기회만 좇는 기회주의자"라고 비판했다.

천하람 후보의 안보관에 대해서도 "천하람 후보가 강원 합동연설에서 발언한 (6. 25 때) 서로 총칼을 겨뤘고, 내 옆의 전우가 죽었고, 사랑하는 가족과 친구가 죽임을 당했다"라는 편향된 역사관을 가지고 있으며, 그는 "국민 눈높이에 맞지 않는 시대착오적 색깔론에는 무관용대처할 것이다"라고 했는데, 이런 인식에서부터 안보가 무너진다며 "도대체 누구에게 무관용 하겠다는 거냐"고 반문했다.

05. 황교안 후보의 패착과 시련

보수우파 국민들이나 국민의힘당 당원들은 새로이 취임한 윤석열 정부를 지지한다. 더 이상 보수당이 분열하여 윤 대통령이 더불어민주당 등의 공격을 받아 다시 탄핵당하는 위기상황들이 재현되는 것을 절대 바라지 않는다.

성향이 같은 김기현 후보와 황교안 후보의 표는 겹친다. 당원들은 당선될 후보에게 확실하게 밀어주는 것이 그동안 선거를 통해 배운 경험이다. 황교안 후보에 대해서는, 지난 2020년 4·15 총선 패배의 책임을 해결할 수 있다는 믿음을 주지 못했을 뿐만 아니라 그동안 주장해온 부정선거 문제를 접고 오히려 김기현·천하람·안철수 후보의 네거티브에만 올인해 보수 지지층의 신뢰를 회복하지 못했다는 점이다.

여기에 정체성을 의심받는 안철수 대표와 공동전선을 구축하며 김기현 후보를 몰아세웠다. 황교안 후보는 김기현 후보를 부동산투기 의혹 문제를 제기했으나, 당원들은 이미 윤석열 대통령이 김기현 후보를 지지하는 것으로 판단한 이상 당원들의 마음을 돌리기에는 역부족이었다.

게다가 모해 정치꾼에 의한 이간질로 전광훈 목사는 "황교안 전 대표가 4·15 총선 공천과정에서 50억 원을 받았다"는 의혹을 제기함으로써 많은 당원들이 지지를 포기했다. 안타까운 일이다. 고소사건을 통해 실체적 진실이 밝혀져야 한다. 이 문제를 해결하지 않은 한 정치인 황교안의 시련과 전광훈 목사의 품격문제는 계속 따라다닐 것이다.

06. 대통령과 여당 간의 상호의존 관계

박수영 국민의힘당 의원은 현재의 당정분리는 근본적인 재검토가 필요하다고 했다. 대표적인 대통령제 국가인 미국과 프랑스에서는 대통령이 자당 후보들의 추천이나 선거지원 등의 적극적인 역할을 하고 있다고 하면서 당정분리 재검토 문제를 힘주어 말했다.

「국가공무원법」 제65조(정치운동의 금지) 제1항에는 "공무원은 정당이나 그 밖의 정치단체의 결성에 관여하거나 이에 가입할 수 없다", 제2항에는 "공무원은 선거에서 특정정당 또는 특정인을 지지 또는 반대하기 위한 다음의 행위를 하여서는 아니 된다. ① 투표를 하거나 하지 아니하도록 권유 운동을 하는 것 ② 서명 운동을 기도企圖·주재主宰하거나 권유하는 것 등"으로 규정되어 있다.

대통령이나 국회의원은 국가공무원법을 적용받는 일반직 공무원인가? 아니다. 정무직 공무원이다. 그렇다면 책임정치를 실현하기 위해, 당정의 원활한 소통을 위해 대통령이 당직 또는 국회의원 후보추천이나 선거지원도 할 수 있다고 필자는 판단한다. 대통령이 자당 후보추천이나 선거지원을 못한다면, 국회의원도 마찬가지이다. 그래야 논리적으로 타당하다.

국민의힘당 당헌 규정을 살펴보자. 당헌 제7조(대통령의 당직 겸임 금지)에는 "대통령에 당선된 당원은 그 임기 동안에는 명예직 이외의 당직을 겸임할 수 없다." 제8조(당과 대통령의 관계)에는 "① 대통령에 당선된 당원은 당의 정강·정책을 충실히 국정에 반영하고 당은 대통령의 국정운영을 적극적으로 뒷받침하며 그 결과에 대하여 대통령과 함께 국민에게 책임을 진다. ② 당정은 원활한 국정운영을 위하여 긴밀한 협조 관계를 구축한다."라고 규정되어 있다.

이런 점에서 책임정치를 실현하기 위해, 당과 긴밀한 협조 관계를 구축하기 위해 대통령의 적절한 관여나 참여는 보장되어야 할 것이다.

07. 소결론

김기현 후보는 대표에 당선되었다. 그는 대표 수락연설에서 "우리는 오직 하나의 목표를 향해 달려가야 한다. 당원 동지 여러분과 한 몸이 돼서 민생을 살려내 내년 총선 승리를 반드시 이끌어 내겠다"라며 "하나로 똘똘 뭉쳐 내년 총선 압승을 이루자"라고 말했다.

김기현 신임대표와 함께 새 지도부를 구성할 최고위원은 김재원(17.55%)·김병민(16.10%)·조수진(13.18%)·태영호(13.11%) 후보가, 청년최고위원은 장예찬(55.16%) 후보가 선출됐다. 이들 지도부의 역할을 기대해본다.

이 장에서, 필자가 국민의힘당 내의 경선 부정 문제를 언급하는 것은 국민의힘당에 애정을 보이는 것이지 내부총질을 하는 것이 아니다. 곯고 곯은 환부를 도려내어 국민의힘당에서 기생하고 있는 회색 정치인, 공작 정치인들을 솎아 내야 하기 때문이다. 그런 다음 더불어민주당의 대대적인 4·15 총선의 부정선거 문제를 밝히면 국민이 바라는 정치개혁이 된다. 그래야만 윤석열 정부는 많은 국민들의 지지를 받을 수 있고 성공할 수 있다.

—— VIII ——

계속된 여론조작과
내부총질

진정한
민주주의를 향해,
부정선거의
미래와 정치개혁

01. 김종인 전 위원장의 내부총질과 여론조작 행위

가. 3대 개혁과제, 2024년 총선 전망에 대한 김종인 전 위원장의 내부총질

김종인 전 위원장은 국민의힘당 전당대회 전 2023년 1월 10일 MBC라디오 〈김종배의 시선집중〉에 출연해, 윤석열 대통령의 노동·연금·교육 3대 개혁과제에 대해 비판했다. 국민의힘당의 보수색채 강화에는 "희망이 없다. 노동·연금·교육 3대 개혁이 쉽게 이뤄질 수 있을지 상당히 의문스럽다"라고 발언했다. 이어 그는 "3대 개혁이 제대로 이뤄지려면 국회가 이를 제도적으로 뒷받침해야 한다"라며 "현재 야당이 국회 다수를 장악하고 있고 야당과의 협치 관계가 전혀 이뤄지지 않는 상황"이라고 말했다.[1]

그는 "우리 사회나 경제가 직면하고 있는 전반적인 것을 종합 검토해서 어떤 해결책이 나와야 된다. 이런 문제에 대해서는 구체적인 얘기가 없이 막연하게 개혁의 명분만 내세우고 있는데 그래서는 성공하기 어렵다. 무엇을 개혁하려고 하는가가 뚜렷하게 나와 있지 않다." 이어 "노동조합을 완전히 무슨 이상한 단체처럼 생각하는 것도 잘못된 사고방식이다." "노조가 있어서 그나마 근로자들의 권익이 보호될 수 있다. 노조를 잘못된 조직처럼 폄훼를 할 것 같으면, 다른 해결책이

---

1. 정치 상황은 항상 변한다는 점을 망각한 것 같다.

있느냐? 그런 게 전혀 보이지 않는다"라고 덧붙였다.

김종인 전 위원장은 현 윤석열 정부가 추진하고 있는 건전한 노조 활동을 방해하고 있는 노조 간부들의 잘못된 불법행위와 건폭 등에 대한 문제점은 한마디 언급 없이 노동개혁을 폄훼하는 발언만 늘어놓았다. 연금개혁과 관련해서도 "연금이라는 것은 (국민) 노후생활 안정이 가장 기본적인 목표인데, 현재 연금개혁은 '재정안정'에만 포커스가 맞춰져 있다"고 분석했다. 그러면서 "솔직히 지금 국민연금의 소득대체율을 가지고 노후생계가 보장이 될 수가 없다"고 강조했다. 최근, 국민의힘당의 보수색채가 강화되는 것에 대해서는 "국민의힘당 사람들이 자꾸 무슨 보수 보수한다는 것은 다시 옛날로 회귀하자고 얘기하는 것"이라며 "그렇게 가서는 내가 보기에는 희망이 없다"고 말했다.

그는 계속해서 "윤 대통령은 시장경제, 자본주의 이야기를 많이 하는데, 그것 가지고는 지금 당면하고 있는 여러 정치 사회적인 문제를 해결할 수가 없다. 금년 경제상황이 좋지 않아서 경제적으로 고통 받는 국민 숫자가 늘어날 것인데, 그에 대한 적절한 대책이 없이 내년 선거를 승리로 가져오는 것은 굉장히 힘들 것"이라고 전망했다. 이는 과거 문재인 정부의 탈원전, 소득주도성장, 한·미·일 동맹관계(지소미아 협정) 탈퇴 등 잘못된 정책결과 때문인데, 그는 윤석열 대통령의 책임으로 몰고 있다.

김종인 전 위원장의 발언을 종합해보면, 해결방안 제시도 없이 윤 대통령에 대한 막연한 비판만을 계속하고 있는 모양새다.

나. 김종인 전 위원장의 여론조작 행위

정치를 떠날 것 같은 김종인 전 위원장은 2023년 2월 9일 밤 CBS

라디오 〈박재홍의 한판승부〉에 출연해 2023년 3월 8일 국민의힘당 전당대회에 관하여 다음과 같은 발언을 하였다.

여권의 지지를 받고있는 김기현 당 대표 후보에 대해서는 "반드시 (당선)된다고 보장할 수 없다." "경경선 과정에 대통령실이 이렇게 관심을 갖고 보면 그 결과에 대해 어떻게 책임질 건가도 생각해야 된다." "대통령이 적극적으로 민 사람이 안 됐는데 그 다음에는 대통령은 뭐라고 그럴 것이냐?" 하고 말했다. 이어서 "대통령이 되는 사람들은, 과거에도 보면 당을 자기 걸로 만들려고 하는 성향이 있다." "(윤 대통령) 역시 대통령이 되고 나서 보니까 똑같은 그런 전철을 밟는 것이 됐다"라고 꼬집었다.

계속해서 "그런데 당을 완전히 장악했다. 그러면 뭐를 할 수 있을 것이냐?" "그럼 결국 나중에 후회밖에 남는 게 없다. 그렇기 때문에 가급적이면 대통령실이 당의 소위 전당대회 대표 선출행사에는 속으로는 어떻게 할망정 외향적으로는 좀 가만히 있는 것이 현명하다고 그렇게 생각한다"라고 주장했다. 김 전 위원장은 "대통령 얼굴을 보고서 거기에 따라다니는 것이 소위 국민의힘당의 전통적인 사고방식인데 그런 사고방식에서 탈피하지 않으면 정권창출이고 뭐 선거고 잘되지 않는다"라고 폄훼했다.

그러면서 김기현·안철수 후보를 겨냥해 "당 대표가 돼서 앞으로 대한민국의 정치지도자가 되려고 하면 자기 능력으로 달성할 생각을 해야지. '뭐 나는 누구의 마음을 잘 읽는 이가 되고, 또 어떤 사람은 나하고 연대를 한다'라는 등 이런 소리를 하는데 그런 얘기를 한 사람들 내가 보기에는 참 한심한 사람들이다"라고 비꼬았다.

지난 1월 안철수 후보와 만난 사실도 언급하면서 "(안 후보가) 후원회장을 해줬으면 하는 얘기를 했는데 나는 절대 그런 건 못한다고 말했다"고 전했다. 안 후보가 당 안팎으로 공세에 시달리는 데 대해서는 "지금 공격을 너무 받으니까 오히려 안철수 지지도가 높아지는 것이 아닌가 하는 생각이 든다"고 말했다.

이어 "안 후보의 지지도가 높아지는 건 민심이 당심에 영향을 미친 것"이라며 "당심보다도 민심이 더 중요하다. 민심을 잡아야지 집권도 하고 선거도 이기는 거지 당심만 가지고서는 될 수 없다"[2]고 했다. 그러면서 "국민의힘당이 언제서부터 그런지 모르겠지만 최근에 와서 하는 얘기를 보면 굉장히 오만한 모습을 보이고 있다. 국민이 거기에 수긍을 하지 않는다"고 덧붙였다. 또 안 후보의 중도사퇴론과 관련해서는 "절대 철수 안 할 것"이라며 "사실 안 후보는 지향하는 목표가 대통령 출마 아니냐. 지금 절체절명의 상황에 처해 있는 사람"이라고 분석했다.

김 전 위원장은 '안 후보가 당선되면 수도권 의석 확보에 도움이 되느냐'는 취지의 질문에 "중도 성향의 유권자들한테는 다소 영향이 있을 것이다. 약간의 효과는 있을 것이다"라고 말했다. 안철수 후보는 연설에서 계속 이런 말을 하고 다닌다.

그는 이준석 전 대표의 '역할론'에 관해 "크게 파괴력을 갖는다. 이준석 대표가 대표 자리에서 쫓겨났을 적에 그때 이미 이준석의 효과라고 하는 것은 다 정해져 있는 것"이라며 "이번 당 대표 선거와 관련해서 이런저런 발언을 많이 하는데 그 발언 자체가 사실 대표선거에

---

2. 김종인 전 위원장은 종전의 당원 30% 및 일반 국민 70%의 선거인단 구성을 이번 전당대회부터 당원 100%로 변경하여 당 대표나 최고위원을 선출하는 방식을 비난한 것이다. 부정한 모바일 투표의 역선택을 방지하기 위한 결정이었는데 왜 그는 이런 발언을 할까?

다수 영향을 미치는 건 사실이다"라고 주장했다. 거짓말이다. 여론조작 행위이다.

이 전 대표의 지원을 받는 천하람 후보에 대해서는 "그 사람이 지향하는 바가 민주주의의 기본원칙을 얘기를 하고 내년도 공천과 관련해서도 자기 나름대로 소신 발언을 하기 때문에 상당수의, 소위 책임당원들이 거기에 동조를 보내지 않을까"라며 "상당한 표를 결집시킬 가능성이 있다"고 봤다.

결선투표 진출 가능성을 두고는 "본인은 그런 희망을 하겠지만, 하여튼 4인을 뽑는 데는 (천하람이)들어가겠다"고 말했다. 천하람 등의 컷오프 통과를 정당화하기 위한 술수이다.

다. 윤 대통령 성공한 대통령이 될 수 있을지 의구심 들어

김종인 전 위원장은 2023년 3월 2일 MBC 〈뉴스외전〉에 출연하여 윤 대통령에 대한 3대 개혁과제와 더불어민주당의 갈등, 이재명 대표 거취, 국민의힘당 경선방법과 전당대회 전망, 제22대 총선전망 등에 관한 발언을 하였다. 최근 자신의 동향과 윤 대통령과의 관계에 대하여 다음과 같이 말했다.

그는 "(제가) 2022년 1월 5일 당을 떠난 후 소통한 바 없다. 대통령이 된 후 당선 인사차 연락준 이후 별도로 소통한 적 없다. …(윤대통령은) 취임사에서는 좋은 말을 하지만 그다음 국정을 운영하는 행동을 보면, 성공한 대통령이 될 수 있을까 하는 의구심을 갖게 된다. 말로는 자유를 강조하면서도 권위주의적이다. 민간주도 시장경제 외치면서 가격 매커니즘에 일일이 관여하는 건 잘못이다. 이자율 등 금융정책에도 정부가 개입하면 장기적으로 국민에게 부담된다."

윤석열 대통령의 노동·연금·교육 3대 개혁과제에 대해 이같이 말했다.

김 전 위원장은 "연금개혁은 시급하지 않다. 말은 개혁을 부르짖으면서 전혀 구체성이 없고, 재정안정을 어떻게 유지할 것인가를 우선시한다. 그래 가지고 연금문제는 해결되지 않는다. …교육개혁에 있어서는 사교육비 문제이다. 이걸 해결해야 하는데, 이에 대한 해결방안이 없다."[3]

더불어민주당의 체포동의안의 내부갈등 문제와 이재명 대표 거취 문제에 관하여 김종인 전 위원장은 "그들은 정치인이기 때문에 내부적으로 잘 해결할 것이다. 이재명 대표는 언제가는 결단을 내려야 한다. 이재명 대표의 사법 리스크에 대한 맞불 집회에 관하여는 다수당으로 하는 말이지 정치적으로 별 효과가 없을 것이다."

국민의힘당의 전당대회 전망에 대해서는 이렇게 비판했다.

"김기현 후보가 대표가 될 것 같은 것이 지배적이다. 원래 여당의 생리가 대통령을 바라보고 사는 것이기에 당원의 심리가 쏠리는 것은 당연하다. 여당은 별로 할 일이 없다. 내년 공천 문제만 남아 있는데, 윤 대통령은 당에 뿌리가 없어 본인 스스로가 당을 내 것으로 만들어보겠다고 심리가 있는 것 같다. 나는 대통령이 그러면 안 된다고 생각한다."

---

3. 윤 대통령은 사교육, 수능 문제에 대해 교육부의 책임을 물었다. 이에 대해 이주호 교육부장관은 6월 19일 국회에서 열린 '학교 교육 경쟁력 제고 및 사교육 경감 관련 당정협의회'의 모두발언에서 "지난 정부가 방치한 사교육 문제는 학생·학부모·교사 모두 힘든 상황에서 학원만 배불리게 했다. 이런 작금의 상황에 대해 대통령이 문제를 여러 차례 지적하셨음에도 신속하게 대책을 내놓지 못한 데 대해 교육부 수장으로서 국민 여러분께 죄송하다는 말씀을 드린다"고 말했다. 당정은 이른바 '킬러문항'(초고난도 문항)이 학생들을 사교육으로 내모는 근본 원인이라는 데 의견을 모으고, 공교육 과정에서 다루지 않은 내용은 출제를 배제하기로 했다.

이준석계 후보들이 얼마나 당선이 될 것 같은가?에 대해서는 "최고위원 한 명 정도는 될지 모르겠다"라고 하면서 기존 태도를 바꾼다. 국민의힘당 전당대회 경선 방식에 대해서는 현재의 경선 방법을 폄훼하면서 여론조작 행위라고 주장한다.

"김기현 대표가 앞선다고 하지만 멍에를 둘러싸고 국민들에게는 좋은 인상을 주지 못하고 있다. 경선 룰도 바꿔서 '당심은 민심이다'라고 하는데 '민심은 젊은 천하람이 일등을 달리고 있다.' 그래서는 안 된다."

정치개혁의 문제에 대해서는 이렇게 말했다.

"중대선거구제 개편만으론 안 되고, 개헌을 통해 권력구조 개편하는 것(의원내각제, 이원집정부제로 바꿔야 한다는 의미이다)이 우선이다. 대통령이 막강 권력을 유지하면서 4년 중임제를 하면 더 나쁜 결과를 초래한다."

그는 내년 여야 총선 전망에 대해서는 아래와 같이 전망했다. "야당 더불어민주당이 지금의 절대 의석을 확보하지 못하겠지만 그렇다고 여당인 국민의힘당이 과반수를 차지하기란 어려울 것이다."

필자는 그리 생각하지 않는다. 하기 나름이다.

라. 윤 대통령 인사권에 대한 폄훼 발언

김종인 전 위원장은 2023년 3월 6일 KBS라디오 〈최강 경의 최강시사〉에 출연해 "여러 정치 여건이나 경제 여건이 굉장히 어려운 상황에서 대통령이 됐다"라며 "여야 간의 협의를 잘해서 대통령이 바라는 바가 이행될 수 있도록 했으면 가장 좋았을 텐데, 대통령이 야당을 상대하려고 하는 그런 생각이 없기 때문에 이런 상황이 내년 총선까지 이어질 것이다"라고 말했다.

그는 "더군다나 여당인 국민의힘당이 그 기능을 제대로 못 하고 있다"라며 "전당대회에서 대표를 선출하는 과정에 여러 가지 혼란 상황을 보이고 있기 때문에 과연 전당대회가 끝나고 나서 국민의힘당이 정치력을 발휘해 자기 역할을 제대로 수행할 수 있을지 굉장히 회의적이다"라고 했다.

국민의힘당 전당대회 윤심 논란에 대해서는 "대통령께서 대표 선출에 대해서 아무런 의사표시를 안 했으면 좋았을 것이다"라며 "김기현 당 대표 후보가 만약에 1차 투표에서 소기의 목적을 달성하지 못한다면 당은 상당히 혼란스러운 상황으로 갈 것이다"라고 말했다. "(김기현 후보가 결선투표에서 최종 승리를 한다고 하더라도) 당이 종전같이 대통령의 의중대로 따라가지 않는 모습을 보이는 것이다"라며 "대통령의 입장에서 상당히 거북스러운 상황이 도래할 수도 있다"라고 혹평했다.

국민연금기금위원회 상근전문위원으로 검사 출신 한석근 변호사가 임명돼 야권이 반발한 것과 관련해서는, "윤석열 대통령이 광범위한 사람에 대한 인사 주머니가 없다"라며 "자기가 거느리고 있던 검사를 가장 잘 알기 때문에 그런 측면에서 그런 인사가 이루어지지 않나 이렇게 본다"고 말했다.

과연 김종인 전 위원장의 판단이 맞는 것인가? 지금 곳곳에 문재인 정부의 부정·부패, 반국가 세력들이 많다. 그래서 이를 솎아내기 위해서는 검사 출신 인사들의 사정司正 역할이 필요한데, 엉뚱한 소리를 한다. 이런 분이 보수정당의 비대위원장까지 하였나? 하는 의문이 든다. 다른 정치적 의도는 없는 것인가?

02. 박지원 전 국가정보원장의 여론조작 행위

박지원 전 국가정보원장은 2023년 2월 11일 페이스북에 글을 올려 "윤석열 vs. 이준석, 국민의힘당 전당대회는 두 분의 대결"이라며 "이준석계의 컷오프(예비경선) 전원 통과는 사실상 이준석의 승리"라고 밝혔다.

그는 또 "(윤석열) 대통령은 전당대회를 당에 맡겨 두고 약속한 대로 협치, 민생경제, 외교안보에 전념하여야 한다"라며 "만약 계속 개입하고 지시를 한다면, 그 결과는 상상불허가 될 것이다"라고 경고했다. 이는 여론조작 행위이다.

이것은 협치를 가장하여 시간을 벌고 적당한 때를 잡아 뒤집기를 시도하려는 공작정치다. 즉, 박지원 전 국가정보원장은 국익에 손해를 끼치는 간첩들을 잡지 않고 주사파 문재인 정부에서 여론을 조작하는 국가정보원장을 한 사람이라고 볼 수밖에 없다.

03. 이준석 전 대표의 내부총질

가. 윤 대통령과 윤핵관들이 잘못하고 있다는 내부총질

이준석 전 대표는 여러 언론에 자주 나가 윤 대통령과 윤핵관들이 잘못하고 있다고 당정을 분열시키는 발언을 마구 해 댄다. 그는 2023년 2월 20일 페이스북에 "윤핵관은 나쁜 사람들이 맞다"며 공세를 펼쳤다. 더욱이 "윤 대통령의 탄핵을 언급하면서, 탈당 및 창당을 언급하는 쪽이 내부총질이다"라며 "생각이 다르면 내부총질이라고 모는 것밖에 할 줄 모르는 사람들이 어떻게 총선을 지휘해서 이기냐?"라며 조롱했다.

나. "윤 대통령은 엄석대이다"라는 왜곡된 발언

이준석 전 대표는 2023년 3월 3일 국회 소통관의 기자회견에서 "(이문열 작가의) 소설에 그려진 시골 학급의 모습은 최근의 국민의힘당 모습과 닮아있다"라고 말했다. 그는 "엄석대는 나름 민주적인 절차를 통해 선출된 반장이었지만 전학 온 한병태의 눈에는 이상해 보였다. 엄석대는 아이들의 물건을 빼앗고 자체 규정을 만들어 징벌했다. 한병태는 엄석대에게 저항하려고 노력했다. 잘못한 건 엄석대(윤 대통령)인데 아이들(국민의힘당 징계위 사람들)은 한병태를 내부총질러(이준석·천하람·김용태·허은아·이기인)로 찍어서 괴롭혔다"고 빗대 설명한다.

그는 "선생님은 한병태를 불러 잘못을 하고 있다며 내부총질을 하지 말라고 이야기한다"라며 "결국 한병태는 포기하고 엄석대의 세력에 편입돼 오히려 힘을 보태는 위치에 가게 된다. 이게 누군가가 이야기하는 당정일체일지 모른다"고 보충 설명했다.

그는 "나중에 새로운 담임선생님이 오자 엄석대의 시스템에서 누리고 남을 린치하던 애들이 먼저 앞서서 엄석대를 고발한다"라며 "지금의 국민의힘당에서는 엄석대는 누구고, 엄석대 측 핵심관계자는 어떤 사람들이냐?"라고 반문했다. 그러면서 새로운 담임선생님을 '국민'이라고 규정했다. 그는 "책에서는 엄석대가 한병태를 제압하고 포섭했다고 생각했지만, 결국 담임선생님이 바뀌고 났을 때 엄석대는 몰락했고, 엄석대 측 핵심관계자들은 모두 그를 버리고 떠났다"라고 설명했다.

이 전 대표는 "전당대회에서 천하람·허은아·김용태·이기인 네 후보는 한병태와 같은 위치에 서 있다"라며 "이들이 더 큰 힘을 가지고 국민을 대신해 엄석대가 구축하려는 시스템의 문제를 지적할 수 있게 해달라"고 촉구했다. 그러면서 "당원 여러분의 투표로 이 소설의 결말을 바꿀 수 있다"라며 "천하람·허은아·김용태·이기인 네 사람이 나약한 한병태가 되지 않도록 모두 투표에 나서달라"라고 하소연했다.

04. 이재오 상임고문의 내부총질

민중당 출신이며 좌파의 이재오 국민의힘당 상임고문은 2022년 8월 10일 KBS 라디오 〈최영일의 시사본부〉에 출연해 윤 대통령에 대한 평가와 관련한 질문에 "(취임 후) 3개월이니까 한 마디로 어떻게 평가할 건 없고, 국민 여론조사로 이미 지지도가 나와 있으니까 그 지지도가 평가다"라고 답했다.

이 상임고문은 윤석열 대통령의 재난대응에 대한 비판이 나오는 것에 대해 "두 가지 문제점이 있다. 하나는 대통령이 재난의 최종 책임자다. 그러면 호우주의보가 내렸으면 집에 안 가야 하고 퇴근 안 해야한다. 호우주의보가 내렸으면 재난센터를 가든지 대통령실에서 상황을 점검하든지 해야지"라고 지적했다. 이어 그는 "두 번째는 퇴근할 때 보니까 침수가 됐더라. 그러면 집으로 안 가고 바로 대통령실로 들어가야지 침수가 된 걸 보고 왜 자택으로 들어가나"라며 "국정이 미숙하다 그러니까 좀 뭔가 진지하게 생각을 안 한다"라고 지적했다.

윤 대통령은 앞서 8월 9일 서울 신림동의 주택침수 지역을 시찰하며 "서초동 제가 사는 아파트가 전체적으로는 언덕에 있는 아파트인데도 1층에 물이 들어와서 침수가 될 정도다. 제가 퇴근하면서 보니까 다른 아파트들도, 아래쪽에 있는 아파트들은 벌써 침수가 시작이 되더라." 하고 말한 바 있다.

이 상임고문은 대통령실 참모들에 대해서도 쓴소리를 냈다. 그는 "왜 집에 갔냐 그러니까? (대통령실 강승규 수석비서관이) 그럼 비온다고 퇴근 안 하냐?라고 하기에 아니, 대통령이 비 온다고 호우주의보 내려놓고 퇴근하면 되겠느냐"라고 비판했다.

덧붙여 "대통령이 문제가 아니라 대통령실의 참모라는 사람들이 전혀 국정 운영에 능력이 없을뿐더러 생각이 없는 사람들이다. 그냥 뭐 시중에서 이야기하는 대로 나오는 대로 이야기하는 거지 전혀 고민이 없는 사람들"이라고 지적하면서 "대통령의 문제는 다 아는 거지만 우선 대통령실에 저렇게 말하는 사람들부터 도저히 더 이상 희망이 없는 것"이라며 "저런 참모들 데리고 국정을 운영한다니까 국민들이 지금 짜증 낼 수밖에 없다"고 비판했다.

이 상임고문은 "(윤석열 대통령이) 우선 국정을 제대로 파악을 못 한다. 인사를 지난 정부와 별 차이가 없이 한다는 것, 국민들 마음에 와닿지 않는다는 것, 가슴에 와닿는 대표적인 정책이 없다는 것, 그리고 언행이나 이런 것들이 좀 진지한 것이 없고 그냥 생각나는 대로 건들 건들 그냥 하는 것 아니냐"고 했다. 이어서 "그러니까 국정을 영혼을 다해서 돌보는 게 아니고 그냥 자기 검찰총장할 때 그 버릇대로, 입맛대로 하는 거 아니냐. 그런 것이 결국은 국민들 전체가 볼 때는 정권교체로 뭔가 좀 새로운 게 있을 줄 알았는데 이건 뭐 별로 달라진 게

없구나 이런 느낌을 준 거는 그거는 잘못했다고 봐야 한다"고 비판했다.[4]

이재오 상임고문은 전당대회 중인 2023년 2월 8일 〈KBS 1TV 더라이브〉에 나가서도, 전당대회에 대해 "3가지 문제가 있다"라며 이같이 말했다.

"지금 국민의힘당 전당대회가 역대 여야 전당대회 중에 가장 한심한, 아주 주체성이 없는 전당대회가 됐다."

그러면서 '3가지 문제'에 대해 의도적으로 비판했다. 이재오 상임고문은 "첫 번째 문제는, 대통령실 고위관계자라는 이름으로 나오는 말들로 대통령실의 고위관계자라면 수석이고 실장인데 직책과 이름을 대서 논평을 내야지 듣도보도 못한 도대체 고위관계자라는 게 누구라는 이야기냐"라며 "고위관계자라는 이름으로 '안철수가 무슨 적'이라는 등 온갖 소리 다하고 있다"고 지적했다. 이어서 그는 "대통령실 고위관계자라는 이름으로 당무에 너무 깊숙이 관계하기 때문에 당이 완전히 청와대(대통령실) 출장소처럼 돼 버리지 않나. 국민의힘당 전당대회를 완전히 흐리게 만들고 있다"고 덧붙였다.

"두 번째 문제로는, 국회의원들이 떼거리 정치를 하는 것이다"라며 "(초선의원) 50명이 연판장을 냈다. (그들 중) 9명은 (나경원 전 의원에게) 나가라고 소리 질렀다가 다시 오라고 찾아갔다. 이는 당을 아주 말도 안 되게 만드는 것이다"라고 질책했다. 그러면서 "패거리라 하면 어느 정도 생각이 같은 (집단이라는) 이야기고 떼거리라 하는 거는 생각과 관

---

4. [출처] 박세열 기자, 입력 2022. 8. 10.

계없이 오라면 오고 가라면 가는 것"이라고 설명했다.

"세 번째 문제는 색깔론으로 아주 극우 보수주의자들이나 수구 보수 꼴통들이 하는 이야기다"라며 "지금 색깔론을 갖고 국민에게 이야기하고 그러면 되겠냐"고 비판했다. 그러면서 "내가 안철수 편드는 것이 아니라 (안 후보가) 야당 때 말 몇 마디 한 것 갖고 색깔론을 따지면 안 된다"라고 하면서 "안 후보가 색깔론인 줄 알았으면 색깔론 있는 사람하고 단일화한 사람도 색깔론이다"라고 윤 대통령을 비판했다.

05. 유승민 전 의원의 내부총질과 부역행위

가. 윤 대통령의 수능 '킬러 문항'에 대한 반박

유승민 전 의원은 2023년 6월 26일 오전 KBS라디오 〈최경영의 최강시사〉에 출연해 "전반적인 교육개혁의 그림 없이 '킬러 문항(초고난도 문항)'을 언급해 약자인 아이들을 데리고 장난치는 사람은 대통령이고, 대통령을 말리지 못한 교육부장관·대통령실 참모들 모두에게 책임이 있다"며 비난했다. 그는 "대통령이 잘못했으면 그 실수를 빨리 인정하고 수습하는 방향으로 나가야 학부모와 학생들이 겪는 불안이 없어질 텐데, 대통령은 계속 고집을 피우고 정부여당은 거기에 맞추고 있다"라며 "대통령의 한마디에 정부여당이 논리성, 합리성을 모두 잃어버렸다. 이게 무슨 일인가?"하고 악담했다.

그의 주장이 타당한 것인가? '킬러 문항' 출제는 학원(강사)과 출제위원 또는 중개인 간 돈거래 이권카르텔이 있을 수 있다. 그는 이러한 사회현상을 외면하고 윤 대통령을 비난한다. 필자의 판단으로는 정치력과 합리성을 잃은 어리석은 자로 보인다. 그는 발전하는 대한민국을 탄핵으로 이 지경에 빠트리고 사과 한번 안 했다. 더 이상 정치를 해서는 안 되는 인물이다.

나. 유승민 전 의원, 오염수 방류 반대가 괴담? 국민 개돼지 취급 오만하고, 비용 분담해서 다른 방안 찾게 일본 설득해야!

국민의힘당 유승민 전 의원은 6월 28일 자신의 페이스북에 "대통령과 정부여당은 우리 국민 절대다수의 반대를 좌파의 선동이 만들어낸 괴담으로 치부해서는 안 됩니다. 그런 자세야말로 국민을 개돼지로 취급하는 오만입니다. 대통령과 정부는 일본의 후쿠시마 오염수 방류에 대해 분명히 반대하기를 강력히 촉구합니다"라는 글을 올렸다.

특히 "일본 정부의 원전오염수 해양투기 결정 이유를 비용으로 판단하고, 태평양연안 국가들과 함께 비용을 분담해 다른 처리방안을 찾도록 일본 정부를 설득해야 한다"라고 주장했다. 이는 박광온 더불어민주당 원내대표가 바로 전날 제안했던 '7대 대일 요구사항'과 같은 내용이다.

그는 "걸핏하면 '과학'을 외치며 방류에 찬성하시는 분들도 '과학의 한계'에 대해 다시 생각해야 한다." "과학을 모르고 괴담에 휘둘리는 미개한 국민들이라고 탓하지 마라." "후쿠시마 오염수가 10년 후, 20년 후 우리와 우리 자손들에게 어떤 영향을 미칠지 현재의 과학이 명확하게 규명할 수 있나?"라고 반문했다.

그는 일본, 캐나다. 미국 등 외국의 인식과 유엔 IAEA의 보고서조차 믿지 못한다는 것인지? 묻고 싶다. 이런 게 바로 내부총질이 아닌가?

06. 하태경 의원의 친중 행위와 내부총질

가. 하태경 의원의 이념과 가치

국민의힘당 하태경 의원은 중국 지린대학교 대학원 박사학위를 받은 사실상 친중 좌파인사이다. 즉, 무늬만 보수당이지 속은 진보당이다. 그는 세월호 사건에 대해 이렇게 악의적 발언을 했다. "박근혜가 학생들을 죽이기 위하여 청와대 안에서 부적을 담아두는 오방낭을 달아 기도했다."

또 탄핵정국 시에는 국민들을 향해 말했다. "촛불에 타죽기 싫으면 탄핵에 동참하라."고 하였다. 하태경 의원의 이런 발언은 과장된 허위 선동과 협박에 불과했다.

나. 윤 대통령, 이준석 싫어도 손잡아야. DJ와 손잡은 YS처럼

다음은 하태경 의원과 박재홍 앵커와의 〈한판승부〉의 대담 내용이다.

박재홍 지금껏 정치를 하시는데 가장 친한 분은 누구세요? 인간적으로 친한 ….

하태경 이제 정치적으로 친한 건 이준석 전 대표. 이준석 대표는 저와 함께 이제 대한민국의 새로운 정치를 연, 몇 년 전에는 양대 기둥이었는데 이준석 대표가 이제 더 컸죠. 제가 모시게 됐고 (웃음) 모시면서 약간 이제 보호자.

이상민 한때 전당대회 나가서 둘이 경쟁을 하신 적이 있어요.

하태경 그땐 내가 이겼어요(웃음). 그리고 이제 이준석 대표한테 제가 아이디어를 준 게 한두 개면, 이준석 대표가 아이디어를 준 게 한

일곱여덟개가 되요. 왜냐하면 신세대잖아요. 그래서 이제 20, 30 세대별 청년정치를 개척했고 그다음에 국회의원 배지를 못 달았으니까 …. 뭐 안 달아도 정치 잘하잖아요. 물론 말라는 얘기는 아니고(웃음) ….

박재홍 …언론에 자꾸 검사 공천설이 나와요. 대통령과 40년 지기인 검찰 출신 석동현 민주평통사무처장이 출마할 수도 있다. 이분 지역에서 혹시 활동하고 있습니까?

하태경 그러니까 저는 그분과 지난번에 경선했었어요. 그때 당이 나눠져 있었잖아요. 그분은 자유한국당 당협위원장이었고, 저는 바른정당 당협위원장이었죠. 그래서 이제 합당을 하고 경선을 했고 경선 결과 제가 이겼으니까 제가 후보가 된 거죠. 누가 와도 신경 안 써요. 제 갈 길을 갑니다.

박재홍 그렇군요. 큰 정치를 꿈꿔라. 이준석 전 대표는 내년에 어떻게 됩니까?

하태경 저는 공천되리라고 보는데. 왜냐하면 출마한 후보들이 이준석 공천 안 하면 우리한테 손해다. 표가 깎이잖아요. 그러니까 이준석 전 대표를 지지하는 층이 있다는 걸 부정하면 안 됩니다. 그러면 우리는 이겨야 되잖아요. 윤석열 대통령한테 좋은 거예요. 총선에서 과반 넘어야 될 거 아닙니까? 그렇죠?

…제가 YS 생전에 자주 찾아 뵈었어요. 북한 쪽 잘 알다 보니까 퇴임하시고 찾아뵙고 여러 가지 말씀도 드리고. 제가 물어 봤어요. 평생 정치하면서 제일 싫어하는 사람이 누구냐. 그때 답변이 3번 DJ, 2번 DJ, 1번도 DJ. 그런데도 같이 손잡고 했잖아요. 아마 윤통도 그렇고 윤핵관도 그렇고 서로 갈등했던 시간이 길지

않잖아요. YS DJ는 갈등했던 시간이 40대 때부터 굉장히 길었잖아요. 그래서 불편한 사람하고도 손잡는 게 정치입니다.

박재홍 이낙연 전 민주당 대표 귀국에 대해서 의원님이 강하게 발언하셨어요. 그러니까 이낙연 전 대표가 민주당에 큰 힘을 발휘할 것이고….

하태경 발휘할 것이라는 이야기는 안 했죠. 이낙연 전 대표 원하는 대로 당이 바뀌면, 중도 진보 정당이 되면, 우리가 지금 못 잡고 있는 중도층을 많이 가져가겠죠.

박재홍 가장 위험한 시나리오가 이낙연 전 대표가 다음 총선에서 등판하고….

하태경 이재명 대표를 사퇴시키든지 물러가게 하고 …그러니까 이재명 대표가 있으면 딱 죄수의 딜레마죠, 범법자 프레임에 갇혀 있잖아요. 더 이상 빠져나오지 못하고. 근데 이낙연으로만 바뀌어도 지금 우리 당이 많이 헤매고 있기 때문에 그리고 우리 당이 상당히 좋아질 거라는 기대는 저한테 솔직히 없어요. 조금 좋아졌으면 좋겠어요. 이 상태에서 그렇게 되면 아마 우리가 참패할 가능성이 있죠.

(필자의 소견) 이런 분이 3선의원이라니 놀라지 않을 수 없다.

다. 이낙연 전 대표 총선 이끌면 국민의힘당 120석도 안 돼

하태경 국민의힘당 의원은 2023년 6월 27일 MBC 〈김종배의 시선집중〉 인터뷰에서, "이낙연 전 대표 같은 중도 합리적 인사가 당을 맡게 되면 우리 당이 총선 170석이 아니라 130석, 120석도 힘들 것이

다"라고 발언했다.

그는 이낙연 체제의 민주당에 대해 민주당이 압승할 것이라며 "(현재 민주당이) 이재명 프레임에 갇혀 있기 때문에 민주당으로서는 쉽지 않은 선거를 치를 것이고, 제3당이 많이 클 것이다"라고 말했다.[5]

하태경 의원은 이런 발언을 왜 할까?

기회주의자이며 친중파인 미래통합당 해운대갑 하태경 후보 시절의 과거 발언을 분석해 보면 짐작할 수 있다. 그는 2020년 4·15 총선 하루 전 4월 14일 "민주당 180석을 반드시 막아주셔야 한다"며 호소하면서 180석을 기정 사실화한 발언은 더불어민주당과 서로 입을 맞춘 듯한 느낌이 든다.

총선 하루 전 유시민 전 노무현재단 이사장[6]과 이근형 전 더불어민주당 전략기획위원장은 범여권 포함 180석이 된다는 기막힌 예상의석표 숫자 발표를 흘렸다. 양정철 전 원장은 4·15 총선 결과에 대해, "무섭고, 두렵기도 하다"며 죄인이 된 것처럼 총선 직후 돌연 한국을 떠났다. 사전투표의 출구조사는 법률상 금지되어 있었고 당일투표 역시 아직 투표 종료되지 않았는데 어떤 방법으로 예상의석표가 그리 똑같았을까? 의심해본다.

오히려 하태경 의원은 유시민 이근형이 선거 전에 발표한 180석의 정확한 예상의석수와 양정철의 "무섭고, 두렵기도 하다"는 수상한 발언에 대해, "검찰은 이들의 예상의석표의 입수과정, 작성과정, 발표과

---

5. [출처] 아이뉴스 24, 원성윤 기자.

6. 유시민 노무현재단 이사장은 "저는 민주당에서 어떤 데이터도 귀뜸 받은 적이 없고, 제 말은 개인적 견해"라며 "집권 세력의 대표 스피커처럼 받아들여지고, 그 말이 악용당할 때의 책임을 질 수가 없다"고 하였다. 강변이다.

정, 발언취지를 수사해야 한다"고 고발(발표)하는 것이 옳다는 생각이 든다.

그럼에도 하태경 의원은 2020년 4·15 총선 21대 국회의원에 당선 후 지금까지 "절대 부정선거는 없었다. 부정선거 의혹을 제기하는 사람은 음모론자이다. 등 부정선거 의혹을 감추는데 이준석 전 대표 함께 앞장 섰다.

라. 중국인 꼴 보기 싫다고 중국인 투표권만 제한하면 안 돼

국민의힘당은 최근 싱하이밍 주한 중국대사의 설화를 계기로 국내 거주 중국인의 투표권 제한을 추진하고 있었다. 김기현 대표가 앞장 서서 의제를 띄우고 있는 가운데, 또 친중파 하태경 의원은 내부총질을 하고 있다. 그 내용을 살펴본다.

하 의원은 6월 23일 〈한경닷컴〉과의 통화에서 "외국인 전반의 투표자격을 엄격히 제한해야 하지만 중국인만 제한하면 안 된다"라는 취지로 말했다. 그는 "우리나라 같은 선진국이 특정국가에 대한 보복 차원으로 제도를 만들 순 없다"며 "우방국에는 투표권을 주고 중국에는 안 주는 식으로 접근할 게 아니다"라고 하면서 "현재 여론은 '중국은 꼴 보기 싫으니까 주지 말자' 이런 게 있지 않나. 중국에만 주지 말자는 것인데, 선진국이 그렇게 접근할 수 없다"라고 부연설명까지 했다.[7] 그의 주장은 상호주의 입장에서도 타당하지 아니하고, 사실관계도 왜곡되어 있다.

---

7. [출처] 홍민성 기자. ??/

마. 박인환 경찰제도발전위원장은 문재인 전 대통령에 대한 간첩 발언 철회하고 사과하십시오

하 의원은 2023년 6월 28일 SNS에 올린 글에서 "박인환 경찰제도발전위원장은 문재인 전 대통령 간첩 발언 철회하고 사과하십시오. 보수 일각에서 박 위원장의 발언을 지지하는 사람들이 있을 수 있다. 명확한 근거가 없는 이런 발언은 보수를 병들게 할 뿐이다"며 비판했다.

고영주 전 방송문화진흥회 이사장의 "문재인 전 대통령을 공산주의자"라고 한 발언, 김문수 경제사회노동위원회 위원장의 "문재인 전 대통령은 공산주의자(김일성 주의자)이다"라고 한 발언, 정진석 전 비대위원장이 "문재인 전 대통령이 '김일성주의'를 추종하는 사람이 아닐까? 의심하는 사람이 김문수 한 사람뿐인가?"라는 발언, 전광훈 목사·윤월 스님·조우석 평론가 인사들은 "문☆ 출생의 비밀, 그 정체를 폭로하다! 문재인 아버지는 남파간첩이었다!"라는 발언 등을 종합해보면 국가정보원은 수사할 필요가 충분하다.

〈미디어F〉 여론조사 결과 "응답자의 89%가 문재인은 간첩이다"라고 생각하는 것으로 나타났다. 단순 친북 성향이라고 생각하는 것이 아니라, 아예 북한의 간첩이라고 생각한다는 것이다. 2022년 11월 28일 시사경제 유튜브 채널인 〈미디어F〉가 실시한 설문조사에 무려 1만 8천 명이 참여했다는 사실을 하태경 의원은 모를 바가 아닐 것이다.

07. 이들 6인 발언의 의미

김종인 전 위원장과 이준석 전 대표, 유승민 전 의원, 이재오 상임 고문 및 박지원 전 국정원장, 하태경 의원의 당정 간, 국민 간 갈등유 발과 표 떨어지는 해당행위와 상대당을 위한 발언은 괜찮고, 국정을 책임지고 이끌어갈 윤석열 대통령이나 비서실이 소속당을 위한 간섭 이나 발언은 안 된다는 것인바, 이분들이 한 행위는 앞뒤가 맞지 않는 해당행위이고, 뺄셈정치, 공작정치임을 국민은 알아야 한다.

08. 보수우파 국민이 보는 이들의 위상

국민의힘당 당원들은 자당의 김종인 전 위원장과 유승민 전 의원, 이재오 상임고문, 하태경 의원을 좋아할 리 없다. 특히 박지원 전 국가 정보원장, 징계로 당원 자격을 정지당한 이준석 전 대표와 그의 측근 들을 지지할 리 만무하다. 필자도 마찬가지다.

이준석 전 대표를 따르는 천하람 등 후보들의 실제 지지도가 높게 나올까? 보수우파 국민들의 입장에서는 그렇지 않다. 그들이 언론에 자주 나와 왜 윤 대통령과 그와 가까운 인사(윤핵관)들을 비판하고 불 공평한 발언을 할까?

안철수 후보는 김종인 전 위원장에게 어떤 이유로 후원회장을 맡아 달라고 했을까? 김종인 전 위원장은 왜 뿌리쳤을까?

김종인 전 위원장과 이준석 전 대표와 안철수 전 대표는 과거엔 원수처럼 지냈는데[8] 갑자기 김종인 전 위원장이 안철수 후보의 후원회장을 맡는다면 국민들은 무슨 꼼수를 부리는 정도는 쉽게 알 수 있을 것 같으므로 고사한 것처럼 보인다. 한편 100% 당원들로 구성된 국민의힘당의 선거인단에 의해 과거 이준석 전 대표처럼 당선되는 일은 없을 것이며, 이들은 인성이 부족하고 정도가 아니라서 언제든지 이해득실에 따라 다투거나 또 헤어질 것이다.

김종인 전 위원장, 박지원 전 국가정보원장, 이준석의 전 대표, 이재오 상임고문, 하태경 의원 등의 발언 목적은 국민의힘당이나 국민을 위한 목적이 아니라 탄핵세력인 자신들의 미래와 정치적 이익을 위한 발언이라는 점이다. 지나친 노욕이고 탐욕이다. 한때 좋았던 이들의 시대는 저물었다.

---

8. 이준석 전 대표와 안철수 의원의 관계는 이전까지 대단히 좋지 못했다. 안 의원은 과거 국민의당 시절 이 전 대표와 서울 노원병 지역구 경쟁에서 이겼다. 이후 함께 바른미래당에 합류했으나, 안 의원이 대선 출마를 이유로 노원병 지역구 의원직에서 사직한 뒤 안 의원 측근으로 분류된 김근식 경남대 교수가 공천 물망에 오르면서 노원병을 재차 노리던 이 전 대표의 불만을 샀다. 2019년에는 이 전 대표가 바른미래당 중앙윤리위원회 징계로 당 최고위원직과 노원병 지역위원장직을 상실하는 사건도 일어났다. 이 전 대표가 안 의원을 상대로 거친 말을 했다는 이유였다.

DEMOCRACY

—— IX ——

미국 2020년 11월 3일
대통령 부정선거와의 비교

진정한

민주주의를 향해,

부정선거의

미래와 정치개혁

01. 우리나라 부정선거와의 유사점

2020년 11월 3일, 우리나라보다 더 자유민주화된 미국 제46대 대통령 선거에서도 아리조나, 조지아, 미시간, 플로리다 주 등 7개 경합주는 도미니언 전자분류기(개표기)와 우편투표(우리나라의 관외사전투표와 유사하다) 등에서의 부정선거 사실이 우리나라처럼 광범위하게 발생하였다.

그러나 무늬만 공화당인 전 마이크 펜스 부통령(부통령은 상원의장이다)이 미국 상하원 합동회의에서 위의 경합주에서 올라온 문제의 선거인단에 대해, 2021년 1월 6일 "선거부정이 있었다"고 선언하지 않고 주 의회에 되돌려 보내지 못했다. 따라서 하원의장 민주당 낸시 펠로시는 민주당 조 바이든을 대통령 당선자로 확정하였다. 이는 계획적이었다.[1]

---

[1] 연방제 국가인 미국은 각 주에서 선출된 선거인단에 의하여 간선의 방식으로 대통령을 선출한다. 그래서 각 주의 선거인단 인증이 필요한데 그 50개 주(States)의 선거인단 인증은 주의 선거를 관리하는 주지사의 인증을 거쳐 주 의회가 최종 인증한다. 그런데 2020. 11. 3. 실시된 대통령선거는 공화당에서 사기선거라고 주장하며 경합주 7개 주지사의 인증을 최종 승인하는 주 의회의 합법적인 인증절차가 없었다. 이 경우, 주 상·하원이 모인 합동회의에서 최종 당선인 결정을 한다. 주 의회의 인증이 없는 선거인단 결정에 반대하는 각 주에서 모인 트럼프 지지자 100만여 명의 시민들은 2021. 1. 6. 의회 앞 광장에 모여 부정선거 규탄집회를 가졌다. 그럼에도 상원의장 공화당 마이크 펜스 부통령은 문제의 주지사가 인증한 선거부정이 있었다는 선거인단을 되돌려 보내지 않고 그대로 조 바이든을 당선자로 결정하였다.

돌이켜보면, 부정선거를 주장하는 많은 미국시민들은 2021년 1월 6일 의회 앞 광장에 모여 상황을 지켜보던 중 바이든이 당선되는 것으로 확정(?)되자 결국 의사당에 진입하였다. 그들 중 시민으로 위장한 FBI 연방요원들이 가득 찼다. 이는 민주당과 FBI가 짠 각본이었고 이 과정에서 트럼프 지지자 여성 1명을 포함한 4명이 총격으로 사망하였다.[2]

사람마다 생각이 다를 수도 있다. 필자는 도널드 존 트럼프Donald John Trump, 1946. 6. 14.가 민주당의 부정선거로 재선에서 패배했지만, 도널드 존 트럼프 전 대통령(미국 제45대 대통령)을 미국의 위대한 지도자라고 생각한다.[3]

〈폭스뉴스〉의 전 간판앵커 터커 칼슨Tucker Carlson은 오랫동안 봉직했지만 조 바이든이 부정선거로 대통령이 되었고, 의사당 진입사건은 민주당과 FBI에 의해 조작되었다는 방송을 하려다가 퇴출당했다. 그

---

2. 흥분한 트럼프 지지자들이 의사당에 진입하여 대기하던 경찰과 충돌이 발생하여 트럼프 지지자 여성 1명을 포함한 4명이 총격으로 사망하였다. 의사당 난입 사건의 진실과 책임에 대해, 민주당 하원의장 낸시 펠로시는 "트럼트가 선거 결과에 승복하지 않고 이를 부추겼으니 그 책임은 트럼프에 있다(내란이다)"며 탄핵을 추진하였다. 탄핵은 민주당이 다수인 하원을 통과하였으나, 상원에서 부결되었다. 이 과정에서 공화당 일부 의원이 민주당에 가세하여 찬성하기도 했다. 트럼프 전 대통령은 의사당 진입사건을 "민주당이 유도한 정치공작이다"라며 반격하였다. 경찰 정보기관이 수사를 하고 기소하였으나 민주당 바이든 정부하에서 아직 그 진상이 명확히 규명되지 않고 있다.

3. 트럼트 전 대통령의 "주한미군 방위비를 대폭 올려야 한다"라는 취지의 발언, 2018. 6. 13. 지방선거 직전 김정은 위원장과의 싱가포르 회담, 자국민 우선주의 정책과, 등으로 트럼프 전 대통령에 대해 '돈만 아는 사업가 출신 대통령이다.', '그는 김정은 칭송자다'라는 등의 부정적인 인식을 많이 가지고 있다. 그러나 트럼프는 재직 중 급여를 받지 않았다. 북핵 해결 문제를 최우선 순위를 두고 김정은 위원장을 계속 추켜세웠다. 하지만 북한 김정은이 끝까지 속이는 것을 알고는 더 이상의 협상을 진행하지 않았다. 그는 한미동맹과 미군 주둔의 중요성을 경제적, 군사적 관점에서 한국정부(친중 인물인 문재인 대통령을 극도로 혐오했다)에 강조한 것으로 필자는 평가한다.

도 패배한 것처럼 보이지만 결국 승리할 것이다.

도널드 트럼프는 절실한 기독교인으로서 대통령 재임 시 세계질서를 바로잡기 위한 노력을 어느 대통령보다 많이 했다. 이에 세계를 재패하려는 중국 시진핑 주석은 무역전쟁으로 맞섰지만 미국을 이길 수 없다는 상황인식을 하고, 코로나19 바이러스를 퍼트려 생물학 전쟁을 하였다. 이는 중국 공산당이 제발에 도끼를 찍은 격이었다. 도널드 트럼프 미국대통령과 유럽국가는 중국이 우한바이러스연구소에서 의도적으로 전파한 것이라고 일찍이 판단을 하였다. 그러나 바이든 후보와 그의 보건담당 참모 앤서니 파우치 박사는 자연발생한 것이라는 거짓말로 일관하였다.[4] (이런 이유로 민주당이 장악한 주에서는 부정선거가 용이한 우편투표가 확대되어 결국 트럼프는 부정선거로 패배한 것이었다)

트럼프 전 대통령은 재직 당시 백신개발 기반마련, 중동평화 기여, 법인세 감면정책과 리쇼어링(해외 진출기업의 국내복귀) 정책으로 세계적인 불경기에서도 자국의 경제를 회복시켰다. 아울러 중국의 불공정한 무역과 지적재산권 도용시정의 요구와 올바른 이민·에너지 정책, 페이스북, 구글, 트위터, 아마존, 팔로우 등 빅테크 기업의 불공정행위에 관한 규제[5]와 자국민 우선주의 등 많은 업적을 이루었다.

---

4. 세계적인 병리학자나 권위자들 사이에 코로나19 바이러스가 중국에 의해 인위적으로 전파된 사실을 부각시키자 이를 덮기 위한 조치로 그는 3,000여 건의 메일을 보내 이들을 압박하거나 회유한 사실이 밝혀졌다. 그는 최근 주 검찰에 의해 기소되었다. 그 외 저명학자들은 중국의 우한바이러스 연구소에서 전파했다고 발표하고 있다.

5. 트럼프 대통령은 재임 중 빅테크 기업에 대해 「통신품위법」 제230조에 제한을 가하는 행정명령에 서명하였다. 이유는 페이스북, 트위터, 구글, 아마존 등이 자행하는 검열은 '불법이자 위헌이며, 비미국적이다'라는 것이다. 이로써 선거기간 중 트럼프의 팔로우 계정이 차단되었고, 주류 언론의 선거 공작이 엄청 있었다.

다음은 지난 2020년 11월 3일에 실시된 '미국의 대통령 선거가 부정선거였다'는 증거와 이유들이다.

① 2024년 10월 8일 미국 제47대 대통령 선거가 실시될 예정인 바, 도날드 트럼프 전 대통령이 조 바이든 현 대통령보다 지지율이 견고하고 확실하다. 트럼프 전 대통령은 2020년 11월 3일의 부정선거로 인해, 재선에 실패했어도 지지율은 당시에도 높았고 지금도 마찬가지로 대통령 바이든에 앞섰다.[6]

② 미국의 아리조나, 조지아, 미시간, 플로리다 등 경합주의 주 시민들의 부정선거 의혹 제기에 따라, 가장 먼저 실시된 아리조나주 마리코파 카운티의 208만 장의 투표지에 대한 엄격한 포렌식 조사(방해공작으로 포렌식 조사는 일부 제외되었다)를 포함한 재검표감사가 수개월 동안 진행되었다.[7]

수개월 동안 검증한 마리코파 카운티의 아리조나주 상원의 재검표

---

6. 조 바이든 미국 대통령은 윤석열 대통령의 미국 국빈방문 기간에 재선 출마를 공식 선언했다. 자신의 나이와 대선 경쟁자에 대해 농담까지 던지며 한껏 여유 있는 자세를 보여왔는데, 최근 여론조사에서 경고등이 들어오고 있다. 국정운영 지지율은 취임 이후 최저 수준을 기록했고 도널드 트럼프 전 대통령과의 가상대결에서도 오차범위를 벗어나 뒤지는 성적표를 받았다. 2023. 5. 7.(현지시간) 공개된 워싱턴포스트(WP)와 ABC방송의 여론조사 결과 바이든 대통령에 대한 업무수행 지지율은 36%를 기록했다. 지난 2월 같은 조사에서 기록한 42%보다 6%포인트나 하락했고 최저치를 경신했다. 가상대결에서도 이런 하락세는 그대로 반영됐다. 여론조사에 참여한 미국 성인의 49%는 트럼프 전 대통령을 지지했다. 바이든 대통령을 지지하는 응답자는 42%였다. 이번 조사의 오차범위는 ±3.5%포인트다. 오차범위를 벗어난 열세를 보인 셈이다. [출처] 주간조선 (http://weekly.chosun.com).

7. 다른 13개 주의 공화당 의원들은 마리코파 카운티 재검표감사장을 견학하고 브리핑받음으로써 조지아주, 미시간주, 플로이다주 등에서도 똑같은 방식의 재검표감사 실시가 확산될 것으로 최근 미국 언론(일부)이 보도하였다.

감사 최종 결과발표(공청회)에 따르면, 아리조나주 상원은 민주당의 협박 속에서 재검표감사를 마쳤고 그 결과를 공개하려고 하자 민주당은 소송으로 방해했다. 그러나 애리조나주 대법원은 공개를 명령했다.

결국, 재검표감사 결과 부정선거 증거와 사실이 대량 폭로 발표되었는데, ▲선거인 명단에 없는 255,000명의 우편투표지, ▲선거인에게 발송되지도 않았는데 수신된 투표지 9,041장, ▲선거일(2020일 11월 3일) 후 추가 작성된 ○○○장의 투표지, ▲300명의 사망자 투표지, ▲이미 이사 간 시민 23,344명의 우편투표지, ▲공청회에서 많은 시민들이 부정을 저질렀다고 증언한 사실, ▲ 서버가 해킹된 사실, ▲외부인이 접근하여 투표 로그기록을 삭제한 사실 등으로 민주당 조 바이든이 당선된 2020년 11월 3일 대통령 선거는 부정선거임을 공표했다.

이로 인하여 "2020년 11월 3일 대통령 선거는 투표의 정직성· 투명성· 공정성이 훼손되었다"며 바이든 대통령 당선무효와 탄핵(공화당 의원 수로는 불가하다)을 주장했다. MAGA운동(Make America Grate Again, 미국을 다시 위대하게 하자)은 공화당을 한층 지지하는 결과를 가져왔다.

③ 이후 주 하원의원 3곳 선거구(조지아 2곳, 위스컨신 1곳)와 최근 민주당 텃밭인 버지니아 주지사, 시장 보궐선거 등에서 대부분 많은 차로 공화당이 모두 승리하는 상황이 이를 증명하였다.

④ 아직도 여러 주의 재검표감사에 대해, 민주당과 공화당이 서로 힘겨루기를 하고 있다. 선거에 문제가 없으면 의혹 해소 차원에서 민주당은 재검표감사를 하면 된다. 미국 민주당은 재검표감사를 우리나라 대법원이나 중앙선관위처럼 지나칠 정도로 방해하고 있다. 재검표

감사는 경합주뿐만 아니라 전국으로 확대된다는 보도도 있었지만, 민주당 바이든 행정부하에서 지지부진하다.

⑤ 도널드 트럼프 전 대통령은 2020년 11월 3일 미국 대선에서 중국 등의 부정선거 개입을 이미 참모들과 여러 군 정보기관을 통해 알고 있었다. 또한 민경욱 전 의원을 통해서도 우리나라 4·15 총선 부정사례 등에 관한 보고도 받아 알고 있었다. 그러면서 소속 의원들과 참모들이 배신하는지를 지켜보고 있었다. 그러나 방심하는 사이 재선에 실패했다. 그 직접적인 원인은 살펴본다.

⑥ 직접적인 원인으로는 측근 참모들 중 마이크 펜스 전 부통령, 윌리암바 전 법무부장관(검찰총장을 겸하고 있다), 백악관 전 비서실장, FBI·CIA 전 정보수장들과 밀리 합참의장,[8] 자당 의회지도자들이 배신하거나 민주당 혹은 중국 공산당과의 거래가 있었고 언론조차 중국 공산당의 금권, 광고, 미인계 등으로 연계되어 부패되었기 때문이다.

이 점은 우리나라의 박근혜 전 대통령의 탄핵사건과 2020년 4·15 부정선거처럼 자당(공화당) 소속 의원들의 배신과 금권정치공작정치 패거리정치와 외부세력(중국 공산당)이 개입하였고, 주류언론들도 부패하여 부정선거에 관한 보도를 일체 하지 않았다. 이 점에서는 우리나라와 거의 유사하다.

---

8. 조 바이든 대통령이 2021. 4. 12. 펜타곤(국방부)에 방문했을 때 그의 출입을 봉쇄한 일에 대해, 밀리 합참의장은 합참수뇌부 회의를 긴급 소집해 "트럼프에 충성하지 말고 바이든 대통령에게 충성하라"고 명령했다. 그리고 트럼프 전 대통령의 친군부인 데이비드 H. 버거 해병대 사령관을 해군 법무관(해군중장)이 체포영장을 발부해 반역죄로 구속 수감하였다.

02. 우리나라 부정선거와의 차이점

미국에도 대대적인 부정선거가 있었음에도 불구하고, 트럼프는 대통령직을 큰 불상사 없이 물러나 정권이양의 모양을 갖추었다. 그러나 사실은 2보 전진을 위한 1보 후퇴였다.

트럼프 전 대통령은 백악관을 떠난 후에도 부정선거를 잘 모르는 국민에게 홍보하기 위하여 트럼프가 창설한 우주군과 정직한 군부의 도움을 받고 있었고, 투표지(우편투표지 포함), 선거인명부, 전자개표기, 컴퓨터, 서버, 만든 투표지 집어넣기 동영상, 시민 고발서, 시민들의 진술서, 여러 정보기관 보고서, 부정선거 법률팀의 증거물을 계속적으로 확보하고 있었다.

그러면서 먼저 부패하고 배신한 공화당소속 의원과 주지사, 주 국무장관 등을 솎아내기 위한 정화작업을 했다. 그는 현직 의원이 아님에도 공화당을 장악했다.[9] 이점은 2020년 4·15 총선에 대한 부정선거 의혹을 아직까지 밝히지 못하는 윤 대통령과 우리나라 국민의힘당의 상황과는 완전히 다르다.

민주당은 자신들이 유리하게 코로나19 팬데믹을 이용한 (연방)선거법을 다시 제정하려 하였으나, 이번에는 공화당 상원의원이 똘똘 뭉쳐 1명의 이탈 없이 반대(50 : 50)하여 부결시켰다. 오히려 트럼프의

---

9. 트럼프 전 대통령은 서열 3위인 공화당 원내총무 니즈체니를 투표로 해임시키고, 자신의 지지자인 스테파니를 선출케 하였다. 또한 배신한 공화당 10명의 의원들에 대해서도 차기 선거에 공화당으로 출마할 수 없도록 공천을 배제시켰다. 나아가 공화당 자금줄을 트럼프 자신이 관리하는 단체(Save America 등)로 통합시켰다. 재임 시보다 퇴임 후에 더 많은 국민들이 트럼프 전 대통령을 지지하고 있다.

공화당은 다음 선거를 공정히 치를 「주선거법」을 개정(종전의 코로나19 문제로 인한 우편투표 확대를 부정선거 방지를 위한 우편투표 제한, 선거인명부에 의한 신분확인 등)하였다.[10]

더 나아가 공화당 의원과 지지자들은 부정선거의 확신과 트럼프의 판단이나 주장(증거를 포함한다), 신념을 믿고 재검표감사를 요구했으며, 민주당의 극심한 방해에도 이를 관철시켰다. 민주당 소속의 교육위원회 교육감 및 학교의 편향된 자녀교육에 대해서도 국민들을 깨우치고 있다.[11]

미국 부정선거의 실체를 밝히고 있는 트럼프 전 대통령의 법무팀의 일원인 연방검사 출신인 강단 있는 여성 파웰 변호사는 "중국에서 미국으로 배송된 상당한 위조 투표용지 증거를 입수했다"고 발표했다.[12]

그녀는 "2020년 11월 3일 미국의 대통령선거는 광범위한 사기 선거였고, 이를 방치하면 세계는 희망이 없다. 세계 각국은 부정선거임을 알고 있으며, 미국 주류 언론들의 어떤 기사도 거의 거짓이므로 이를 믿어서는 안 된다. 아직도 미국 국민의 1/3은 이를 깨우치지 못하

---

10. 텍사스주 하원에서는 공화당이 공정선거를 치루기 위한 선거법을 개정하려 하자 민주당 하원 의원들은 의회에 불출석(의회는 3분의 2 이상의 출석으로 개회된다)하기 위하여 의회예산으로 모두 워싱턴 DC로 비행기를 타고 도망을 갔다. 이에 공화당 하원의장은 법원을 통해 체포영장을 발부받았다. 하는 수 없이 도망갔던 민주당 의원이 돌아오자 텍사스주 하원은 선거법을 개정하였다. 우리나라 국민의힘당 박대출 의원은 「공직선거법」과 관련하여 수개표 방식을 요구하고 있다.

11. 우리나라 전교조와 같은 좌파적 이념을 가진 사람들의 교육실태를 의미한다.

12. 젊은 시절엔 연방검사로서 목숨을 걸고 방탄조끼까지 입고 다니며 마약범죄 집단을 소탕하는 데 전력을 다하였다. 그녀는 정직하고 부정을 보면 벌하는 거침없는 단호한 성격의 소유자로서 미국에서 신망이 매우 높은 변호사이다. 조작된 러시아 내통 사건에 관한 마이크 플린 전 백안관 안보보좌관의 변호를 받아 무죄판결을 이끌어 냈다. 이로써 함께 트럼프 전 대통령의 최측근 참모가 되었다.

여 안타깝다. 우리는 승리를 위해 불법 세력과 싸워야 한다. 그렇지 못하면 미래는 더 나빠질 것이다"라고 발표했다.[13]

트럼프 전 대통령은 "조지아주, 미시간주, 펜실바니아주 위스콘신주 등 전국적이며 계획적인 부정선거가 행해져 재검표감사를 진행하고 있다"고 말했다. 펜실바니아주에서는 당시 윌리엄바 연방법무부장관이 주 검사에게 부정선거 수사를 중단시킨 사례를 공표하기도 하였다.[14]

이에 비하면, 윤석열 대통령은 국민들의 부정선거 문제제기에 대해, 계속 침묵을 하고 있다. 부정선거 없었다는 국민의힘당 이준석 전 대표, 김종인 전 위원장, 하태경·한기호 의원이나 계속 침묵하는 의원들과는 격세지감을 느끼고 있었다.

03. 바이든 대통령의 아프가니스탄 철수에서 얻는 시사점 – 남의 일 아냐

2021년 8월 15일경 아프가니스탄에서는 미국 대통령 바이든이 나토나 영국 등 동맹국과 충분한 사전협의 없이 거짓 평화협정으로 미군철수 명령을 결정하자마자 아프가니스탄 정부는 탈레반에 의해 맥

---

13. OECD 46개국의 국민들을 상대로 설문조사한 결과, 미국 국민들은 29%만 언론을 믿는다고 하여 OECD 국가 중 최하위였다.

14. 윌리암바 전 법무부장관은 조 바이든의 아들 헌터 바이든이 중국 공산당으로부터 거액의 뇌물을 받은 정보를 숨겼다는 이유로 2020년 11월 3일 대통령선거 후 당시 트럼프 대통령에 의해 해임되었다. 그는 "펜실바니아주 검사에게 부정선거 수사 중단을 지시하는 이메일은 보낸 바 없다"고 거짓 주장하고 있다.

없이 무너지고 말았다.

아프가니스탄 대통령은 국민을 버리고 모은 돈을 가지고 도주를 하고, 미군은 사용하던 엄청난 무기 등을 정부군에 넘겨주었으나 미국 정부로부터 월급을 받던 군인들의 무장해제와 이탈로 100조 원에 이르는 무기들은 탈레반 손에 넘어갔다. 수도 카불은 함락되고 피난하는 수많은 국민들이 탈레반에 의해 무참히 사살되는 등 월남의 패망처럼 아비규환의 지옥이 되었다.

미국 바이든 대통령의 급작스러운 미군철수 명령으로 탈레반에 의해 수만 명의 미군 병사들과 미국인들이 고립되는 불상사가 일어났다. 아프가니스탄 국민과 미군의 사망 등 국제적인 불명예를 안았고 망신을 당했다. 미군인들을 포함한 인명 살상 등의 인적 물적 피해는 이루 말할 수 없었다.

돌이켜 보면, 탈레반 정권의 비호를 받고 있던 오사마 빈 라덴과 알카에다 조직이 2001년 9월 11일 세계무역선터 폭파테러를 자행한 이후, 미국 당시 부시 대통령은 이들 테러 세력을 제거하기 위하여 대대적인 공습을 하여 2001년 11월 탈레반 정권이 붕괴되었다. 그 후 아프가니스탄의 여러 정파회의가 개최되어 임시정부가 수립되고, 과도정부 체제를 거쳐 신정부가 탄생하였다.

2001년 11월부터 지금까지 아프가니스탄 정부를 지원하기 위하여 수조 달러를 지출한 미국이, 영국과 미 국방부, 미 대사관 직원 23명이 사직을 감수한 항명서까지 제출하면서 "미군 철수는 시기상조이다"라고 강력히 반대하였음에도, "선거부정으로 당선된 가짜 대통령 바이든이 졸속 결정하였고, 부통령 카말라 해리스가 관여하여 국익에 커다란 손실을 입혔다"고 트럼프 전 대통령은 주장했다.

04. 트럼프 전 미국 대통령, "지난 대선은 조작되었다. 매우 슬픈 일이다. 의사당 난입사건은 낸시 펠로시 의장이 역할을 하지 않은 탓이다"라는 생방송 대담

트럼프 전 대통령이 2023년 5월 10일 CNN 생방송 출연 전 자신의 SNS에 올린 글을 보면, "(나는) 뉴햄프셔로 향합니다. CNN 생방송, 오늘 밤, 8시입니다. CNN이 컴백을 하는 걸까요, 아니면 그냥 장난일까요? 그들은 우리나라 역사상 가장 위대한 정치운동인 마가MAGA를 존경심으로 대우해야 합니다. 전 그럴 것이라고 생각합니다. 곧 알게 되겠죠? CNN으로서는 대단한 장기적 기회입니다!!!

도널드 트럼프 전 미국 대통령은 CNN이 뉴햄프셔주에서 주최한 2023년 5월 10일 오후 8시(현지 시각), CNN 타운홀의 생방송에 출연해 진행자 CNN 앵커 케이틀린 콜린스와 대담을 하였다. 구체적 내용은 아래와 같다.

진행자 2020년 (패배한)대선 결과를 받아들일 것이냐?
트럼프 부정선거가 있어서 우리나라나 전세계에 안타까운 일이었다(국경, 세금, 인플레이션, 에너지, 아프가니스탄 등). 내가 대통령이 되면 바로 회복시킬 수 있다.
진행자 공화당 관료들이 부정선거가 없다고 했다.
트럼프 누가? 증거가 너무나 많다.
진행자 부정선거 이야기로 편을 가르는 선거운동을 하지 않을 수 있겠는가?
트럼프 물론 부정선거가 없었다면 우리는 이겼을 것이다. 그리고 바로

잡을 것이다. 정직한 선거를 해야 한다. 남쪽 국경을 보라. 이제 '타이틀42'도 없애려고 한다.[15]

진행자 2021년 1월 6일에 대한 후회는 없는가?

트럼프 그날 엄청난 사람들이 모였다. 그렇게 많은 인파는 처음 보았다. 그들은 부정선거라서 모였고, 당당하고 자랑스럽게 모였다. 나는 '평화롭게, 애국적으로'라고 말했다. 보안책임을 맡은 낸시 펠로시와 뉴욕시장이 (나의) 만 명 이상의 방위군 배치제안을 거절했다. 감찰관 보고서에도 나온다.

진행자 왜 3시간이나 지나서야 해산해 달라고 했는가?

트럼프 나는 오후 2시경부터 트윗을 올렸다. 하지만 트위터에서 트윗을 삭제했다. "No violence"(오후 2시 30분) 영상메시지도 만들었다. 너무 내용이 좋기 때문에 트위터는 이를 삭제하고 다시 복원하지 않는 것이다. 애슐리 배빗이 이유 없이 죽었다. 직사 거리에서 쏘았고, 그걸 방송에서 자랑했다.

진행자 펜스에게 사과해야 한다고 생각하는가?

---

15. '타이틀 42'는 코로나19 확산 초기였던 2020년 3월 도널드 트럼프 정부가 내린 불법이민자 추방정책에 관한 행정명령이다. 국제적 위해의 전염병과 불법이민, 마약거래가 미국에 퍼질 위험이 있기 때문에 국경을 닫아버리는 연방정부 조치이다. 최근 조 바이든 행정부가 코로나19 공중보건 비상사태 종료를 발표하면서 '타이틀 42'는 5월 11일(현지시간) 해제되었다. 불법 이민자들은 '타이틀 42' 해제에 망명 신청을 할 수 있다는 희망을 안고 멕시코와 미국 접경 지역에 대거 몰려들고 있다. 미국 정부는 '타이틀 42' 종료로 미국 체류가 쉬워지는 것은 아니라고 강조하고 있다. 알레한드로 마요르카스 미 국토안보부 장관은 "오늘 밤 11시59분이면 펜데믹 시대의 42호 정책이 끝난다"며 "자정부터 남부 국경에 도착한 사람들은 8호 정책에 따라야 한다"고 말했다. 그는 "우리 국경이 개방된 것이 아니라는 점을 명확히 하고 싶다"며 "법을 어기거나 법적 근거 없이 국경을 통과하는 이들에 대해서는 즉시 추방 절차가 진행될 것"이라고 강조했다. 그러나 '타이틀 42'가 해제되면 하루 1만 5,000명 정도가 미 남부 국경에서 불법입국 월경을 할 것으로 예상되고 있다. 1년 총 550만 명에 달한다. [출처] 뉴시스, 류현주 기자

트럼프 그는 잘못을 했다. 의회로 돌려보냈다면 그런 일이 없었을 것이다. 라이너와 민주당은 미래의 부통령이 절대 의회로 돌려보내지 못하게 법안을 개정했다. 그건 (과거엔) 부통령이 할 수 있었다는 뜻이다. …(중략)…

진행자 진 캐롤 사건에 관하여

트럼프 나의 지지율이 오히려 올랐다. (나에 대한)선거 방해다. 나는 그녀를 전혀 모르고 만난 적도 없고, 사진만 하나 있다. 그녀는 남편을 '유인원'이라고 부르고 고양이는 '질'이라고 불렀다. 그녀가 주장하는 내용을 믿을 수 있는가? 내 아이들을 두고 맹세한다. 이런 맹세는 처음이다. 그녀의 이야기는 완전히 허위 스토리다. 내가 재판에 가지 않은 이유는 그 재판에 신뢰를 부여하지 않기 위해서다.

진행자 비용을 감소하기 위해 가장 먼저 어떤 일을 하겠는가?

트럼프 Drill baby drill!(석유 채굴!), 우리는 에너지 자립 국가였고, 에너지 주도권을 쥐려는 상황이었다. 에너지, 국경, 경제 모두 최고였다.

진행자 미국의 현 상황? 앞으로 어떻게 될 것이라고 생각하는가?

트럼프 코로나로 인해 위기를 겪었다. 우리는 에너지 비용, 이자율을 낮추고, 부채를 갚아야 한다. 우리나라는 바보 같은 (민주당)사람들 때문에 망하고 있다. (…중략…)

진행자 '타이틀42'가 내일 끝난다. 남쪽 국경에 군대를 보내는 게 맞다고 생각하는가?

트럼프 내일은 재앙의 날이 될 것이다. 텍사스 판사도 연장을 해야 한다고 말했다. 그들은 '타이틀42'정책이 내 정책이기 때문에 망가뜨리는 것이다.

진행자 국경장벽을 완성하지 않은 것 아닌가?

트럼프 예정된 공사를 마쳤고, 더 연장한 것이다. 100마일 더. 하지만 부정선거가 있었고, 그들은 건설을 중단시켰다. 나라에는 국경이 있어야 한다. 가족이 떨어져 있어야 한다고 하면 국경을 넘어오지 않을 것이다. 민주당은 아이들 감옥을 내가 지었다고 허위선전을 했는데 그것도 오바마가 지은 것으로 밝혀졌다. 내 생각엔 올해 말까지 어마어마한 숫자가 들어올 것이다.

진행자 우크라이나 문제에 대해 묻겠다.

트럼프 이제 우리나라에 탄약이 부족할 지경이다. 내가 대통령이었으면 절대 전쟁이 일어나지 않았을 것이다. 내가 대통령이 된다면 24시간 안에 전쟁을 끝낼 수 있다. 이기고 지고의 문제가 아니다. 누구든 더 이상 죽지 않았으면 좋겠다. 유럽이 돈을 더 냈으면 좋겠다.

05. 위 대담에 대한 'INDIZ의 평론'

INDIZ는, "둘 다 마음이 급했나 보다. 앙숙이자 동지이기도 한 트럼프와 CNN이 손을 잡았다(?). 트럼프는 트위터를 중단한 이후 미디어의 주목을 받지 못해 안달난 상황이고, CNN은 트럼프 낙선 이후 공격할 대상을 찾지 못해 시청률이 지지부진하던 상황이다. 둘은 서로를 싫어하지만 서로를 가장 필요로 하는 대상이기도 하다"고 했다.

그는 계속 이렇게 말했다.

"(나는) 전체 내용을 다 볼 수는 없었고 한국언론에 가장 많이 인용된 부분, 우크라이나와 러시아와의 전쟁에 대한 이야기 부분을 봤다. 여러분도 한 번 보시길."

CNN 앵커는 자꾸 트럼프에게 러시아와 우크라이나 중 누구를 응원하는지, 우크라이나에 계속 무기를 보낼 것인지 선택하라고 종용한다. 트럼프는 "여기서 중요한 건 어느 나라가 이기느냐가 아니라, 사람들이 죽어 나가는 걸 중단시키는 것이다"라고 말한다. "트럼프 자신이 대통령이었다면 이 전쟁 자체가 일어나지도 않았을 것이라고, 다시 대통령이 되면 24시간 안에 이 전쟁을 끝내겠다"라고 말한다.

트럼프는 앵커의 질문을 회피하는 것 같지만, 사실은 트럼프가 옳다. 질문부터가 틀렸다. 전쟁은 게임이 아니다. 어느 나라가 이기느냐 그게 뭐가 중요한가. 애초에 전쟁이 일어나지 않게 막는 게 중요하고, 일어났다면 빨리 끝내게 만드는 게 중요하다.

이런 실리주의적 사고방식이 트럼프의 최대 장점이다. 사회운동하듯 입으로만 정의를 외치는 건 쉽지만 실제로 전쟁을 멈추고 수만 명의 목숨을 구하는 일은 정의감만으로는 할 수 없다. 트럼프는 역사에 재평가받으리라고 본다.

원고 진 캐롤의 주장은 이렇다. 당시 뉴욕의 최고 셀럽이고 모르는 사람이 없었던 트럼프(49세)가 자기 집(트럼프 타워) 바로 앞에 있는 버그도프 굿맨 명품백화점에서 집에 가던 중년여성(당시 52세)을 자신이 붙잡아서는 탈의실로 데려가 단 3분 만에 성폭행을 했다고 주장한다.

그런데 목격한 사람은 아무도 없다. 이게 물리적으로 또 심리적으로 가능하기나 한가? 그리고 그 원고는 당시에는 잠자코 있다가 트럼프가 대통령이 되고 난 후에 그를 고발하는 책까지 썼는데 정작 이 중요한 사건의 날짜는 고사하고 연도마저도 1995년인지 1996년인지 기억을 못하고 있다. 원고가 시점을 특정하지 않으므로 피고 트럼프는 그날 백화점에 갔었는지 아닌지 알리바이를 제시할 수가 없다. 원고에게 참 유리한 기억상실증이다.

트럼프를 싫어하는 뉴욕주 배심원단은 당시 피고에게 하소연을 들었다는 피고 친구들의 증언에 의존해 유죄판결을 내리긴 했다. 그러나 자기들이 생각해도 뉴욕 최고 셀럽이었던 트럼프가 자기집 앞 맨하탄 5번가 한복판에서 길 가던 중년 여자 원고를 꼬셔서 사람 많은 유명 백화점으로 데려가 3분만에 성폭행했다는 건 좀 말이 안 되는 것 같으니까 '성폭행 아니라 성추행이라 생각됨'이라고 단계를 낮춰서 판결해 버렸다.[16]

06. 폭스뉴스 전 간판 앵커 터커 칼슨의 선거부정 폭로

이렇듯 미국에서도 부정선거가 발생하였는데도 아직 전모가 제대로 밝혀지지 않고 있다. 우리나라도 마찬가지이다. 이유는 미국 언론이 중국 공산당이나 좌파들과 결탁한 부패한 언론들 때문이다.

미국에서는 트럼프가 이끄는 공화당 정권으로 교체되어야만 정확한 부정선거 실상이 밝혀질 것으로 보인다.[17]

---

16. [출처] 트럼프 @CNN 타운홀 대담, 작성자 INDIZ 2023. 5. 12.

17. 미치 매코널 공화당 상원 원내대표는 국회의사당 습격은 '실패한 반란'이라며 트럼프의 부정선거 주장이 거짓임을 재차 주장했다. 민주당 하원의장 낸시 펠로시와 척 슈머 민주당 상원 원내대표는 트럼프를 수정헌법 제25조나 탄핵으로 해임할 것을 요구했다. 이에 2021. 1. 12. 미국 하

최근 폭스뉴스의 전 간판앵커 터커 칼슨Tucker Carlson이 〈팟캐스트〉에 출연해 자신의 해고에 대한 의문을 제기했다. 칼슨은 2023년 7월 7일 영국 코미디 배우이자 케이티 페리의 전 남편인 러셀 브랜드Russell Brand의 〈Stay Free Show〉에 출연했고, 이날 프로그램은 12만 명 이상이 청취했다.

당시 의사당 보안총책임자였던 경찰서장 스티븐 선드Steven Sund로부터 "시위대 대다수가 FBI 연방요원들이었다"고 들었다. "그는 정치적이지 않은 인물이다"며, 터커 칼슨은 "선드 인터뷰는 내가 보관하고 있다. 내 해고와 동시에 방송됐다"며 "가까운 미래 다시 한번 선드를 인터뷰할 계획이다"라고 폭로했다.

터커 칼슨은 조 바이든 대통령의 이민정책에 대해선 반대했다. 그는 "나는 이민자를 반대하지 않는다. 백인우월주의자라는 말은 가슴 아프다"라면서 "지금 미국 조 바이든 대통령의 이민정책은 미국을 파괴하기 위한 것"이라고 말했다.

그는 "왜 미국이 끝없는 우크라이나 전쟁을 지지해야 하는가"라며 "전쟁은 세계, 경제와 인구를 개조한다. 역시 트럼프가 옳았고, 워싱턴에 있는 모두가 틀렸다"고 말했다. 그러나 위 기사 내용은 언론사들이 미국의 부정선거에 관해서는 제대로 싣지 않았다.

터커 칼슨은 "2021년 1월 6일 워싱턴 의회 의사당에 모인 사람들

원은 트럼프 대통령 직무박탈을 촉구하는 결의안을 통과시켰다. 그러나 상원에서 부결되었다. 페이스북은 트럼프의 계정을 차단하고 사건에 관련된 게시물을 삭제했다. 트위터는 트럼프 계정을 처음에 12시간 동안 차단한 뒤 이후 영구 차단하였다. 의사당 습격은 반역, 반란, 소요, 국내 테러로 간주되고 있으며, 트럼프를 지지하는 극우세력들이 일으킨 친위 쿠데타 또는 쿠데타 시도였다고 언론은 보도하고 있다. 바이든 정부의 현 연방수사국은 이 사건과 관련해 많은 수사를 진행하고 있으며, 앞으로 시간이 지나면서 진실이 밝혀질 것인지 두고봐야 알 일이다.

은 트럼프 전 대통령이 2020년 11월 3일 대통령선거를 민주당에 의해 도둑맞았다고 생각하는 시민들이 대거 항거하기 위해 모인 것이다. 그리고 전자투표를 한다는 것은 어느 나라이건 선거부정 개입 가능성이 있다는 것이다. 선거 결과가 이상했다면 국민들은 의문을 제기할 수 있는 권리가 있고, 정부는 그 의문을 해소해야 할 의무가 있다"고 말했다.

그는 이어 "2021년 1월 6일 의사당 난입사건은 시민으로 위장한 FBI 연방요원 등으로 가득 찼다. 특히 조 바이든이 대통령에 당선된 것에 대해 불복하기 위한 반란, 반역이 아니라, 민주당이 공화당의 추종 시민이 의사당에 난입한 것이라고 조작한 것이다. 감옥에 간 사람은 아무런 무기도 없었다. 내가 이런 내용을 방송하려고 한 이유로 (팍스 뉴스가) 나를 해고한 것이다"라고 폭로하였다. 미국의 많은 국민과 우리나라 국민들도 아는 사람은 알고 있는 사실이다.

특히, 터커 칼슨은 "거짓말하는 자들은 처벌받지 않고 진실을 말하는 자들은 처벌받는다. …조 바이든이 선거운동도 하지 않고 오바마보다 1,500만 표를 더 많이 받았는데 그건 마법이다"라고 조롱했다.

07. 언론이 지도자를 뽑는 것 아냐

정치란 정당과 언론매체를 통해 많은 세력을 규합하여 정권을 획득하는 것이기도 하다. 그렇지만 보다 중요한 것은 지도자는 국민을 위한 국정과제나 여러 정책에 관하여, 잘못 판단하고 있는 것, 모르는 것을 설득하고 지도하고 알려주고, 부정선거나 포퓰리즘에 속고 있는 것을 비판하고, 국민에 의한, 국민을 위한 민주주의 정부가 될 수 있도록 언론이 중심이 되어 민심을 선도하여야 한다.

국민 의사에 반하여 조선·중앙·동아일보나 MBC·KBS 방송 등 주류 언론들이 과거처럼 정치집단, 노조와 전교조 등 탄핵세력들과 야합하여 자신들의 입맛에 맞는 지도자를 뽑아서는 안 된다. 그들이 원하는 바대로 국민을 조정해서도 안 된다.

언론인들은 부정선거 문제를 몰라서 그런 것이 아니라 대부분 의도적으로 발표하지 않고 있다. 이들은 중앙선관위 또는 여론조사기관이 흘리거나 조작, 왜곡된 여론조사 결과를 그대로 발표함으로써 언론들이 띄우는, 그들이 원하는 정치인을 당선시킬 수 있다는 착각에 빠져 사명감을 잃고 헤매고 있는 것으로 보인다.

이준석 당 대표 당선에 관한 여론 조작내용, 과거의 광우병, 세월호 사건, 테블릿pc, 탄핵선동, 지금의 원전처리수 등 괴담을 보면 잘 알 수 있다. 언론이 사실과 진실을 전달하지 않으면 국민으로부터 버림을 받고 결국 나라도 망할 수 있다는 점을 KBS, MBC, JTBC, 미국의 CNN, MSNBC 등과 중국의 관영매체 사례에서 발견할 수 있다.

언론인들은 앞으로 공정보도를 하여 주시기를 간곡히 당부드린다. 바로 이 것이 언론인으로서 살 길이다.

08. 미국 유권자와 캐나다 유권자의 성향이 공화당으로 바뀌고 있다

마이클 심 박사는 〈마이클심TV 231〉에서, 50여 년 동안 루이애지 나주 민주당 크렌시스 탐슨(81세) 의원은 "오늘날 민주당의 가치는 과 거 1970년대의 민주당과는 너무 다르다. 지금 트랜스젠더 성 전환자 들이 여성스포츠에 참가하는 것을 적극 지지해야 되고, 트랜스젠더들 이 여성 탈의실이나 여성 화장실을 사용하고 이런 것을 지지해야 된 다는 연방 차원과 주 차원의 민주당 강령이나 이런 것들에 압력을 받 았다"는 것이다. 그래서 "도저히 크리스천으로서 이런 것은 받아들일 수 없다"고 공표하면서 당적을 공화당으로 바꿔버린 것이다.

이렇게 미국에서 민주당 의원이 공화당으로 당적을 옮기는 일이 2023년 3월 중순부터 며칠 사이 4건이나 연달아 일어났다. "미국은 보수가 필연적으로 보수화될 수밖에 없다"라고 마이클 심 박사는 여 러 번 밝혔다.

그는 "증거로 미국 국민들이 민주당의 부정선거 인식과 인구에 있 다"고 했다. 그는 "공화당의 유권자인 부부들은 민주당 유권자 부부 들보다 애를 1.2배에서 1.7배 사이 정도 더 많이 난다. 새로운 커플이 결혼해서 애를 낳으면 공화당 부부들은 보통 2명에서 3명 정도 낳고 민주당의 부부들은 1명 내지 2명 낳는다. 인구증가에 따라서 시간이 지나면 지날수록 공화당 표가 늘어날 것은 당연하다"고 했다.

그는 "부모가 공화당이었을 때 또는 민주당이었을 때 그대로 똑같 이 부모의 정치 성향을 담는 경우가 75%에서 78% 정도 나온다. 이런 식으로 변하면 오늘 현상 같은 경우에는 인구 증가와 관계없이 대부분의 민주당 의원들이 당적을 공화당으로 바꾸게 될 것이다. 자기를 찍어준 민주당 유권자들 자체가 민주당에서 공화당으로 바꿔버렸기 때문이다"라고 말했다.

"그래서 사람들이 공화당 주로 이주하는데 그 수가 엄청나다. 오클라호마도 그렇고 캔사스도 그렇고 텍사스, 플로리다는 말할 것도 없다. 엄청나게 인구가 늘어났다. 미국에서 인구가 최고로 많이 빨리 느는 곳은 텍사스주이고 두 번째가 플로리다주이다. 민주당 주는 인구가 계속 줄고 있다. 여러분들께 여러 번 말씀을 드렸듯이 공화당이 점점 늘어날 수밖에 없고 미국은 보수화될 수밖에 없다"라고 마이클 심 박사는 강조했다.[18] 캐나다의 유권자 성향도 마찬가지이다.

09. 그런데 우리나라는 어떠한가?

우파 국민과 전광훈 목사 등 애국시민의 열렬한 도움으로 간신히 윤석열 정부로의 정권교체를 이루었다. 하지만 부정선거의 피해자인 국민의힘당은 미국과는 달리 4·15 총선의 부정선거 문제를 불구경하듯 보고만 있다. 국민으로서 정말 참담한 심정이다. 이래선 국민의힘당은 국민의 지지를 받을 수 없다. 부정선거 문제를 조속히 밝히지 않고서는 자유민주주의 국가라 할 수 없고, 이런 점에서 대한민국의 미래도 암울할 수 있다.

반드시 부정선거 문제를 수사하여 밝혀야 한다. 어떤 사정이 있는

---

18. [출처] 마이클심TV 231.

지는 정확히 알 수 없으나 윤석열 대통령과 한동훈 법무부장관, 이원석 검찰총장은 국정 우선순위에 밀리거나 정치적 불가피한 사정(행정부가 입법부의 선거 문제를 공격하는 것으로 오해받을 수 있을까? 하는 우려 또는 부정선거를 밝히지 못하면 정부가 모든 책임을 뒤집어 쓴다?는 우려와 이준석 전 대표, 김기현 대표, 윤석열 대통령 당선도 중앙선관위의 선거시스템을 통해 당선된 딜레마? 혹은 측근의 잘못된 정보 보고)이 있는 경우라도 많은 국민이 의혹을 제기하고 있는 이상, 헌법을 유린하고 국민참정권을 침해하는 부정선거 문제를 수사하는 것은 정부의 당연한 의무이다.

— X —

정치개혁,
부정선거의 미래
-부정선거로 대한민국이 망가지고 있다!

진정한

민주주의를 향해,

부정선거의

미래와 정치개혁

01. 정당정치와 공정선거의 의의와 역할

정당정치의 의의는 정치결사체인 정당이 정권을 잡고 국민을 위해 운용하는 정치를 말한다. 정당정치는 의회정치와 분리해서 생각할 수 없는 정치형태로 정당이 정치적 실권을 갖는다. 그것은 복수의 정당을 전제로 하는 것이 보통이다. 1당 독재의 정치형태도 형식적으로는 정당정치이나 통상 정당정치라 하지 않는다. 의회정치는 다수결을 전제로 하고 있으므로 정권을 잡기 위해 또는 법안을 통과시키기 위해서는 다수의 동지가 필요하다. 때문에 정당이 반드시 필요하다. 정당정치는 대의민주주의의 기본이다.[1]

선거는 현대 대의민주주의 국가의 통치질서를 형성하는 가장 핵심적인 제도라 할 수 있다. 선거의 의미는 정치체제의 특성에 따라 다를 수 있는데 자유민주주의 국가의 선거는 통치권력 정당성의 기초이자 주권자 국민의 정치 참여의 본질적 수단이다.

다음은 중앙선관위가 정의하고 있는 선거의 의의와 개념이다.

① 「헌법」 제1조 제2항은 '대한민국의 주권은 국민에게 있고, 모든 권력은 국민으로부터 나온다'라고 규정하여 국민주권주의의 대원칙을 표방하고 있다. 선거는 대의제 민주주의 국가에서 국민주권주의를

---

1. 「네이버 지식백과」 정당정치政黨政治, party government (행정학사전, 2009. 1. 15., 이종수)

실현하는 제도의 하나로서 민주주의의 성패를 가늠하는 기본적인 요소이다.

② 주권자인 국민은 선거를 통하여 직접정치에 참여하게 된다. 즉, 국민은 선거에 의하여 공직자를 선출하고 자신의 의사를 정치에 반영시킨다. 정치적 의미에서의 선거란 결국 대의제 민주주의 국가에서 국민이 정책결정에 참여하는 가장 기본적인 행위이며, 주권행사의 구체적인 방법이라 할 수 있다.

③ 정치적 또는 법적인 의미로서의 선거는 대통령, 국회의원, 지방자치단체장, 지방의회의원을 선출하는 공직선거에 중점을 두고 있고, 일반적으로는 특정집단이나 조직에 있어서 일정한 지위에 있는 자, 즉 임원이나 대표자를 그 집단이나 조직에 속하는 자의 집합적 의사에 의하여 정하는 합성행위를 말한다. 이러한 의미에서 선거란 구체적인 선출방식이나 절차를 내포하고 있다.

④ 실제적으로 선거가 실시되는 범위는 정치집단뿐만 아니라 사회단체·경제단체·문화단체·노동단체·농업단체 등으로 광범위하게 적용되며, 조직·단체의 대표자를 선출하거나, 또는 조직구성원의 참여하에 특정한 정책 결정을 하는 행위는 넓은 의미에서 집단적 의사결정 행위로서의 성격을 띠고 있다.

⑤ 선거의 기본원칙은 보통선거, 평등선거, 직접선거, 비밀선거가 지켜져야만 한다.[2] 이러한 선거를 공정히 하기 위해선 중립적인 선거

---

2. 평등선거는 사회적 신분, 교육, 재산, 인종, 신앙, 성별 등에 의한 자격요건의 제한 없이 일정한 연령에 달한 모든 국민에게 원칙적으로 선거권을 인정하는 것으로서 제한선거에 반대되는 말이다. 이는 1인 1표, 1표 1가치(one man one vote, one vote one value)의 표현으로 집약될 수 있으며 산술적 계산가치의 평등뿐만 아니라 성과가치의 평등까지도 요구된다. 직접선거란 선거인이

기구가 절대 필요한 바, 헌법은 중앙선거관리위원회를 별도의 독립기관으로 두고 공정한 선거관리를 하도록 요구하고 있다.

그러나 지금의 중앙선관위는 국민의 통제를 받지 아니하여 권력기구로 부상했으며 스스로 헌법과 공직선거 법령을 어기는 월권행위와 불법을 저지르고 있다.

국가정보원은 "2021년 3월 26일부터 최근까지 총 8차례 중앙선관위에 해킹 관련 정보를 알려줬다. 7건이 북한 정찰총국산하 해커조직인 '라자루스'가 벌인 것으로 추정된다"고 공개했는데, 중앙선관위는 그런 일 없다고 거짓말했다. 확인 결과 중앙선관위는 국가안보와 직결되는 사안임에도 '정치적 중립성' 이유로 들며 국가정보원과 행정안전부의 보안 점검 권고를 거부한 것으로 확인되었다. 중앙선관위를 도와주는 일인데 왜 숨기고 모르는 척했을까?

2023년 5월 3일 국회 행정안전위원회 소속 국민의힘당 의원들은 국회소통관에서 다음과 같이 지적했다.

"선관위의 이해할 수 없는 행태도 함께 드러났다"며 "북한 해킹 공격 시도로 선거인 명부 유출, 투·개표 조작, 시스템 마비 등 치명적 결

중간 선거인를 선정하지 않고 직접 대표자를 선출하는 원칙으로서 간접선거에 대비된다. 미국의 대통령선거의 경우 선거인단에 의한 간접선거 제도를 채택하고 있지만 유권자에 의하여 선출된 선거인단이 유권자의 지지의사에 기속된다는 점에서 직접선거의 원칙에 위배되는 것은 아니다. 비밀선거란 선거인이 결정한 투표내용이 공개되지 않는 원칙으로서 공개투표에 대비되는 개념이다. 투표가 공개되는 경우 유권자의 자유로운 의사결정을 방해할 우려가 있기 때문에 비밀이 보장되고 있으며, 비밀투표는 주로 투표권의 행사로 인하여 불이익을 받게 되는 경우를 예방하는 효과가 있다. 현대에는 매스미디어가 발달함에 따라 출구조사가 행하여지고 비밀선거의 원칙이 위협받고 있는데 유권자의 알권리를 충족시키는 측면에서 단순한 여론조사는 비밀선거 원칙에 위반되지 않는다. 현행 「공직선거법」에서도 투표소 앞 50m 이내에서의 출구조사를 금지하고 있으며 유권자가 투표지를 공개한 경우에는 무효로 하고 있다(「공직선거법」 제167조 제2항).
[출처] 사전투표, 선거란 무엇인가요?, 선거의 기능, 선거의 기본원칙, 투표용지. 작성자 임동훈.

과가 벌어질 수 있음에도 행정안전부와 국정원의 보안점검 권고를 무시하고 선관위 입회하의 보안점검까지 거부했다. 이는 도저히 납득할 수 없다"

거듭해서 이렇게 비판까지 했다.

"선관위는 오로지 헌법기관이라는 점만 앞세워 보안점검 요청을 거부하고 외부 위협으로부터 스스로를 취약하게 방치하고 있다."

그러면서 "선관위가 행안부·국정원의 보안점검 권고를 거부한 경위를 파악하고, 사이버 보안 조치 마련을 위해 선관위에 상임위 차원의 진상조사를 강력하게 요구할 것"이라고 밝혔다.

이에 중앙선관위 위원장은 "헌법상 독립기관인 선거관리위원회가 행안부·국정원의 보안컨설팅을 받을 경우 정치적 중립성에 관한 논란을 야기할 수 있어 자체 점검 외에도 외부전문가의 자문평가를 받는 등 시스템 신뢰성 제고에 대한 다양한 방안을 검토하고 있다"고 변명했다. 또한 "우리나라 투표지분류기(사실은 전자개표기이다)는 외부와 통신망이 단절돼 있어 해킹 우려가 없다"고 부연했다. 뻔뻔한 거짓말이다. 부정선거의 증거를 숨기고 있다.

02. 문재인 정부 5년의 집권 결과는 어떠한가?

문재인 정부 출범 이후 세계 최고의 원전기술 포기(탈원전),[3] 노동자

---

3. 카이스트 원자력 및 양자공학과 성풍경 교수는 탈원전 이유를, 첫 번째는 환경단체 사람들을 도와주려는 것이고, 두 번째는 북한을 도와주려는 것이다(가스를 시베리아에서 장기적으로 들어오려면 북한을 통해야 한다. 거기에 가스관을 설치해야 하고 유지해야 한다. 그러면 많은 돈을 줘야 되고 우리는 굉장히

만을 위한 소득주도성장(결국 노동자도 일할 곳을 잃어 피해를 본다), 국민을 피아로 나누고(차별금지법, 여성가족부, 부동산임대 3법, 간호법, 노란봉투법 등), 부동산가격 폭등, 세계 최고의 부채 증가, 세계 1위의 자살률과 우울증, 치료율 최하위, 세계경제 대국 10위에서 30(40)위로의 추락, 천문학적인 옵티머스·라임·브이아이케이 펀드 등 금융사기 사건[4], LH 부동산투기 사건, 가짜수산업자 사기 사건[5] 등이 발생했다.

특히 이재명 전 성남시장의 대장동·백현동 개발 특혜 사건 등과 검찰개혁을 빌미로 부정·부패사건들을 덮고 중국 공산당식 공수처의 설치와 검경수사권 조정, 검수완박법을 개정 시행했다. 이에 더해 UN 규정을 위반한 북한에의 전기공급, 북한 석탄 수입, 해양부 공무원 월북 조작, 귀순 어부 강제 북송, 코로나19를 빙자한 억압정치와 종교 및 집회자유 파괴, 세계적인 기업 삼성전자와 이재용 죽이기, 기업 옥죄기, 규제 확대 정책, 자살률 세계 최고, 국민 편 가르기, 내로남불,

위험해지는 거다. 북한이 잠그면 우리는 쓸 수 없다). 세 번째는 중국은 우리나라와 원자력 분야의 경쟁국이다. 우리는 탈원전을 하는 바람에 손발이 묶였다. 반면 중국은 적극적으로 외국에 수출한다. 네 번째는 문재인 대통령은 고집스러울 만큼 탈원전 정책에 집착했다. 김대중과 노무현 정부 때는 그래도 얘기를 들어보고 원전 문제를 합리적으로 판단했다. 다섯 번째는 문재인 정부는 이념 문제로 전 정권의 업적과 정체성을 없애려고 하는 것으로 본다. 핵분열이 일어나야만 플루토늄이 생산되는 것인데 원자력발전소를 아예 안 짓고 사용을 안 한다면 플루토늄을 생산할 수 없다. 그러면 핵개발이 완전 차단되는 것이다. 그런데 외국에 나가서는 원자력이 좋다고 선전하고 원전을 북한에 건설해준다는 아이러니한 일이 발생했다. [출처] 2020. 11. 26. 〈팬앤드마이크TV(앵커초대석)〉.

4. 검찰의 증권범죄합동수사단을 해체해 버려 관련 수사가 파장에 이르렀다.

5. 가짜수산업자 피고인 김태우에 관한 사기사건인데 박근혜 전 대통령을 탄핵한 박영수 특별검사와 양재식 특검보, 이방원 부장검사(특검팀 검사), 이정원 변호사(특검팀 수사관)와 탄핵 주동자 김무성 전 의원, 박지원 의원(전 국정원장)과 언론인 등의 많은 유명인사의 이름이 거론되고 있다. 여러 사정을 종합하여 볼 때 단순한 청탁금지법 위반사건이 아닌 탄핵 주동 세력(언론인 포함)에 관한 사후 뇌물로 보여진다.

재판거래, 엉터리 판결 등 총체적 실패로 무능하고 부정과 부패로 얼룩진 정권임이 드러났다.

03. 부정·부패와 무능 정권에 대한 국민들의 깨우침

이에 국민들은 좌파 정권이 더 연장되면 우리나라가 북한이나 베네수엘라처럼 망할 것임을 인식하고 광화문에 나가 문재인 탄핵(퇴출)과 종전선언 반대와 미군철수 반대를 외쳤다.

당시에도 탄핵이 일부 정치인들의 야합과 선전 선동이라고 생각하는 어른들이 많았고, 전광훈 목사를 비롯한 광화문의 애국민들의 주한미군철수 반대, 종전선언 반대, 문재인 퇴진 등 집회 활동과 우파 유튜버들의 맹활약이 있었기 때문에 가능한 일이었다.

04. 윤석열 대통령 후보의 등장과 국민적 기대

온갖 언론의 거짓 선동이 있었고, 거짓 탄핵사유로 국회에서는 박근혜 전 대통령 탄핵소추를 결의한 후 더불어민주당과 국민의당이 박영수를 특별검사로 추천했다. 박근혜 대통령은 어쩔 수 없이 그를 특별검사로 임명하였다.

임명된 특별검사 박영수는 한때 같이 일했던 대전고검 검사 윤석열을 특검팀의 제4수사팀장으로 추천 임명했다. 특별검사 박영수는 박근혜 대통령을 형법에도 없는 묵시적 청탁과 경제적 공동체를 적용하여 직권남용, 뇌물수수, 국고손실죄 등의 혐의로 기소하였다.

윤석열 고등검찰청 검사는 일약 서울지검장으로 승진했다. 그 후 계속 박근혜 정부에 대한 적폐수사 명분으로 김기춘 전 비서실장, 전 국정원장과 전 장관 등 약 150여 명에 이르는 박근혜 정부의 고위직 인사를 기소하여 수감케 한 공로로 문재인 대통령의 신임을 받아 검찰총장이 되었다.

검찰총장이 된 후 시중에 부정 풍문이 도는 민정수석 조국의 법무부장관 임명을 반대하면서, 문재인 대통령과 거리를 두게 되었다. 조국이 법무부장관 임명 후에는 사실상 검찰을 무력화하려는 검찰개혁과 공수처 설치를 명분으로 하는 조국 법무부장관과 대치하였다. 그 결과 조국의 처 정경심을 표창장 위조행사 등의 혐의로 구속수사 기소하면서 문재인 대통령과 대척점에 이르게 되었다.

문 대통령은 조국을 사퇴시키고 추미애를 법무부장관에 임명했다. 윤석열 검찰총장은 사퇴하는 과정에서, 살아있는 권력에 버티며 문재인 대통령에 반기를 들어 국민의 지지를 받게 되었다.

그 이유 중 하나는 탄핵 선동을 주도했던 언론이 윤석열 전 검찰총장을 동지적 관점에서 살아있는 권력에 항거하는 검찰총장이라고 추켜세웠다. 김종인 전 위원장과 이준석 대표의 국민의힘당이 제1야당으로서의 역할을 하지 못한 결과이다.

그러나 윤석열 후보는 정치적인 탄핵으로 수세에 몰린 박근혜 전 대통령을 수사한 특검팀장으로서 올바른 수사만을 했다고 고집하지 말고 탄핵을 반대한 국민과 무리한 수사에 대한 진솔한 반성과 사과, 부정선거에 대한 인식, 그리고 정체성과 신념이 무엇인지를 더 일찍 소상히 밝힐 필요가 있었다.

그럼에도 윤석열 전 검찰총장은 문재인 대통령 등 권력에 맞서는 기개로 정치 경륜이 많은 홍준표 후보나 원희룡 후보 유승민 후보를 제치고 국민의힘당 최종 대통령 후보로 결정되었다.

05. 윤석열 대통령의 당선과 그 요인

윤석열 후보는 어떻게 당선되었는가?

그것은 공직생활을 통해 사심 없이 검사 생활을 한 점, 부모의 정직한 가르침, 검사의 직분인 불의에 저항하는 뚝심이 있는 점, 나약한 국민의힘당 기존 의원들로는 문재인 정부로부터 정권을 되찾을 수 없고, 대한민국이 망할 것 같은 보수 국민들의 위기의식이 매우 강렬했던 점, 위선자 조국과 거짓말을 밥 먹듯이 하는 이재명 후보 때문인 점, 이에 더하여 이들의 위선과 비리를 알리고 자유민주주의를 수호하고 지키는 광화문 애국시민 때문이 아니었던가?

그런데 막판에 안철수 후보와의 극적인 단일화로 승리하였는데 겨우 득표차는 0.73%p(24만 7,007표)만큼 승리하였다. 일반적인 여론조사는 10% 정도의 차이가 나야만 하는데 그 이유를 필자는 더불어민주당의 부정선거 때문이라고 생각한다. 그래야만 이재명 후보와 더불어민주당은 4·15 총선의 부정선거 문제가 덮힐 수 있다고 생각했기 때문일 것이다. 그리고 윤석열 대통령에 대한 조기탄핵의 방법으로 전환한 것으로 판단된다.

김종인 전 위원장과 이준석 전 대표, 국민의힘당은 광화문 애국시민들을 태극기 부대, 극우라고 폄훼하면서 먼발치에서 문재인 정부나 이재명 후보(대표)에 대한 반대 집회를 지켜만 보고 참석하지도 않는데 웃기는 얘기다.

윤석열 대통령이나 김문수 경제사회노동위원장, 김영환 충북지사, 전광훈 목사, 원희룡 장관, 윤희숙 전 의원과 같은 강단 있고 실천력 있는 인사들만이 무장한 주사파와 막강한 노조, 전교조 등 좌파 세력을 이길 수 있다.

김문수 위원장이 국회 대정부 질의 때 당당히 문재인 전 대통령을 공산주의자라고 거침없이 소신 발언을 하였고, 이때 국민들은 오랜만에 환호를 치며 윤석열 정부를 지지했다. 국민의힘당 의원들과 당직자들은 이 사실을 아는가? 알고도 모르는 체하는가? 도무지 이해할 수 없다.

지금의 국민의힘당 구조를 살펴보자. 김종인이 선대위원장, 비대위원장을 거치고 이준석 대표가 재임하는 동안 정체가 불분명한 인물들이 대거 입성하였다. 그 예로 박지원과 내통한 전 선관위원 조성은, 이준석 전 대표 계보인 허은아, 천하람, 김용태, 황보승희 등 수많은 회색정치인들이 뿌리내렸다. 즉, 탁란으로 부화된 뻐꾸기 새끼가 둥지의 진짜 주인의 새끼를 몰아내 화목한 휘파람새의 가정을 파탄 내는 것과 같은 이치다.

오죽했으면 안철수가 당 대표가 되면 윤 대통령은 국민의힘당을 탈당할 것이라는 신평 변호사의 발언이 나올까? 지난 친 말이 아니다. 그런데 지금은 혼란을 방지하기 위하여 유승민 전 대표와 이준석 전 대표 등을 껴안아야 한다고 주장한다. 틀린 말이다. 정의는 불의에 굽히지 않는다.

06. 윤석열 대통령의 국정운영 능력

윤석열 대통령은 원래 정치인은 아니다. 그렇지만 정치적 감각과 국정운영능력은 탁월한 것 같다. 그는 홍준표, 원희용, 유승민 등 기존 정치인을 물리치고 당당히 국민의힘당 대통령 후보가 되었다. 후보 시절 대통령 선거과정에서 정체성이 불분명하고 걸림돌이 되는 김종인 선대위원장을 내치고, 이후 대통령이 된 후에는 이준석 대표를 내부총질을 하는 자라고 판단하여 당에서 축출한 사실을 보아서도 그러하다.

2022년 10월 29일 이태원 참사 후 바로 이때다 싶은 노조들의 불법파업과 불법정치 활동, 불법탄핵 시도에 대해, 법치주의 원칙에 따라 의법하게 처리하라고 강경 지시하고, 원희룡 장관과 김문수 위원장의 도움을 받아 순조롭게 진압하였다. 이 과정에서 민주노총, 한국노총의 자금유용 문제가 드러났는데 이에 대해 정확한 회계자료를 고용노동부 장관에게 제출하여야 하며 만일 제출하지 아니하는 경우 과태료를 부과하고 회계를 투명하게 밝혀야 한다는 성명을 발표했다. 건설현장의 불법 폭력행위도 근절해야 한다고 특별지시를 내리는 바람에 노조들이 꼬리를 내리며 숨을 죽이고 있다.

역대 대통령 중 파업을 주업으로 하는 민주노총과 한국노총에 대해, 윤석열 대통령은 "건설 현장의 폭력과 불법을 알면서도 방치한다면 국가라고 할 수 없다"라며 건설현장의 폭력 등 불법행위를 '건폭'이라고 칭하면서 검·경과 정부 부처가 협력해 강력히 단속하라고 선뜻 나선 대통령이 있었는가?

또한 윤석열 정부의 공수처는 경찰청 본부와 서울지방경찰청의 경찰간부 10여 명에 대해 억대의 금품수수 행위에 관한 정보를 입수하고 압수수색에 들어가 경찰고위 간부들의 불법행위를 찾아 처벌하려는 등 국가기강을 바로 잡으려는 노력을 기울이고 있다. 많은 국민이 부정선거 문제를 지속적으로 제기하고 있는바 때를 기다려 반드시 수사할 것을 필자는 믿고 있다. 국회를 상대로 하는 중대사안이라 신중성을 기하고 있는 것으로 보인다.

윤 대통령의 불법행위를 처벌하는 기질은 26년간의 검사생활을 통해 길러졌다. 반면 짧은 대통령 선거과정과 대통령 취임 이후의 정치활동과 국정과정을 통해, 시장경제와 자유민주주의, 법치주의 원칙을 기반으로 하는 국민을 위한 정치를 해야 한다는 것을 터득했다. 그는 진정한 권력은 국민으로부터 나온다는 것을 너무나도 잘 알고 있었기 때문이다. 한편 윤 대통령이 고집불통이라는 주장하는 국민들도 많다.

07. 윤석열 대통령에 대한 조기 탄핵 시도

이와 같이 자신들의 세력을 법적 제도적으로 성장시켜 박근혜 전 대통령 탄핵을 맛본 더불어민주당과 민주노총 등의 세력들은 2022년 3월 9일 제20대 대통령선거에서는 부정선거를 심하게 자행하지 못해 이재명 후보를 당선시키지 못했다. 그래서 단기전략으로 조기 탄핵 방법을 선택한 것으로 필자는 생각한다. 윤석열 후보가 0.73%p(24만 7천여 표)로 겨우 이겼으니 부정선거 문제를 잠재울 수 있었고, 더불어민주당과 협치하라 하면서 윤 정부와 김건희 여사의 흠집을 잡아 정권을 뒤집어 버리겠다는 속셈이었다.

더불어민주당이나 이에 동조한 좌파세력들이 협치란 말로 윤 대통령과 국민을 속이고 있는 것이다. 공산주의자와의 협상은 이뤄질 수 없다는 이승만 대통령의 충고를 우리 국민은 깊이 새겨야 한다.

지금은 그들과 협치할 시기가 아니다. 박근혜 전 대통령처럼 당한다. 그래서 필자는 어설픈 협치를 반대해왔다. 즉, 대한민국을 부정하는 반국가 세력과 협상이란 있을 수 없다. 대한민국과 북한 공산당 사이에, 대한민국과 중국 공산당 사이에, 시민과 강도 사이에 무슨 협치가 이루어지겠는가. 주한미군 철수와 북핵 폐기를 전제하지 아니한 평화공존과 종전선언은 있을 수 없는 것처럼 말이다.

최근 엘리자베스 여왕 조문 폄훼 사건, 윤 대통령이 미국 바이든 대통령과의 대화 후 박진 외무부장관에게 우리 국회의 우려(국제부담금에 대해, 우리 국회가 쉽게 동의를 안 해줄 것 같다는 우려의 말)의 말을 왜곡하여 더불어민주당과 MBC, 김어준, 박지원 등은 조작방송과 선동을 하면서 윤 대통령의 진솔한 사과와 조기퇴진을 외쳤다. 이어서 이태원 압사 사고(?)가 발생했다.

그러자 마자 희생자 유족대표(?)는 원인을 우선 규명하려고도 하지 않고 "책임자를 탄핵해야 한다"는 발언만 쏟아냈다.[6] "별도의 조사기

---

6. 이태원 참사 유가족협의회가 12. 10. 출범했다. 여기에는 희생자 158명 중 97명의 가족들이 참여했다. 민주사회를위한변호사모임 이태원 참사 TF는 10일 서울 중구 컨퍼런스홀에서 유가족협의회 창립 선언 기자회견을 진행했다. 협의회는 희생자 97명의 유가족 170여 명으로 구성됐다. 대표는 고(故) 이지한 씨 아버지 이종철 씨가 맡았다. 협의회는 "그때도 지금도 국가가 없었기에 제대로 된 사과를 촉구하기 위해 모일 수밖에 없었다"며 정부에 국정조사와 성역 없는 수사, 이상민 행정안전부 장관 파면 등 책임자 강력 처벌을 촉구했다. 이들은 윤석열 대통령의 사과와 유가족 소통공간, 추모공간 마련 등을 요구했다. 앞서 참여연대·민주노총·민주언론시민연합 등 174개 단체도 이태원 참사 시민대책회의를 발족했다. 이 회의에 참여한 박석운 씨는 세월호진

구를 설치해야 하고, 국가차원의 배상을 해야한다"고 세월호 사건 때처럼 우기기도 했다. 과연 우연이고 자연발생적인 사고였을까? 곳곳이 온갖 적이다. 공정해야 할 사법부도 판사 마음대로 판결을 한다. 우리는 과거에는 수많은 시위와 집회에서도, 서울시청, 광화문, 서울역, 청계천 광장 등에서 수십만, 수백만 명이 모여도 질서를 지켜 이런 사고는 없었다. 진영논리에 매몰된 판결도 없었다.

더불어민주당은 정국이 급변할 때, 정치적 위기에 몰릴 때, 예컨대 5·18 사건, 노무현 전 대통령 투신 사건, 세월호 사건, 윤미향 횡령 사건, 대장동 백현동 개발 특혜사건, 이태원 사건에 이르기까지 사망의 원인에 대한 과학적 검증 없이 명확한 사인도 규명하지 아니하고, 명분만 그럴듯한 조직과 관리기구를 만들어 엄청난 국민 세금만 투입하면서 당의 외곽조직으로서 계속 정치적 활동을 한다.[7]

필자의 판단은 이태원 사고 유족(?) 대표들은 세월호 사건 때처럼 더불어민주당과 합세하여 똑같은 방식으로 해결하려고 윤석열 대통

상규명위 공동대표를 지냈으며 대정부 시위 등을 주도했었다. 이태원 유가족협의회는 참사 49일째인 오는 16일 이태원역에서 시민대책회의와 함께 시민추모제를 연다고 밝혔다. 더불어민주당은 추모제 참석 여부를 논의할 것으로 알려졌다. 이에 대해 권성동 국민의힘 의원은 페이스북에 "지금처럼 시민단체가 조직적으로 결합해서 정부를 압박하는 방식을 지양해야 한다"며 "이태원이 세월호와 같은 길을 가서는 안 된다"고 했다. 그는 "세월호처럼 정쟁으로 소비되다가, 시민단체의 횡령 수단으로 악용될 가능성이 있기 때문"이라며 "유가족 옆에서 정부를 압박하기 전에 세월호를 악용한 시민단체의 방만한 폐습을 어떻게 보완할지 먼저 밝히라"고 말했다. 더불어민주당은 "권 의원은 패륜의 막말을 멈추고 유가족에게 사과하라"고 했다. [출처] 2022. 12. 11. 김아진 기자 dkwls82@chosun.com

7. 「5·18민주화운동 등에 관한특별법」 관련 법령 등에 의해, 5·18민주화운동부상자회, 5·18민주유공자유족회, 5·18민주화운동공로자회, 5·18기념재단, 5·18교육관, 5·18민주화운동진상규명조사위원회, 민주화운동기념사업회, 국립 5·18묘지관리소 등등이 있다. 반면 계엄군은 광주민주화운동을 진압한 것이 공로로 인정되어 받은 상훈은 취소하고, 훈장 등을 치탈하기도 하였다. 한편 다른 보훈단체들과의 형평성, 공정성 등에 대해 검토 연구할 필요가 있다.

령을 압박하려 할 것이다. 윤석열 대통령의 판단과 해결방안은 무엇일까? 세월호 사건 때처럼 호락호락하지 않을 것이다.

그동안 경찰 등 수사기관은 유가족들이 부검을 원하지 않는다는 이유로 사인을 규명하는 부검을 실시하지 않았다. 이런 과학수사가 아닌 엉터리 수사로 검경의 수사 불신을 키워왔다.

이번 이태원 사고현장엔 (마약)사탕, 미끄러움을 유도한 아보카도 기름, 밀어밀어 명령들, 같은 표식과 같은 복장의 행동대원들, 사고 발생 훨씬 전 사고를 예견한 듯한 이재명 〈갤러리TV〉에 "조금만 기다려봐 이 새끼들 일당, 11월이 되면, 쥐 죽은 듯이 조용해질 것"이라는 암시 글, 사태를 방기한 임인재 전 용산경찰서장, 그의 수상쩍은 긴 전화 통화와 상황에 반하는 행적들, 용산경찰서장과 서울경찰청장, 경찰청장을 빼버린 압색 조치, 유미진 상황실장, 윤희근 경찰청장 등 수뇌부들의 자리 이탈과 직무 공백, 보고 누락이 있었다.

참사현장에서 민노총 차량 발견, 탄핵을 바라는 민노총의 이태원 진입, 2명의 노조 조합원 및 광주 출신 로스쿨 변호사의 사망, 목포 민노총 조합원의 양심고백 등등 그 발생 원인과 사인을 밝혀야 할 의혹들이 수없이 많다. 이 원인들을 캐면, 참사 원인과 실체가 밝혀질 것이다. 특히, 어린 학생들과 젊은이들을 세월호 사건에서도 이용했던 것처럼 이태원 사고도 기획된 것으로 국가전복을 위한 내란예비모의라는 강한 의심을 하게 된다.

이유와 증거는 다음과 같다.

대부분이 압사인 경우와는 달리 머리 등이 깨져 사망한 것이 아니라 배가 불러있고, 대부분 심정지로 운명했다 한다(조우석 평론가 발언). MBC는 며칠 동안 할로인 참석을 독려하다가 갑자기 윤석열 정부 책임으로 전가시키고, 대통령이 사과하라고 윽박지른다. 언론들은 더불어민주당이나 민주연구원은 이태원 참사가 나자마자 기다렸단 듯이 윤 대통령 책임으로 모는 등 매우 수상쩍은 점이 이를 증명한다.

그러나 더불어민주당에 의한 일방적인 국정조사에 의해 발생원인, 사인, 사망장소와 시간, 외부세력 개입 여부, 신고자와 사망자와 관계 등 실체적 진실은 덮이고 이상민 행정안전부장관의 탄핵과 일부 관련 기관의 직접적인 책임으로 정부에 전가하고 말았다.[8]

그동안 문재인 전 정부와 더불어민주당이 장악한 국회는 대장동·백현동·위례신도시 개발 특혜, 변호사비 대납, 대북송금, 50억 원

---

8. 김태산 선생의 일침. '참으로 이상한 나라, 이상한 사람들' 이태원 사고로 긴장한 때이지만 생각되는 바를 적어본다. 다름 아니라 한국은 애국자는 천대받고 놀다가 사망한 사람들은 국가적 우대를 받는 잘못된 나라가 분명하다. 물론 사고 유가족들은 나를 욕하겠지만 사실인 것을 어찌하겠는가? 전사한 참수리호와 천안함 장병들이 무슨 대우를 받았는가? 오히려 그 가족들은 억울하여 눈물을 뿌리며 외국으로 피신까지 했었다. 그런데 세월호 유가족들은 광화문을 차지하고 얼마나, 그리고 몇 년을 우려먹었는가? 지금도 보라. 나라를 지킨 전두환 대통령이 사망했을 때에는 한국정치가들 중 누구도 빈소를 찾은 자가 없고 아직 그의 시신은 천대를 받고 있다. 그러나 이태원 귀신 축제장 사망자들을 위해서는 즉시 국가 추모기간을 공표하고 전국에 분향소가 차려지고 대통령 부부와 정치인들과 국민들이 줄줄이 추모를 해온다. 재정적 지원도 국가를 위하여 싸우다 전사한 애국자들과 놀려가다가 사망한 사람들과의 차이는 하늘과 땅 차이다. 이뿐만이 아니다. 나라를 지키다 전사한 분들의 유가족들은 국가를 향하여 그 어떤 탓도 안 하고 지원도 요구하지 않았다. 그러나 놀려가다가 죽은 사람의 유가족들은 모든 죄를 국가와 정부에 뒤집어씌우며 계속 돈을 뜯어갔다. 또 한국 정부는 놀려가다 죽은 사람들에게 무슨 빚이라도 진 것처럼 아주 관대하고 질질 끌려만 다닌다. 이런 나라를 위하여 자식들을 군대로 보내는 국민들만이 바보가 되는 나라다. 즉 애국자가 머저리 칭호를 받는 거꾸로 된 나라다. 대통령도 나라를 북괴에 팔아먹은 대통령들은 죽어서도 추앙을 받는다. 그러나 나라와 민족을 구한 대통령들은 사망해서도 개 천대를 받는 나라가 한국이다. 참수리호 사건 때에 김대중은 일본으로 월드컵 구경 갔지만…세월호 사건으로 박근혜 대통령은 탄핵당하고 감옥으로 갔다. 그래서 대한민국 전체가 이태원같이 미친 자들의 귀신 축제장으로 변하여 북괴의 귀신들에게 끌려갈 잿밥이 될 날도 멀지 않았음을 명심하고 이제라도 정신들 차려라. 윤 정부는 더 무서운 꼴 당하기 전에 전두환 대통령의 시신을 하루빨리 정중히 안치하는 것이 인간과 정치 후배로서의 도리를 다하고 나라를 저주에서부터 구하는 길임을 잊지 말라. 2022.11.01. [출처] 김태산, '참으로 이상한 나라 이상한 사람들', 작성자 강태공.

클럽 등 수많은 범죄사건을 덮으려고 검찰수사를 방해하는 검경수사권 조정과 검수완박법을 개정 시행했고, 경찰과 사법조직을 거의 장악했다고 보아도 과언이 아닐 것이다.

이렇듯 국회에서는 여당인 약체 국민의힘당은 더불어민주당에 끌려다녀 계속 완패당하고 있는 것이다.

우리는 5·18 사건, 효순이 미선이 미군 장갑차 사건, 노무현 대통령, 박원순 서울시장, 노회찬 의원, 세월호 사건, 윤미향 사건, 대장동 사건, 이태원 사건 등이 모두 자살을 이용한 사건들이거나, 이해할 수 없는 죽음 때문에, 그리고 특수조직에 의한 타살 가능성이 있기 때문에, 그 원인이 정확히 밝혀질 때까지는 합리적 의심을 하여야 한다.[9]

이러한 혼란 중에 중심을 잡고 가야 할 여당의 유승민·안철수·이준석 등 정치인들은 윤 대통령에게 대국민 사과와 이상민 행안부장관과 윤희근 경찰청장을 탄핵하라고 한다. 그리고 이상민 장관을 실제 탄핵소추하였다. 그러나 헌법재판소에서 재판관 전원의 기각결정으로 실패하고 말았다.

윤 대통령은 한평생 검사를 했던 분이라 선전선동술에 속지 않고 옳고 그름을 잘 알아 잘 대처할 것으로 본다. 그래도 걱정이다. 윤 대통령 자신과 우리 국민이 순수한 만큼 이태원 사건 등(제주 4·3 사건[10],

---

9. 이재명 성남시장, 경기지사의 대장동 개발 특혜사건, 성남FC 사건, 법인카드 유용 사건, 변호사비 대납 사건 등과 관련하여 5인이 운명을 달리하였다.

10. 태영호 국민의힘당 의원의 발언에 의하면 제주 4·3 사건은 김일성 일으킨 사건이라고 하였다. 이로 인하여 태영호 의원은 국민의힘당으로부터 징계를 받게 된다.

5·18 사건[11], 세월호 사건, 4·15 부정선거)이 기획된 사건 가능성을 전혀 배제하고 우발적인 사건으로 보고 있음을 우려한다.

지금 이재명·문재인·박지원 등 좌파 정치인과 주사파, 민노총 등 종북세력들은 자신들이 죽느냐 사느냐의 문제이므로 결사항전이다. 우리 국민도 윤 대통령에게 힘을 보태주어야 한다. 국군통수권자로서 한 나라의 지도자로서 정국을 안정시키도록 큰일을 하도록 말이다. 행정부에서는 한동훈 법무부장관, 원희룡 국토건설부장관, 박진 외부무장관, 김문수 경제사회노동위원장, 이배용 국가교육위원장, 이원석 검찰총장과 당에서는 김기현 대표, 윤재옥 원내대표, 박대출 정책위원장, 윤희숙 전 의원, 손인춘 여성위원장 등등이 힘을 보태주고 있다.

그리고 정치개혁을 단행하여야 한다. 여야 정치인들을 국민을 위한 새 정치인으로 교체하여야 한다. 그렇지 못하면 혼란이 가중되고 경제는 무너지고 범죄가 기승해 선량한 국민들만 피해를 볼 것이 자명하다.

---

11. 지만원 박사의 여러 논문 등과 발표문 저술 참조. 그는 '5·18 북한군 개입설'을 18년간 연구하고 이를 주장하다가 정보통신망 이용촉진 및 정보보호 등에 관한 법률 위반(명예훼손) 등 혐의로 대법원에서 2023. 1. 12. 징역 2년을 선고받아 노령(82세)의 나이로 수감되었다. 육군사관학교 22기 출신인 지만원 박사는 대령으로 예편한 뒤 2002년 「동아일보」에 '김대중 전 대통령이 북한 김일성 주석과 짜고 북한군 특수부대 600명을 광주에 투입했다'는 내용의 광고를 실으며 5·18 단체로부터 첫 번째 고소를 당했다. 당시 지만원 박사는 징역 10월에 집행유예 2년을 선고받았다. 2008년에도 같은 주장을 펼쳐 두 번째 고소를 당했지만, 대법원은 피해자가 특정되지 않았다는 이유로 무죄를 선고했다. 이후 그가 북한군이나 공산주의자로 지목한 5·18 항쟁 참가자들은 수없이 지만원을 고소했다. 지만원 박사의 주장은 북한의 특수부대원 600여 명이 광주에 조직적으로 침투하여 광주시민들을 선전 선동하여 이에 봉기한 시민군(160~400여명?)들이 희생되었다는 것이다. 그런데 현재의 5·18 유공자는 4,316명 또는 5,000여 명이 넘는 것으로 알려지고 있다. 막대한 국가예산이 집행되는 만큼 정부는 이를 소상히 밝혀야 할 책임이 있다.

08. 대한민국의 국운

검사 출신 윤석열 후보는 보수우파 국민들의 열렬한 지지와 정성, 나아가 윤 후보의 예리한 판단력과 뚝심, 포용하는 정치력으로 제20대 대통령으로 당선되었다. 반대로 더불어민주당의 이재명 후보는 대장동·백현동·위례 신도시 등의 개발 특혜 비리 등이 국민들에게 알려지고 그 자금 등으로 부정경선과 부정선거를 획책하여 공산화될 위기의 대한민국이었지만 그나마 천만다행이었다. 국운은 아직 꺼지지 않았던 것이다.

보수우파 국민들의 지지 속에 윤석열이 대통령에 당선되자 자유시장경제와 법치주의를 모토로 하는 윤석열 정부는 한미일 동맹을 강화하는 한편, 자유대한민국을 망가트린 민주노총, 주사파의 간첩 조직과 이권 카르텔의 주범들을 검찰이 엄벌함으로써 다시 자유민주주의를 재건하고 있는 중이다.

그 예로 성남시장 및 경기도지사 시절 인허가권을 이용하여 김만배, 박영수 전 특검 등 특정인들에게 특혜를 베풀어 막대한 이익을 주고, 그 대가를 제3자나 사후에 받기로 약속한 이재명 전 성남시장(더불어민주당 대표)에 대해, 윤석열 대통령, 한동훈 법무부장관, 이원석 검찰총장이 방향을 잘 잡아 체포동의안이 국회에 보고되어 있고,[12] 문재

---

12. 더불어민주당 이재명 대표에 대한 체포동의안이 24일 국회에 보고됐다. 앞서 검찰은 위례 신도시·대장동 개발 비리와 성남FC 후원금 의혹으로 이 대표에 대한 구속영장을 청구했다. 앞서 검찰이 지난 16일 이 대표에 대한 구속영장을 청구하자 법원은 이튿날 검찰에 체포동의 요구서를 보냈다. 이후 법무부는 윤석열 대통령의 재가를 거쳐 이를 국회에 송부했다. 체포동의안은 보고된 때부터 24시간 이후 72시간 내 표결에 부쳐져야 한다. 여야는 오는 27일 본회의를 열고 체포동의안을 처리하기로 했다. 체포동의안은 재적의원 과반 출석에, 출석의원 과반 찬성으로 가결된다.

인 정부 시절 방치한 간첩들을 색출하고, 민주노총 등에 대한 회계자료 제출명령과 현장에서의 건설노조들의 폭력행위에 대해 발본색원하는 중이다.

그러나 이재명 대표는, "윤석열 정부는 검찰 독재 공화국이다. 법치의 탈을 쓴 사법사냥이 일상화되는 폭력의 시대, 국가권력을 갖고 장난하면 깡패이지 대통령이겠습니까?"라고 검사 출신 윤석열 대통령과 검찰수사 상황을 강하게 성토하며 돈을 받은 증거가 없다며 무죄임을 주장하고 있다. 민주노총과 한국노총은 노조들의 회계자료 제출과 회계투명성 요구는 "노조의 자율성을 해치고 졸렬하게 협박한다"고 조직적, 집단적으로 반발하고 있는 등 첩첩산중이다.

탄핵과 인터넷 댓글과 같은 거짓 여론조작 등 부정선거로 정권을 잡았던 문재인 전 대통령, 국회 권력을 장악한 이재명 대표와 더불어민주당 의원들, 박지원, 박영수, 김명수, 권순일, 조국, 임종석, 장하성, 김상조, 윤미향 등의 좌파 세력들과 그들과 결탁한 무늬만 보수당인 김무성, 유승민, 이준석, 김종인 등 부패 세력들이 그들의 지위와 이익을 보전하기 위해 국민을 속이면서 윤석열 정부에 극렬 저항하는 상황이다. 만일 여기서 지면 윤석열 대통령이 선거에서 이겼던들 무슨 소용이 있으랴?

더불어민주당은 169석을 차지해 단독 부결이 가능하다. 그러나 무기명 투표인 탓에 국민의힘당(115석)과 정의당(6석), 시대전환(1석)이 모두 찬성표를 던지고, 민주당이나 민주당 성향 무소속 의원 중에서 이탈표가 나오면 가결될 가능성도 있다.

09. 대한민국의 미래

윤석열 정부는 문재인 정부하에 무너진 노동정책과 연금, 교육정책 뿐 아니라 국방 안보와 외교, 정치 경제, 사회 청년 등 각 분야의 망가진 병리현상을 척결해야 하는 난제를 안고 출범했다. 그러나 다행히 2022년 12월 사우디아라비아 빈 살만 왕세자는 방한하여 대한민국을 선택하여 경제협력 의사를 밝혔다. 이에 대한민국은 에너지·방위산업·인프라 등에서 협력사업을 함께 추진해 나가기로 하고, 미래신도시 네옴시티사업도 원할히 진행하고 있다. 이렇듯 대한민국은 제2의 중동특수가 예상되고 있다.

2023년 4월 27일 윤석열 대통령은 미국 상·하원 합동회의에서 "대한민국은 미국과 함께 세계시민의 자유를 지키고 확장하는 '자유의 나침반' 역할을 해나갈 것이며, …지금 자유에 대한 확신, 동맹에 대한 신뢰, 새로운 미래를 열고자 하는 결의를 갖고 미국 국민 앞에 서 있습니다. 특히, '한미동맹 70주년 결의'를 채택하여 저의 방문의 의미를 더욱 빛내주신 민주당과 공화당 양당 의원 여러분께도 깊은 감사의 말씀을 드립니다." 하고 감동적인 연설을 했다.[13]

---

13. 대한민국 윤석열 대통령과 미국 조 바이든 대통령은 2023. 4. 26.(현지시간) 워싱턴DC 백악관에서 한미정상회담을 갖고 한국에 대한 핵 확장억제와 동맹를 강화하는 내용의 '워싱턴 선언 Washington Declaration'을 채택했다. 그 내용 중 일부만 발췌하였다.
 "…바이든 대통령은 한국과 한국 국민들에 대한 미국의 확장억제가 항구적이고 철통같으며, 북한의 한국에 대한 모든 핵 공격은 즉각적, 압도적, 결정적 대응에 직면할 것임을 재확인하였다. 바이든 대통령은 한국에 대한 미국의 확장억제는 핵을 포함한 미국 역량을 총동원하여 지원된다는 점을 강조하였다. 미국은 향후 예정된 미국 전략핵잠수함의 한국 기항을 통해 증명되듯, 한국에 대한 미국 전략자산의 정례적 가시성을 한층 증진시킬 것이며, 양국 군 간의 공조를 확대 및 심화시켜 나갈 것이다. 한미 양국은 한미동맹이 잠재적인 공격과 핵 사용에 대한 방어를 보다 잘 준비할

세계는 윤 대통령의 미 의회 연설을 주목했고 대한민국 국격은 올랐으며 그 영향으로 기시다 후미오 일본 총리도 방한하여, "한국 방문으로 보다 더 심화된 윤석열 대통령과의 우정, 그리고 신뢰 관계를 바탕으로 힘을 합쳐 양국의 신시대를 열어나가고자 한다"고 말했다. 이후 세계의 정상들이 대한민국과의 협력을 하려고 앞다투며 방한하고 있다. 세계의 부를 자랑하는 중동국가가, 세계 최강의 미국이, 경제대국 일본이, 세계 선진국이 대한민국을 믿을 수 있는 나라, 발전하는 나라, 과학기술 선도의 나라, 가까운 이웃으로 대하고 있다.

대한민국은 산업화 과정을 통해, 짧은 기간에 괄목할 만한 기간산업의 발전을 이룩하였다. 한국 국민들이 이룩한 인공지능 로봇, 자주포, 장갑차, 잠수함, 미사일 등 무기체계의 완성과 항공우주·의료 문화와 예술에 있어서도 전 세계를 선도하는 나라가 되었다.

그러나 대한민국이 발전하는 데에는 여야를 막론하고 대통령선거나 국회의원 총선거, 또는 당의 대통령 후보나 대표 등을 뽑는 전당대회에서 부정선거나 부정경선이 없어야 하는 전제는 너무나 당연하다. 아울러 그동안 국회는 국민의 통제를 받지 아니하여 날로 확대된 국회의원들의 수와 불체포특권 등 막강한 특권을 줄이고, 새로운 시대에 부응한 완전한 정권교체와 새로운 정치교체를 이루어야 할 것이다.

수 있도록 확장억제전략협의체(EDSCG)를 포함해 확장억제에 관한 정부 간 상설협의체를 강화하고, 공동 기획 노력에 정보를 제공하기 위한 시뮬레이션을 실시할 것이다.

XI

좌파들의 진지가
서서히 무너지고 있다!

진 정 한

민 주 주 의 를   향 해 ,

부 정 선 거 의

미 래 와   정 치 개 혁

01. 더불어민주당의 입법독재와 횡포, 국민들의 인지

정진석 국민의힘당 비대위원장은 2023. 2. 13. 제주국제자유도시개발센터JDC 현장 회의에서 더불어민주당의 횡포에 대해, "헌법을 무시하며 이상민 행안부장관을 탄핵하고, 요건도 안 되는 (김건희 여사) 특검을 발동할 작정인가"라고 따져 물으면서 "지금 더불어민주당은 대한민국을 대혼돈, '케이오스 코리아'(K+chaos Korea)를 노리고 있는 것 같다"고 우려하는 발언을 했다.

이어 그는 "우리 사회 전체를 대혼돈으로 몰아놓고 그 혼돈 속에서 이재명 대표 살길 찾겠다는 게 더불어민주당의 노림수 아닌가"라고 의구심을 내비치면서 "민주당의 삼권분립 훼손과 입법 독재에 저항하기 위해 우리는 대통령에게 거부권을 행사하도록 요청할 수밖에 없는 것"이라고 예고하였다. 또 그는 "더불어민주당이 2월 10일 법률안 7건을 법사위 건너뛰고 본회의로 회부했는데, 다수 의석을 악용한 더불어민주당의 의회 폭거이자 의회주의 파괴라고 생각한다"며 "1987년 체제 이후 이런 불법 횡포를 마구잡이로 저지른 정당이 어디 있었느냐. 더불어민주당은 더 이상 민주화 세력이란 말을 쓸 자격 없다고 생각한다"고 지적했다.

이어서 다음과 같은 우려를 거듭 표했다.

"더불어민주당이 법사위를 패싱하고 본회의에 넘긴 7건 법안들은 모두가 결함투성이다"라고 지적하면서 "(특히) 간호법의 경우 소관 상임위 단계부터 이견 조율 무시한 채 더불어민주당이 졸속 강행 처리했다. 타법과의 올바른 관계 정립이 되지 않았음은 물론 직종 간 유기적 관계 저해시킬 우려가 크기 때문에 충분한 사회적 논의가 필요한 상황이다."

그러면서 그는 "민생을 위한 정부 국정과제 법률 276건 중 219건이 더불어민주당에 발목이 잡혀있는데, 이게 유능한 민생정당이 할 일인가"라고 따져 물으면서 "(제발) 더불어민주당은 이제 그만 의회민주주의 파괴, 입법 독재의 폭주를 멈춰주시기 바란다"고 촉구했다.[1]

02. 이재명 대통령 후보, 국회의원·당 대표 부정선거 의혹

가. 이재명 대통령 후보의 부정경선 의혹

이재명은 경상북도 안동군에서 태어나 안동에서 초등학교를 졸업 후 경기도 성남시로 이주하여 소년공 생활을 했다고 한다. 검정고시를 통해 중졸·고졸 학력을 취득한 뒤 중앙대학교 법과대학에 진학했고, 대학을 졸업하고 제18회 사법시험에 합격 후 변호사의 길로 들어섰다. 이후 경기도 성남시 일대에서 인권변호사 겸 시민사회 운동가로 활동했다.

그는 제5회 전국 동시 지방선거(2010. 6. 2.)에서 성남시장에 처음

---

1. [출처] 정진석, 민주당 작심비판 "결함투성이 입법 독재 폭주, 제발 멈춰 달라." 작성자 시사포커스 2023. 2. 13.

당선되었고, 제6회 전국 동시 지방선거(2014. 6. 4.)에서 성남시장 재선에 성공하였다. 2017년 더불어민주당 제19대 대통령 후보 경선에 참여했지만 3위로 낙선했다. 제7회 전국 동시 지방선거(2018. 6. 13.)에서 경기도지사에 당선되었다.

2021년 7월 1일에는 제20대 대통령 출마를 공식 선언하였고, 후보 경선에 참여하여 2021년 10월 10일 더불어민주당 대통령 후보로 선출되었다. 그러나 2022년 3월 9일 치러진 제20대 대통령 선거에서 윤석열 후보에게 0.73%p (247,077표) 차이로 밀려 2위로 낙선하였다.

낙선 후 자신이 성남시장 8년을 보냈던 연고지역인 성남시 분당구나 경기지사를 지냈던 경기지역을 피하고, 송영길 전 더불어민주당 대표의 지역구인 인천 계양을구 선거구에서 국회의원에 출마했다. 이재명 후보는 2022년 6월 1일 보궐선거에서 득표수 44,289표(55.24%)로 국민의힘당 윤형선 후보 득표수 35,886표(44.25%)를 누르고 국회의원에 당선되었으며, 2022년 8월 28일에 열린 더불어민주당 전당대회에서, 무려 77.77%의 득표율로 제6대 당 대표에 당선되었다.

이재명은 당시 여당인 더불어민주당의 대선 유력 후보로서 대선 승리에 도움을 줄 중앙선관위원장인 전 권순일 대법권, 후임자인 노정희 대법관과 다양한 여론조사 경험을 가진 원지코리아컨설팅 대표 이근형,[2] 통합진보당 경기동부연합 부정선거 관련자(오옥만 등),[3] 이석기

---

2. 노무현 대통령 비서실 여론조사관, 문재인 후보 선거대책본부 전략본부 부본부장, 원지코리아컨설팅 대표, 전 민주연구원 부원장, 중앙선관위 여론조사공정심의위원회 위원, 더불어민주당 4.15 총선기획단 간사, 혁신제도분과위원장을 지냈다.

3. 당시 대법원은 "통진당의 부정경선은 있었으나 공직선거법 위반은 아니다"라고 엉터리 판결을

주변 인물들을 영입하여 당 대표 경선 당시 진행 중인 불법 여론조작과 여론조사, 인터넷 대리투표[4]와 대선에서도 큰 영향력을 행사한 것으로 보인다.

또한 이재명 후보는 4·15 부정선거 의혹과 재판거래 의혹을 받고 있는 전 권순일 대법관 겸 중앙선관위원장, 이를 실행한 조해주, 양정철과 인터넷 댓글 여론조작 지휘자 김경수 전 경남지사와의 모임, 이재명 캠프의 선거전략기획단 단장으로 윈지코리아 대표 이근형, 송영길 대표의 측근들을 당 선관위원들로 영입한 것을 보면 부정선거 획책과 대통령 후보 및 대표경선에 관한 국민여론조사와도 밀접한 이해관계가 있다는 것을 알 수 있다.

그러면 더불어민주당 대통령 후보경선에 적용한 여론조사결과를 살펴보자.

① 더불어민주당은 대선후보 경선 1차 슈퍼위크 결과를 공개하였다. 이재명 후보는 2021년 9월 12일 공개된 1차 선거인단 투표에서, 51.08%(253,762표)의 득표율로 1위를, 이낙연은 2위(156,203표)를, 이날까지 진행된 지역경선까지 합하면 이재명 후보는 누적 51.41%(285,856표)의 득표율을, 이낙연 후보는 누적 31.08%(172,790표)의 득표율을 이루었다.

② 10월 3일 제2차 선거인단(인천지역) 투표에서, 이재명 후보는 득표율 58.17%의 승리를 거두었다 이날까지 누적득표율 54.9%(54만

하였다.

4. 중앙일보는 대리투표가 있었다고 보도하다가 삭제하였다.

5,537표)를 기록하였다.

이재명 후보는 이날 인천 송도컨벤시아에서 공개된 국민·일반당원 2차 선거인단 투표에서 17만 2,237표를 얻어 득표율 58.17%를 기록했다. 이낙연 후보는 9만 9,140표로 득표율 33.48%의 2위에 그쳤고, 추미애 후보(5.82%), 박용진 후보(2.53%)가 뒤를 이었다. 이날 함께 공개된 인천지역 대의원·권리당원 투표에선 이재명 후보가 53.88%, 이낙연 후보가 35.45%를 얻었다.

이에 따라 앞서 치러진 충청·영남·호남·제주지역 경선과 1·2차 국민선거인단 투표까지 합산한 누적 득표율은 이재명 후보가 54.90%(54만 5,537표)로, 34.33%(34만 1,076표)를 얻은 이낙연 후보를 20.57%포인트 앞섰다. 이재명 후보와 이낙연 후보의 누적득표수 차이는 20만 4,461표로 더욱 벌어졌다.

③ 그런데 1주일 후인 2012년 10월 10일에 실시된 3차 슈퍼위크에서는 다음 〈표5〉와 같이 이낙연 후보가 이제까지의 흐름과 전혀 다른 무려 62.37%로 이재명 후보의 28.30%에 비해 압승을 거두었다. 그러나 이재명 후보가 과반을 겨우 넘겨 결선투표는 무산되었다.

더불어민주당 전국 경선에서 유권자 총 143만 1,593명이 참여하여 1위 이재명 50.29%(71만 9,905표), 2위 이낙연 39.14%(56만 392표), 3위 추미애 9.31%(12만 9,035표), 4위 박용진 1.55%(2만 2,261표)로 최종 집계됐다. 따라서 이재명 전 경기지사가 누적득표율 50.29%로 간발의 과반득표로 대통령 후보로 확정되었다.

〈표5〉 차수별 슈퍼위크 경선결과표[5]

차수(일시) / 후보자	이재명	이낙연	추미애	박용진	정세균 등	계
1차(2021. 9.12.) 충청,대구,경북,강원	253,762 (51.08%)	156,203 (31.49%)	57,997 (11.67%)	5,742 (1.14%)	22,988 (4.62%)	496,692 (100%)
누적 투표자수	285,856 (51.41%)	172,790 (31.08%)	(11.35%)	(1.25%)	(5.9%)	(100%)
2차(2021.10. 3.) 인천	172,237 (58.17%)	99,140 (33.48%)	(5.82%)	(2.53%)		50대
누적 투표자수	545,537 (54.90%)	341,076 (34.33%)				
3차(2021.10.10.) 경기, 서울	56,820	29,248	8,388	1,385		95,841
	70,441 (28,30%)	155,220 (62.37%)				225,661 (100%)
누계 합계	719,905 (50.29%)	560,392 (39.14%)	129,035 (9.31%)	22,261 (1.55%)		1,431,593 (100%)

(단위 : 명, %)

그런데 제3차 수퍼위크 경기·서울지역 투표에서는 이낙연 후보가 62.37%로, 이재명 후보 28.30%에 비해 2배 이상을 압승하였다. 불과 1주일 차인데 말이다. 이 점 매우 수상하지 아니한가? 과연 국민의힘 당을 지지하는 사람이나 당원들이 역선택을 했을까? 필자는 국민의힘 당 당원들은 이런 범죄에 관여하지 않은 것으로 본다. 여론조사기관이 이재명 후보를 위해 득표수를 조작하려다 상황이 여의치 않아 실수한(제대로 조사한) 것으로 보인다.

이에 대한 이재명 캠프 측 진단은 무엇일까? 안민석 의원은 10월 12일 캠프해단식 이후 기자회견에서 "전문가들 공통적 의견이 도저히 과학적으로 설명이 안 된다고 한다"며 "도깨비 장난이었을까. 기존 투표결과와 너무 큰 차이에 대해 경이롭고 이해할 수 없다는 선에서

---

5. 더불어민주당 경선 투표 자료를 더 조사하여 본표를 작성 분석 검토할 필요가 있다.

넘어가는 것이 낫다"고 말했다. 파장이 두려워 덮었던 것이다.

더불어민주당의 우원식 의원도 "미스테리하다. 대장동 의혹 때문이라고들 하는데 그렇지는 않다"고 말했다. 우 의원은 다만 "이재명 후보로서는 오만하지 말고 겸손하게 국민 뜻을 살피면서 끝까지 노력해야 한다는 사인(신호)을 그 속에서 찾아야 한다는 것으로 정리하고 있다"고 말했다.

〈뉴스토마토〉는 10월 11일과 12일, 양일에 걸쳐 5인의 여론조사 전문가들에게 바로 지난 10일 있었던 민주당 3차 국민선거인단 투표 결과에 대한 의견을 구했다.

김미현 알앤써치 소장, 김봉신 조원씨앤아이 부사장, 배종찬 인사이트케이 소장, 정한울 한국리서치 연구위원, 홍형식 한길리서치 소장이 답했다(이름 가나다 순). 앞서 이재명 후보는 10월 10일 수도권 표심이 걸린 3차 국민선거인단 투표(3차 슈퍼위크)에서 7만 441표(28.30%)를 얻어 15만 5,220표(62.37%)를 획득한 이낙연 후보에게 두 배 이상 격차로 참패했다.

이에 대한 선거전문가들의 분석내용이다.

홍형식 〈한길리서치〉 소장은 "(대장동 의혹이) 추석 이후부터 이슈화됐으니 호남 민심에는 반영이 안 됐다. 2차 슈퍼위크 조사 때만 해도 호남은 전략적 투표로 '될 사람을 밀어준다'는 것이었다며 하지만 "녹음파일(?)이 공개되면서 대장동 이슈가 표심에 반영됐다"고 진단했다. 또 "여론은 박근혜 전 대통령과 최순실 씨가 경제공동체였다면 이재명 후보와 유동규 전 사장은 정치공동체로 보는 것"이라며 "박 전 대통령과 동일하게 적용하면 이재명 후보에게도 책임이 있는 것으로 민심이 보고 있다"고 지적했다.

이어서 그는 "중도 성향은 이재명 아닌 이낙연…이재명에 대한 분노 또는 경고 사인이다"라 평가했다. 국민선거인단 모집원의 성격을 단정지을 수는 없지만 중도성향의 정치 고관여층高關與層으로 내다봤다. 국민선거인단에 참여한 민주당 지지자들의 경우에도 이재명 후보보다 이낙연 후보를 지지하는 성향이 더 강했을 것으로 예상했다. 일부는 이재명 후보의 독주를 견제하려는 반 이재명 정서의 결집으로도 해석했다.

배종찬 〈인사이트케이〉 소장은 "선거인단 성격이 1차, 2차가 아닌 3차의 경우 민주당 지지성향보다 중도성향이 조금 더 강하다고 봐야 한다"며 "중도 유권자들은 이재명 후보보다는 이낙연 후보 지지성향이 있고, 특히 이들은 다른 이슈보다도 부동산, 특히 대장동 개발 의혹에 대한 영향을 더 많이 받는다고 볼 수 있다. 그래서 대장동 의혹에 대한 부정적인 영향이 3차 슈퍼위크 투표 결과에 미쳤을 것"이라고 말했다.

정한울 〈한국리서치〉 연구위원도 최근 요인으로만 보면 대장동 이슈가 어떻게든 영향을 미쳤을 것이라는 분석을 내놨다. 정 연구위원은 "(선거인단 투표 결과가) 이재명 후보에 대한 분노인지, 경고 사인을 주려고 하는 것인지 알기 어렵다"하면서도 "대장동 의혹이 영향을 미쳤을 가능성이 굉장히 높다고 봐야 한다"고 했다.

그는 일각에서 당심과 민심의 차이가 상당히 크게 벌어진 이례적 결과를 놓고 봤을 때 이른바 '역선택'의 결과가 아니냐는 의혹을 제기했다. 더불어민주당원이 아니어도 투표에 참여할 수 있는 국민선거인단의 특성상 의도적으로 이낙연 후보에게 투표해 이재명 후보를 견제하려는 조직적인 움직임이 있었다는 얘기다. 또 승리를 확신한 이재명 후보가 마음을 놓은 사이 이낙연 후보의 절실함이 조직력으로 이어졌다는 해석도 나왔다.

김미현 〈알앤써치〉 소장은 역선택의 가능성과 함께 이재명 후보 측의 막판 표 결집이 느슨했던 점을 지적했다. 김 소장은 "마지막 선거인단 투표라서 각 진영에서 열심히 모았을 것인데 이재명 후보 쪽은 조금 느긋했을 것"이라며 "(누적득표율이) 50%가 넘는 상황이라 부지런히 모을 필요가 없었을 것이다. 그런데 어떻게든 뒤집어 보려는 이낙연 후보 측에서 (선거인단 모집에) 많이 독려를 했을 것"이라고 했다.

이어 김 소장은, "결국 마지막에 이재명 후보를 반대하는 사람들을 많이 모았고 결과적으로 이재명 후보가 되면 절대 안 된다는 세력들이 많이 들어왔을 것이다. 저는 그렇게 보고 있다"고 말했다. 이른바 반 이재명 정서의 결집으로, 이는 이낙연 후보 측의 조직력 동원도 한몫한 결과라는 설명이다.

김봉신 〈조원씨앤아이〉 부사장도 3차 국민선거인단 결과에 이재명 후보를 견제하려는 진영의 표심이 크게 반영됐을 것으로 진단했다. 김 부사장은 "(선거인단 결과는) 민주당 지지자 중에서 결선투표를 생각하는 분들, 또 다른 당의 경선까지 참여하고 싶은 관여 보수성향자 내지는 스윙 보터들이 다수 분포하면서 발생한 일"로 해석했다. 과연 그럴까?

이들의 분석은 필자의 판단과는 너무 다르다. 여론조사 전문가들은 여론조작에 대해서는 아무런 의견을 제시하지 않았다. 또한 짜여진 모집단을 가지고 조작하면 믿을 수 없는 엉터리 여론조사 결과가 나올 수밖에 없는 것이다. 여론조작을 하다가 실수가 있는 것(발각된 것)으로 볼 수밖에 없다.

결국 더불어민주당 이재명 후보는 국민의힘당 윤석열 후보에게 대선에서 패배하였다. 그는 대통령 선거기간 중에 발가벗겨진 범죄혐의를 방해하기 위해 방탄국회를 적극 활용하여 시간을 벌고 지지세력과 함께 윤석열 대통령을 조기에 박근혜 전 대통령처럼 탄핵으로 끌어내리려 할 것이다.

그러나 윤석열 대통령은 범죄자를 잡은 검사 출신이고, 이재명 대표는 범죄 피의자로서 방어하는 처지이니 이 점에 있어서는 이미 기울어진 운동장에서 게임을 하고 있는 것과 같다. 더불어민주당은 흠집투성이인 대표를 두고 있는 한 서서히 침몰할 것이다.

이재명 대표는 머리는 있지만 비상식적 인물이 틀림없다. 그는 내로남불로 헛된 망상을 가지고 거짓말로 "나의 탓 아니오!"로 일관한다. 만일 그가 대통령이 당선되었다면, 우리나라는 어떻게 될까? 당연히 북한처럼 공산국가나 전체주의 국가가 되어 인권과 자유가 없는 최빈국이 될 것이 자명했다.

중요한 선거 때나 탄핵 등 중요한 정치적 고비마다 북한 공산당과 중국의 우마오당五毛黨이 개입했다. 그 증거가 4·15 총선과정에서 발견된 '해커의 지문 follow the party'이 나왔다[6]며 민경욱 전 의원, 로이킴 등은 밝혔다. 민경욱 전 의원은 "중국 공산당 구호가 '영원히 당과 함께 가자'인데, 영원을 빼면 'follow the party'가 된다"고 설명했다.

이 점에 관하여는 더 검증, 수사해봐야 할 점이 있으나 적어도 북한이나 중국 공산당은 국내의 주사파 종북세력, 조선족, 중국 유학생, 간

---

6. 『해커의 지문 follow_the_party』, 4.15 부정선거 전말보고서, 김미영·로이킴·장영후 저, 세이지, 2021. 12.

첩, 노조, 전교조 친북세력과 합세하여 좌파 후보를 도와 대통령 등에 당선 되게 만들었다. 그 예가 김대중 노무현 문재인 대통령이다.[7] 이에 대한 답례로 김대중 전 대통령은 여러 경로를 통해 북한에 현금과 물자 등을 햇빛정책이란 명목으로 건네주었고, 최근 문재인 전대통령은 '문재인 – 김정은과의 2018년도에 열린 3차례 정상회담'을 전후해 외환거래법을 위반하여 거액의 달러 뭉치가 북한에 전달되었다는 내용이 중앙일보 장재정 논설위원의 지명칼럼에 의해 보도된 바 있다.

이재명 후보는 이점을 잘 알고 있었기 때문에 대선과정에서 쌍방울 김성태 회장은 통해 800만 달러를 북한에 송금(스마트팜 조성비 500만 달러, 방북비용 300만 달러??)해 주었던 것이라고 판단된다. 검찰의 수사 과정이나 재판과정에서 명확한 대북송금 이유와 사업계획서의 문제점을 치밀하게 살펴 이를 밝힐 필요가 있다.

나. 이재명 의원, 보궐선거에서의 부정선거 의혹

연고도 없는 타 지역구에서 국회의원 당선이 쉽게 가능한 것인가? 그는 국회의원의 특권을 누리고자 2022년 6월 1일 보궐선거에서 자신의 지역구 성남시 분당구를 버리고 인천시 계양구을 지역구를 선택했다. 그리고 국민의힘 당 윤형선 후보를 누르고 10.99% 차로 국회의

---

7. 김태산의 글, "한 친구가 말한다. '야, 태산아! 그런데 남조선 아이들이 보내준 쌀을 먹으면서 또 걔들이 준 돈으로 자재를 사다가 미국 놈들과 남조선 애들을 죽일 무기를 만든다는 게 좀 웃기지 않냐? 남조선 애들은 이걸 모르는 거야? 아니면 바보들인가?' 그러나 나는 한국에 와서 직접 눈으로 보고서야 북한에 막대한 양의 돈과 쌀을 퍼준 김대중·노무현·문재인·이재명 같은 자들은 단순한 바보가 아니라 북한 독재자에게 대한민국을 통째로 바치려는 간첩 또는 역적임을 알게 되었다."

원에 당선되었다. 지역구민들은 어리석지 않다. 이에 필자는 그동안 계속 논란이 되어온 2020년 4·15 총선의 부정선거 문제와 관련하여 의심하지 않을 수 없었다.

이재명 후보가 인격이 훌륭해서인가? 국민을 위해 봉사한 사실이 있어서인가? 통찰력과 지도력이 있어서인가? 대통령 선거에 낙선하여 측은해서인가? 그렇지 않다. 가뜩이나 국민의힘당 의원이 절대 부족한 상황에서 새로이 출범한 윤석열 정부를 지지해야 한다는 국민의 일반상식에도 배치된다.

이재명 후보는 성남 국제마피아파 폭력조직과도 연결되어 있다는 것이 그 조직에서 12년을 핵심 조직원(행동대장) 생활을 한 성남시 3선 의원이면서 성남시 전 부의장인 박승룡의 아들 박철민의 폭로(진술서)로 언론에 공개되었다. 이재명 후보가 폭력조직과 연결된 원인은 무엇인지, 돈을 얼마를 받았는지는 진술서만으로는 정확히 알 수 없다. 그러나 조직원 박철민의 폭로목적은 이재명 후보는 성남시장의 공직자로서 자신이 전한 여러 차례의 뇌물로 받은 사실이 있고 만일, 이재명 후보가 대통령이 되면 대한민국은 불법의 온상이 될 것이며, 조폭과 상생하는 나라가 될 것이라는 우려에서 폭로하였다. 박철민은 죄인의 신분이지만, 나라의 미래를 생각하는 마음은 일반 국민과 다를 바 없을 것이다.

또한 이재명 대표의 성격 문제이다. 그는 자신이 대화로 해결해야 할 사소한 일도 항상 고소·고발과 소송을 제기하여 자신이 전과자임에도 검찰과 경찰, 법원의 힘을 빌린다. 형제, 형수, 조카와의 관계도 무척 험난하다. 세상을 잘못 살아온 것이 분명하다.

이런 성격의 이재명 후보는 국민들과의 갈등이 생겼을 때 어떤 식으로 해결할까? 다른 나라와의 외교관계는 어떠할까? 외국 정상들과 분쟁 해결 능력은 어떠할까? 심히 걱정된다. 한 나라의 지도자를 뽑는 것은 연습이 될 수 없다. 이재명 후보의 실체에 대해서는 가까이 그를 보아온 장영하 변호사가 쓴 『굿바이, 이재명』이라는 책에 잘 묘사되어 있다.

그는 이미 전과 4범에다가 형수에게 쌍욕을 하고, 친형을 정신병원에 강제 입원시켰는데, 그런 사실 없다고 허위 공표한 사실에 관하여 공직선거법 위반 혐의로 재판을 받아 2심(수원지방법원 2019노119)에서 당선무효형인 벌금 300만 원을 선고받았던 사람이기도 하다. 다만, 이와 관련한 직권남용·권리행사방해 혐의와 검사 사칭, 대장동 개발 업적 과장과 관련한 공직선거법상 허위사실 공표 혐의 외 나머지 3가지 혐의에 대해서는 공직선거법상 무죄를 선고한 원심판결은 그대로 유지했다.

당시 이재명 지사는 벌금형이 대법원에서 최종 확정되면 지사직을 잃게 되어 있었다. 공직선거법에 따라 벌금 100만 원 이상의 형을 확정받으면 당선이 무효가 되기 때문이다. 나아가 대법원에서 원심판결이 유지될 경우, 이재명 지사는 5년 동안 피선거권이 박탈돼 대선후보는 물론 정치적 입지에도 치명타를 입게 될 것이다.

따라서 이재명 지사는 대선에서 걸림돌이 되는 2심의 공직선거법 위반의 유죄판결을 대법원에서 무죄로 뒤집어야 했다. 그래서 김만배 사장을 통해 대법관 권순일을 소개 받아 그의 도움으로 무죄 취지의 파기환송 판결(2020. 7. 16. 대법원 2019도13328호)을 받았다.[8] 때문에,

---

8. 대법원 심리과정에서 유·무죄 여부를 놓고 논쟁이 심했던 것으로 알려지고 있다.

이재명 후보는 자신을 변호한 강찬우 변호사와 무죄취지의 판결을 한 권순일 대법관, 김명수 대법원장에게 빚을 졌다.[9] 당장 큰돈을 주자니 뇌물로 드러날 것 같고 해서 아무 일도 안 하는 ㈜화천대유의 고문이라는 형식적 직함을 주고 매월 돈을 나누어 돈을 지급한 것이라고 볼 수 있다.

이재명 후보와 김만배 사장은 권순일이 대법관 퇴임 후 그를 ㈜화천대유 고문으로 추대하면서 월 1,500만 원(?)의 보수를 지급한 것으로 드러났다. 그는 자신의 재판거래 의혹(사후 뇌물, 사전은 ?)과 대장동 일당이 50억 원을 건네기로 했다는 '약속 클럽'에도 포함되어 있다. 이러한 재판거래 의혹에 대해 많은 국민들은 '일벌백계' 해야 한다고 입을 모았다.

그런 그가 오랜기간 동안 지역을 관리해 온 국민의힘당 윤형선 후보를 쉽게 이길 수 있었던 비결은 무엇일까? 혹시 부정선거는 없었을까? 이재명 후보는 대장동 및 백현동, 위례 신도시 및 정자동 민간호텔 등의 개발 특혜사건을 통하여 많은 자금을 움직일 수 있는 능력이 있었던 점, 권순일 대법관과의 불법 재판거래가 있었던 점, 이근형 여론조사전문가와 김경수 전 경남지사, 이해찬 전 대표 등 주변 인물에 비추어 부정선거의 냄새가 솔솔 난다.

최근 더불어민주당 이재명 후보가 승리를 거둔 인천시 계양을구 보

---

9. 변호사법 제31조 등을 위반하였다. 변호사법 제31조(수임제한) ③ 법관, 검사, 장기복무 군법무관, 그 밖의 공무원직에 있다가 퇴직하여 변호사 개업을 한 자(이하 "공직퇴임변호사"라 한다)는 퇴직 전 1년부터 퇴직한 때까지 근무한 법원, 검찰청, 군사법원, 금융위원회, 공정거래위원회, 경찰관서 등 국가기관(대법원, 고등법원, 지방법원 및 지방법원 지원과 그에 대응하여 설치된 「검찰청법」제3조 제1항 및 제2항의 대검찰청, 고등검찰청, 지방검찰청, 지방검찰청 지청은 각각 동일한 국가기관으로 본다)이 처리하는 사건을 퇴직한 날부터 1년 동안 수임할 수 없다. 이하 생략.

궐선거 결과에 대한 부정선거 의혹이 인하대학교 허병기 명예교수에 의해 활발히 이뤄지고 있는바 그 내용은 다음과 같다.

① 투표결과 조작 가능성이 높다.

② 조작 크기는 4·15 총선, 2022년 3월 9일 대선 때보다 작다.

③ 공병호 박사가 주장하는 바와 같이 관내사전투표에서는 이재명 후보가 윤형선 후보의 표 9% 내외를 가져가고, 관외에서는 11% 정도의 표를 가져간 것으로 보인다.

④ 7개 동 가운데 5개 동에서 비정상적인 통계가 잡혔다.

⑤ 이런 통계가 나올 가능성은 1/16,384이다.[10]

다. 이재명 의원에 대한 시민들의 선거무효소송 제기

이재명 국회의원 당선에 대한 시민들의 선거무효 소송이 제기되었는데, 이에 관하여 "국민들이 깨어나야 합니다"라며 필명 소나무는 밝혔다. 즉, 인천 계양구 2022년 6월 1일 국회의원 보궐선거 무효소송[11]의 첫 번째 재판이 2023년 3월 16일 열렸다. 원고가 제시한 수많은 증거들, 특히 당일 선거에서 발견된 대량의 빳빳한 투표지의 증거만 보아도 위조된 가짜투표지가 거의 확실하다. 사전투표에서는 더 많은 부정선거 증거가 있음은 물론이다.

조재연 대법관은 "원고가 말하는 조작 혹은 부정의 주체가 누구냐?"고 물었다. 그러면서 '중앙선관위냐, 인천시 선관위냐, 계양구 선

---

10. [출처] 2023년 부정선거 철저 수사, '나라를 새롭게', 작성자 그늘버섯꽃의 OSIO.

11. [출처] '도둑놈 알아야 도둑 당한 것이냐?', 작성자 소나무.

관위냐'고 예를 들었다. 이에 대해, 원고 측 변호사는 "조작과 부정이 있었고 그 정도는 강했다"면서도 조작, 부정의 주체에 대해 특정하지 않았다. 그런데 인천시 연수구을 선거무효 소송에서 당시 조재연 대법원은 '원고(민경욱 전 의원)가 선거부정을 주장하면서도 부정한 사람을 특정하지 못하고 있다'고 괴변을 펴며 기각 이유를 밝힌 바 있다.

부정선거 주체의 특정을 원고에게 부담시키는 것은 논리적으로나 현실적으로 부당하다. 수사권도 없고 관련 기록과 증거도 피고인 중앙선관위가 갖고 있기 때문이다. 그래서 필자는 '원고가 부정이 있다는 점만 증명하면 되고 그 점은 충분히 구현될 수 있다'고 본다. 즉, 법원이 관할 검찰청으로 하여금 수사하도록 결정하고, 그 결과를 기다려 판결하면 된다. 피해자(원고)가 도둑질이 발생했다는 사실을 보여주면 되지, 피해자(원고)가 도둑놈까지 밝혀야만 도둑질이 있었다고 할 수 있다는 주장은 어불성설이다.

따라서 이 재판부가 또다시 부정의 주체를 소송 기각의 이유로 삼으려고 준비한다면 이는 중대한 오심이 될 것이라는 점을 분명히 지적한다. 대법원은 이미 부정선거뿐 아니라 윤미향 사건, 곽상도 50억 수수 사건, 권순일 50억 클럽 등 및 한일 과거사 갈등 관련 재판에서 자의적이고 편파적 파괴적 판단을 토해내 사회적 혼란 가중하며 국민의 신뢰를 이미 잃었다. 국민이 이 같은 반법률적 반헌법적 판결을 더 감내할 것이라고 생각하면 큰 오산이다.

03. 공직선거법 재판에서 이재명 후보의 유죄가 확정될 경우 대선선거 비용 434억 원 반납해야

지난 대통령 선거 과정에서 허위 발언을 한 혐의로 재판에 넘겨진 더불어민주당 이재명 대표가 2023년 3월 3일 피고인 신분으로 서울중앙지법에 처음으로 출석했다. 이날 오전 10시 40분 이 대표는 서울중앙지법 형사합의34부(강규태 부장판사) 심리로 공직선거법 위반 혐의 첫 공판기일에 출석해 재판을 받았다.

이 대표는 대선 후보 시절이었던 2021년 12월 22일 방송 인터뷰에서 고 김문기 성남도시개발공사 개발1처장에 대해 "시장 재직 때는 알지 못했다"고 말해 허위 사실을 공표한 혐의를 받고 있다. 검찰은 이 대표가 변호사 시절부터 김 전 처장과 교류한 만큼 몰랐다는 주장이 허위라고 판단했다.

2021년 10월 18일 열린 공판준비기일에서 이 지사 측 변호인은 "공소사실을 부인한다"라는 입장을 밝힌 바 있다. 이 대표는 2021년 10월 20일 국회 국토교통위원회 경기도 국정감사에서 백현동 한국식품연구원 부지 용도변경 특혜 의혹과 관련한 허위사실을 공표한 혐의도 받고 있다.

당시 이 대표는 "국토교통부가 용도변경을 요청했고, 공공기관 이전 특별법에 따라 저희가 응할 수밖에 없었다"며 "용도변경을 해 수천억 원의 수익을 취득하는 것은 성남시에서 수용할 수 없으므로 성남시가 일정 수익을 확보하고 업무시설을 유치하겠다고 했는데 국토교통부가 직무유기를 문제 삼겠다고 협박했다"고 말했다.

이에 대하여 검찰은 이 대표가 더불어민주당 대선 후보로 선출된 이후인 2021년 10월 20일 국회 국토교통위원회의 경기도 국정감사에 경기도지사 자격으로 출석, 백현동 한국식품연구원 부지 용도변경 특혜 의혹과 관련해 허위 사실을 공표한 혐의(공직선거법 위반)도 조사할 예정이다.

이에 국민의힘당은 이 대표의 주장과 달리 성남시가 용도변경에 선을 긋다가 돌연 입장을 바꾼 사실이 공문으로 확인됐다며 10월 27일 이 대표를 고발했다. 이 사건을 수사한 경기남부경찰청 반부패경제범죄수사대는 2월 26일 수원지검 성남지청에 송치했다. 사건 송치 엿새 만에 이 대표에 대한 소환이 이뤄진 것이다. 이 대표는 지난해 대선 때 방송 인터뷰를 통해 대장동 개발 사업 관련자인 고 김문기 성남도시개발공사 개발1처장에 대해 "하위 직원이었기 때문에 시장 재직 때는 몰랐다"고 허위 발언을 한 혐의도 받고 있는데, 이는 사법시험준비생 모임이 고발한 사건이다.[12]

04. 이재명 대표의 가증스러운 거짓말들

우리가 아는 주변 사람이 일시적 연속적으로 그것도 자살로 죽는 경우의 경우의 수는 매우 적다. 그런데 이재명 주변의 인물들이 짧은 기간 동안 5인이나 계속 죽었다. 이런 일이 왜 발생하는가? 대단히 수상하다. 죽은 사람들은 이재명 대표에 관한 비밀을 얼마나 알고 있을

---

12. [출처] 이재명, '공직선거법 위반 혐의' 소환 통보…검찰, 국감 발언에 허위사실 공표 혐의, 작성자 서울1 TV.

까?

최근 이재명 도지사 시절 비서실장였던 고 전형수의 유서의 내용을 보면, "이제 정치를 내려놓으세요. 현재 진행되는 검찰수사 관련 본인 책임을 다 알고 있지 않습니까? 저는 공무원으로서 (지시 내린) 주어진 일을 했는데 검찰수사는 억울합니다. 측근들을 잘 관리하십시오."등으로 요약되는바, 이는 이재명 대표 자신의 불법행위에 대해, 그 책임을 지지 않음으로써 검찰이 계속 주변 사람들을 수사하여 대신 고통받는데 제발 이재명 대표가 자신 책임을 지고 처벌을 받으라는 뜻을 죽음으로써 항거한 것으로 판단된다.

이 정도는 간접살인이 아닐까 싶다.

05. 김은경 혁신위원장과 이재명 대표는 어떤 관계일까?

더불어민주당 이재명 대표는 2023년 6월 15일 당 쇄신을 이끌 혁신위원장에 김은경(58) 한국외대 법학전문대학원 교수를 낙점하면서, 그(녀)가 부패한 거대 야당을 어떻게 혁신할지에 관심이 쏠렸다. 학자와 금융감독원 부원장을 지내며 '개혁적 원칙주의자'로 보고 그가 사심 없이 당 혁신을 할 것이라는 기대와 현실정치 경험이 적은 교수가 계파 갈등을 뚫고 혁신을 하기에는 역부족일 것이라는 우려가 엇갈렸다. 권칠승 더불어민주당 수석대변인은 이날 오후 최고위원회 회의 뒤 기자들에게 김 위원장 인선 배경으로 "참신성과 개혁성을 갖춘 원칙주의자로 어려움에 빠진 금융약자들의 편에서 개혁적 성향을 보여주신 분으로 평가받고 있다"고 설명했다.

그러나 진실과 정의, 올바른 가치관을 가진 교수라면 가증스런 거짓말쟁이며 이재명 대표가 이끄는 더불어민주당에 굳이 참여할 이유가 없었다. 이는 유유상종이기 때문에 가능한 일이다. 김은경 혁신위원장의 과거 행적을 살펴보고 그녀의 인품과 더불어민주당과는 어떤 관계일까? 등을 알아본다.

혁신위원장으로 지명된 김은경 교수는 6월 15일 한 언론과의 인터뷰에서, "돈봉투 사건이 (검찰에 의해) 만들어졌을 수도 있겠다는 생각이 든다"며 말했다. 나아가 "윤석열 밑에서 임기를 마치는 게 치욕스러웠다"고까지 했다. 이런 발언들은 아마 사전에 이재명 대표와 조율했을 것이다. 김 위원장의 발언은 억지이고 위선적인 말이다. 그렇게 치욕스러우면 중이 절이 싫어 떠나는 것처럼 떠나면 그만이다.

이에 대해, 국민의힘당 윤재옥 원내대표는 "그렇게 치욕스러웠으면 스스로 중도 사퇴하는 게 떳떳한 태도다."라고 하면서 "연봉 3억 원을 꼬박 다 챙기고 나서 이 무슨 염치없고 위선적인 막말인가"라고 반박했다.

큰 논란이 된 것은, 김 위원장이 7월 30일 서울 성동구 한 카페의 20·30대 청년세대와의 좌담회에서, 둘째 아이가 20대 초반, 22살이에요. 그 아이가 중학교 1학년인지 2학년 때 저한테 이런 질문을 했어요. "엄마, 왜 나이 드신 분들이 우리 미래를 결정해? 그러는 거예요. 그래서 자기가 생각할 때는 사람들의 평균 여명이 얼마라고 보았을 때 자기 나이로부터 여명까지, 엄마 나이로부터 여명까지로 해서, 비례적으로 투표를 하게 해야 한다는 거예요.[13] 그 말은 되게 합리적이

---

13. 필자는 김은경 위원장이 자신의 주장을 어필하기 위하여 한 거짓말이라고 판단한다.

지요. 그런데 민주주의 국가에서는 1인 1표이기 때문에 현실적인 어려움이 있지만 그게 참 맞는 말이에요. …그래서 투표장에 청년들이, 젊은 분들이 나와야 그 의사가 표시된다는 것으로 결론을 냈던 기억이 나요." 하고 발언했다.

이에 전 더불어민주당 양이원영 의원도 "지금 투표하는 나이 많은 이들은 미래에 살아 있지도 않을 사람들"이라며 김 위원장 발언을 옹호하여 기름을 부은 형국이 되었다.

대한노인회(회장 김호일)는 이날 성명서를 통해 김 위원장과 양이원형 의원에게 직접 사과를 요구했다. 국가원로회의도 김 위원장과 양이원형 의원, 이재명 대표의 사과와 사퇴를 요구했다. 이에 김은경 위원장과 전략기획위원장 한병도 의원, 사무부총장 이해식 의원은 대한노인회를 방문해 사과를 한 것으로 알려졌다.

양 의원도 "오해를 불러일으켜 죄송하다"며 사과를 했다. 또 더불어민주당이 그동안 노인 기초연금의 도입과 확대, 치매 국가책임제 도입, 노인 일자리 확충, 경로당 냉난방비 예산 확충과 같은 노인복지정책을 추진해 온 점을 강조하면서 어른 달래기에 나섰다.

김 위원장은 대한노인회를 찾아 노인 폄훼 발언을 사과하는 과정에서, "남편 사별 후 18년간 시부모를 모셨다"고 말을 해, 이를 보고 참다못한 막내 시누이(김지나 작가)가 8월 6일 블로그에 다음 글을 올려 김 위원장의 인품과 옳지 못한 과거가 폭로된 것이다.

> 저는 김은경 민주당 혁신위원장의 시누이입니다. 그녀(김은경)가 금감원의 부원장으로 취임을 했을 때에도, 아버지가 비극적인 생을 마감하셨을 때에도, 그리고 민주당 혁신위원장으로 이름을 날릴 때까

지도 조용히 지나가길 바랬습니다. 하지만 며칠 전 노인 폄훼 논란을 일으키고 '남편 사별 후 18년간 시부모님을 모셨고 작년 선산에 묻어 드렸다. 그래서 어르신에 대해 공경하지 않는 마음을 가지고 산 적은 없다'고 말한 내용을 보고서 이는 도를 넘는 행위이고 이런 사람은 사회적으로 지탄을 받아 마땅하기에 이 글을 쓰게 되었습니다.

단적으로 남편이 살아 있을 때를 포함 단 한 차례도 시부모를 모시고 산 적이 없고 공경심은커녕 18년 동안 김은경에게 온갖 악담과 협박을 받으셨고 돌아가시면서도 쉬이 눈을 감지 못하셨습니다. 이에 더 이상 돌아가신 분들을 욕보여드리지 않기 위해 어렵지만 무거운 마음으로 글을 씁니다. …

저는 가족과 함께 미국으로 도미한 지 20년이 되었고 저와 남편은 사업을 하고 있고 아이 셋을 건강하게 키우고 있는 보통 사람입니다. 조금 덧붙이면 미국에서 작가로 활동하고 있고 미주 한국일보 칼럼니스트이기도 합니다.

김은경은 1992년 제 오빠와 결혼을 했습니다. 둘은 이문동에 있는 한국 외국어 대학교 법대 캠퍼스커플로 만나 결혼을 하고 아이를 낳았지만, 부부는 공부를 위해 독일 유학길에 올랐고 아이는 저희 부모님이 맡아 키우셨습니다. 오빠가 먼저 귀국해서 아버지 밑에서 사업을 배우고 김은경은 만하임 대학에서 법학 박사학위를 받아 한국에 귀국했지요.

오빠는 아버지와 함께 사업을 하면서 공부하는 아내를 위해 독일로 돈을 보내고 아이를 부모님과 키우는 기러기 아빠가 되었어요. 귀국 후 대학교 강사라는 기회를 갖고 그 뒤로 교수라는 명함을 얻게 되었는데 오빠의 재력과 양육의 도움이 없었다면 꿈도 꾸지 못할 일이었다고 그 당시에 부부는 자랑삼아 이야기했습니다.

김은경의 친정집 이야기를 잠간 하자면, 어머니를 일찍 여읜 김은 경은 친엄마가 살아생전 언니 동생하며 친하게 지내던 분을 새어머니로 주선해 아버지가 재혼을 하셨어요. 새어머니는 헌신적으로 (친정)아버지의 병간호를 하셨고 아이 셋의 뒷바라지를 착실히 하셨던 분이셨어요. 하지만 아버지가 돌아가시기 직전 김은경과 두 남동생은 새어머니에게 상속포기각서를 쓰게 했다고 해요. 김은경이 그 당시 법대를 나왔기에 법적으로 재산에 관한 분할을 잘 알고 있었지요. 돈 한 푼 받지 못하고 쫓겨난 새어머니는 저희 가족을 찾아오셔서 억울함을 호소하셔서 알게 되었는데, 각서를 받은 뒤 오랫동안 살았던 집 비밀번호를 바꿔 버리고 오히려 주거 침입죄로 경찰에 신고하는 비윤리적인 행동에 정말 경악하지 않을 수 없었습니다. … (중략)…

저희 부모님은 대를 이어야 하는 손주라며 최고의 유치원과 학교에 보내셨고 공부하는 며느리에게 힘내라는 손편지를 셀 수 없을 만큼 보내셨습니다. 박사 학위를 당당히 받고 귀국한 김은경은 학교 일이 바쁘다며 시댁 일에 등한시하더니 손자까지 길러주신 시부모와 갈등이 심해졌고 말끝마다 60세가 되면 이혼 할 거라는 말을 공공연히 흘리며 남편과의 사이가 멀어지고 있음을 내비쳤습니다.

사건은 2006년 1월에 일어났습니다. 오빠가 자신의 고층 아파트에서 뛰어내렸습니다. 집에 아이들과 아내(올케)가 같이 있고 초저녁이었고 너무나 갑작스러운 일이라 모두가 믿을 수 없는 상황이었지요. 우리 가족은 부검을 원했지만, 아내인 김은경은 그럴 필요가 없다며 강하게 부인했습니다.

김은경이 묘사한 그날의 상황은, '오빠가 제 무릎을 베고 누워서 저에게 사랑한다고 말했어요. 침이 내 무릎에 흐를 만큼 사랑한다는 말을 많이 하고 들어갔어요.'그러더니 갑자기… 하지만 사고가 있는 직후 집으로 들어가자마자 이제 겨우 서너 살이 된 둘째 아이의 반응은, '엄마랑 아빠가 막 싸웠어. 그래서 아빠가 화가 나서 뛰어 내렸어.'자, 어떤 말이 진실일까요?

그 당시 오빠의 경제적 상황은 이랬습니다. 친정아버지는 전기사업을 시작으로 소방과 관련된 특허를 9개 가지고 계셨고 특허된 제품으로 승승장구하셨던 참에 오빠의 도움으로 날개를 다셨습니다. 오빠는 그 덕으로 세무조사를 받아야 할 만큼 재산이 불어났고 그 당시 강남에 있는 아파트와 빌라를 매입했습니다. 활발하고 사업 수단이 좋은 덕에 경제적으로 가정에 충분한 부를 가져다주었고 아내인 김은경은 오로지 학업과 강의에만 전념하면 될 상황이었다고 생각합니다. 그랬는데 갑자기 아내에게 사랑한다는 말을 하고 아이들이 뛰어놀고 있는 집에서 뛰어내려 자살을 한다? 200명이 넘는 오빠 친구들이 장례식에 왔습니다. 한결같이 하는 말은 '친구가 이렇게 많은데 자살을 한다고?' '다음 주에 골프 약속이 있는데 이럴 수가…' '항상 웃고 다니고 돈도 잘 쓰는 친구인데 이런 일이?' '자식 사랑이 대단한 친구인데 자식 앞에서?' 장례식장에 모인 친구들 의 한결같은 말로 의심의 꼬리를 이어갔습니다. 절대 믿기지 않다는 말을 할 정도로 정신적으로 육체적으로 건강한 사람이 자살을 했다는 것은 그 누구도 믿을 수 없는 일이었습니다.

김은경은 오빠가 떨어져 죽은 그 순간부터 장례가 끝난 우리가 본

어떤 순간에도 눈물 한 방울 흘리지 않았습니다. 자신의 무릎을 베고 누워 침을 흘리며 사랑한다고 마지막 말을 남겼다는데 어떻게 눈물 한 방울 흘리지 않았을까요? 장례가 끝난 바로 다음 날 남편의 사망신고를 한 건 물론이고 오빠가 타고 다니던 고급 차를 바로 처분하더군요. 그리고 그 집에서 아이들과 무서워서 살 수 없다며 그 당시에 제일 잘 나가던 강남 서래마을로 서둘러 이사를 했습니다.

더욱 황당한 일은 어수선한 틈을 타 아빠의 사업체를 자신의 친동생 이름으로 바꾼 일입니다. 어찌 된 일인지 사업체는 오빠가 죽기 직전 시아버지의 이름에서 오빠의 이름으로 전환되어 있었고 죽고 나니 곧바로 김은경의 친동생 이름으로 바뀌었다는 것입니다. 아빠는 즉시 시정을 요구하고 법에 호소했지만 증거 불충분으로 어찌 손을 써 볼 수 있는 방법이 없더군요. 치밀한 계획하에 이루어진 일이고 워낙 법적으로 잘 아는 김은경이라 우리는 앉아서 당할 수밖에 도리가 없었습니다. 사업체를 통째로 빼앗긴 저희 부모님은 어찌 되셨겠습니까? …아들을 잃은 고통도 모자라 두 분이 그동안 땀 흘려 일구어 놓은 사업체까지 며느리가 가로채 갔으니 집안은 풍비박산이 났습니다. 결국, 어머니가 그 충격으로 쓰러지셨습니다. …(중략)

(김은경은 시아버님을) 선산에 묻혀 드렸다는 말을 했는데요, 남편 자살 이후 시부모의 사업체까지 빼돌린 며느리가 왜 돌아가신 시아버지의 장례식장에 왔겠습니까? 겉으로 보기에는 사별한 남편의 시아버지 장례식장에서 며느리 노릇을 한다라는 모습을 보이고 싶었겠지만, 잘난 금감원 부원장이라는 타이틀로 보내온 부의금을 챙겨가는 모습을 본 우리는 그만 망연자실 할 수밖에 없었습 니다. 마지

275

막 가시는 길에 흙 한 줌 뿌리라는 말에 손사래 치며 거절을 한 장본인이 김은경이고 이번 노인폄훼 논란의 시작이 된 그 아들 또한 눈을 부라리며 엄마와 함께 할아버지에게 흙 한 줌 넣어드리지 않았습니다. 이번 노인폄훼 사태를 보면서 역시 인간은 본성을 숨길 수 없는 일이라는 걸 알았습니다.

하지만 저는 피 토하는 마음으로 이 글을 씁니다. 제가 할 수 있는 일이 이것 밖에 없다는 걸 잘 알기 때문입니다. 이러한 인간이 절대로 평범하게 살아서도 안 되지만, 높은 위치에서 국민을 우롱하는 일은 없어야 합니다. 분통함에 눈도 제대로 감지 못하시고 세상을 떠나신 우리 부모님이 더 이상 원통하지 않고 편안하게 이승을 떠나게 도와주시고 더 이상 남편의 죽음이 한낱 사랑 타령이라는 거짓으로 욕되지 않기를 바라는 마음으로 이 글을 마칩니다.

- 미국에서 김지나 드림

그런데 김 위원장의 장남이 "고모 김 씨가 거짓말을 하고 있다. 어머니는 시부모를 모셨다"라는 취지로 반박했다. 그는 고모(김지나)의 주장이 거짓이라며 명예훼손 등으로 필요한 법적 조치를 취하겠다는 입장을 밝혔다.

진실이 아직 명확히 밝혀진 것은 아니지만 이재명 대표와 '그 밥에 그 나물', '유유상종類類相從', '과유불급過猶不及', '꼬리가 길면 밟힌다'고 필자는 생각한다. 이유를 살펴보자.

시누이 김지나 작가(겸 미주 한국일보 칼럼니스트)의 폭로 글은 집안의 아픈 과거를 드러내놓고 오빠의 부인(올케)의 악행을 폭로하는 것은 쉽지 않은 일이다.

김 위원장이 "윤석열 밑에서 임기를 마치는 게 치욕스러웠다"라는 발언과 자신이 2022년 12월 3일 자 시아버님 부고장에 '김은경(금융감독원 부원장, 금융소비자보호처장)씨 시부상, 3일 오후, 전주 뉴타운장례식장'과는 상호 모순되고, 위 부고장에 남편의 시누이들과 매제들의 이름은 모두 빼고 김은경만 혼자 넣고, 남편이 투신자살하고 시아버지 재산까지 빼앗아 시아버지가 투신자살하게 한 원인을 제공한 김은경이 시아버님의 장례를 핑계로 들어온 부의금만 챙기고 시부모님을 18년간 모셨다고 계속 거짓말을 하고 있는 상황이라면 도저히 용서할 수 없는 일이기 때문이다. 또한 그녀(로스쿨 교수)가 학생들을 어떤 식으로 가르쳤을까? 의문이다.

아울러 김은경의 숨진 남편의 매제였던 최**(60) 씨는 2023년 7월 6일 동서의 사망 경위 및 김은경의 행태 등에 대해 언론사 〈아시아엔〉에 제보를 했다. 최 씨는 김지나 작가의 언니의 남편으로 성격 차이로 이혼했으며, 아들(31)이 전 부인과 함께 지내 처가의 사정을 아들로부터 수시로 듣고 있었다고 한다.

최 씨는 "당시 14살로 우리 아들과 동갑이던 김은경 씨 장남이 장례식장 구석에서 오락을 하고 있어 우리 아들이 '외삼촌 왜 자살했어?' 물어보니 '엄마랑 저녁에 밥 먹다 싸우다 숟가락 던지고 그 길로 떨어졌어.' 하고 말해 '이게 말이 돼'라고 했다고 내게 말한 걸 생생하고 기억하고 있다"고 한 제보내용에 비추어 볼 때, 김은경 위원장과 그 아들(장남)은 거짓말을 하고 있음이 분명하다.

그렇다면 그녀를 더불어민주당의 혁신위원장으로 추천 임명한 이재명 대표와는 어떤 관계일까? 더불어민주당의 큰 위기인 것은 사실이다. 이재명과의 관계도 곧 밝혀질 것이다.

06. 더불어민주당의 대위기 - 이재명 대표의 사법 리스크, 송영길 전 대표 돈봉투 사건, 김남국 의원 코인게이트, 쌍방울 대북송금 사건은 이재명 후보의 부정경선, 부정선거와 연결된 것

가. 송영길 돈봉투 사건 관련 경선 컨설팅 업체와 송영길 자택 등 압수수색

2021년 더불어민주당의 경선 돈봉투 사건을 수사 중인 검찰이 경선 컨설팅 업체 등을 압수수색 중이다. 송영길 전 대표 후원조직의 자금이 경선캠프에 추가로 유입됐는지 여부를 살펴 보겠다는 입장이다. 검찰은 송 전 대표의 외곽 후원조직 '평화와 먹고사는문제연구소(먹사연)'의 자금이 허위 용역계약을 통해 경선 컨설팅에 사용된 정황을 포착하고 자금의 유입 여부에 대한 강제수사에 나섰다. 이른바 더불어민주당 돈봉투 사건은 송 전 대표 캠프에서 활동했던 강래구 전 한국수자원공사 상임감사위원, 박용수 보좌관, 이정근 전 더불어민주당 사무부총장을 통해 여러 의원들에게 돈봉투를 살포했다는 의혹과 송영길 전 대표 제3자뇌물 여부이다. 이들은 재판과정에서 이 사실을 증언하였다. 그러나 송영길 전 대표는 자신은 모르는 일이라고 잡아떼고 있다.

나. 이재명 대표를 체포해야 한다는 법무부장관의 체포동의안 국회 보고

한동훈 법무부장관이 2023년 9월 21일 이재명 대표에 대한 체포동의안 표결 전 국회에 보고한 체포동의안 이유의 요지이다.

대장동, 위례 그리고 오늘의 백현동 사업 비리까지 모두 이재명 의원이 약 8년간 성남시장 시절에 잇따라 발생한 대형 개발비리 사건들입니다. 지방자치권력을 남용해서 자신의 측근들이나 유착된 민간업자들에게 특혜를 제공하고 천문학적 이익을 주는 범행의 방식이 대동소이합니다.

하위 실무자들에 대한 책임 전가 등 행태와 허위 증거제출 등의 대응 방식도 매우 유사하며 이런 갖가지 사법방해행위들의 최대 수혜자는 이재명 의원이었습니다. 한 번은 우연일 수 있지만 이재명 의원 범죄혐의들은 동일한 사법방해 행태가 반복되고 있습니다.

이 사건은 다수의 관련자가 조직적으로 관여한 범죄로서 이 의원의 정치적 지위와 지금까지 수사 과정 등을 고려하면 공범들이나 참고인들에 대한 회유와 압박을 통한 증거인멸의 염려가 큽니다.

백현동 사업과 관련해서 이재명 의원은 국토부 협박 등으로 용도지역 변경을 허가해 줄 수밖에 없었다는 등 사후에 급조한 허위사실관계를 주장하면서 사건 관련자들에게 가이드라인을 제시한 바 있고, 바로 그 내용에 공직선거법 위반 허위사실공표죄로 재판을 받고 있습니다.

게다가 공직선거법 위반으로 기소되자 본인의 직접 또는 비서실장 등을 동원하여 백현동 사건의 용도지역 변경 등 업무를 담당했던 공무원들에게 마치 국토부에서 용도지역 변경을 협박했던 것처럼 해달라고 집요하게 회유 또는 압박했던 사실도 드러났습니다.

이는 이재명 의원이 김진성에게 위증교사를 했던 것과 거의 같은 방식이었습니다. 이 사안들의 입증 정도에 있어서 특이한 점은 이재명 의원을 제외한 공범 또는 관련자들에 대한 법원의 본 재판 또는 구속영장 재판에서 이미 사실관계의 대부분이 법원의 판단으로 확인된 사안들이라는 점입니다.

백현동 사건에서 김인섭과 정바울은 이미 법원 심사를 거쳐서 구속됐고 대북 송금 사건에서 이화영과 김성태 쌍방울 부회장 방영철과 기도 평화협력국장, 아태협 안부수 모두 법원의 심사를 거쳐서 구속됐습니다.

김진성은 처음에 이 의원 위증교사에 대해서 부인하다가 법원에 구속영장 심문 이후부터 범죄사실을 털어놓았습니다. 실제로 대장동, 위례 사건부터 오늘 이 사건까지 이재명 의원이 공범이나 관련자로서 법원 심사를 거쳐서 구속된 사람이 총 21명이나 되고 불구속 기소된 사람은 더 많습니다.

이러한 대규모 비리혐의 정점은 이 의원이고, 이 의원이 빠지면 이미 구속된 실무자들의 범죄사실은 성립 자체가 말이 안 되는 구조입니다. 예를 들어서 김인섭은 이재명 시장에 청탁하는 대가로 77억 받은 혐의로 구속됐고 자백했습니다. 상식적으로 이런 범죄혐의들의 정점이자 최대 수혜자인 이 의원을 빼고 실무자급만 모두 구속되어 있는 것도 형평에 맞지 않습니다.

다들 아시다시피 이재명 의원 변명은 매번 자기는 몰랐고 이 사람들이 다 알아서 한 것이라는 것입니다. 그게 아니라는 증거들도 말씀드린 대로 많지만 상식적으로 그게 가능하겠습니까?

예를 들어서 평화부지사는 북한 이슈를 다루기 위해서 원래 없던 자리를 이재명 지사가 만든 자리인데 그런 평화부지사가 북한과의 교섭을 자기 몰래 했다는 이재명 의원의 주장은 비상식적입니다. 현정부의 출범 이후 지금까지 체포동의 요청에 대한 국회 표결이 5번 있었습니다.

그 중 국민의힘당 하영재 의원 건만 가결됐고 나머지 건들은 모두 부결됐습니다. 그때마다 민주당은 부결한 이유를 한결같이 검찰의 조작이고 부당한 영장 청구이기 때문에 부결한 것이라고 했습니다. 그런데 돈봉투 사건의 체포동의안 부결 당시 검찰의 조작이라던 윤관석 의원은 며칠 전 공개 법정에서 돈봉투 20개를 수수한 사실을 자백했습니다.

본인도 다 털어놓은 마당에 아직까지도 검찰의 조작이고 부당한 영장이었다고 말씀하실 분은 이제는 없을 거라고 생각합니다. 그런데 이제 이 사건에 대해서 이재명 의원은 검찰의 조작이라는 똑같은 말을 하고 있습니다. 두 달 전 인 7월 18일 이재명 의원이 속한 민주당 의원 168명 전원은 불체포특권의 포기를 결의했습니다.

석 달 전인 지난 6월 19일 이재명 의원은 바로 이 자리에서 저에 대한 정치 수사에 대해서 불체포권리를 포기하겠습니다라고 국민께 자발적으로 약속했습니다. 여기 계신 민주당 의원님들도 이재명 의원이 임명한 혁신위도 그 약속을 높이 평가했습니다. 누가 억지로 시킨 약속도 아니었습니다. 심지어 조작 수사라고 해도 불체포특권을 포기하겠다며 정당한 수사니 뭐니 하는 부가 조건을 달지도 않겠다고 스스로 명시적으로 약속한 것이어서 다른 해석의 여지도 없습니다. 지금은 주권자인 국민들께 한 약속을 지킬 때입니다. 고맙습니다.

라. 이재명 대표에 대한 체포동의안 국회 표결 결과

국회는 지난 9월 21일 오후 이재명 더불어민주당 대표 체포동의안이 찬성 149표 반대 136표 기권 6표 무효 4표로 가결되었다. 이날 본회의에 상정된 이재명 대표에 대한 두 번째 체포동의안이 다수의석을 확보하고 있는 민주당과 일부 야당이 반대했지만 결국 의결됐다.

마. 법원의 구속영장 기각결정

국회의 체포동의안 가결과는 달리 서울중앙지법 유창훈 영장전담 부장판사[14]는 이재명 대표 구속 여부에 대한 영장심사에서, "위증교사 혐의는 소명되는 것으로 보인다"하면서도 이와 모순되게 "피의자의 방어권 보장 필요성 정도와 증거인멸 염려의 정도 등을 종합하면 피

---

14. 유창훈 판사(1973년생)는 1997년 서울대학교 공법학과를 졸업했으며 사법시험 39회에 합격해 사법연수원 29기로 수료했다. 이후 육군 법무관으로 병역을 마치고 2003년부터 서울지법 의정부 지법 판사로 임관해 법관 생활을 시작했다. 이후 서울중앙지법, 광주지법을 거쳐 2012년 서울고등법원 판사 이듬해엔 대법원 재판연구관으로 경력을 쌓았고, 2015년부터 부장판사로서 부산지법과 인천지법을 거쳐 2019년 김명수 대법원장에 의해 서울서부지법 부장판사로 임명되었다. 현재는 서울중앙지법 영장전담 판사로 재직하고 있다.
과거 유창훈 부장판사의 영장심사 내용은 다음과 같다. 2023. 2. 22. 청담동 술자리 의혹을 제기해 한동훈 법무부 장관의 명예를 훼손한 혐의를 받는 유튜브 매체 '시민언론 더탐사' 강진구 대표에 대한 구속영장 청구를 기각했다. 2023. 3. 2. 이재명 더불어민주당 대표에 대한 검찰의 (첫번째)구속영장 청구를 기각했다. 그는 "회기 중에 있는 국회의원에 대한 체포동의안이 부결됐으므로 본건 청구는 이유 없게 됐다"며 영장기각 이유를 설명했다. 이재명 측근 김용 위증혐의 이홍구의 구속영장도 기각했다. 2023. 5. 15. 200억 원 대 사기대출 의혹을 받는 한의원·한방병원 프랜차이즈 광덕안정의 대표이사 A씨 등 2명에 대한 검찰의 구속영장 청구를 기각했다. 2023. 6. 30. '50억 클럽' 의혹과 관련해 특정경제범죄가중처벌법상 수재 혐의를 받는 박영수 전 특검에 대해 "구속의 상당성을 인정하기 어렵다"며 기각했다. 2023. 7. 3. 정당법 위반 등 혐의를 받은 2021년 더불어민주당 전당대회 당시 송영길 캠프 자금관리 총책으로 지목된 전직 보좌관 박용수(53)에 대해 "증거인멸의 염려가 있다" 구속영장을 발부했다. 송영길 대표 돈봉투 의혹 윤관석 의원은 구속영장 발부하고, 이성만 의원은 기각했다. [출처] 작성자 가브리엘, 더불어민주당 김의겸 의원은 2023. 9. 22. KBS 〈주진우 라이브〉에서 "이재명 의원에 대한 구속영장 담당판사가 한동훈 법무부 장관과 서울대 법대 92학번 동기라는 점 등을 고려해 검찰이 판사를 선택한 것"이라는 취지로 발언했으나 명백히 거짓이라고 법무부는 다음 날 "한 장관과 김 의원이 언급한 판사는 대학동기가 아니고 서로 일면식도 없다"고 입장문을 통해 설명했다. 그러면서 법무부는 "여러 차례 가짜뉴스를 유포하고서도 어떠한 사과나 시정조치를 하지 않았던 김 의원이 이번에도 재판에 부당한 영향을 끼칠 의도로 공영방송에서 가짜뉴스를 유포하는 것에 대해 필요한 조치를 할 예정"이라고 덧붙였다.

의자에 대해 불구속 수사의 원칙을 배제할 정도로 구속의 사유와 필요성이 있다고 보기는 어렵다"며 구속영장을 기각했다. 많은 국민들은 유창훈 판사의 기각결정에 대해 의심과 비난을 쏟아내고 있다. 그가 판사직을 수행할 수 있을런지 의문이다.

마. 검찰의 대응전략

한동훈 법무부 장관은 9월 27일 더불어민주당 이재명 대표의 구속영장 기각에 대해 "(그 내용이) 죄가 없다는 건 아니다"라고 밝혔다. 한 장관은 이날 정부과천청사 출근길에 기자들을 만나 "구속영장 결정은 범죄수사를 위한 중간 과정일 뿐"이라며 이같이 말했다. 그는 "정치인이 범죄를 저지른다고 해서 사법이 정치가 되는 건 아니고 그래서도 안 된다"며 "검찰이 흔들림 없이 수사할 것이라고 생각한다"고 밝혔다. 이어 "검찰이 그간 절차에 따라 공정하게 수사해 왔고 앞으로도 그렇게 할 것"이라며 "(남은 수사가) 차질없이 진행될 것"이라고 덧붙였다.

야권을 중심으로 '무리한 수사'라는 지적이 나오는 데 대해선 "체포동의안 설명 때도 말씀드렸듯이 관련 사안으로 21명이 구속됐다"며 "무리한 수사라는 말에 동의하시는 국민들이 얼마나 계실지 모르겠다"라며 입장을 밝혔다.

07. 대장동·백현동과 정자동 호텔 등의 불법자금, 김남국 의원의 코인게이트는 부정경선, 부정선거와 연결된 것

2023년 5월 12일 SBS의 〈편상욱의 뉴스브리핑〉에서, 편상욱 앵커와 윤태곤 〈더모아〉 정치분석실장과의 "민주당 위기의 삼각형 — 이재명의 사법 리스크 — 돈봉투 사건 — 김남국의 코인 게이트"에 관한 쓴소리 인터뷰에 의하면,

"김남국 코인 논란, 모든 세대에 공분 확장성 높고, 민주당 향후 코인 입법 활동에 의심갖게 될 수밖에, 김남국은 당초 정치적 공방 수준으로 이어질 거라 오판, 코인 전문가들 직접 분석 나서며 의혹 확산된다"는 결론을 내렸다. 그 인터뷰 일부 내용은 다음과 같다.

편상욱 〈쓴소리 인터뷰〉 윤태곤 더모아 정치분석실장과 함께합니다. 어서 오세요.

윤태곤 안녕하세요.

편상욱 참 김남국 의원 큰일 났습니다. 민주당도 걱정이고… 어떻게 봐야 해요?

윤태곤 더 커질 것 같고요. 그리고 이 부분이 지금 되게 상황이 안 좋은 게 제가 볼 때는 확장성이 커요. 2~30대가 볼 때는, 2~30대 입장에서 좋지 않고, 4~50대가 볼 때는, 4~50대 입장에서 볼 때 좋지 않고, 한 60대가 볼 때는, 60대 입장에서 볼 때 좋지 않고. 모두가 자기 각도에서 볼 때. 직접 가상투자를 하는 사람들 입장에서 볼 때는 '아니 이거 나는 정보 없이 예컨대 인터넷 보고 투자하는데 이 사람 뭐 있었던 것 같은데' 이런 식으로 되는 것이고, 노년층이 볼 때는 '아니 의원이 상임위하고 청문회 할 때 거래했다고 이게 말이 되냐"는 식이고, 또 4~50대가 볼 때도 이게 말이 안 되는 거고 확장성이 있는 거죠. …

편상욱 김남국 의원 코인 투자 때문에 저도 방송에서 이른바 가상화폐

에 대해서 많이 공부를 하게 되는데, 김남국 의원이 초기에 해명했던 말들이 계속 바뀌고 또 해명하지 않은 것들이 계속 나오고 있잖아요. 이게 결국은 숨길 수 없는 일인데 왜 이런 식으로 해명을 했을까요?

윤태곤 지금 보십시오. 앞서도 우리 전문가 두 분께서 나와서 이야기하셨지만 제가 볼 때는 지금 이 국면을 이끌어 나가고 선도하고 있는 것은 기존 언론이라든지 무슨 정치부, 사회부 기자가 아니에요. 가상화폐 전문가들, 가상화폐 전문 매체들이 김남국 후보의 의원의 전자지갑 트랜잭션을 추적해서 사실 기존 기자들은 별로 그럴 능력이 부족하기 때문에 그걸 따라가고 있는 거예요. 김남국 의원은 제가 생각할 때는 이렇게까지 전개될 걸 몰랐던 것 같아요. …

편상욱 그런데 그것은 자기가 전문가와 인터넷에 전문가 그룹이 얼마나 많고 하는 걸 충분히 예측할 수 있었던 일인 것 같은데 너무 어설픈 대응이 아니었나…

윤태곤 그러니까 그걸 아까 제가 말씀드린 대로 이게 무슨 보수언론과 수사기관과의 이런 대립각만 생각했던 것 같아요.

편상욱 민주당에서는 일부 김남국 의원을 감싸려는 분위기도 느껴집니다. 서영교 최고위원 같은 경우는 어제 김남국 의원이 좋은 정치인이었다면서 가상투자도 대한민국 경제의 한 유형이다. 이렇게 옹호를 했고요. 정청래 최고위원 역시 불법이 없어서 국민정서법을 들이대는 거라고 얘기를 합니다. 이런 지도부의 의식도 있는데 이건 어떻게 봐야 됩니까?

윤태곤 그건 제가 이 부분이 뭘 알고 있냐라고 오히려 거꾸로 여쭤보고 싶어요. 김남국 의원이 구체적으로 어떻게 했는지에 대해서 알고 있겠습니까? 이분들도 잘 모를 거 아니겠습니까? 그런데 이분들도 아까 제가 말씀드렸던 초기의 인식, 김 의원이 가졌던 초기의 의식, 보수언론의 단독 보도로 시작되고 검찰이라든지 수사기관이 그 뒤에 있고 이런 식의 정치적 프레임을 치려고 했던 것에 그냥 여전히 머물러 있는 것 같아요.

편상욱 훨씬 더 큰 사건이 되는 거죠. 이른바 '김남국 게이트'가 될 수 있는 거죠. 이재명 대표는 지금 오늘 목감기 걸려서 일정을 전부 취소했다고 그럽니다. 김남국 의원 건에 대해서 기자들이 물어볼까 봐 그런 것 아니냐 이런 추측들도 나오는데 공교롭게도 전날 자신의 재판이 시작됐고 지금 김남국 의원이야말로 자신의 최측근 중 한 명이잖아요?

윤태곤 그러니까 옛날에 농담 한 것도 있었지 않습니까? 돈봉투 이야기 나왔을 때 '김 의원 받았냐?' 이런 농담을 한 건 그만큼 자신이 있고 김남국 의원을 신뢰하니까 이런 건데 이런 걸 알았겠습니까? 민주당으로 볼 때는 지금 삼각형이에요. 안 좋은 삼각형. 이재명 대표 재판, 돈봉투 사건 그리고 김남국 의원. 삼각형이지 않습니까?[15]

---

15. [출처] SBS 뉴스 원본 링크.
https://news.sbs.co.kr/news/endPage.do?news_id=N1007189355&plink=ORI&cooper=NAVER&plink=COPYPASTE&cooper=SBSNEWSEND

08. FIU시스템 설계자 문송천 박사, "김남국 자금세탁 혐의, 4개월간 매일 평균 7회 현금인출한 듯하다"

금융정보분석원FIU이 포착한 김남국 전 더불어민주당 의원의 '의심 거래'에 대해, 문송천 카이스트KAIST 경영대학원 명예교수[16]는 5월 16일 〈조선닷컴〉에 "FIU 혐의 거래 시스템 작동원리를 토대로 분석해보면 김 의원에게 적용된 의혹은 자금세탁이 유력하다"고 밝혔다.

문 박사는 "검찰이 개입할 여지도 없이 시스템이 의심거래를 잡아낸 것뿐이다"라고 했다.

김남국 의원은 5월 6일 "개인의 민감한 금융정보와 수사정보를 언론에 흘린 것은 윤석열 라인의 한동훈 검찰 작품이자 윤석열 정부의 실정을 덮으려는 아주 얄팍한 술수"라고 주장했다. 또 5월 15일에는 김어준 유튜브에 출연해 에어드롭, 상임위 중 코인 투자 의혹 등에 대해 해명했다.

이에 대해, 문 교수는 "김 의원 해명은 본질을 흐리는 것"이라며 "김 의원이 해명하는 단순 코인투자, 에어드롭, 코인이체 같은 것은 FIU 감시대상에 포함되지 않도록 시스템이 설계됐다"고 말했다. "핵심은 '현금인출을 통한 자금세탁'이 유력하다고 시스템이 판단했다는 것"이라며 "김 의원이 거래내역과 수입자료 일체를 더불어민주당 진상조

---

16. 한국 최초 전산학 박사인 문송천 카이스트 교수는 컴퓨터 데이터베이스 분야의 최고 권위자로 꼽힌다. 컴퓨터 관련 최초 한글 교과서인 『컴퓨터 개론』(1979)을 집필하고 영국 케임브리지대·에든버러대 전산학과 교수를 지냈다. 1971년 당시 유일하게 전자계산학과가 개설된 숭실대에 입학, 세계 최초로 수퍼컴퓨터 제작에 성공한 미국 일리노이대 어바나 –샘페인캠퍼스 대학원에서 전산학 박사학위를 받았다.

사위에 제출할 수 없었던 것도 그 때문"이라고 말했다.

앞서 박정훈 FIU원장은 5월 11일 국회 정무위원회에 출석해 김 의원의 코인 투자 정보를 검찰에 넘긴 이유에 대해 "저희가 분석할 땐 세 가지 가장 기본적인 케이스(불법재산·자금세탁·공중협박자금조달 행위)가 있다. 그런 사안들에 대해 형사사건 관련성이 있을 때 의심거래로 보고 정보를 제공하게 돼 있다"고 밝혔다.

문 교수는 김 의원이 대리인을 통한 '쪼개기 인출'을 하다 FIU 혐의 거래 시스템에 적발됐을 가능성을 거론했다.

실제로 김 의원의 것으로 추정되는 가상자산 지갑에서 2022년 1월 28일부터 5월 29일까지 약 4개월간 48회에 걸쳐 100억 원에 달하는 가상자산이 업비트와 빗썸 거래소로 이체된 것으로 나타났다. 이 자산이 현금인출이 되었기에 FIU 시스템에 적발됐다는 것이 문 교수의 설명이다.[17] …

"김 의원 거래가 바로 그런 케이스"라며 "자금세탁 혐의가 유력하다고 본다"고 했다. 필자는 불법으로 세탁한 코인의 출처와 세탁한 자금의 사용처에 무게를 두고 있다. 이러한 돈의 출처와 사용처, 용도는 무엇일까? 이재명 대표와도 거래가 없었을까? 이준석 국민의힘당 전 대표와 거래관계는 없었을까? 상당히 의문시 된다.

---

17. [출처] 김자아 기자, https://www.chosun.com/people/kim-jaah/입력 2023.05.17., 업데이트 2023.05.17. 23:33.

09. 망가진 국가정보원, 간첩조직의 적발과 국가정보원 기능 복원 추진

가. 국민의힘당 의원들, 2024년 1월 1일 경찰로 이관되는 국가정보원의 대공 수사기능 복원 주장

망가진 국가정보원이 민주노총 간부들의 국가보안법위반 혐의를 수사하여 간첩행위를 적발하자 이를 계기로 국민의힘당 의원들이 2024년 1월 경찰로 이관되는 국가정보원의 대공수사권 기능 복원을 주장하고 나섰다.

정진석 국민의힘당 비상대책위원장은 2023년 1월 19일 광주 김대중컨벤션센터에서 열린 광주·전남 비대위회의에서, "수십 년간 축적된 간첩수사 노하우를 가진 국정원 손발이 묶이면 가장 좋아하는 사람은 누구일까"라며 "김정은은 핵탄두를 기하급수적으로 늘려 언제든지 전술핵무기로 한반도 남쪽을 타격하겠다고 호언하고 간첩단을 우리 사회 곳곳에 침투시켜 내전을 부추기려고 혈안이다"라고 말했다. 정 위원장은 이어 "국가안보와 국민생명을 지키는 최후의 보루, 최후의 조직은 있어야 한다. 그 조직은 바로 국가정보원이다"고 말했다.

최재형 의원도 이날 페이스북 글에서 "경찰은 간첩수사 경험이 거의 없고 해외방첩망도 전무하다는 점에서 과연 제대로 된 대공수사가 하루아침에 가능할지 의문"이라며 "국정원의 대공수사권 폐지를 폐지해야 한다"고 주장했다. 지난해 12월 국정원의 대공수사권을 유지하는 내용의 국가정보원법 개정안이 이명수 국민의힘당 의원 대표로 발의된 상태다.

이에 대해, 야권은 '국정원 대공수사권 복원'에 일제히 반대의견을 냈다. 김성환 더불어민주당 정책위의장은 이날 정책조정회의에서 "사건의 실체는 수사결과를 지켜봐야 하겠지만, 국정원이 내년 경찰로 이관되는 대공수사권을 계속 유지하기 위한 도구로 활용하는 것은 아닌지 걱정이 된다"며 "국정원의 개혁은 계속돼야 한다"고 말했다. 이정미 정의당 대표도 상무집행위원회에서 "국정원은 공안수사권 회복을 시도하려 한다며, 국정원의 국민사찰, 여론조작을 또다시 허용하려는 정부 여당의 그 어떤 시도도 용납하지 않을 것이다"고 주장했다.

나. 윤 대통령, 민주노총의 간첩조직을 거론하며 '국정원 대공수사권 폐지는 잘못'

윤석열 대통령이 2023년 5월 13일 국민의힘당 새 지도부와 만찬 자리에서 국가정보원의 민주노총 국가보안법위반 혐의 수사를 거론하며, "국정원 대공수사권 폐지는 잘못됐다"고 말한 것으로 확인됐다. 대통령실 만찬 뒤 국민의힘당 지도부는 국정원 대공수사의 정당성을 주장하며 민주노총의 간첩 활동의 문제점을 제기했다.

다음 날 〈한겨레신문〉이 전한 만찬 참석자들의 얘기를 종합하면, 윤 대통령은 "대공수사는 하루 이틀 해서 되는 게 아니라 5년, 10년 해야 한다. 국정원이 대공수사를 못 하게 하는 건 잘못됐다"는 취지로 말했다고 전했다. 문재인 정부 시절이었던 2020년 12월 더불어민주당은 국회에서 국가정보원의 대공수사권을 폐지하는 국가정보원법 개정안을 통과시켰다. 국가정보원의 정치개입과 인권 침해, 사건 조작 등의 폐해를 바로잡기 위한 개혁작업의 일환이라는 것이다.

3년 유예기간이 끝나는 2024년 1월 1일부터 국정원의 수사권은 경찰로 이관된다. 앞서 윤 대통령은 2023년 1월 26일 국민의힘당 지도부와 오찬 때도 "(대공수사는) 해외 수사와 연결돼 있기 때문에 국내 경찰이 수사를 전담하는 부분에 대해 살펴봐야 하는 여지가 있다"라고 말했는데, 이 말은 국정원의 대공수사권 존치 필요성을 직접 언급한 것이다.

다음 날인 5월 14일 국민의힘당 지도부가 일제히 민주노총에 공세를 가한 건 윤 대통령 의중을 적극 뒷받침하면서 국정원의 대공수사권 복원을 위한 포석을 두려는 것으로 해석된다.

10. 언론기관의 정상기능 회복
– 언론노조가 무너지고 있다!

가. KBS TV 수신료 분리 징수 추진

정부가 29년 동안 유지됐던 한국방송공사(KBS) TV 수신료 분리 징수를 추진한다. 대통령실은 국민 대다수가 찬성하고 있는 부분이라며 분리 징수와 관련한 후속조치 이행 마련을 권고했다.[18] 반면 KBS는 "김의철 사장이 분리 징수 도입 철회하면 사퇴하겠다"고까지 밝히며 반발하고 있다.

정치권에서는 정부의 KBS 수신료 분리 징수 추진을 두고 다양한 의견이 오가고 있다. 정부는 국민참여토론 결과를 앞세워 법령개정을

---

18. 수신료 분리징수 국민 96.5% 찬성…BBC·NHK도 분리징수, 대통령실은 지난 3월 9일부터 한 달간 국민제안 홈페이지를 통해 'KBS 수신료 분리징수 안건'에 대해 공개토론에 부쳤다. 그 결과 토론에 참여한 96.5%(찬성 5만 6226건, 반대 2025건)의 국민이 수신료 분리징수에 찬성했다. 이에 대통령실은 분리징수를 위한 관계 법령개정 및 그에 따른 후속조치 이행방안 마련을 권고했다.

권고하기로 했고, 이를 두고 공영방송의 근간을 훼손할 수 있다는 우려의 목소리가 나오고 있다. KBS 등 공영방송이 제 역할을 하지 못해 국민의 외면을 받아 KBS 수신료 분리가 대세인 것 같다.

나. 이영풍 KBS 기자, "KBS, '프로파간다 확성기' 전략… 국민의 눈과 귀 가려, KBS를 '편파방송 공장'으로 전락시킨 주역들, 모두 몰아내야"

국민의 시청료로 운영되는 KBS가 공익성에 근거한 공영방송을 편성하지 않고 '특정세력'에 이롭도록 '편파보도'를 하는 데 집중하고 있다는 비난이 KBS 내부에서 들끓고 있다.

KBS가 ▲민주노총 간첩단 사건 등 국가안보와 관련된 사안을 당일 메인뉴스에서 다루지 않고 ▲사전고지 없이 앵커 멘트 화면을 바꿔치기하는가 하면 ▲TV조선 재승인 점수 조작 사건으로 구속기소된 대학교수가 KBS 이사직을 유지하는 등 공영성과 공정성이 무너진 모습을 잇따라 보이면서 KBS의 '자성'과 '쇄신'을 촉구하는 목소리가 커지고 있는 것이다.

보수·우파 성향의 KBS 노동조합(1노조, 위원장 허성권)과 사내 직능단체인 KBS 방송인연합회(회장 정철웅)가 KBS 시사·보도 프로그램의 '좌경화'를 우려하는 성명을 꾸준히 배포하며 사내 여론을 환기하고 있는 가운데, 최근엔 한 중견기자가 KBS 통합뉴스룸(보도국) 사무실에서 통합뉴스룸 국장과 KBS 수뇌부를 공개적으로 비판하며 '경영진 총사퇴'를 촉구하는 농성에 돌입하는 등 "특정세력의 스피커로 전락해버린 KBS를 더 이상 두고 볼 수 없다"는 것이다.

통합뉴스룸 사무실에서 성재호 국장과 '격론'을 벌여 단박에 '이슈메이커'로 떠오른 주인공은 과거 KBS 공영노동조합과 KBS 노동조합

(1노조)에서 부위원장과 정책공정방송실장으로 활동했던 이영풍 라디오뉴스 제작부 기자다.

앞서 '간첩단뉴스'가 메인뉴스에서 빠진 사실을 비판하는 성명을 KBS 보도게시판에 게시했다는 이유로 정철웅 KBS 방송인연합회장이 보도국장실에 두 차례 불려간 데 이어 자신마저 KBS를 비판했다는 이유로 국장실에 불려가자, 이 기자가 공개적인 자리에서 통합뉴스룸 국장을 맹비난하는 성명을 발표한 것으로 확인되었다.

2023년 4월 30일 오후 4시 30분경 통합뉴스룸 사무실에 나타난 이영풍 기자는 "KBS는 문재인 정권 5년 동안 양승동 사장 밑에서 편파방송의 끝판왕을 보여줬고, 현재 김의철 사장 체제에서도 정신을 못 차리고 편파방송의 막장을 보여주고 있다"며 "최근 9시 뉴스 앵커가 시청자들의 눈을 가리고 속임수를 썼다는 국민들의 비판이 쏟아졌다"고 목소리를 높였다.

"그러니 지금 많은 국민들이 'TV 수신료 분리징수'라는 극약처방까지 공론화하고 우리나라 공영방송 체제를 끝장내려고 하는 거 아니냐"고 다그친 이 기자는 "저는 지난 6년간 KBS에서 벌어진 '전임 사장 축출 사태' 등을 잘 지켜봤다. 불법파업을 하고도 어느 누구 하나 징계받는 일이 없었다"며 "이 자리에 있는 성재호 국장부터 민주노총 언론노조 위원장이었던 시절 분명히 사규를 어겨가며 사내직장 질서 문란사태를 일으켰는데, 그 뒤에 양승동 피디가 사장이 되고 나서 아무런 징계를 받지 않는 걸 보고 많은 충격을 받았다"고 말했다.

그러면서 "저를 파면해 달라. 감사한 훈장으로 받아들이겠다"고 말한 이 기자는 "김의철 사장, 손관수 보도본부장, 성재호 보도국장 등 KBS를 국민들로부터 빼앗아 '편파방송 공장'으로 타락시킨 자들이 모두 KBS에서 퇴진할 때까지 보도본부에서 농성을 하겠다"고 말했다.

11. 중앙선관위 위원장과 선관위원들은 모두 교체되어야!

가. 중앙선관위, 북한정찰총국 해커가 중앙선관위 서버를 해킹한 사실을 은폐하고, 국가정보원과 행정안전부의 보안점검을 왜 무시했을까?

중앙선관위는 국민(국회)과 감사원의 통제를 받지 않는 권력기구로 부상했다. 스스로 헌법기관이라고 주장하고 있는데 오히려 헌법과 공직선거법령을 어기는 월권행위와 불법행위를 저지르고 있다. 그러나 꼬리가 길면 밟힌다. 권순일 전 대법관과 이재명 후보와의 재판거래 의혹, 50억 수수 의혹, 김명수 대법원장의 탄핵 등 직권남용 사건, 중앙선관위 위원장 겸 대법관 노태악의 서버가 해킹당한 사실을 은폐한 책임과 중앙선관위 고위직 고용세습 문제, 부정선거 문제 등으로 사면초가에 놓여있다.

국가정보원은 "2021년 3월 26일부터 최근까지 총 8차례 중앙선관위에 해킹 관련 정보를 알려줬다. 7건이 북한정찰총국 산하 해커조직인 '라자루스'가 벌인 것으로 추정된다"고 공개했는데, 중앙선관위는 그런 일 없다고 잡아떼고 있다. 확인한 결과 중앙선관위는 국가안보와 직결되는 사안임에도 '정치적 중립성' 이유로 들며 국가정보원과 행정안전부의 보안점검 권고를 거부한 것으로 나타났다.

지난 5월 3일 국회소통관에서 열린 국회행정안전위원회 소속 국민의힘당 의원들은, "선관위의 이해할 수 없는 행태도 함께 드러났다"며

"북한 해킹 공격 시도로 선거인명부 유출, 투·개표 조작, 시스템 마비 등 치명적 결과가 벌어질 수 있음에도 행정안전부와 국정원의 보안점검 권고를 무시하고 선관위 입회하의 보안점검까지 거부했다. 이는 도저히 납득할 수 없다"고 지적하고 "선관위는 오로지 헌법기관이라는 점만 앞세워 보안점검 요청을 거부하고 외부 위협으로부터 스스로를 취약하게 방치하고 있다"고 비판했다.

그러면서 "선관위가 행안부·국정원의 보안점검 권고를 거부한 경위를 파악하고, 사이버 보안조치 마련을 위해 선관위에 상임위 차원 진상조사를 강력하게 요구할 것"이라고 밝혔다.

이에 대해, 중앙선관위는 "헌법상 독립기관인 선거관리위원회가 행안부·국정원의 보안컨설팅을 받을 경우 정치적 중립성에 관한 논란을 야기할 수 있어 자체점검 외에도 외부전문가의 자문평가를 받는 등 시스템 신뢰성 제고에 대한 다양한 방안을 검토하고 있다. 또한 우리나라 투표지분류기는 외부와 통신망이 단절돼 있어 해킹 우려가 없다"고 부연 설명했다. 뻔뻔한 거짓말이다. 이는 4·15 총선 등의 전산조작 등 부정선거의 증거를 숨기고 있는 것이다.

나. 아빠찬스, 동료찬스를 이용한 중앙선관위의 고용세습 조직적 자행

중앙선관위 사무처의 현 사무총장과 사무차장의 자녀가 지방공무원으로 근무하다 선관위에 채용돼 국가공무원이 된 사실이 확인됐다.

선관위에 따르면 박찬진 중앙선관위 사무총장의 딸 박모 씨는 광주 남구청에서 9급 공무원으로 근무하다 지난해 1월 전남 선관위가 2022년 3월 9일 대선과 2022년 6월 1일 지방선거에 대비해 실시한 7급 이하 경력직 6명 공모에 지원해 9급에 채용됐다.

그녀는 2022년 3월 14일 전남 강진 선관위로 발령났으며, 현재 국가직 선관위 9급 공무원으로 근무 중이다. 당시 공모에는 18명이 지원했으나 2명은 지원을 철회하고 6명은 면접에 결시해 최종 면접자 10명 중 6명이 채용됐는데 박 씨가 그중 1명이었다고 선관위는 밝혔다. 당시 박 사무총장은 중앙선관위 사무처 사무차장이었다.

송봉섭 사무차장의 딸 송모 씨도 충남 보령시에서 8급 공무원으로 근무하다 2018년 선관위의 8급 이하 경력직 공모에 지원해 8급으로 채용됐다. 선관위에 따르면 당시 지원자는 2명이었고 합격자도 2명이었다고 한다. 송모 씨는 채용 뒤 충북 단양 선관위에 발령났고, 이후 수년간 근무 끝에 현재 선관위 7급 공무원으로 재직 중이라고 선관위는 밝혔다.

선관위는 "박 씨와 송 씨의 채용은 법과 원칙에 따라 공정하게 이뤄졌고 아버지들이 영향을 미친 바는 전혀 없다"고 했다. 이어 "선관위 경력직 채용은 중앙과 지방공무원 모두에 열려있다. 또 경력직에 채용되면 원거리 지역에 배치되고 전보제한으로 수년간 근무해야 한다. 이 때문에 지원자 미달로 공모기간을 연장하는 등 인기가 높지 않다. 광주에서 근무하던 박 씨도 선관위 채용 뒤 원거리 지역인 강진에 배치돼 자취하는 등 고생을 한다"고 했다.

직전 사무총장인 김세환 전 사무총장 역시 사무차장 시절 지방공무원 아들이 선관위에 채용되고, 반 년 만에 승진한 사실이 알려져 특혜 논란이 불거진 가운데 사전투표 부실관리 책임론이 제기되며 사퇴한 바 있다. 이에 대해 선관위는 "법과 절차에 따른 공정한 채용으로 아버지들의 영향력 행사는 전혀 없었다"고 뻔한 거짓말을 했다.

김세환 전 총장도 2020년 1월 강화군에서 근무하던 아들 김모 씨가 인천시 선관위로 옮겼고, 6개월 뒤인 7월 7급으로 승진한 사실이 알려져 논란을 빚었다. 아들 이직 당시 김 전 총장은 선관위의 사무차장이었고 2020년 10월 사무총장(장관급)에 취임했다. 아들 김 씨는 또 지난해 2월 중앙선관위가 파견한 12명의 미국 출장단에 포함되면서 특혜 논란이 일었다.

김 전 사무총장은 아들 채용 논란이 보도된 지 하루만인 2022년 3월 16일 "사전투표 부실관리 책임을 통감한다"며 사퇴했다. 이어 시민단체에 의해 직권남용 혐의로 고발당했으나 경찰은 지난해 말 "김 전 총장이 아들의 채용 등에 부당한 영향력을 행사했다는 증거를 발견하지 못했다"며 무혐의처분했다.

중앙선관위도 특별감찰을 실시했으나 김 전 총장이 아들 채용 등에 부당한 영향력을 행사한 정황은 확인하지 못했다고 밝혔다. 다만 아들 김 씨의 인천시 선관위 관사 사용과 미국 출장자 선발에 부적정한 업무 처리가 있었음을 확인하고 담당 부서장에게 책임을 묻겠다고 밝힌 바 있다.

이러한 세습고용이 언론에 보도된 뒤 김기현 국민의힘당 대표는 중앙선거관리위원회의 각종 자녀 특혜채용 의혹이 불거진 것과 관련해 5월 25일 "선관위가 알고 보니 고용세습위원회였다"면서 노태악 선관위원장의 사퇴를 촉구했다.

김 대표는 이날 서울 여의도 국회에서 진행된 최고위원회의에서, 선관위 경력직에 김세환 전 사무총장 아들, 박찬진 사무총장과 송봉섭 사무차장의 아들이 채용된 사실을 언급하며 "국민 세금으로 봉급 주며 선거관리 하랬더니 선관위 고위직 자녀들의 일자리 관리를 하고 있었다"고 밝혔다.

이어 김 대표는 "선관위의 기둥부터 썩은 게 드러나는 데도 마땅히 책임져야 할 노태악 선관위원장과 당사자인 박찬진 사무총장은 뻔뻔하게 자리 버티고 있다"며 "선관위원장은 대체 그 자리에 왜 앉아 있느냐?"또 "총체적 관리부실에 대한 일말의 책임도 없느냐. 차라리 그 자리를 내려놓는 게 좋을 것"이라고 강조했다. 그러면서 "선관위 전반에 걸친 대대적인 개혁과 특혜채용 의혹자에 대한 수사당국의 수사가 시급하다"고 말했다.

필자의 판단은, 면밀히 감사와 수사를 하면 특혜채용 인원이 상당히 늘어날 것이다. 또한 중앙위선관위원, 사무처 고위직, 사무처 직원, 동료 사이에 부정청탁을 위한 돈 거래는 없었을까? 지켜볼 일이다.

12. 중앙선관위의 부정선거 사례 등에 대한 전문가들의 경고

중앙선관위의 부정선거 의혹 제기는 4·15 총선의 재검표 검증과정에서 불법을 저지른 혐의가 상당하다고 할 것이다. 대표적인 사례 몇 가지만 설명하고자 한다.

가. 윤용진 변호사, 선관위의 형상기억 종이 관련 구석명신청

지난 2020년 4·15 총선 경기 파주을 선거무효소송 원고인 박용호 당시 미래통합당 후보의 소송대리인 중 한 명인 윤용진 변호사가 대법원 3부에 소위 형상기억 종이와 관련된 구석명신청서를 제출했다.

석명권이란, 소송에서 판사가 재판 당사자에게 질문을 하거나 입증을 촉구할 수 있는 권한이다. 또 구석명신청이란 소송당사자 중 한쪽이 재판장에게 상대방에 대해 설명을 요구하여 줄 것을 요청하는 것을 말한다.

윤용진 변호사는 11일 재판부에 제출한 구석명신청서에서 "먼저 소위 형상기억 종이, 다른 말로는 원상회복 종이가 존재하는지 그런 특수지를 4·15 총선에 사용했는지에 대해, 피고 선관위는 분명히 밝히고 재판부는 이에 대한 판단을 판결문에 상세히 기재해주길 바란다"라고 요청했다. 이유는 피고인 선관위는 소위 신권 다발 투표지의 발생 원인에 대해 종이가 원상태로 회복되는 기능이 적용된 특수재질 종이를 사용했다고 공식적으로 답변했기 때문이다.

이에 따라 선관위는 첫째 형상기억 종이, 다른 말로 원상회복 종이가 존재하는지 여부를 밝히고, 둘째 존재한다면 그에 관한 특허 등록증을 제시하고 셋째 원상회복 종이 재판부에 제출하고, 넷째 그런 특수지를 4·15 총선에 사용했다는 공급계약서를 증거자료로 제출하여야 할 것이고, 다섯째 만약 세상에 그런 종이가 존재하지 아니한다면 왜 국민을 우롱하는 수준의 엉터리 해명을 공식적으로 하게 되었는지 그 경위를 주권자인 국민들 앞에 소상히 밝혀야 될 것이라고 촉구했다.

윤 변호사는 또 피고인 선관위가 원고의 구석명 사항들에 대해 주권자인 국민들 앞에 분명하게 답변을 하고 국민들을 납득시키기 전에는 절대로 재판부는 변론을 종결하여서는 아니 될 것이라고 역설했다. 신권 다발처럼 빳빳한 투표용지가 재검표 과정에서 나온 그 것을 보고서 모두 이상하게 생각한 것은 너무나 당연한 일이다. 이에 대해서 선관위는 공개적으로 뭐라고 주장을 했냐면 종이가 원상태로 회복

되는 기능이 적용된 특수용지를 사용했다. 그렇게 주장을 하면서 이른바 형상기억 종이 혹은 원상회복 중이라는 문제가 논란이 된 것이다.

그러나 이 건과 관련해서는 법정에 증인으로 출석했던 종이전문가가 "시간이 지나면 저절로 다시 펴져서 빳빳해지는 종이는 이 지구상에 없다"라고 단호하게 말해서 선관위의 주장에 상당한 타격을 가한 바 있다.

만약에 그런 종이가 세상에 없는데 선관위가 있다고 주장했다면 그런 거짓말을 한 것에 대한 명확한 책임을 져야 한다는 것이며, 재판부는 이 중요한 문제에 관한 판단을 반드시 판결문에 넣으라는 것이다. 현재 4·15 총선 선거무효소송을 담당하고 있는 대법원의 대법관들은 현재 소송을 빨리빨리 끝내려고 하고 있다.

사실은 소송이 제기된 지 2, 3년이 넘도록 제대로 아무것도 안 하다가 최근에 중요한 변수가 생기는 등 선관위의 복마전 실태가 연일 터져 나오면서 대법관들이 상당히 부담을 느낄 수밖에 없는 상황으로 바뀌었다. 그동안 대법관들이 4·15 총선 선거무효소송과 관련해 워낙 말도 안 되는 막판 재판, 엉터리 재판을 해왔기 때문에 선관위가 형편없는 집단이라는 것이 속속 드러났다.

다음은 언론인 허정구 전 한국경제신문 논설위원이 '선관위 업무에서 선거관리를 제외시켜야 하는 이유'라는 역설적인 제목으로 선관위의 형태를 통렬히 비판한 글이다.

나. 허정구 전 논설위원, "중앙선관위 감사원 감사 못받겠다 생떼"

허정구 전 논설위원은 자신의 SNS에서, "중앙선관위는 자녀 특혜 채용과 전산망 해킹 외의 다른 선거 관련 업무에 대해선 감사원의 감사를 못 받겠다고 생떼를 쓰고 있다"고 질타했다.

허정구 전 논설위원은 선관위 업무에서 선거관리를 제외시켜야 하는 이유는 수없이 많다면서 "4·15 총선 재검표에서 접은 흔적이 없는 빳빳한 투표지가 무더기로 쏟아지자 선관위는 형상이 복원되는 종이를 사용해서 그렇다고 했다. 정해진 규격보다 큰 기표 도장이 찍힌 투표지에 대해서도 선관위는 시간이 지나면 도장이 불어난다고 했고, 도장이 온통 붉은색으로 떡칠이 된 일장기 투표지 천 여장에 대해선 선관위는 만년 도장의 인주를 묻혀서 찍었기 때문이라고 했다. 또한 지역구 투표지에 비례대표 투표지가 겹쳐서 출력된 배춧잎 투표지는 배출되는 지역구 투표지를 안쪽으로 밀어 넣어서 비례대표 투표지가 겹쳐서 프린트됐다고 주장했으며, 4·15 총선 당시 스캔해둔 투표지 이미지와 재검표장에서 스캔한 투표지 이미지를 비교하려고 원본 이미지 파일을 법정에 제출하라고 했더니 원본 파일은 삭제했다며 복사본 파일을 제출한 선관위이다"라고 질타했다.

허정구 전 논설위원은 "선관위나 대법원뿐만 아니고 그동안 4·15 총선 선거부정 의혹과 관련해 거품을 물고, 절대로 대한민국에서 부정선거는 있을 수 없다고 주장해온 정치권이라든지 언론계라든지 혹은 학계 일부 인사들은 꼭 한번 읽어 보고 자신들의 주장을 계속 고집할 수 있을지 한번 판단해 보길 바란다"고도 했다.

다. 명지대 정치외교학과 신율 교수, "선관위 개혁 시급하다"

명지대 정치외교학과의 신율 교수가 최근 주간조선에 현재 견제받지 않는 권력 선관위의 개혁이 시급하다는 제목의 글을 올렸다.

"견제받지 않는 권력은 절대 부패한다는 격언은 현재 대한민국 선관위에 그대로 적용될 수 있다. 선관위는 힘 있는 기관이다. 선관위는 출석 요구권, 장소 출입권, 자료 제출 요구권 등을 가지고 있을 뿐 아니라 법원의 허가 없이 계좌를 추적할 수 있는 권한도 가지고 있다. 이런 힘이 있는 선관위는 자신들이 헌법적 독립기관이라는 말만 되풀이하며 감사원에 감사를 거부하고 있다. 감사원에 감사를 거부할 정도로 당당하려면 자신들에 대한 의혹이 제기되지 않도록 스스로 관리를 잘했어야 했다. 하지만 선관위는 고위직 자녀 특혜채용 의혹을 보면 전혀 그렇지 않았음을 알 수 있다.

이런 선관위 모습의 백미편은 노태악 중앙선관위원장에 언급이다. 그의 말을 한 줄로 요약하자면 '잘못은 했지만 우리를 조사할 주체는 우리가 결정한다'라는 것이다. 한 마디로 법을 어겼다는 의혹을 받는 기관의 수장이 법규를 들먹이며 감사를 거부하면서 조사기관을 결정하겠다는 것이다.

신율 교수는 이번 의혹 사건은 크게 두 가지 문제점을 가지고 있다는 것이다. 하나는 취업 특혜라는 공정의 문제이고, 다른 하나는 선관위의 신뢰 하락이다. 특히 선관위에 대한 신뢰 하락은 곧바로 권위 하락으로 이어지는데 권위를 잃은 선관위가 공정한 선거관리를 할 수 있을지 지극히 의심스럽다. 이런 이유에서 선관위 전반에 변화가 필요한 것이다. 변화의 시작은 선관위 지도부의 개혁이어야 한다. 선관위 지도부의 개혁은 크게 중앙선관위원장과 선관위원 임명과정이다. 중앙선관위는 대통령이 임명하는 3인, 국회에서 선출하는 3인, 대법원장이 지명하는 3인 이렇게 9인으로 구성된다.

중앙선관위원장은 대법원장이 지명한 법관 중 대법관이 위원장을 맡는 것이 관례화돼 있다. 현재 중앙선관위원 중에서 대법원장이 지명한 위원은 3명인데 그중에서 노태악이 중앙선관위원장이 된 것이다. 흥미로운 부분은 각 시도선관위원장 역시 해당 지역의 법원장들이라는 점이다. 선거관리위원회법에 의하면 해당 지역을 관할하는 지방법원장이 지명하는 법관이 시도선관위원으로 들어가게 되어 있는데, 여기서 해당 지역의 법원장은 선관위원으로 추천하고 해당 시도선관위 위원장을 맡는 것이 관례로 되어 있다. 지금 코미디도 이런 코미디가 없다.

이렇게 되면 웃지 못할 일들이 벌어질 수 있다. 예를 들어, 이번에 자녀 특혜채용 의혹으로 물러난 박찬진 전 사무총장의 경우 그의 자녀가 채용된 곳이 전남 선관위이기 때문에 해당 의혹이 재판에 넘겨질 경우 전남 선관위원장인 광주고법 수석판사가 형사고발대상자인 동시에 사건을 담당하는 법원의 책임자가 될 수밖에 없다 1인 2역을 소화해야 한다는 것이다.

이런 관행은 관습으로 굳어졌다. 바로 이것이 문제의 시작이다. 헌법적 요건이 아님에도 권력분립에 위배되는 일들이 관례라는 이름하에 지속적으로 발생하고 있는 것이다. 여기서 권력분립 위반이라고 언급한 이유는 선관위는 독립적이기는 하지만 행정기관임이 분명하기 때문이다.

법관이 행정기관의 수장을 맞는다는 것은 권력분립 원칙의 위반이다. 다시 말해서 현직 법관이 선관위원이 될 수는 있지만 바로 그 사람이 중앙선관위원장이나 각 지방선관위원장이 돼서는 안 된다는 것이다.

이런 개선사항 없이 선관위가 이번 의혹들을 적당한 선에서 마무리하려고 한다면 선관위는 그들의 본인의 기능, 즉 선거관리에 상당한 어려움을 겪게 될 것이다. 그 피해는 국민들에게 돌아갈 수밖에 없다.

선관위 개혁을 위해, 선관위원 전원은 스스로 직에서 물러나야 한다. 선관위는 대한민국을 우선적으로 생각하는 입장에서 이번 의혹을 수습하기 바란다."

이렇게 명지대 정치외교학과 신율 교수가 강조했다.

라. 황교안 전 대표, 4·15 총선 부정선거 의혹 검찰의 즉각적인 수사 촉구

부방대, 즉 부정선거 및 부패방지대 총괄대표를 맡고 있는 황교안 전 대표는 자신의 유튜브 〈황교안 TV〉와 SNS 등을 통해서 선관위의 잘못된 행태를 질타하고 4·15 총선 부정선거 의혹에 대한 검찰의 즉각적인 수사를 촉구했다.

황 대표는, 선관위 직원들은 위아래 없이 채용비리를 저질렀다. 업무추진비를 영수증도 없이 현금으로 쓰고, 주말에도 거침없이 쓸 정도라면 선거관리라고 제대로 했겠는가? 왜 정부와 여야 정치권 주요 언론은 선관위 채용비리만 문제 삼고 정작 우리 민주주의의 대못을 박은 선관위의 부정선거에 대해서는 말을 못하는가? 정치권과 정부 주요 언론은 선관위의 책잡힌 것이 얼마나 많길래 부정선거 가능성의 논의조차 언급을 회피하고 있는가?라고 물었다.

그는 이어서 우리가 선관위의 부정과 불법에 눈 감는다면 우선 당장 우리 사회 선거 시스템 붕괴를 눈으로 직접 보게 될 것이다. 부정선거의 핵심은 사전투표에 있다. 당일투표에서는 유권자들이 실제 선거인 명부에 서명하고 투표지를 교부받아 투표한다. 반면 사전투표에서는 유권자들의 투표 기록이 선관위 컴퓨터 서버 속 통합 명부에만 존재한다. 전자서명 기록이 개표종료와 더불어 삭제되기 때문에 추후 불법 여부를 확인조차 할 수 없다. 그는 3가지에 관하여 중점 설명을 한다.

첫 번째는, DMZ 인근 민간인 출입통제선 안에 위치한 파주시 진동면 선거이다. 4·15 총선 시 진동면 개표 결과 관내사전투표수가 114표였다. 그런데 진동면 거주자 투표수는 44표뿐이다. 그러면 나머지 70명이 진동면에 거주하는 사람들이 아닌 유령투표 아닌가? 조작이 아닌가?라는 문제가 있다.

이에 대해 선관위는 같은 관내의 옆 동네 사람들이 진동면에 와서 투표를 했기 때문에 그 숫자가 늘어났다고 설명했다. 선관위는 아무 문제가 없다는 주장이다. 그런데 선관위는 이 진동면이 외지인 출입이 까다로운 민통선 지역이라는 말은 쏙 빼놓고 설명한다. 진동면 현지 주민으로 구성된 투표참관인들은 외지인들 숫자를 아무리 많이 잡아도 15명 정도고 70명은 아니라는 입장을 밝힌 바 있다.

민통선 지역인 진동면 주민들의 투표결과는 관내사전투표에서 미래통합당이 40표, 더불어민주당이 72표로 더불어민주당이 압승한 반면 당일투표에서는 미래통합당 43표 민주당이 21표를 얻어 보수진영이 압승을 거둔 것으로 나타났다. 사전투표에서 나온 미래통합당 40표 민주당 72표는 일반상식에 반한다. 선관위는 억지를 부리며 어물쩍 넘어가려고 한다.

두 번째는, 경기도 부천시 신중동 선거구에 4·15 총선 관련 사전투표 부정사례를 강조하고 있다.

신중동 관내사전투표수가 18,210표로 집계되었는데 투표 장소가 한 곳뿐이었다. 1인당 투표시간을 따져보니 4.74초가 나왔다. 코로나로 거리두기까지 하면서 열 체크하고 소독제를 바른 다음 투표함에 입장하게 되어 있었다. 신분 확인 후 투표지를 받는 데만도 1분은 족

305

히 걸릴 텐데도 18,210표나 투표를 했으니 1인당 4.74초 걸렸다. 당시 신중동 투표소에서 비닐장갑을 나눠주는 아르바이트 청년은 하루 3,500명 정도가 투표했다고 제보를 했다. 그러면서 5초 안에 투표를 마칠 수 있다는 말을 곧이들을 사람은 아무도 없다고 강조했다.

세 번째는, 문재인 정권 시절 치러졌던 2018년 6월 13일 서울시 구청장 선거이다. 서울시 구청장 선거 사전투표에서 민주당이 425개 동 전승을 거두었다. 한 곳도 예외 없이 다 민주당이 이긴 것이다. 이 확률이 과연 믿어지는가? 선거인 명부가 없는 사전투표를 했다는 유일한 기록인 신분증 이미지 파일도 투표 마감시간이 지나면 삭제키로 되어 있는 사전투표는 해킹에 좋은 먹잇감이 된다. 조작해도 증거가 전혀 남지 않는다. 이렇게 검증불가한 사전투표제를 설계 도입하고 이를 강행한 당사자가 누구인지 밝혀내야 한다. 썩어빠진 선관위 조직이 무슨 짓인들 못하겠느냐는 차원에서 접근해야 할 중요한 문제다.

그런데 문제가 많은 사전투표제도의 불합리성과 위험성을 지적했다는 이유로 선관위는 저와 민경욱 의원을 사전투표 조작설을 유포해 투표참여를 방해한 혐의로 형사고발 했다. 그러나 경찰과 검찰이 혐의가 없다고 했다. 그럼에도 선관위는 또다시 서울고등법원에 이의를 제기했다. 그러나 결국 서울고등법원은 중앙선관의 신청을 기각했다. 선관위는 이렇게 고소 고발을 남발하여 정의로운 사람들의 입에 재갈을 물리려는 못된 행태를 일삼아왔다. 선관위의 이런 못된 태도는 선거부정과 밀접한 연관성이 있음을 시사한다.

황 대표는, 이미연 감사위원이 작년 3월 사전투표가 유독 불신의 대상인 이유에 대해 "법리적으로 명쾌하게 문제점을 제기해놓은 만큼 감사원은 선관위 감사 시 사전선거제도 도입과 운영을 고집한 사유를 밝혀내는데 감사의 초점을 둬야 한다"라고 촉구했다 이미연 감사원 감사위원회이 사전투표 문제에 대한 지적은 〈건설 TV〉에서 소개한 바가 있다.

황 대표는 또 '중국산 화웨이 장비를 사용해도 되나?'라는 제목의 영상과 글을 통해서는 지난 4·15 총선 당시 중앙선관위는 사전투표 통신망 구축 그리고 유무선 장비 공급과 관련하여 단독으로 입찰한 LG유플러스와 계약을 체결했다. 조달청에서는 당시 선관위가 단독 입찰한 LG유플러스 적합하다고 판정을 해줘서 최종 결정되었다는 입장을 밝힌 바 있다.

사전투표 통신망이 중요한 이유는 선거인 명부가 선관위 컴퓨터 서버에만 남아있기 때문에 해킹을 당할 경우 확인도 어렵고 그 피해가 엄청나기 때문이다. 이는 당일투표에서 유권자가 투표지 명부에 직접 서명을 함으로써 확인 가능한 증거가 남는 경우와는 완전히 다르다면서 문제는 '유독 LG유플러스만 SK텔레콤과 KT와 다르게 중국산 화웨이 장비를 사용하고 있다는 점이다'라고 의문을 제기했습니다.

더더욱 심각한 문제는 LG유플러스를 통해서 대규모 해킹 사건들이 주로 일어나고 있다는 점이다. 이 때문에 지난 2월 9일 국회 과방위에서도 LG유플러스 통신망을 통한 해킹 문제가 심각하게 논의된 바가 있다고 소개했다.

그는 앞으로 진행될 중앙선관위에 대한 감사원에 감사에서는 4·15 총선 당시 LG유플러스가 단독으로 입찰을 했다면 제대로 입찰공고를 낼 수 있음에도 선관위 측은 무슨 사유로, 어느 누가 사전선거 통신망 입찰을 긴급으로 처리하도록 했는지 그 점을 반드시 규명할 필요가 있다.

국정원도 선관위 해킹과 관련하여 "LG유플러스 장비 사용에 따른 보안상 취약점에 주안점을 두고 보안점검을 실시할 필요가 있고 해킹 발자국 추적을 통한 증거 확보에 최선을 다해 주기를 기대한다"라고 했다.

황 대표는, 감사원과 국정원은 선관위가 선거부정을 저질렀을 가능성에 초점을 맞춘 감사와 보안점검을 철저히 시행할 수 있도록 제반 필요한 조치를 취해야 한다고 말했다.

황교안 대표는 국회에서 민주당 이재명 대표의 체포동의안을 부결시킨 것도 모자라 이번에는 돈봉투 살포 의원들의 체포동의안을 부결시켰다. 이 모든 악의 근원을 해결하는 방법은 아주 간단하다. 검찰이 사유로 부정선거를 수사하면 깔끔하게 해결된다. 이미 증거도 다 나와 있지 않은가. 이렇게 쉽고 빠른 방법을 두고 도대체 어떤 길로 돌아가려고 하는 것인지, "이제 총선이 얼마 남지 않았다 시간이 없다"라면서 검찰에 분발을 촉구했다.

13. 대법원의 흑역사, 김명수 대법원장과 대법관들

김명수 대법원장이 퇴임을 앞두고 검찰수사가 진행되고 있다. 이는 과거 임성근 서울고법 부장판사에 대해, 더불어민주당이 요구하는 법관 탄핵을 시키기 위해서 그가 사표를 제출했음에도 불구하고 수리하지 않았고, 이에 대해 거짓말했던 사유일 것이다. "그런 적 없다"고 거짓말을 했다가 임성근 부장판사가 녹음내용을 공개하면서 백일하에 드러났다. 이런 사유로 국민의힘당이 김명수 대법원장을 직권남용,

허위공문서 작성 및 행사로 고발했다.

최근 검찰(서울중앙지검 형사1부)이 김인겸 서울고법 부장판사에게 참고인 신분으로 출석하라고 통보했다. 김 부장판사는 임성근 부장판사 사건 당시 법원행정처 차장으로서 전후 사정을 잘 아는 인물이다.

임성근 부장판사에 대한 사표수리를 김 대법원장이 왜 안 했는지?, 그 이유가 뭔지? 또 국회에 그런 말 한 적 없다는 편지를 보냈을 때 그게 진실한 것인지를 확인하기 위한 것이다. 이 사건에 관하여 문재인 정부하의 검찰은 김인겸 서울고등법원 부장판사에 대해서 방문조사 했었다.

김명수 대법원장은 당시 국회가 임성근 부장판사에 대해, "탄핵한다고 저렇게 설치고 있는데 내가 사표를 수리하면 국회에서 무슨 얘기를 듣겠냐? 오늘 그냥 사표를 수리하면 탄핵 얘기를 못하잖아요. 대법원이 그런 비난을 받는 것은 굉장히 적절하지 않다"고 말했다. 더불어민주당이 임성근 부장판사 탄핵하는 것을 그대로 수용하는 모양이기 때문이다.

임성근 부장판사는 법원행정처 근무 시 일본과 관련해서 여러 협상 또는 징용과 위안부 할머니 등 현안에 대해 외교부와 청와대에 국가 외교에 걸린 문제니까 의견을 물어봤다고 하자 더불어민주당 이탄희 의원은 이런 걸 관련 부처에 문의했다고 해서 임성근 판사를 탄핵하라고 주장했다.

이탄희 의원은 더불어민주당 국회의원으로 판사 출신이다. 그 소속 의원들이 임성근 판사를 탄핵하라고 하니까 임성근 부장판사는 몸이 아파 수술을 해야 한다는 이유로 사표를 냈다. 그러자 김명수 대법원장은 사표수리를 거부했다. 자신의 부하를 탄핵시키기 위해 사표도 수리하지 않는 이런 자가 어떻게 대법원장이 될 수 있는가? 입법·사법·행정이 엄연히 분리되어 있는데 대법원장은 자기 휘하의 법관을 탄핵하라고 갖다 바치는 것 같은 태도를 보였다. 마치 사법부가 입법부 밑에 있는 모양새를 취했다. 이런 행위에 대해, 국민의힘당이 2021년 2월 김명수 대법원장을 직권남용, 허위공문서 작성과 행사, 공무집행방해 등의 혐의로 검찰에 고발했었다.

2년 4개월 만에 다시 수사가 재개되고 있다. 검찰은 그사이 법원의 눈치를 봤다는 것을 알 수가 있다. 이유는 검찰이 문재인 대통령 하의 검찰이었기 때문이다. 지금은 상황이 다르다. 다른 수사팀에서 참고인 소환조사가 필요하다고 결론을 내리고 최근 김인겸 부장판사에게 소환통보를 했던 것이다.

이처럼 5년 8개월 동안 김명수 대법원장이 만든 사법부 흑역사는 끔찍하다. 임성근 부장판사에 대한 탄핵 여부는 개인적인 사건으로 볼 수도 있지만 국민의힘당은 대법원장이 스스로 나서서 사법부를 더불어민주당에게 갖다 바치려고 했던 사건이라는 인식이다. 그의 처벌이 불가피하다는 의견이 지배적이다.

김명수 대법원장을 비롯해 대법관들의 다른 큰 죄는 더불어민주당 또는 문재인 정부 인사들에 대해 재판을 늦추거나 기각하여 풀어준 일이다. 이재명·은수미·조국·윤미향 그리고 울산시장 선거개입 사건도 발생한 지 3년이 훨씬 지났는데 아직 1심이 나오지 않았다. 권순일 대법관과 이재명 후보와의 재판거래, 부정선거 재판 뭉개기 등 김명수 대법원장과 좌파 대법관에 대한 사법처리에 대해 수많은 비판과 폭로가 계속 이어졌다. 이런 의혹들에 대해 매우 엄격한 사법처리가 있어야 할 것으로 보인다. 최근 유창훈 영장전담 부장판사의 이재명 대표 등에 대한 영장기각 결정의 피해는 심각하다. 이러한 정치편향의 판사들에 대해 국민은 사법처리하라고 요구하고 있다.

김명수 대법관들의 물갈이가 이미 시작됐다. 김명수 대법원장은 오는 7월 퇴임하는 조재연·박정화(女) 대법관 후임으로 서경환 서울고법 부장판사(57세, 사법연수원 21기)와 권영준 서울대 법학전문대학원 교수(52세, 사법연수원 25기)를 임명 제청했다. 김명수 대법원장도 오는 9월에 임기가 만료된다. 이런 이유로 대법원의 판결 태도가 최근 바뀌고 있다.

법관에 대한 국민적 통제가 거의 없다. 그래서 극히 편향된 좌파 법관들에 의해 재판이 유무죄가 뒤집히는 사례가 많다. 특히 김명수 대법원장하의 법원의 판결이 오류가 심각하여 상급심 또는 재심에서 뒤집히는 사례가 상당할 것이다. 윤석열 대통령은 조희대 전 대법관을 신임 대법원장 후보로 지명했다. 임명동의안을 더불어민주당이 승인해 줄까? 이재명 대표는 윤석열 대통령과 거래를 할 것이다. 어쨌든 김명수 사법부의 좌파 진지도 무너지고 있다.

14. 반국가 세력은 누구인가? 이들 세력의 침투와 척결

헌법학자들은 박근혜 대통령이 탄핵된 것이 헌법과 법률위반이 아닌 반국가 세력인 공산주의자 문재인 전 대표, 그 후임 김종인 전 비대위원장 등 더불어민주당 의원들과 국민의당 박지원 전 대표 등 의원들이 새누리당 김무성·유승민·하태경 의원들과 결탁하고, 언론과 야합하여 치밀한 계획을 세워 박근혜 정부를 전복한 것으로 보고 있다.

국회의 탄핵소추라는 형식을 갖췄으나, 탄핵소추 사유는 모두 언론이 선전 선동하는 거짓과 시진핑의 중국 공산당과 북한 공산당이 합세하여 일어난 내란 사건이라는 것이다.

이에 대해, 박근혜 전 대통령이 이를 감지 못한 책임이 있다고는 하나 자당 의원들이 배반할 줄 어찌 알았겠는가? 잘못이 있다면 자당 의원들을 믿고 있었다는 점과 세계패권을 잡기 위해 미국과 전쟁을 불사하는 시진핑의 중국 공산당과 더불어민주당의 공작정치, 북한 김정은의 대남공작을 과소평가 하였다는 점이다.[19] 우리는 시야를 잠시 돌려 박근혜 대통령이 집권 시절 대한민국을 위해 어떤 일을 하였는가 살펴볼 필요가 있다.

박근혜 대통령의 업적으로는 종북 좌파의 척결과 내란 국가전복단체인 국회내 통합진보당 이석기 전 의원 구속과 통진당 해체, 과거 역대 정부 중 한·미동맹의 최고 수준의 격상과 사드 배치 결정 및 한·일의 군사정보 교류 협정체결, 한·미·일 동맹관계(지소미아 협정) 진전, 북한 주민이 받은 공단 월급 중 70%을 가져가 핵 개발에 사용하고 있다는 증거와 판단하에 적자만 내는 개성공단 폐쇄와 전기 및 가스공급 폐쇄, 좌편향 역사교과서 정리 및 국정교과서로의 전환, 위안부 문제 일본의 사과, 혁신국가 3년 연속 세계 1위, 국가신용등급 사상 최

---

19. 2017. 1. 4. 더불어민주당 송영길 외 7인 의원이 중국 왕이(王毅) 외교부장을 만나 민주당으로 정권교체가 이뤄지도록 도와주는 조건으로 중국의 사드 철회 요구를 수용했다는 최근의 증언과 중국 관련자의 발언. 2017. 5. 19. 문재인 대통령의 특사 이해찬 전 대표가 시진핑 국가주석을 만나 굴종한 사실. 4.15 총선이 있기 전 양정철 전 민주연구원장이 2019. 10. 9.부터 4일간 중국 공산당 당교와 정책협약을 체결한 사실. 그는 더불어민주당이 180여 석을 얻은 4.15 총선 결과에 대해, "무섭고, 두렵기도 하다"면서 죄인이 된 것처럼 직책을 맡지 않고 총선 직후 돌연 한국을 떠났다.

고 격상, 정년 60세로의 연장, 「국민연금법」 개혁, 65세 이상 노인 임플란트 국가건강보험 적용 시행, 기초노령연금 실시, 국가장학금 소득분위 범위 확대, 무역흑자 세계 5위 달성, 만성적자(20년간)인 코레일 개혁으로 10조 원의 흑자기록, 30년간 누적된 방산비리 척결, 독립유공자 후손 생계지원금 대폭 확대, 「북한인권법」시행, 「기업활력제고를 위한 특별법」, 「서비스산업발전기본법」, 「노동법」등의 제정과 개정 등 수십 가지에 이른다.

이토록 대한민국을 위해 노력한, 대한민국과 결혼했다는 박근혜 대통령은 더불어민주당의 문재인 전 대표, 김종인 의원, 국민의당 박지원 의원, 안철수 의원과 배신한 당시 새누리당 김무성·유승민·하태경 의원 등에 의해 탄핵되었다. 이는 발전하는 대한민국에 쐐기를 박는 격이었다. 박근혜 전 대통령의 탄핵은 한 정권이 무너진 것을 넘어 반국가 세력에 의해 자유민주주의 체제가 붕괴되는 사건이었다.

15. 정부는 5·18 가짜유공자 공적과 명단을 밝히고 서훈을 취소해야!

가. 5·18 가짜유공자 현황

우리는 지만원 박사의 우국충정과 애국심으로 5·18 관련 연구를 20년 동안 지속적으로 한 점을 높이 평가하여야 한다. 5·18 광주민주화운동의 사실관계에 대해, 일부 국민들은 "군부독재에 항거한 광주시민(민중)의 자발적인 민주화운동이다"고 하면서도, 거꾸로 그 유공자들은 자랑스런 자신들의 공적조서와 명단 공개를 반대하고 있다.

이점 매우 수상하다.

또 다른 일부 국민들은 "김대중 전 대통령과 남한에 침투한 북한의 특수군, 남한 내 고정간첩 등 600여 명이 광주의 시민들을 선동하여 일으킨 폭동이자 내란이다"라는 상반된 주장이 첨예하게 대립되어 왔다.

최근 1980년 5·18 사건 발발 당시 117명(사망자) 내지 400명도 안 되는 광주시민군 피해자들[20]에 비해, 현재 약 10배 내지 30배가 넘은 3,436명(또 다른 주장은 2017년 2월 현재 5,769명에 이른다고 한다)에 이르는 유공자 명단은 가짜유공자들 - 특히 김대중, 이해찬, 박원순, 추미애, 한명숙, 김경수, 설훈, 서영교, 민병두 등 정치인들의 5·18. 공적 내용을 확인해야 하는 바, 「스카이데일리」에 의하면 정치인 중 91.4%가 가짜라는 것이며, 언론인, 교육계, 종교인 등 인사들에서도 가짜유공자가 다수라는 바 원인과 이유와 공적조서 등을 소상히 밝혀야 할 것이다.[21]

「스카이데일리」지 단독보도 '2023. 5. 18.자 1면, 가짜 판치는

---

20. 위키백과에 따르면, 시민군 사망자 165명, 부상 후유증 사망자 376명, 행방불명자 76명, 부상자 3,139명이라는데 조작될 수 있어 믿을 수 없다. 당시의 군과 경찰기록과 도청의 기록과 자료를 재검토하여야 한다. 해마다 계속 늘어난 이유는 무엇인가?

21. 국가유공자 업무는 국가보훈처에서 주관하고 있음에 비해 5·18 광주민주화운동 유공자 선정과 관련자 보상심의는 광주광역시에 '광주민주화운동관련자 보상심의위원회(5·18 보상법 제4조)'를 두어 심의·선정하도록 되어 있는 것은 공평성과 형평성, 지역 편중적인 문제점을 안고 있다. 이를 학술적 논문으로 주장하는 지만원 박사는 감옥에 갔고, 전광훈 목사를 위시한 애국시민들이(특히, 전군구국동지연합회, 전군연합-육·해·공군 및 해병대 예비역 장교 구국동지회, 육군사관학교총구국동지회, 해군사관학교구국동지회, 공군사관학교구국동지회, 해병대장교구국동지회, 국군간호사관학교구국동지회, 육군3사관학교총구국동지회, 갑종장교구국동지회, 간부사관구국동지회, 기술행정사관구국동지회, 육군학사장교구국동지회, 해군OCS구국동지회, 공군학사장교구국동지회, ROTC구국동지회) 가짜 5·18 유공자를 공표하고, 이에 대한 관할을 광주광역시가 아닌 보훈처장관이 하여야 한다고 주장한다.

5·18 유공자… 진실을 묻다'에 따르면, '5·18 민주화운동 유공자 4,346명 전체명단'을 단독 입수해 분석작업을 벌여왔다. 해당 명단에 포함된 인사 중 5·18이 아닌 노동운동 등 다른 민주화운동을 했거나 공적 또는 피해 사실이 아예 없는 경우가 많았다. 우선 언론계에서 개선을 촉구하는 의미로 5·18 유공자로 등록된 전·현직 언론계 인사들부터 공개했다.

• 언론계는 '가짜'로 의심되는 유공자가 언론인 181명 중 135명(74.5%)이 되는 것으로 확인됐다.

• 2023년 6월 12일 「스카이데일리」 제1면에 따르면, 정치인 339명 중 310명은 가짜로 그 비율은 91.4%이다. 5·18과 무관하거나 아무 공적 없으며, 5·18이 아닌 다른 민주화운동이나 학생운동·노동운동 등을 한 이력으로 5·18 유공자로 등재됐다. 그중에서 224명은 이름과 소속·경력 등만 언급돼 있을 뿐 5·18 당시 공적이나 피해 내역에 대한 언급이 전혀 없었다.

• 교육계 가짜유공자… 대학교수가 171명으로 가장 많아, 이들 55명을 제외한 나머지 254명의 교육계 인사들은 5·18과 연관된 공적이나 피해 사실이 전혀 없는 것으로 확인됐다. 가짜유공자 이들을 직업별로 보면 전·현직 대학교수가 171명(67.3%)으로 압도적으로 많았다. 특히 교수 중에는 전·현직 대학총장 15명, 부총장도 3명이나 포함돼 있다. 이름은 생략한다.

• 종교계 유공자도 마찬가지이다. 종교계 유공자 67명 중 57명은 5·18과 연관된 공적이나 피해 사실이 전혀 없는 것으로 확인됐다. 종교계 가짜유공자들을 직업별로 보면 교회 목사(33명)와 장로(2명)·기독교 단체 간부(1명) 등 기독교 관계자가 36명으로 가장 많았다. 천주

교 신부(10명)와 수녀(1명), 천주교 단체 간부(2명) 등 천주교 인사도 13명으로, 불교계에선 스님이 4명, 원불교 관계자가 3명, 종교연구소 관계자가 1명인 것으로 확인됐다.

나. 국가유공자로 은폐된 5·18 가짜유공자 단체

지금의 대한민국은 김대중,[22] 노무현, 문재인 좌파 대통령을 거치는 동안 정치·선거·경제[23]·안보·치안·사법·언론·노동·교육 등 모든 부분에서 엉망진창이 되었다.

10대 강국이었던 우리나라가 왜 이렇게 좌경화가 되고 가짜뉴스가 난무하며 교권마저 추락하고 사법질서와 선거제도가 무너진 나라가

---

22. 김대중 정부는 북한의 핵개발 야욕과 진행 상황을 알면서도 묵인한 채 대북지원을 확대했다. 노무현 정부 당시 고영구(高泳耉) 국가정보원장은 2003년 7월 10일 국회 정보위원회에 출석해 북한이 1997년부터 2002년 9월까지 70여 차례 고폭 실험을 실시했다고 밝혔다. 고폭 실험은 핵무기의 뇌관인 핵 기폭장치 개발을 위한 고성능 폭발실험을 말한다. 김대중 정부는 북한의 고폭 실험 상황을 1998년 4월부터 파악하고 있었다. 김대중 전 대통령은 북한의 핵개발이 진행 중이란 걸 알면서도 북한 김정일과의 '정상회담'을 위해 4억 5,000만 달러를 불법 송금했다. 그런데 김대중 전 대통령은 2001년, "북은 핵을 개발한 적도 없고, 개발할 능력도 없다. 대북지원금이 핵 개발에 악용된다는 말은 터무니없는 유언비어다. (북이 핵을 개발하면) 내가 책임지겠다"고 했다. 책임을 지겠다던 그는 북한이 1차 핵실험(2006년)을 했을 때 대체 뭘 했나? 그는 결국 이 세상에 없고, 북한은 다수의 핵을 갖고 있으며, 우리 국민은 북한의 핵 위협에 노출돼 생존권을 위협받고 있다.

23. 최환열 자유시장경제포럼 회장은 문재인 정부 시절 김상조, 장하성 등과 더불어민주당이 경제민주화로 포장하여 「국민연금법」, 「공정거래법」을 개정했다고 주장하고 있다. 그리하여 2021년 3월 사모펀드의 순기능을 해체하여 행동주의펀드가 상장사들의 경영권을 장악하여 기업사냥을 할 수 있도록 했다는 것이다. 그 한 예가 총괄프로듀서 겸 대주주 이수만의 역외탈세 문제 등을 떠나 SM엔터테인먼트사의 경영권을 이양한 것이다. 또한 최근 보험업법 제106조 등의 개정을 통하여 보험사가 장기보유 목적의 주식이 3% 이상이 되는 경우 의결권을 행사할 수 없고, 그 주식을 처분하여 현금배당을 하게 하며, 처분하지 못하면 매년 벌금을 물게 한다는 법안이 검토 중에 있다고 한다. 만일 그대로 개정된다면 삼성, SK 등 기업들이 헤지펀드 외국자본과 행동주의펀드에 유입된 국민연금 등에 의해 경영권이 무너질 수 있다는 전망을 내놓고 있다. 한편 2월 17일 더불어민주당 주도의 「노란봉투법」으로 불리는 노동조합 및 노동관계조정법 2·3조 개정안이 국회 환경노동위원회 안건조정위원회를 통과했다.

되었을까?

　문재인 대통령은 우리법연구회장 김명수를 대법원장에 임명하고 그로 하여금 우리법연구회, 국제인권법연구회, 민주사회를 위한 변호사모임 소속의 좌파 법관들을 대거 중용하여 두 전직 대통령을 위시한 보수우파 지도자들을 무자비하게 정치적으로 사법처리했다. 원고 민경욱 전 의원이 제기한 4·15 총선 부정선거 재판에 대한 대법원의 선거재판 뭉개기와 엉터리 판결이 있었다. 이는 더불어민주당의 국회 권력에 아첨한 것이다.

다. 최근 좌파성향의 판사의 잘못된 판결로 억울한 국민이 많아

　최근 지만원 박사(82세)도 5·18 사건과 관련하여 대법원의 판결로 2년의 징역형을 선고받고 힘든 옥고를 치루고 있는 중이다.

　박병곤(38) 서울지방법원 형사5단독 판사는 2023년 8월 12일 고 노무현 대통령 부부를 비난했다는 이유로 검사가 벌금 500만 원을 구형한 정진석 국민의힘당 의원(전 비대위원장)을 당선무효형에 해당하는 징역 6개월을 선고했다.

　이에 비하여 윤미향 의원 위안부 관련 횡령사건, 곽상도 전 의원(아들 포함)의 50억 원 뇌물수수 사건, 박영수 특검이나 이재명 대표 관련 구속적부심 사건에서 좌파 판사들, 특히 유창훈 판사는 정치인 행세를 하거나, 위증교사 사실을 인정하고도 "피의자들의 방어권 보장을 위한 것이다"라며 구속을 면하는 엉터리 결정을 하였다.

　이처럼 헌법과 자유민주 질서에 반하는 반국가 세력과 좌파 성향의 특정지역의 5·18 가짜유공자들과 그 자녀들, 조선족[24], 중국 유학생들, 김일성 장학생 등이 오랜기간 동안 입법·행정·선거·언론·교육·노동 등 뿐만 아니라 사법부에도 뿌리내려져 있다.[25]

2020년 4·15 총선의 부정선거로 국회권력도 좌파들에게 빼앗기고, 지방정부의 단체장들도 영남을 제외하고는 거의 호남인들로 채워졌다.[26]

때문에 전광훈 목사는 "5·18 사건의 진실을 규명하지 않고서는 대한민국은 한 발도 나갈 수가 없다"라고 단언했다. 그 이유는 "아무리 광주사람들이 악할지라도 우리 아들과 같은 젊은 국군공수부대원들을 향해 총을 쏠 수는 없다. 광주시민들 등 뒤에서 총을 쏜 것은 공수부대원이 아닌 같은 광주시민군(?)들이 총을 쏜 것으로 30여 명 이상의 광주시민이 죽었다. 총을 쏜 광주시민군들은 북한의 고정간첩들이 한 짓이라고 나는 확신한다"라고 수없이 폭로하였다.

이를 증명할 수 있는 객관적인 증표는 시민군들에 의해 무기고에서 털린 카빈총에 맞아 사망한 사실이 기록에 나와 있고, 시민군들이 고정간첩, 사상범 등 죄수 약 3,000여 명이 있는 광주교도소를 수차례

---

24. 우리나라에서 활동하는 조선족은 170만 명에 이른다고 한다. 이들에게는 김대중 정부 때부터 동포라고 인정하여 특혜를 부여해 왔는데, 지금은 우리 국민들보다도 교육·육아· 의료·금융·주택정책 등 여러 면(18개 정도)에서 불공평하다. 그런데 이들은 중국 공산당이나 북한의 명령과 지령을 받아 정치나 선거, 안보에 개입해 부작용이 매우 크다고 할 수 있다. [출처] 공작관 최수용의 〈미디어 F〉 참조.

25. [김태산의 울림] 대한민국 망치고 있는 김일성 장학생들. [출처] 스카이데일리 2023. 07. 07, 06:31:00

26. 특히 서울특별시의 경우를 보면, 주사파이며 5·18 가짜유공자인 故 서울시장 박원순을 비롯하여 25개 구청장 중 강남구청장을 제외한 24개 구청장이 모두 호남인이었다. 2018년 6월 13일 지방선거(특히 사전투표 등)가 과연 정상적인 선거였는지 반문하지 않을 수 없다.

습격한 이유나, 전남도청의 총격전에서 공수부대원에 의해 사망한 그들(시민군?)을 기리기 위해 북한은 묘비를 세워 영웅으로 기념하고 있다는 것이다.

이러한 5·18 사건을 재조사한다는 명목으로 이해찬 의원을 위시한 더불어민주당 의원들은 「5·18 민주화운동 진상규명을 위한 특별법」을 법률 제15434호로 2018년 9월 14일 제정했다. 제1조(목적)에 "이 법은 1980년 광주 5·18 민주화운동 당시 국가권력에 의한 반민주적 또는 반인권적 행위에 따른 인권유린과 폭력·학살·암매장 사건 등을 조사하여 왜곡되거나 은폐된 진실을 규명함으로써 국민통합에 기여함을 목적으로 한다"라는 내용을 담고 있다.

이 법률은 국군(공수부대원)이 광주시민들에게 인권유린과 폭력·학살·암매장을 했다는 것을 전제하고 있는데, 그렇다면 우리 국군이 어떤 이유로 광주시민들을 학살하고 암매장을 했단 말인가? 지휘명령에 따라 단체적으로 움직이는 국군이 몰래 빠져나가 광주시민을 상대로 학살과 암매장이 상식적으로 가능한 일인가? 군사기록이나 재판자료에 이런 내용이 한 줄이라도 있는가? 묻지 않을 수 없다.

이 법률은 "진상을 조사하기 위하여 5·18 민주화운동 진상규명조사위원회를 두고(제4조), 위원회의 사무를 처리하기 위하여 위원회에 사무처를 둔다(제18조). 조사위원회는 그 권한에 속하는 업무를 독립하여 수행하고 업무를 수행할 때에는 정치적 중립성과 객관성을 유지하여야 한다(제5조)"고 규정하고 있다.

필자의 의견으로는, "진상규명조사위원회나 사무처 직원은 정치적 중립성과 객관성을 유지해야 한다"고 규정하고는 있으나, 실은 좌파단체나 호남지역을 주 무대로 한 5·18 가짜유공자들에 대해, 국고에서 돈을 지원하는 이치와 똑같다고 본다. 이 특별법안을 발의한 이해 찬 의원들의 정체를 확인해 볼 필요가 있다. 이들 국회의원들은 5·18 가짜유공자일 가능성이 크다.

「스카이데일리」는 2023년 8월 2일에 "5·18 진상조사위원장 송선태(장관급)는 5·18 무장봉기 모의 주동자!"라고 밝히면서, "전문가들은 5·18은 우연히 일이 아닌 준비된 반란(내란), 봉기 주도 당사자가 공정조사 이끌겠나! 조사위원 9명 중 송선태 위원장 등 5인이 전남대학교 출신, 이해가 충돌되는 5·18 유공자가 중립의무와 제척사유에 해당되어 위원이 될 수 있나? 등 회의론이 팽배하다"고 질타했다.

또 「스카이데일리」는 "'북기자 2명, 5·18 때 광주(내려와) 취재해갔다.' 북한은 '방금 들어온 소식'이라며 매일같이 광주 영상 TV 보도를 로동신문과 조선중앙통신이 했었다"고 8월 10일 보도했다.

이어서 「스카이데일리」는 "40년 미궁 '광수'…조사위 어떻게 2년 만에 찾았나?" "1999·2015년 온 나라가 떠들썩하게 찾을 땐 도대체 뭐하고…?" '자칭 광수'차(車)씨 수도권 거주. … "영화 '김군'보고 내가 주인공."당시 20살 차(車)씨는 순박한 인상 …거칠고 겉늙은 '김군'과 는 딴판이라는 보도를 8월 15일 냈다.

'광주의 수상한 자'라는 뜻인 '광수'는 군사연구가 지만원 박사가 처음 사용한 표현이다. 5·18 당시 페퍼포그차(최루탄 발사 차량) 위의 총신 앞에 있는 모습이 공개된 사진 속 주인공은 철모에 두른 흰색 천에 '김'이라는 글씨가 새겨져 '김군'이라고도 불린다.[27] 지 박사는 광수

---

27. 당시 중앙일보 이창성 기자는 1980년 5월 22일 아침 8시쯤 금남로 일대에서 광수를 찍었다고 증언했다.

를 북한군의 광주 5·18 개입의 근거로 제시한 바 있어 광주 투입 '북한특수군'이라는 뜻으로도 광수가 통용된다.

5·18 역사학회에 따르면, 1999년 5월 한 달 동안 KBS·MBC·SBS의 공중파 3사가 '광수' 주인공 찾기 캠페인을 벌였으나 단 한 사람도 나오지 않았다. 2015년 10월부터 이듬해 3월까지 6개월에 걸쳐 또 한 번 광수 사진의 주인공을 찾는다며 광주 번화가에서 '광수 사진전'을 벌였지만 역시 아무도 나타나지 않았다. 즉, 지 박사가 지목한 수백 명의 '광수' 추정 인물들 가운데 사진 속 주인공이 자기 자신이거나 친구 또는 친척·동창·이웃이라는 사람이 당시 한 명도 등장하지 않았다는 것이다.

그러나 송선태 조사위원장은 5·18 조사위 활동 착수 2년 만인 2022년 5월 대국민 보고회에서 "2022년 4월 30일 현재 새로운 사실들을 추가로 확인해 발표한다"라며 "다큐멘터리 영화 '김군'의 사진 속 인물, 즉 지만원에 의해 광주 특수군, 일명 광수 1번으로 지목됐던 김군이 생존해 있음을 확인했다"고 말했다. 그는 "차씨가 광수를 찾는다는 내용의 영화 '김군'을 보고 자신이 주인공이라며 2021년 5월경 5·18 기념재단에 자신의 존재를 알렸다. 그해 10월 재단이 5·18 조사위에 넘긴 뒤 조사위가 현장 조사를 통해 차씨의 증언이 사실이라고 확인했다"고 당시 언론이 보도한 것이다.

문재인 정부의 5·18 조사위원회, 과거사조사위원회 등 각종 위원회의 운영은 매사 이런 방식이었다.

그런데 현직 의료인의 분석에 따르면 5·18 조사위가 기관총 사진 속 '광수 1번 김군'이라고 지목한 차복환(63) 씨의 목과 얼굴 너비 비율이 사진 속 인물과 현저하게 차이가 나는 것으로 분석됐다. 그러면서 그동안 광주에 진입한 북한군이라는 의혹을 받아 온 '1번 광수 김군'이 사실은 수도권에서 평범하게 살아온 60대 남자였다며 차 씨의 신상과 얼굴을 공개했다.

의학적 분석 결과 광수 1번 김군과 차복환 씨의 목·얼굴 너비 비율은 동일인으로 보기 힘들 정도로 크게 차이가 나는 것으로 나타났다. 목·얼굴 너비 비율은 과학적 증거 방법에 의해 계량화한 객관적 수치이며 판례가 존재한다.

실제 법원이 이 비율의 측정값을 근거로 판결한 전례가 있다. 이 비율은 목의 좌우 가장자리의 직선거리(목 굵기·B)를 관골궁(광대뼈) 사이의 직선거리(A)로 나눈 값(B/A)으로 측정한다. 두 인물의 차이는 또 있다.

차씨는 오른쪽 인중 근처, 입술 위에 모반母斑, 이른바 돼지점이 있다. 모반은 살갗에 있는 갈색 또는 흑색의 반문斑紋이다. 차 씨의 20·29·62세 사진에서는 꾸준히 모반이 발견된다. 반면 1980년 사진 속 김군에게선 모반이 없다. 언제 5·18 사건, 4·15 총선 부정선거 의혹 등의 진실이 밝혀질까? 극히 오염된 사법부의 정화문제가 사회 이슈화 되어야 한다.

이런 정치행위를 하는 판사들은 대한민국 사법부에 발을 붙어서는 아니 될 것이다.

만일 2022년 3월 9일 제20대 대통령 선거 때 국민의힘당 윤석열 후보가 더불어민주당 이재명 후보에게 패배했다면 사법부마저 이런 판결을 내려 대한민국은 깊은 수렁에 빠져 헤어나지 못하고, 결국 공산주의 전체주의 국가가 되는 것은 자명했다.

16. 헌법 유린 4·15 총선 부정선거 주범부터 처벌하여야 한다!

가. 윤석열 대통령의 반국가 세력의 인식과 척결

윤석열 대통령은 2023년 6월 29일 한국자유총연맹 창립 제69주년 기념식 축사에서, 조직적으로 지속적으로 허위 선동과 조작, 가짜뉴스와 괴담으로 자유대한민국을 흔들고 위협하며 정체성을 부정하는 자, 또 돈과 출세 때문에 이들과 한편이 되어 반국가적 작태를 일삼는 자, 유엔안보리 제재를 풀어달라고 읍소하고, 유엔사를 해체하는 종전선언을 획책한 자, 북한의 선의를 믿어야 한다는 가짜평화를 주장한 자들이 많이 있다고 언급했다. 바로 이들이 반국가 세력들인 것이다.

이들은 박근혜 전 대통령을 거짓 선동과 선전으로 탄핵한 더불어민주당의 핵심 세력과 일맥상통한다고 보아야 한다. 분위기에 휩쓸리거나 판단오류로 탄핵에 찬성한 새누리당 의원들까지 의미하는 것은 아니다. 그러나 필자는 새무리당 김무성과 유승민 전 대표, 하태경 의원, 김종인 전 위원장, 이준석 전 대표를 대한민국을 망치려는 중대한 책임을 물어 최소한 이들을 언급하고 싶다.

윤 대통령이 걱정했던 대한민국의 위기 상황을 정확히 파악하고 있다는 사실은 필자에게는 어느 정도 위안이 되었다. 그러나 반국가 세력에 '참정권(헌법)을 유린하고 자신들의 세상을 만드는 부정선거를 자행한 자들'은 넣지 않았다. 이 점은 국민으로서 불만이다. 늦었지만 그들을 수사하여 발본색원해야 한다.

나. 반국가 세력에 의한 헌법 유린 범죄행위, 바로잡아야!

2023년 7월 12일 사회정의를 바라는 전국교수모임(정교모)이 75주년 제헌절을 맞아 서울 중구 프레스센터에서 주최한 '헌법 유린 인제 그만!' 세미나에서 발제자인 조성환 교수, 이호선 교수, 윤진기 명예교수는 다음의 주제를 발표하였다. 그 내용을 요약 소개한다.[28]

■ **조성환 경기대 정치전문대학원 교수, "결국 촛불혁명의 대상은 대한민국 그 자체가 되어 버렸다"**

조성환 경기대 정치전문대학원 교수는 '헌법 유린 인제 그만!' 세미나에서 "문재인 정부는 자유공화국을 '촛불시민'이라는 집단적 우상으로 이어가고 대한민국을 없애버리려 했다"며 주장했다.

조 교수는 "문재인은 대한민국 헌법이 명命하는 헌법수호의 신성한 책무에 선서를 하고 대통령에 취임했지만 천부인권·입헌적 법치Rule of Law·개방된 시장·영성에 대한 존중이라는 현대문명의 핵심가치는 사라지고 말았다"며 "즉, 헌법이 없어졌다고 볼 수 있는 것"이라고 했다.

그러면서 "촛불혁명 명목하에 문재인 전 대통령은 입헌민주질서를 파괴했다"며 "문 전 대통령의 정당 독재로 변질한 절대다수 민주당, 김명수하의 대법원, 특정 연구회출신 재판관, 중앙선관위 등에 관한 법적 정치적 책임을 물어야 한다"고 주장했다.

---

28. 2023. 7. 12. 프레스센터에서 열린 사회정의를 바라는 전국 교수 모임(정교모) 세미나, @스카이데일리

■ 이호선 국민대 교수, 국민주권의 배신자·입법 독재, 왜 문제이고 어떻게 바로잡아야 하나?

이호선 국민대 교수(전 한국헌법학회 부회장)는 '국민주권의 배신자, 입법 독재, 왜 문제이고 어떻게 바로잡아야 하나?'란 제목으로 발제를 이어갔다.

이 교수는 "우리나라는 곤란한 상황에 처하면 입법자의 결론이라는 식으로 무소불위를 행한다"며 "권위주의적 정권을 거치면서 입법부는 들러리가 됐다. 헌정사에서 입법부는 경계심을 갖고 있지 않았다"고 했다. 그러면서 "미국의 제임스 메디슨은 제헌헌법을 입법부 내에서 상원과 하원으로 나눠 투 트랙으로 법의 균형을 견지하고자 했다"며 독단으로 치닫는 우리나라 입법부의 현실을 질타했다.

그는 "미국 독립혁명 당시부터 삼권 중 사실상 입법부는 헌법 설계자에게는 경계의 대상이었다. 따라서 입법부에 대해 경계심을 갖고 이를 제한하기 위해 분권과 균형의 원칙을 적용해 왔다"면서 "하지만 우리의 20대·21대 입법부를 거치면서 대한민국은 예상보다 더 위험한 상황이 발생했다"고 강조했다.

이 교수는 여론조사 결과, 헌법소원 심판청구 등을 근거로 들었다. 이 교수의 지적은 입법부가 과도한 권력을 행사하거나 부정부패와 불법행위에 휘말릴 가능성에 대한 우려로 풀이된다. 입법부의 역할과 책임을 강화하고, 국민의 신뢰를 회복하기 위해 적절한 대책이 절실하다고 한 것이다.

정교모가 여론조사기관 리서치앤리서치(RNR)에 의뢰해 조사한 결과에 따르면 국회의원에 대한 탄핵(국민소환) 제도 도입을 찬성한다는 의견이 80.1%로 압도적으로 우위를 차지했고 국회의원의 4연임 금지에 대해서도 절반을 웃도는 52%가 찬성했다.

■ 윤진기 경남대 명예교수, "사법부에 의한 헌법 유린을 바로 잡아야 한다"

윤진기 경남대 명예교수(전 한국중재학회장)는 '사법부에 의한 헌법 유린, 바로 잡아야 한다'라는 주제로 3년 만에 열린 (4·15 총선 부정선거 관련) 재판에서 증거신청을 일괄 기각하는 대법원의 기이한 상식과 법리를 무시하는 결정은 '헌법 유린'으로 규정할 수밖에 없다고 하였다.

이유는 다음과 같다. 2023년 6월 15일 대법원에서는 자유통일당이 2020년 4·15 총선 결과에 대해서 제기한 비례대표 선거소송 재판이 열렸다.

2020년 5월 14일에 접수된 이 소송은 2021년 9월에 딱 한 번 변론준비기일이 있었고 소송이 제기된 후 대략 3년이 지난 후인 2023년 5월 12일에 겨우 재판이 열렸는데, 원고의 모든 증거신청을 일괄 기각하고 변론을 종결시켰다. 그리고 선고기일을 잡아 대법원은 신속하게 기각판결을 하였다.

실질적인 변론도 허용되지 않았고 선거재판에 생명이라고 할 수 있는 재검표(재검표란 실제 투표결과와 집계 발표된 투표지의 수가 맞는지, 집계 등이 잘못되었는지, 부정 투표지가 유입되었는지, 전산 조작 등이 있었는지 확인하는 절차이다)도 이루어지지 않았다. 윤진기 명예교수는 이상한 법관들의 증거 취급이라는 소제목을 통해, 지난 4·15 총선 결과에 제기된 선거소송에서 법관들의 증거에 대한 헌법 유린행위와 법률 위반행위를 역설적으로 다음과 같이 표현하였다.

첫째, 먼저 선거재판의 경우에는 핵심적인 증거가 되는 선거관리위

원회 서버를 절대로 보존처분해서는 안 되며,[29]

둘째, 기술의 발달로 핵심적 증거가 대부분 중앙선관위 서버에 들어있는데도 불구하고 서버에 대한 보전신청을 받아주어서는 안 된다는 것이며, 또한 계류 중인사건의 핵심 증거가 담겨있는 서버라도 마음대로 이동하거나, 삭제시킬 수 있어야 하고,

셋째, 재검표 과정에서 유력한 증거가 나오는 경우에 법관은 과학적 감정보다는 대충 짐작으로 판단해야 하며,

넷째, 이른바 배춧잎 투표지 같은 엉뚱한 투표지가 나와서 증거로 보관할 필요가 있는 경우에는 법원 실무자들이 그 보관 봉투에 봉인을 함부로 취급하여 증거 능력을 상실하게 하고,

다섯째, 재검표 중 관련 증거 사전을 찍지 못하게 하며 예외적으로 증거 사진을 찍게 한 경우에는 그 사진을 몰래 요령껏 삭제하고,

여섯째, 선거소송이 제기되면 증거가 보존되어 있어도 최대한 재판을 지연시키고 혹시나 재판 지연을 이유로 해당 법관들을 상대로 손해배상 청구가 들어오면 재빨리 재판을 열되 재검표 같은 재판에 영향을 미칠 수 있는 절차를 진행하여 증거를 일체 조사해서는 안 되며 원고들의 증거신청을 일괄 기각하고, 소송 전체에 대한 기각판결을 신속하게 내려야 한다는 것이다.

이는 김명수 대법원이 그동안 진행해 온 4·15 총선 재판에 대해 대법관의 재판 진행 절차와 판단이 상식과 법률에 전혀 맞지 않는 헌법 유린행위라고 역설적으로 설명한 것이다.

---

29. 기표된 투표지는 스캔 이미지로 보관하도록 현행법은 규정하고 있다. 중앙선관위는 투표지에 대해 실제 스캔을 하였다. 그럼에도 스캔 이미지 파일을 스스로 파기했다고 한다. 증거를 감추는 자가 범인으로 추론할 수 있다.

증거와 관련하여 선거재판에서는 증거가 되는 투표지들이 온전하게 보전된 후 재검표가 실시되고 투표지 숫자가 이전과 다르거나 상식밖에 투표지들이 존재하면 그것을 감정하여 그것을 토대로 재판을 마무리하는 것이 상식이다.

위의 선거소송 재판의 모든 과정에서 증거가 전혀 제대로 취급되지 않고 있는 점은 참으로 놀라운 일이다. 선거소송 재판이라고 하기가 민망할 정도다. 대한민국 법의 역사에서 큰 교훈이 될 수 있는 획기적인 사건이다. 이런 헌법 유린행위는 그나마 학자들에 의해, 애국시민에 의해 이미 법의 역사에 기록되고 있는 중이다. 대법관들이 증거를 이 정도로 취급하는 것을 보면 법관의 자격과 대한민국의 증거법이란 것이 있는지 의문이다.

자유심증주의의 원칙은 원래 공정하고 믿을 만한 인물들이 자신이 확신한 대로 바르게 판단한다는 것을 전제로 인정되는 원칙이다. 그런데 교활하고 음흉한 인물들이 자유심증주의를 등에 업고 엉터리로 판단해도 딱히 걸러낼 방법이 마땅치 않은 게 현실이다.

윤진기 명예교수는 "자유심증주의는 이를 악용하거나 남용하기로 마음먹은 판관들에게 사정없이 휘둘리게 되는 어리숙한 법원칙이다"고 비판하면서 "법원의 자정기능을 기대할 수 없는 현재의 상황에서는 사법개혁으로는 부족하고 주권회복의 유일한 수단은 '국민적 저항권'이라고 주장했다.

윤석열 대통령과 한동훈 법무부장관은 '부정선거를 즉각 수사하라!'는 국민의 외침을 명심하여야 한다. 4·15 총선 부정선거 수사를 지연함으로써 증거가 인멸되는 경우 또다시 제 버릇 못 고쳐 반국가세력이 2024년 4월 10일 제22대 총선에서 부정선거를 자행할 경우 그 책임은 고스란히 윤석열 정부에게 되돌아온다는 사실을 명심하여야 한다.

소 잃고 외양간 고치는 일 없어야 한다. 국민들이 중앙선관위 썩을 대로 썩었네! 할 때, 중앙선관위가 제대로 수사해주기를 간곡히 부탁드린다.

다. 배명수 도시산업개발 대표의 윤석열 정부에 대한 질타

중앙선관위 공무원(사무관) 출신으로 대구의 배명수 도시산업개발 대표는 여러 번 SNS에 글을 올려 중앙선관위 내부의 여러 구조적 문제점들을 폭로해 주목받던 인물이다. 폭로 내용은 〈권순활tv〉에서 방송되었다. 그는 4·15 총선 선거부정 의혹에 대한 수사에 소극적인 윤석열 정부의 행태를 지적하면서, 지금이라도 수사에 본격 착수할 것을 강도 높게 촉구했다.

배명수 대표는 2023년 7월 13일 자신의 SNS에 "4·15 총선 부정선거 수사는 진짜 안 할 모양인가? 기다리다 목 빠지겠다!"고 했다. "대통령실에 부정선거 수사를 막는 세작이 있나? 시민단체에서 증거를 제시하고 쉽게 부정선거 영화(내 한 표가 위험하다)도 찍고 체계적으로 정리한 책도 냈는데, 한번 들어볼 생각조차 안 하네!"라고 탄식했다.

또 그는 "도대체 이해가 안 된다. 벌써 당선 2년으로 가고 있다. 문재인 같으면 박근혜 정권 장관급만 수십 명 잡아넣지 않았는가? 왜 이래 물렁 해!"라고 윤석열 정부를 비판했다. "부정선거 수사만 하면 완전 대박인데, 왜 그걸 신경도 안 쓰나? 선관위가 코너에 몰릴 때 몰아부쳐야지 양평고속도로 김건희 특혜니 안 좋은 이슈만 터져 기회만 자꾸 놓치지 않나? 이러다 우파들도 실망하고 돌아서면 어쩌려고 그러냐?"하면서 "박근혜 정권 사람들 잡아넣을 때는 시원시원하더니 문재인 정권에는 왜 이리 뜨끈미지근한가?"라고 질타했다.

그는 "(4·15 총선) 부정선거의 제일 꼭대기 위에 있는 주범이 누구일까? 선관위 공무원들은 그 엄청난 국가반란자의 주범이 될 만한 깜냥도 안 되고 목숨 걸고 할 이유도 없다. 그러나 선관위 극소수 공무원은 개입했을 것이다"라고 진단했다. "양정철 전 민주연구소 소장은 행동대장이지 주범이 아니다. 주범은 범죄로 가장 이익을 크게 보는 사람이고 범죄의 결정권자이며 조직원 중 계급이 가장 높아야 한다. 만약 부정선거 범죄가 밝혀지고 주범이 밝혀지면 그 형량은 무조건 사형이다"고 언급했다.

배 대표는 "부정선거로 가장 이익을 보는 사람은 누굴까? 북한과 짝짜꿍 되어 남한을 북한으로 넘겨주려는 사람에게 가장 거추장스러운 것은 무엇일까 그것은 선거제도가 아닐까? 선거를 그대로 두고서는 남한을 북한에 넘겨주기란 절대 불가능하기 때문이다. 행동대장은 양정철이지만 그 두목은 누굴까 지금 양정철은 죽었는지 살았는지 소식을 끊고 사라졌다"고 했다.

꼭대기에 있는 그 사람은 다가오는 총선에 한 번 더 선거조작을 해서 다수당이 되고 윤 대통령 탄핵 국면을 만들지 않을까? 부정선거 밝혀지면, 어차피 죽은 목숨인데 뭘 못할까? 라고도 했다.

배 대표는 "또 나는 문재인이 해방 직후에서 6·25 전쟁 때까지 영남 빨갱이들 소굴인 천성산 기슭에 요상한 성체를 지어 놓은 것까지 수상하게 생각한다. 집이라기보다 무슨 비밀 요새같이 지었다면서 내년 총선이 또 선거조작으로 잘못되면 윤 대통령은 탄핵되고, 한국은 서서히 북한에 넘어간다. 한 나라의 선거 전체를 조작한 부정선거 주범이 그런 계획조차 없이 했겠는가?"라고 경고했다.

라. 이양승 군산대 교수, "전라도, 이제 김대중 족쇄를 벗어 던질 때다"

호남의 자유우파 지식인 이양승 군산대 교수[30]는 최근 자신의 SNS에 올린 '양평과 오송, 민주주의의 적 김대중과 이해찬'이라는 제목의 글에서 다음과 같이 밝혔다. "전라도는 김대중이 나선 이후 몇십 년을 일당독재 속에 있지만 그게 민주주의라고 굳게 믿고 있다면서 김대중과 (전라도) 좌파는 전라도 백성들을 생각해 주는 사람들이 아니다"라고 강조했다.

전북 남원 출신으로 전북대를 졸업하고 미국 캔자스대학의 경제학 박사이며 게임이론가인 이양승 교수는 "김대중은 떠났건만 아직도 전라도 정치는 김대중 유령에 잡혀있다면서 전라도의 민주화와 선진화를 위해 내년 총선에서 더불어민주당을 전라도에서 퇴출시켜야 한다. 이제 김대중의 족쇄를 벗어 던질 때이다"라고 역설했다. …

이 교수는 "김대중은 지역주의의 피해자가 아니라 지역주의의 최대 수혜자이다. 그는 전라도에서 왕 노릇을 한 사람이다. …전라도 권력은 한번도 교체가 없었다. 그 결과 전라도는 코드 빠진 냉장고가 될 수밖에 없다. 모든 것이 다 썩었다 안 썩은 것이 없다. 김대중 유령은 지금도 전라도에 남아 큰 인물이 나오지 못하도록 만든다. …그게 모두 김대중 유령 때문이라는 걸 알까 모를까. 전라도의 민주화 선진화를 위해 내년 총선에서 더불어민주당을 전라도에서 퇴출시켜야 한다. 이제 김대중의 족쇄를 벗어 던질 때다!"

그는 최근 발생한 새만금 잼버리대회 피해 사태에 대해서도 전라도

---

30. 이양승 교수는 전복 남원 출신으로 전북대를 졸업했다. 미국 캔자스대학교에서 경제학 박사 학위를 취득하고 군산대학교에서 무역학과 교수로 국제무역, 무역이론을 가르치며 게임이론에 조예가 깊다. 이 내용은 〈권순활TV〉에서 방송한 것을 기록한 것이다.

독재 부패 시스템에서 기인한 것이라 SNS에 글을 올렸다.

마. (사)한국교회언론회의 부정선거 척결에 관한 성명서

(사)한국교회언론회에서 '부정선거를 막을 원천적이고 불가역적인 제도가 마련되어야 합니다'라는 성명서가 2023년 8월 8일 발표되었다. 늦은 감이 없지 않지만 참 다행스러운 일이다. 성명서의 요지는 필자의 생각과 같은바, 다만 수사를 조속히 해야 한다는 내용이 없다. 주요 내용을 소개한다.

그러하나, 자랑스런 조국에서 정치는 그렇지 못합니다

"…지난 3년 전의 (4·15)총선에서 투표와 개표에 대한 부정과 속임수가 있었다는 목소리와 그 위험성을 알리고 있는 사람들이 많은데, 그 주장에 이유가 있다고 봅니다. 국민들께서 투표하여 주권을 행사하는 것도 중요하지만 개표가 잘못되어, 국민의 주권이 갈취당하는 참담한 일이 있어서는 안 될 것입니다. 이 같은 일들을 직관하게 되었으며, 우리의 자랑스러운 조국 대한민국이 위기임을 깨달았으니 그 염려와 두려움으로 불면不眠에 이르게 되었습니다."

표를 찍는 사람은 결정하지 못하고, 표를 세는 사람이 결정한다

"소련 공산당의 스탈린은 '표를 찍는 사람은 아무것도 결정하지 못한다. 표는 세는 사람이 모든 것을 결정한다'는 말을 했습니다. …스탈린의 말은 결코 헛소리가 아닐 것입니다. 선거는 민주주의를 지탱하는 보루이며 지표인데, 선거부정 주장이 만에 하나라도 사실로 입증된다면 국민의 주권은 사라지고 국가의 질서는 무너집니다. 거대한 불법을 숨기려는 자가 있고, 이를 밝히려는 자의 싸움이 일어난다면, 이는 국가 존망이 기로에 서게 될 것입니다. …자유민주주의를 훼방하는 부정선거 불법으로 인한 분란과 분열의 반복을 막아내지 못한다면, 우리 대한민국은 어디로 향할지, 국가적 큰 불행을 염려하지 않을 수 없습니다.

…뿐만이 아니라 언론과 정치의 검은 카르텔을 의심하게 합니다. 여러 가지 부정 의혹에도 불구하고 언론들이 이를 제대로 보도하지 않았기 때문입니다. 거기에다 각 여론조사 기관들이 난립하고 있지만, 어디에서도 정확성을 찾아보기 어렵습니다. 여론조사 방식에 상당히 문제가 있다고 합니다. …따라서 신뢰할 수 없는 여론조사기관들이 선거의 향방을 몰아가려고 하는 것으로 의심합니다. …이것은 내년도 총선을 겨냥하여 수많은 여론조사를 통해, 선거를 왜곡하고 혼란스럽게 할 가능성이 매우 높습니다."

투표와 개표 결과에 대하여 유권자의 의심이 없어야 합니다

어느 국가를 막론하고 부정선거는 국가를 망치는 지름길이었습니다. 부정선거로 권력을 얻으려는 자들은 국가적 대역죄인(반국가 세력)입니다. 도둑과 경찰이 한통속이 되면 도둑의 나라가 되는 것입니다. …공정하고 무사無私해야 할 선거관리위원회가 의심을 받고 있다면, 이미 의심되는 일들이 더 많이 있었다는 증거라고 봅니다. …전자개표가 수개표手開票보다 몇 시간 빠르다는 것이 자랑이 될 수 없습니다. 개표는 정확하고 분명해야 하며, 당사자들 모두가 결과에 승복할 수 있는 것이 절대적으로 중요합니다. …선거일이 공휴일인데 무엇 때문에 사전선거가 필요한 것입니까? 그것도 여러 날 시간적 간격을 두고 한다는 것은 부정할 수 있는 시간을 벌어 주려는 것이 아닌가를 의심하게 되었습니다.

윤석열 대통령님, 부정 없는 대한민국을 만들어 주십시오!

윤석열 대통령님께 간곡하게 부탁드립니다. 정부에서는 부정선거를 막을 원천적이고 불가역적不可易的인 제도를 마련하시고 내년 총선부터 반드시 시행하여 주십시오. 이 일은 윤석열 정부의 시대적 사명이라고 봅니다. 이를 확고히 할 때, 국민들께서 적극 응원하시고 청사靑史에 빛날 일이 될 것입니다.

…부정선거로 국가를 망하게 할 수는 없습니다. 정의로운 나라를 위하여, 공정한 선거를 위하여, 국민 여러분께서 함께해 주시기를 정중하고 간곡하게 부탁드립니다. 전능하신 하나님께서 공의로운 나라를 세워주시고, 복 주심이 우리나라 대한민국과 모든 국민들 위에 영원하시옵기를 축복하며, 간절히 기도합니다.

2023년 8월 8일
사단법인 한국교회언론회

바. 필자의 의견(소결론)

우리나라 정치의 심각한 문제점은 거짓과 가짜가 판치며, 진영논리에 매몰되어 옳고 그름을 모른다는 것이다. 가짜나 괴담이 사실이나 과학적 논거나 증거보다 정의보다 앞선다.

필자는 어느 정권 때나 이것이 어느 정도는 있어 왔지만, 특히 좌파 대통령 김대중과 노무현 대통령을 거쳐 문재인 대통령 때에 극대치가 되었다고 생각한다. 북한 공산당과 중국 공산당 조직(공자학원 등이 바로 그것이다), 남파간첩, 고정간첩, 조선족, 중국 유학생 등과 이들과 연계된 소위 반국가 세력에 의해 선전과 선동으로 혼란을 부추켜 대한민국을 전복시키거나 정권을 빼앗아 자신들의 전리품으로 만들려는 전술 전략이기 때문이다.

이런 점에서 대한민국의 큰 변란과 정치적 사건들은 거의 북한이나 중국 공산당 그 휘하의 군조직이나 특수조직이 개입해 많은 사람들이 희생되거나 관련 인사가 사망하거나 가짜뉴스 괴담 등으로 어려운 정치 상황을 극적으로 반전시킨다. 그 사례들은 살펴본다.

6·25 전쟁, 5·18 사건, 이리역 폭발사건, 효순·미선 장갑차 압사 사건, 광우병 괴담, 세월호 사건, 천안함 폭침, 박근혜 전 대통령 탄핵(정유라는 박근혜 딸이다. 박정희 전 대통령은 3조 원을 최순실 명의로 해외에 숨겼다), 4·15 총선 부정선거 의혹, 우한 코로나19 사태, 연속적인 수상한 대형산불, 이태원 참사, 원전 처리수 괴담 등과 정몽헌 전 현대상선 회장 투신자살, 노무현 전 대통령 투신자살, 노회찬 전 의원 투신자살, 윤미향 관련자 자살, 박원순 서울시장 자살, 윤월 스님 의문사, 이재명 대표 관련인 5인 인사들의 자살 등에 대해, 과학적 조사나 재수사를 하여 보면 그러할 것이다.

배명수 대표가 정확히 지적한 바와 같이 북한과 중국이 자신들이 추종하는 간첩 등을 침투시키거나, 종북·친중 인사를 선거로 당선시켜 대한민국 행정부, 사법부나 국회를 손아귀에 넣는 것이 가장 쉬운 방법이다. 그래서 이 책의 한 단락에 '간첩 문재인 대통령, 거짓말쟁이 이재명이 당 대표되는 대한민국의 미래'라고 우려하면서 여러 사실과 증거를 정리한 것이다.

권력을 얻기 위해 간첩이나 사기꾼에 의해 농락하는 선거부정 주범들을 처벌해야 대한민국이 바로 선다.[31] 좌파 국민들도 부정선거의 진실이 밝혀지면 좌파 정치인 도저히 못 믿겠네! 하면서 더불어민주당을 버릴 것이다. 이런 과정을 통해 위기의 대한민국은 통합될 것이다.

끝으로, 배병수 대표의 부정선거로 가장 이익을 보는 꼭대기에 있는 사람(주범)은 누굴까?란 질문에 대한 필자의 답변이다.

2017년 5월 9일 제19대 대통령 선거에서의 가장 이익을 보는 사람은 문재인 전 대통령이었고, 그 행동대장은 김경수 전 경남지사와 경공모 대표 김동원 등이다. 송철호 전 울산시장 청와대 선거개입 사건과 탈원전, 소득주도성장, 대북송금, 선거 직전 재난지원금 살포 등 국정농단 사건들을 보면 더 분명해진다. 따라서 문재인 전 대통령을 간첩죄·여적죄·국가정보원법 공직선거법 위반 등 혐의를 수사하여 전직 대통령 지위를 박탈해야 한다.

2020년 4·15 총선에서의 가장 이익을 보는 사람은 문재인 전 대통령과 이해찬 더불어민주당 전 대표이었고, 그 소속 의원들이다. 그 행동대장은 양정철 전 연구원장, 조해주 전 중앙선관위 상임위원, 이근형 전 여론조사심의위원 등일 것이다. 이들은 부정선거 안 했다고 침묵하고, 그 대신 국민의힘당 이준석 전 대표, 김종인 전 위원장, 하태경 의원 등이 이들을 위해 아주 효율적으로 발언한다. 더불어민주당이나 중앙선관위와 결탁하지 않고서는 이런 일 있을 수 없다.

그 후 실시된 대통령 후보 더불어민주당 경선과 2022년 3월 9일 제20대 대통령 선거, 2022년 6월 1일 국회의원 보궐선거에서의 가장

---

31. 윤 대통령은 2023. 4. 19. 서울 수유동 국립 4·19 민주묘지에서 "피로써 지켜낸 자유와 민주주의가 사기꾼에 농락당해서는 절대 안 된다" 고 발언했다.

이익을 보는 사람은 더불어민주당 이재명(후보, 의원) 대표와 그를 도와준 문재인 전 대통령과 이해찬 전 대표일 것이다. 행동대장은 송영길 전 대표, 강래구 전 한국수자원공사 감사위원, 이정근 전 민주당 사무부총장, 이근형 전 여론조사심의위원 등이다.

17. 문재인 전 대통령의 정체는 인권변호사? 공산주의자일까? 간첩일까?

가. 고영주 전 방송문화진흥회 이사장, "문재인 전 대통령은 공산주의자이다"라는 발언

문재인 전 대통령을 가리켜 '공산주의자'라고 발언한 혐의로 기소된 고영주 전 방송문화진흥회 이사장에 대한 파기환송심 무죄판결이 2022년 2월 11일에 선고가 있었고, 2022년 2월 18일 확정됐다. 검찰은 고영주 전 이사장의 무죄판결에 대한 재상고 기한인 2022년 2월 18일까지 법원에 재상고장을 제출하지 않았다.[32] 이에 따라 고영주 전 이사장의 형사재판은 검찰의 기소가 이뤄진 지 4년 6개월여 만에 무죄로 마무리됐다.

고영주 전 이사장은 2013년 1월 보수성향의 시민단체 신년하례회에서 당시 대선후보였던 문재인 대통령을 가리켜 공산주의자이고, 이 사람이 대통령이 되면 우리나라가 적화되는 것은 시간문제라고 발언

---

32. 형사재판에서 판결에 불복할 때는 선고를 내린 재판부에 판결 선고일로부터 7일 이내 상소장을 제출해야 한다.

했다. 그는 문재인 변호사가 재심변호를 맡았던 부림사건도 민주화 운동이 아닌 공산주의 운동이었으며 문재인 후보도 이를 잘 알고 있다고 한다.[33] 고영주 전 이사장의 발언에 대해, 문재인 후보는 2015년 9월 고영주 전 이사장을 명예훼손 혐의로 고소했고, 이에 대해 검찰은 2년 뒤인 2017년 9월 허위사실 적시에 의한 명예훼손 혐의로 기소했다.

1심은 고 전 이사장에게 명예훼손의 고의가 없었다며 무죄를 선고했다. 그러나 항소심 재판부는 해당 발언이 표현의 자유 범위를 벗어났다며 징역 10개월에 집행유예 2년을 선고했다. 상고심인 문재인 하의 김명수 대법원조차 원심을 깨고 무죄 취지로 사건을 파기환송 했다.

파기환송심 재판부는 2022년 2월 11일 "공산주의자 발언은 피고인의 경험을 통한 피해자의 사상 또는 이념에 대한 피고인의 입장 표명으로 봄이 타당하고, 이를 피해자의 명예를 훼손할만한 구체적 사실 적시라 보기 어렵다"는 이유로 무죄를 선고했다.

나. 김문수 경제사회노동위원회 위원장, "문재인 전 대통령은 공산주의자이다"라는 국정감사장에서의 발언

더 나아가 김문수 경제사회노동위원회 위원장은 2022년 10월 12일 국회 환경노동위원회 국정감사장에서 "문재인 전 대통령이 신영복

---

33. 부산지방검찰청 최병국 검사는 구속된 이들에게 「국가보안법」, 「계엄법」, 「집회 및 시위에 관한 법률」 등 위반 혐의를 적용하여 징역 3~10년을 구형하였고, 법원은 5~7년의 중형을 선고하였다. 당시 변론은 이흥록, 노무현(盧武鉉), 정차두 변호사 등이 맡았는데, 옥고를 치르던 이들은 1983년 12월 전원 형 집행 정지로 풀려났으며, 이후 부산지역 민주화 운동(?)의 중심에서 활동하였다. [네이버 지식백과] 부림 사건釜林事件(한국향토문화전자대전).

선생을 가장 존경하는 사상가라 했다면, 그는 김일성주의자이다"라고 소신 발언을 했다. 윤건영 더불어민주당 의원에 대해서는 "자신이 수령께 충성한다"고 했던데 그렇다면 여전히 "그런 측면이 있다"라고 발언하였다.

김문수 위원장은 윤건영 의원에 대한 발언만 사과했을 뿐, 문 전 대통령에 대해서는 국정감사 이후 출연한 라디오 인터뷰 등에서도 자신의 주장을 되풀이하며 사과하지 않았다.

더불어민주당과 정의당을 포함한 야권은 김문수 위원장의 사퇴를 주장하며 목소리를 높였지만, 임면권자인 윤석열 대통령은 현장 전문성을 들며 이 같은 요구를 거절했다. 결국, 민주당과 정의당은 김문수 위원장을 국회모독죄 및 위증죄로 고발하는 안건을 같은 해 10월 17일 환노위에서 통과시켰다.[34]

국민의힘당은 야당이 고발안을 가결 처리한 것에 대해 반발했으며, 김문수 위원장에 대한 야당의 고발사건은 검찰이 2022년 12월 26일 '혐의없음' 결정을 내렸다. 야당이 고검에 항고했는지는 알려진 바 없다.

다. 정진석 전 비상대책위원장, "문재인 전 대통령이 '김일성 주의'를 추종하는 사람이 아닐까 의심하는 사람이 김문수 한 사람뿐인가?"

정진석 전 비상대책위원장도 10월 16일 자신의 페이스북을 통해 "문재인 전 대통령이 '김일성주의'를 추종하는 사람이 아닐까 의심하

---

34. 2022. 12. 26. 서울중앙지방검찰청 형사1부(박혁수 부장검사)는 국회 환경노동위원회가 고발한 김문수 위원장에게 '혐의없음' 처분을 내렸다.

는 사람이 김문수 한 사람뿐인가?"하고 발언했다. 또 그는 "문 전 대통령이 지난 5년간 '삶은 소대가리가 앙천대소할 일'[35]이라는 욕설을 먹으면서 김정은과 김여정의 눈치만 살핀 이유가 무엇이냐?"며 "광화문 광장에서 김일성 만세를 불러도 처벌받지 않아야 표현의 자유가 완성된다고 했던 사람들이 김문수의 발언에 이렇게 재갈을 물려서야 되겠느냐."하고 오히려 반격했다.

라. 주호영 전 원내대표, "문재인 대통령의 신영복을 존경한다는 발언, 내 귀를 의심했다"

주호영 전 원내대표는 10월 18일 오전 국회에서 당 국정감사 대책 회의를 주재하며, 민주당을 향해 "냉정을 되찾고 잘 돌아보시기를 바란다"며 "문재인 대통령이 김여정 앞에서 신영복 씨를 가장 존경한다고 할 때 도무지 이해가 되지를 않았다"라고 발언했다. 그는 "문 대통령이 국가보안법 위반으로 장기 복역하고, 전향하지 않은 사람을 북한의 지도자들 앞에서 가장 존경한다고 하는지 내 귀를 의심했다"고 반박하였다.

주 전 원내대표의 발언은 김문수 위원장이 문 전 대통령을 간첩 신영복에 대해 김일성주의자라고 비난하는 게 무리는 아니라는 것이다. 즉, 문 전 대통령은 지난 2018년 평창동계올림픽 개회식 연설에서 "제가 존경하는 한국의 사상가 신영복 선생은, 겨울철 옆 사람의 체온으로 추위를 이겨나가는 것을 정겹게 일컬어서 '원시적 우정'이라고

---

35. 필자는 북한의 김정은 위원장이나 김여정이 문 대통령을 계속 옹호하면 간첩으로 몰릴까 봐 비난하는 점도 있는 것으로 본다.

했다"라고 발언한 바 있다.[36]

주 원내대표는 또한 "김문수 경사노위 위원장이 자발적으로 명예훼손을 한다든지 할 의도가 전혀 없었다"라며 "헌법에 양심의 자유가 보장되어 있고, (더불어민주당의) 질문에 '나의 생각이 이렇다'고 답변한 것이 기분 나쁘다고, 숫자가 많다고 고발해서야 되겠느냐? 당연히 무혐의가 나올 거라 생각한다"고 강조했다. 주 원내대표는 "소위 민주화 운동을 한 사람들이 늘 주장하는 양심의 자유가 환노위에서는 도무지 전혀 보장이 되지 않는 모양"이라며 "자기들 기분에 나쁘면 그냥 명예훼손이 되고 국회모독이 되는 모양이다"라고 꼬집었다.

마. 박인환 경찰제도발전위원장, "문재인이 간첩이란 걸 국민 70% 몰라"

국무총리 직속 자문기구인 경찰제도발전위원회 박인환 위원장이 문재인 전 대통령을 '간첩'이라고 주장했다. 검사 출신인 박 위원장은 2023년 6월 26일 국민의힘당 소속인 국회 정보위원장 박덕흠 의원과 국가정보원 퇴직자 모임인 양지회가 국회의원회관에서 개최한 '최근 간첩 사건의 특징과 국가안보'라는 주제의 토론회에 토론자로 출석해 이같이 주장했다.

박 위원장은 더불어민주당이 국가정보원의 대공수사권을 경찰로 이관하기로 한 것과 관련해 "최근 간첩단 사건이 나오는데 문재인 전

---

36. 신영복을 알기 위해선 1968년 적발된 〈통일혁명당〉 간첩사건을 알아야 한다. 이 사건은 검거자만 해도 149명에 이르는 대규모 사건이었다. 1961년 북한조선노동당 제4차 당대회에서 김일성은 이렇게 지적했다. "남한의 4·19 사태를 공산혁명으로 유도하지 못한 것은 남한 내 혁명을 지도할 '혁명적 당'이 없었기 때문이다." 그러고는 "남한 내에 혁명당(지하당)을 구축하라"고 지시하는 이른바 '남조선 지하당 구축 교시'에 의한 간첩 조직이라는 것이다. 그는 통혁당 핵심 인물로서 20년 복역 후 거짓 전향으로 공산주의자가 경세가經世家, 철학자로 둔갑했다는 것이다.

대통령의 비호가 아니면 불가능한 일"이라고 주장했다. 박수가 터져 나왔다. 그는 "(대공 수사권이 경찰로 이관되기까지) 이제 6개월이 남았다"[37]며 "70% 이상 국민이 문재인이 간첩이라는 것을 모르고 있다"고 말했다.

박 위원장은 이날 토론회 발제를 맡은 정구영 한국통합전략연구원 부원장이 "여야 합의로 국정원 대공수사권 존속 기한을 규정한 국정원법 부칙을 개정해 기한을 연장해야 한다"고 주장한 것에 대해서는 "민주당이 문재인 간첩 지령인데 (부칙연장 의견을) 듣겠느냐"라고 말하기도 했다.

이에 대해, 박용진 더불어민주당 의원은 페이스북에 "전직 대통령을 음해하고 국민을 모욕하는 사람이 윤석열 정부가 말하는 경찰제도 개편의 적임자냐"며 "당장 박 위원장을 해촉해야 한다"고 비판하며 글을 올렸다.

18. 간첩 문재인이 대통령, 전과자 이재명이 당 대표 되는 대한민국의 미래

간첩에 의해서도 한 나라가 망가지는데, 심지어 간첩 문재인이 대통령이 되고, 범죄자 거짓말쟁이 이재명이 만일 대통령이 되는 경우에는 더 쉽게 망가지는 것은 당연한 일이다.

---

37. 더불어민주당은 문재인 정부 시절인 2020. 12. 국정원의 대공수사권을 폐지하는 국정원법 개정안을 국민의힘당의 반대 속에 단독으로 통과시켰다. 안보간첩 수사 공백 등을 고려해 법시행은 3년간 유예됐으며, 2024. 1. 1.부터 국정원의 대공수사권은 경찰로 넘어간다.

대한민국은 이승만 건국 대통령부터 박정희·전두환·노태우 정부를 거치는 동안 반공국시 하에 산업화를 이룩하였다. 그사이 6·25 전쟁을 경험하고, 5·18 사건[38], 아웅산 테러, KAL기 폭파테러, 김신조 등(31명) 무장공비 침투, 강릉지역 무장공비 침투(26명) 등 여러 종류의 북한 공격과 침투에 대비하고 방어하면서 지켜온 경험이 있다. 그렇다고 방심해서는 안 될 일이다.

갈라진 틈에서 적은 물이 새 큰 둑이 무너져 큰 도시(나라)가 재앙을 겪는 것처럼 국민들이 방심하는 사이 우리가 뽑은 박근혜 대통령이 거짓 선동에 의해, 반국가 세력에 의해, 거짓 탄핵된 것처럼 자유대한민국은 이들에 의해 쉽게 무너질 수 있다는 것을 경험하였다. 이번 제20대 대통령 선거에서 만일 이재명 후보가 대통령에 당선되었다면 간첩 문재인 대통령에 이어 전과자 거짓말쟁이 이재명이 대한민국을 완전 망가트리고 공산주의국가로 될 것은 자명한 일이었다. 문재인 전 대통령이 대한민국에 끼친 피해와 그의 출생과 어떤 이념을 가진 자인지에 관한 검토와 연구가 필요하다.

가. 조우석 평론가, 전광훈 목사, 전 북한정찰총국 출신 김학성, 복거일 작가, 고故 윤월 스님은 "문재인 아버지는 공산당 간부, 그는 남파 간첩! 간첩

38. 저를 사랑해주시고 5.18 역사를 바로잡고자 노심초사하고 계신 애국 국민 여러분, 대통령님과 집권당 사람들의 인식을 교정시켜야 내년 총선에 집권당이 이길 수 있습니다. 그러려면 이번 기각 결정이 얼마나 지지도에 영향을 끼쳤는지 알 수 있도록 강력한 신호를 보내야 할 것입니다. 우익은 밤을 맞아도 무조권 집권당을 찍을 수밖에 없다고 생각하는 저들에게 따끔한 회초리를 들어야 할 것입니다. 그래야 조기에 깨우칠 수 있을 것입니다. 그동안의 애정 어린 지원과 역사바로세우기에 쏟아주신 애국국민 제위의 열정에 대해 다시 한번 깊은 감사와 존경의 마음을 드립니다. 매우 감사합니다. 2023.8.16. 지만원 올림.

집안!! 문ㅊ 출생의 비밀!! 등 방송

6·25 참전 국가유공자이고 성직자인 고 윤월 스님은 2021년 2월 16일 유튜브 〈뉴스타운TV, 대표 손상윤, 주필 조우석〉에 출연하여 "나와 2명의 학도병[39]이 1950년 8월 28일, 29일, 30일 중 하루 경상북도 영천 보현산에서 북한군 상위(한국군의 중위와 대위 중간 계급)인 문용형을 생포했다"고 증언했다.

자신을 백선엽 장군 휘하 부대원(국군 1사단 15연대 2대대)으로 상주와 다부동 전투 등에 참전한 학도병이라고 소개한 윤월 스님[40]은 "다부동 전투 이후 북한군 장교 13명이 투항하는 등 전세가 국군에게 유리해지자 상부에서는 우리에게 6사단, 8사단 작전지역인 영천 보현산에 주둔할 것을 명령했다"고 밝혔다.[41]

윤월 스님은 "1950년 8월 29일경(8월 28일~30일 중 하루라고 증언하였다) 보현산 풀숲에 숨어있던 인민군 상위 문용현을 우리가 체포했다"며 "당시 문용형이 투항한다고 해놓고는 우리 지시를 따르지 않아 내가 폭력을 행사한 기억이 있다"고 말했다. "우리가 문용형에게 '투항할 생각이면 흰색 러닝셔츠를 벗어 흔들라'고 말했지만 그는 진짜 투항할 의사가 없는 듯 숨어서 우리말을 따르지 않았다"며 "화가 난 내

---

39. 윤월 스님은 "동료 학도병이던 김철수가 자신(윤월 스님)을 찾아와 '문형용 생포 일자가 1950. 8. 29.가 맞다'고 확인해주었다"라고 조우석 평론자는 전하였다.

40. 윤월 스님이 제시한 자신의 국가유공자증에 성명: 서승남, 주민등록번호: 330530-1140619, 대상: 6·25 참전유공자, 보훈번호: 13-20037040, 발행일: 2011년 11월 25일, 국가보훈처장으로 적혀있다. 2021. 2. 16. 〈뉴스타운TV〉 방송 후 건강하셨는데 갑자기 2021. 9. 14. 88세로 작고?(의문사진상규명위원장 성호 스님)하였다.

41. 정치평론가 조우석은 2021. 8. 7. 증인 윤월 스님(후에 의문사했다)과 전광훈 목사와 함께 〈너 알아tv〉에 출연하였고, 그 후 윤월 스님 의문사 진상규명위원장을 맡고 있는 성호 스님이 〈이봉규tv〉에 출연해 위의 사실을 수차례 주장 반복하였다.

가 생포 후 문용현을 구타하자 그는 제네바협정 운운하며 내게 거칠게 대들었다"고 증언했다.

당시 문용형은 30세의 북한군 상위계급의 장교였고, 윤월 스님은 17세의 소년병(고등학교 2학년)이었으니 문용형 입장에서는 무척이나 자존심이 상했던 것 같다. 윤월 스님은 "당시 문용형이가 자신의 이름을 '문용준'이라고 밝혔던 기억이 난다"면서 "아마 대한민국에 정착하면서 이름을 문용형으로 개명改名한 것으로 보인다"고 증언했다.[42]

이후 서승남(윤월 스님) 외 두 명의 학도병들은 생포한 문용형을 상급 부대에 넘겼으며 부대에서는 조사 후 문용형을 거제 포로수용소로 보낸 것으로 알려졌다. 학도병 서승남은 문용형 생포 며칠 후인 1950년 9월 1일 전투에서 부상을 당해 치료를 받고 귀휴歸休 명령을 받았다. 불과 3개월간의 짧은 그의 학도병 생활은 이렇게 끝났다. 학도병 서승남은 부상으로 인해 전시 현역 입대는 못 하고, 다시 학교를 다니며 미군 151공병대대 통역관으로 일했다.

그 후 문재인의 아버지 문형용은 거제 포로수용소에서 풀려나거나, 이승만 대통령이 대구, 마산, 광주, 논산 등 7개 포로수용소에 수용 중이던 27,389명의 반공포로들을 1953년 6월 18일 석방할 때 문용형은 북한에 간 것으로 추정된다.

윤월 스님(서승남)은 휴전 직후인 1953년 8월 30일, 해병대 31기로 자원입대해 백령도, 해병사령부 정훈감실, 진해 보급창 등지에서 근

---

42. 이를 확인하기 위하여 군사 기록과 27,389명의 반공포로 명단, 문재인의 호적등본과 가족사항기본증명서 등을 추적 조사 확인할 필요가 있었다. 만일 문용형이 문용준(문용형이 본인의 신분을 속이기 위해 학도병인 윤월 스님에게 거짓으로 진술할 수도 있다)으로 기록에 확인된다면 윤월 스님의 증언내용 모두 사실이고 그의 기억력은 뛰어나다고 할 수 있다.

무했다. 청년 서승남이 해병대 입대를 결심하게 된 계기는 북한군에 의한 형의 납치와 누나의 죽음 때문이었다. 그는 해병대 입대 3년만인 1956년 9월 전역했다.

윤월 스님이 문재인의 아버지 문용형을 다시 만난 것은 전쟁이 끝난 후 4년만인 1957년 8월 18일 부산 자갈치시장에서다. 다음은 윤월 스님의 증언내용이다.

"시장을 걷다가 우연히 문형용을 만났다. 세월이 7년 가까이 흘렀지만 문용형을 쉽게 알아볼 수 있었다. 그도 나를 금방 알아봤다. 문용형이는 뒤끝이 있었다. 과거 1950년 8월 29일 생포과정에서 내가 폭행한 사실을 마구 따지고 들었다. 나도 지지 않고 언성을 높였다.

이때 어떤 여자가 그에게 '재인이 아빠!'라고 불렀다. 당시 문용형 곁에는 7~8세 정도로 보이는 꼬마 남자아이(문재인)가 서 있었다. 문재인이가 자신이 밝힌 53년생이라면 당시 만 4세의 나이일 것이다. 그러나 도저히 그 아이는 만 4세의 아이가 아니었다. 내가 4세와 7~8세 아이를 구분 못 하겠는가? 난 많은 이들이 주장하는 '문재인 1949년 생일설'이 맞다고 생각한다."

이후 윤월 스님은 문용형을 우연히 세 번째 만난다. 이에 관한 증언이다.

"나는 1964년 불가佛家에 귀의했다. 이후 1966년 또는 67년, 부산 영도다리 옆 약재상 거리를 걷다가 문용형이를 또 만났다. 이때는 세월이 흘러 옛 감정이 많이 사그라든 탓인지 그냥 서로가 쳐다만 보다가 피식 웃고 헤어졌다.

노무현 정권 때 문재인이가 청와대 민정수석으로 근무하는 것을 보고 옛 기억을 되살려 보니 그의 아버지가 문용형이란 사실을 확실하게 알게 됐다. 내가 나이를 먹었어도 기억력 하나만큼은 뛰어나다. 내가 이제 와서 이런 증언을 한 것은 '갈수록 문재인이가 아버지와 같은 공산주의자'란 사실을 떨쳐버릴 수 없기 때문이다. 나는 북한 공산당에 의해 집안이 멸문滅門당한 사람이기에 '빨갱이'라고 하면 이가 갈린다."

조우석 평론가는 2021년 2월 24일 〈뉴스타운TV〉 다시 출연하여 "문형용은 흥남 인민위원회 거물이었고, 흥남시 농업과장으로 흥남교화소(당시 교도소의 북한 말이다)의 죄수를 이끌고 6·25 전쟁 때 인민군 장교로 낙동강 전투에 침투했다는 이유 등으로 국군은 그를 체포하라는 명령이 내려졌다"는 "북한과 남한을 오가며 첩보를 입수한 김인호 전 방첩부대원의 증언이 있었다"고 까지 하였고, "민계식 전 현대중공업 회장도 '문재인은 40년 고정간첩이다'라고 공개석상에서 문제 제기를 하였다"고 전하였다.

문재인의 정체를 추적한 조우석 평론가는, 문재인 전 대통령이 주장하는 양산의 강한옥은 모친이 아니며 현재 모친 강병옥은 북한에 살고 있다. 문재인이 2004년 시민사회수석 시절 이산가족 상봉 때 가운데에 앉아 있는 '이모라는 분(강병옥)'이 코나 턱선 귀 모양을 봤을 때 "실제 문재인의 모친은 강병옥이다"란 의혹을 아래의 이유로 주장하였다.

문재인 대통령이 출생했다는 생가는 폐가로 방치된 상태이다. 문재인이 대통령에 당선된 직후에 거제시장이 여러 경로로 "생가를 복원하여 김영삼 전 대통령의 생가와 함께 관광지로 활용하겠다"는 의견을 묵살하였다. 생가를 찾은 적도 없었다. 단지 탯줄을 잘라주었다는 추경순 할머니를 김정순 여사가 경로당에서 대신 만났다. 추경순 할

머니의 당시 나이는 20대에 불과했다. 출산 경험이 없는 여인이 탯줄을 잘라주었다는 말도 믿을 수 없고, 탯줄을 잘라준 사람을 통해 자신의 출생을 증명하는 사람이 대한민국에 있는가?

원로 언론인 이도형은, 저서 『현상과 진상』이란 책에서 "(문재인의 말대로라면) 문재인은 경상도 사람이다. 그런데 그의 억양을 들으면 들을수록 경상도 말이 아니다. 경상도보다는 함경도 말에 가깝다"는 기록, 인터뷰 중 부모의 고향을 "우리 옛날 살던 곳 흥남"이라는 무의식적 발언과 후보 시절 재경거제향우회를 찾아갔다가 "문재인은 고향(거제도) 사람이 아니다"라며 향우회 사람들이 쫓아낸 사실도 있었다. 더구나 어린 시절 친구나 초등학교 친구들도 없다. 딱 한 사람 있는데 신해진이라는 사람은 짜 맞춘 의심이 든다.

모친 강한옥이 살았다는 부산의 아파트는 엘리베이터도 없는 매우 허름한 건물이다. 강한옥은 문재인 대통령 양산 사저에도 거주하지도 않았다. 2004년 노무현 정부 때 51세인 시민사회수석인 문재인이 나이를 74세로 속여 북한의 이모(강병옥)를 만난다는 이유로 상봉했으나 그 이모가 모친 강병옥이라는 의혹과 모친이라는 강한옥과 그녀의 이모(강병옥)가 닮은 데가 전혀 없다. 오히려 문재인은 북한의 이모(강병옥)와 코와 턱선 귀가 똑같이 닮았다. 당연해야 할 대통령 모친이라는 강한옥에 대한 경호도 없었다. 그녀가 사망 당시 대통령 문재인의 모친이라는 점을 병원 측도 모르고 있었다. 장례식 때 손녀 등 가족들이 모이지도 않았다. 일국의 현직 대통령 모친이 운명했음에도 말이다.

문재인 자서전 『운명』에서, "아버지는 공산당 입당을 강요받았으나, 끝까지 버티었다. …아버지는 조용한 성품이었고 술도 할 줄도 몰랐다. 그저 공무원이나 교사를 했으면 제격에 맞는 분이었다"는 내용과 방미 중 2017년 6월 28일 버지니아주 콴티코 국립해병대 박물관의 장진호전투 기념비를 찾아가 "2년 후 저는 빅토리호가 내려준 거제도에서 태어났습니다. 장진호의 용사들이 없었다면, 흥남철수작전의 성공이 없었다면, 제 삶은 시작되지 못했을 것이고, 오늘의 저도 없었을 것입니다. …그 많은 피난민들을 북한에서 탈출시켜준 미군의 인류애에 깊은 감동을 느낍니다"라는 연설은 새빨간 국제 사기극이라고 단언했다.[43] 조우석 평론가는 "북한으로 갔던 문형용이 1957년 8월 이전 남파했던 간첩이거나, 또는 북한 공작원에 의해 꼬마 아들 문재인(당시 7~8세)을 고정간첩 문용형이 거제에 살던 때에 데리고 온 것이다"라며 '문재인 출생의 비밀!'이란 주제로 100여 차례 이상 발언하였다.

그럼에도 당시 문재인 대통령은 출생 의혹과 간첩 의혹을 제기한 조우석 평론가나 전광훈 목사, 윤월 스님, 성호 스님 등에 대해, 공식적인 명예훼손 소송 없이 〈뉴스타운tv〉 계정을 폭파하거나 무대응(?)으로 일관했다.

나. 문재인 전 대통령이 간첩인 구체적 이유와 증거

정치평론가 조우석, 고 윤월 스님, 김인호 전 방첩부대원, 『문재인의 정체』의 저자 장삼, 전광훈 목사, 민계식 전 현대중공업 회장, 문재

---

43. 문 대통령은 2021. 6. 28.(현지시각) 기념식 연설에서 "2년 후 저는 메러디스 빅토리아호가 내려준 거제도에서 태어났다"며 "급박한 순간에 군인들만 철수하지 않고 그 많은 피난민을 북한에서 탈출시켜준 미군의 인류애에 깊은 감동을 느낀다"고 거듭 감사를 표했다. 흥남 철수 당시 메러디스 빅토리아호의 선원이었던 로버트 러니(90) 변호사도 이날 기념식에 참석했다.

인 전 대통령 자신의 발언과 저서 『운명』 등을 종합하면, 문재인 전 대통령이 간첩인 이유와 증거는 다음과 같다.

① 문재인 전 대통령의 아버지 북한 인민군 상위 '문용현'을 당시 학도병인 윤월 스님과 동료 2인이 함께 1950년 8월 29일 체포했다는 증언 사실.

② 윤월 스님은 증언 후 여행 중 그해 가을(2021. 9. 14.) 누군가에 의해 의문사 당했다는 의혹.

③ "문형용은 흥남인민위원회 거물이었고, 흥남시 농업과장으로 함흥교화소의 죄수 등을 이끌고 6·25 전쟁 때 장교계급으로 낙동강 전투에 침투했다는 이유 등으로 국군은 그를 체포하라는 명령이 내려졌다"는 김인호 전 방첩부대원의 증언.

④ 민계식 전 현대중공업 회장이 "문재인은 40년 고정간첩이다"는 발언.

⑤ 극좌파인 김명수를 대법원장으로, 서훈 박지원을 국가정보원장으로 임명하여 사법부와 정보기관을 망가트린 행위. 장삼은 저서 『문재인의 정체(촛불혁명과 문재인 정권의 실체를 밝힌다)』에서, 문재인 5년 동안 집권하면서 그가 한 모든 행위들이 대한민국을 의도적으로 망가트렸다는 주장은 사실[44]이라고 밝혔다. 저서와 출판사 서평에서, "문

---

44. 『문제인의 정체(촛불혁명과 문재인 정권의 실체를 밝힌다)』 자유민주아카데미, 2022. 장삼이 쓰고 공안검사 출신의 고영주 변호사가 감수한 책이다. 이 책은 대통령이 되기 전에도, 대통령이 된 후에도 민주주의의 핵심 가치인 '자유'에 대해서는 말한 적이 없는 문재인이 과연 자유민주주의자인가 아니면 사회주의 공산주의자인가, 혹은 김일성주의자, 북한주의자는 아닌가 하는 의문에서 시작한다. 그를 향해 국민은 "문재인이 대체 나라를 위해 한 일이 뭐냐, 하나만이라도 말해 보라"고 묻는다. "그 사람 대한민국 사람 맞느냐, 북한 편 아니냐, 역시 공산주의자가 맞다"고 말하는

재인의 실패는 그의 무지나 무능 때문이 아니다. 주사파 동지들과 함께 오랫동안 계획한 것이다"라고 했다. 책을 쓴 이유에 대해 뒤늦게 그의 이념, 정체성이 문제라는 것을 알았기 때문이다. 그래서 문재인과 그의 동지들의 이념과 정체성을 알아내는 일은 지금도 중요한 일이다. 우리는 그가 대통령이 되기 전에 그의 사상과 이념적 정체성을 충분히 검증했어야만 했었다고 밝혔다.

⑥ 고영주 변호사는 "문재인 후보를 '공산주의자'라고 말하였고, 어떤 이는 문재인의 집권이 '대한민국 최후의 날'을 여는 시작이 될 것이다"라고 경고했다. 과거 공산주의 사상에 심취하여 남보다 열심히 공부했다는 김문수 경사노위원장이 "문재인은 김일성주의자"라고 한 발언한 사실이 있다.

⑦ 문재인은 "임기 후 잊힌 사람으로 돌아가고 싶다. 대통령 이후는 생각하지 않는다. 그냥 대통령으로 끝나고 싶다. 현실 정치와 계속 연관을 가지거나 그런 일을 일체 하고 싶지 않다"며 2020년 1월 신년회견에서 말했다. 또 "텃밭 가꾸고 개·고양이·닭 키우며 살겠다"며 퇴임을 20일 앞두고 한 말이다. 즉 '잊힌 사람이 되고 싶다'는 그의 말은

사람도 많았다. 문재인에 대한 국민의 평가는 그 자신의 자랑과는 극단적으로 충돌했다. 그에 대한 국민의 비판과 그에 대한 김정은의 치하 역시 늘 어긋났다. 말 뒤집기와 잦은 거짓말, 하나 마나 한 말만 했던 취임 초기의 문재인을 두고 국민들은 달나라 말을 하는 달나라 사람이라고 했다. 그들의 실체와 정체를 제대로 인식해야 한다. 그들은 대한민국을 위협하는 존재다. 그들은 궁극적으로 대한민국을 공산국가화하려는 거대한 계획을 세우고 있다. 문재인과 그의 주사파 수하들과 정치적 동지들이 그렇게 계획하고 있다. 그것을 말하려 한다. 그리고 국민인 우리의 손으로 그들의 계획을 저지시켜야 한다는 것을 말하려 한다. 국민인 우리에게는 '투표권'이라는 강력한 무기가 있지 않은가. 철벽같은 그들의 주체사상을 이겨낼 수 있는 것은 국민인 우리의 투표권뿐이다. 오직 그것뿐이다. 문재인에게 묻는다. 당신의 정체는 무엇인가? 당신은 당신의 정체를 아는가. 당신이 답하지 않고 침묵하니, 당신의 대답을 들을 수 없으니, 일개 국민이 그것을 대신 말하려 한다.

수많은 과오와 간첩질을 했던 과거를 스스로 잊고 싶다는 마음일 것이다.

⑧ 문재인 대통령은 재임 시절 수많은 거짓말을 했다. 그의 말은 대통령이 되기 전과 후가 달랐고, 여기서 한 말과 저기서 한 말이 달랐으며 말과 행동은 엄중히 달랐다.

⑨ 논객 진중권은 그의 대통령 취임사 내용을 조목조목 나누어 29가지는 거짓말이고 '한 번도 경험하지 못한 나라'를 만들겠다는 딱 한 가지의 약속만 지켰다고 했다. 한 번도 경험하지 못한 나라라는 것도 국민이 상상하고 기대한 것과 문재인이 만들어 놓은 결과물이 완전히 다른 것이었다. 그렇다면 취임사 30가지는 모두 거짓말이 된다.

⑩ 국민이 이해할 수 없는 통치를 반복한 결과 대한민국에는 사회주의적 성격이 크게 강화되었고, 이로 인해 발전을 지속하던 대한민국 70년의 흐름은 끊어지고 쇠퇴의 길로 들어섰다.

⑪ 공약과는 거꾸로 간 문재인의 통치는 헌법이 정한 대한민국의 정치체제인 자유민주주의와 자유시장 자본주의를 뿌리째 흔드는 것이었다.

⑫ 장삼은 이들에게 맞서기 위해 정확하고 세밀한 기록은 더욱 필요했다. 문재인과 그 수하들의 거짓말을 반박하기 위해 그들의 과거의 행적과 거짓말을 『문재인의 정체』에 기록했다. 요즘 세상에 간첩이 어디 있냐? 며 간첩을 잡지 않고, 빨갱이를 빨갱이라 부르지 못하며, 북한 정권의 사악함에 대해서는 말하지 않는 풍조는 이미 오래 전(김대중 정권 때)부터였다.

⑬ 결국 이들은 박근혜 정부를 거짓 탄핵으로 무너뜨리고 보수우파 정권을 붕괴시키는 데 성공했다. 여기에는 문재인 전 대통령과 주사

파 운동권 집단이 중심에 있었고 이 땅에 존재하는 모든 종북단체가 함께했다.

⑭ 대한민국 70년의 역사에서 누적액 660조 원이었던 국가부채를 문재인 집권 단 5년간 421조 원을 늘려 미래세대를 빚더미에 올려놓았다. 퇴임이 다가오자 다음 정부를 향해 긴축재정하라고 능청을 떤다.

⑮ 청년들의 미래를 가불하여 나랏빚을 크게 늘여놓고, 집값도 올리고, 좋은 일자리를 대폭 줄이는 듣도 보도 못한 소득주도성장 정책을 폈다. 서민들의 가계소득을 낮추고 나서 현금 살포식 재정정책을 펼친 것은 국민을 정부보조금에 의지하는 사회주의식 방식이다.

⑯ 김정은은 떠나는 문재인 대통령에게 "고뇌와 노고에 대해 높이 평가한다"는 친서를 보냈다.

⑰ 2016년 고영주 변호사와 문재인이 공산주의자 명예훼손 문제를 두고 벌이는 법정 공방을 지켜보던 국민행동본부는 의견 광고를 냈다. "유권자들은 차기 대통령 후보들의 이념적 정체성을 파악할 권리와 의무가 있다. 문재인 후보가 자유민주주의 신봉자라면 법리 공방이 아니라 공개토론으로 자신의 정체성을 국민들에게 설명하고 심판받아야 한다"고 주장했다. 그런데 문재인 후보는 답하지 않았다.

⑱ 그런 그가 북한에 가서는 대한민국을 '남쪽'으로 칭하고 자신과 뜻이 다른 국민을 말할 때는 '이쪽과 저쪽'으로 말했다. 그는 남쪽인가 북쪽인가? 그는 이쪽인가, 저쪽인가?

⑲ 그는 5년 동안 근거 없는 탈원전, 4대강 보 해체, 북한 고속도로 건설지원, 공기오염의 주범인 화력발전소 건설과 북한석탄 수입(의혹), 울산시장 송철호 부정선거 개입지시, 전 경남지사 김경수와 두르킹의

댓글공작 등과 같은 대한민국 망치는 일만 했고 대한민국을 위해서는 아무것도 하지 않았다. 자신과 그 정권이 잘했다며 언론들을 동원해 선전하고 광고하고 자화자찬하는 그런 일만 했다.

⑳ 문재인 전 대통령의 나이, 출생, 고향, 아버지 신분, 저서 『운명』은 거짓과 온통 의혹들이다.

㉑ 이모 강병옥과 친모 강한옥이 얼굴 모양(코, 턱선, 귀 등)에 비추어 자매라고 볼 수 없는 점, 문재인은 북한의 이모(강병옥)와 코와 턱선 귀가 닮은 점, 대통령 모친이라는 강한옥에 대한 경호가 없었던 점, 장례식 때 손녀 등 가족들이 모이지 않은 점이다. 모친이 살았다는 부산의 아파트는 엘리베이터도 없는 매우 허름하며, 그녀가 문재인 대통령의 양산 사저에도 거주하지 않았다는 점.

㉒ 출생증명을 탯줄을 잘라준 추경순 할머니를 경로당에서 만나 언론 플래이를 하는 등 무수하게 많다.

㉓ 의도적인 탈원전 정책(대한민국은 핵무기를 못 만들게 하는 것과 같다)과 북한에 유류 공급, 원전, 철도, 고속도로를 지어주겠다고 한 의혹.

㉔ 김정은 위원장에게 중요한 정보가 담긴 usb 전달 사건.

㉕ 북한 주적 개념을 없애고, 9·19 군사 무장해제 합의, 여러 군부대 해체, 기무사 해체, 휴전선 DMZ GP군 철수, 동맹 우방국인 미국 대사관과 평택 미군기지에서 "미군은 물러가라"고 구호를 외치는 종북좌파들과 시민단체를 지원하는 행위.

㉖ 쌍방울의 (이재명 후보를 위해) 대북 불법자금 송금 사건.[45]

---

45. 이재명 후보가 대선 기간 중 쌍방울을 통한 대북 송금은 북한 해커부대 등을 통한 부정선거를 위한 것이 아닌가? 하는 추론에 이른다.

㉗ 미군 철수를 위한 종전선언.

㉘ 해수부 공무원의 월북 조작, 귀순 어부들의 강제북송.

㉙ 4대강 보 해체와 이를 위해 지지하는 환경단체 등에게 용역비를 주며 관련 보고서 등 서류를 조작하게 했다. 이렇게 보 해체로 인한 국고 피해액은 수천억 원에서 1조 원이 될 것이다.

㉚ 청주 간첩단에 하달된 반미운동 전개, 한미훈련 반대, 한미연합사 해체, 사드 배치 반대, 박근혜 석방 반대, 스텔스F-35A 도입 반대, 4·15 총선에서 야당을 참패시키고, 그 책임을 황교안 대표에게 돌려야 한다. 검찰개혁이 필요하다는 김정은의 지령문이 확인되고, 간첩들이 문재인 캠프에서 특보로 활약했다는 언론보도 등이 있다.

㉛ 윤석열 새정부가 출범하자마자 이태원 참사 등을 이용해 더불어민주당과 민노총 등이 연합하여 조기 탄핵을 외치는 그들에게서 정권을 탈환하고 혁명과업을 완성하겠다는 목적이 보인다. 즉, 문재인 전 대통령, 이재명 당 대표, 주사파 동지들, 모든 종북세력의 의도대로 대한민국이 공산주의 나라가 될 것을 지향하고 있다.

㉜ 박근혜 대통령 시절 2017년 1월 4일 문재인 전 대표를 비롯해 더불어민주당 송영길 외 7인 의원이 중국 왕이王毅 외교부장을 만나 민주당으로 정권교체가 이뤄지도록 부탁하고, 그 대가로 중국의 사드 철회 요구를 수용했다는 증언이다. 최근 중국 정부가 우리 정부에게 '3불 1한'을 지키라고 압박하는 이유가 당시 맺은 사드 밀약을 지키라고 한 말이라는 것인데, 이는 더불어민주당은 정권을 탐해 안보를 팔아먹은 것과 같다.[46] 사드 3불不은 대한민국에 사드를 추가 배치

46. 왕원빈 중국외교부 대변인은 7. 10. 정례브리핑에서 "한국정부는 3불1한 정책을 대외적으로

하지 않고, 대한민국은 미국의 미사일방어(MD)체계에 참여하지 않으며, 한·미·일 군사동맹도 결성하지 않는다는 것을 말한다. 1한限은 이미 국내에 배치된 사드의 운용을 제한하는 것을 의미한다.

㉝ 문재인 전 대통령과 더불어민주당은 국가정보원의 대공수사 기능을 폐지하거나 대공수사 경험과 노하우가 없는 경찰에 넘겨 간첩수사를 제대로 할 수 없게 교묘히 「국가정보원법」을 개정하였다.

㉞ 그들은 대한민국의 경제를 떠받들고 있는 삼성전자, 대한항공 등의 대기업을 망가트리려는 행적을 남겼다. 문재인 전 대통령과 더불어민주당은 김상조, 장하성 등을 공정거래위원장과 정책실장, 주중국대사로 임명하여 소득주도성장, 경제민주화 등으로 포장했다. 그리하여 「국민연금법」, 「공정거래법」 등의 개정을 통하여 2021년 3월 사모펀드의 순기능을 해체했다. 외국(중국)의 행동주의 펀드가 상장사들의 경영권을 장악하여 기업사냥을 할 수 있도록 했다는 이유다.[47]

㉟ 전향하지 않은 간첩 "신용복을 가장 존경하는 사상가"라고 하면서 90개국의 외국 정상들이 참석한 평창올림픽 리셉션 행사에서 발언한 사실이 있다.

선서했다"는 주장을 폈다. 이에 대해 같은 날 국가안보실 관계자는 브리핑에서 "3불 정책에 관련해서는 전 정부에서 인수·인계받은 사안이 없다"며 "사드는 북한 핵·미사일 위협으로부터 우리 국민의 생명과 안전을 지키기 위한 자위적 방어수단이며, 안보주권 사안으로 결코 협의 대상이 될 수 없다"고 강조했다. 그러자 중국 외교부 대변인은 "새 정부는 과거의 부채를 외면할 수 없다"며 사드 3불 계승을 압박했다. 정가에서는 문재인 정부가 중국에 3불 1한의 이면 합의를 해줬을 가능성을 뒷받침하는 정황이라고 의심하고 있다.

47. 자유시장경제포럼 회장 최환열의 주장에 따르면, 문재인 정부 시절 김상조, 장하성 등과 더불어민주당이 경제민주화로 포장하여 국민연금법, 공정거래법을 개정했다. 이를 통하여 2021. 3. 사모펀드의 순기능을 해체하고 행동주의펀드가 상장사들의 경영권을 장악하여 기업사냥을 할 수 있도록 했다는 것이다. 그 한 예가 총괄프로듀서 겸 대주주 이수만의 역외탈세 문제 등을 떠나 SM엔터테인먼트사의 경영권 이양 등이라 한다.

㊱ 문재인은 대통령이 되자 핵심 주사파인 임종석을 대통령 비서실장으로 임명했고, 수석비서관들을 종북주의자나 운동권 출신 인사들로 60% 정도 기용한 사실.

㊲ 적폐란 명분으로 우파 정치인 박근혜, 이명박 두 전직 대통령과 측근 인사 200여 명 이상을 감옥에 보내고, 삼성전자 등 대기업을 옥죄고 망하게 하는 행동.

㊳ 헌법 개정을 통해 헌법가치인 자유민주주의의 '자유'를 삭제하고, 국민적 논쟁이 심한 '5·18 광주민주화 정신'을 헌법전문에 넣으려는 시도와 교과서에 '자유'와 '이승만 건국 대통령의 업적'과 '박정희 대통령의 업적'을 지운 사실이 있다.

㊴ 정부 각 부처에 기존 실무조직이 있음에도 불구하고 수많은 위원회를 만들었다. 그 자리에 좌파 시민단체나 종북 운동권 인사들을 앉히고 북한식 인민위원회 방식(인민재판)으로 운영했다. 더구나 국민을 아무 생각 없는 국민들로 보고[48] 평가 기준과 결론을 왜곡 조작하면서 정부를 운영했다.

㊵ 문재인 대통령은 2019년 6월 6일 현충일 추념사에서, "김원봉은 국군창설의 뿌리"라며 국가유공자 필요성을 역설해 논란이 있었다. 고 김원봉은 일제강점기 의열단을 이끌고 광복군 부사령관으로서 독립운동에 참여하긴 했지만, 광복 후 월북하여 김일성 정권 수립에 결정적 역할을 했다. 그후 북한 최고인민회의 제1기 대의원이 되고

---

48. 4대강 보(洑)를 해체하기 위한 문 정부의 위법·부당행위가 환경부에 대한 감사원 감사로 드러났는데, 왜곡된 편익 기준을 적용해서 관련 데이터를 훼손하고, 이를 결과에 반영했다. 사기극을 모의하면서도 "아무 생각 없는 국민들"은 자신들의 조작에 쉽게 넘어간다는 취지인 바 국민을 우습게 보다 못해, 조국 전 장관이 말한 붕어, 개구리, 가재 수준으로 폄훼한 것이다.

국가검열상, 노동상, 중앙위원회 중앙위원, 최고인민회의 상임위원회 부위원장 등을 역임하였다. 남파간첩을 지휘하기도 하였다. 그러다가 1958년 11월 김일성에 의해 숙청되었다.[49]

㊶ 진실과 화해위원회에서 재조사를 통해 명백한 간첩 증거가 있음에도 불구하고 고문을 받아 자백했다는 이유로 간첩이 아니라는 문재인 정부의 뒤집기 행태, 민노총 석권호 조직국장, 설훈 의원 보좌관과 윤미향 의원 보좌관 간첩사건, 국가정보원 서훈 원장과 박선원 차장의 간첩수사 방해행위 등이 있다.

㊷ 문재인 대통령은 2018년 세 차례 남북정상회담을 전후해 대통령 전용기 편으로 거액의 달러 뭉치를 북한으로 반출했다는 의혹이 모 언론에 보도되었다. 이에 대해 국민의힘당 유상범 의원은 2023년 7월 21일 당 원내 대책회의에서 "이것이 사실이라면 정상국가에서는 있을 수 없는 반국가적 행위"라고 발언했다. 검찰과 국가정보원은 이를 수사하여 사실을 밝혀야 한다.

㊸ 1945년 광복 이후 조선노동당 황해도당 선전부장 등으로 활동

---

49. 김원봉(金元鳳, 1898년 9월 28일 ~ 1958년 11월)은 일제강점기의 의열단장이자 난창에서 중국 공산당에 관여한 조선민주주의인민공화국의 군인 겸 정치인이다. 호는 약산(若山). 경남 밀양에 의열기념관이 있다. 1919년 의열단을 조직하였고, 황푸군관학교를 거쳐 조선의용대를 조직하였다. 상해 임시정부의 임시의정원(경상도 지역구) 의원, 광복군 부사령관 겸 제1지대장으로 활동하고 1944년 임시정부 군무부장에 선출되어 항일운동을 했다. 광복 후 월북하여 김일성 정권수립에 결정적 역할을 하고 민족주의민주전선 공동의장, 인민공화당 위원장, 노동상, 최고인민회의 상임위원회 부위원장을 역임했다. 김일성이 6. 25 전쟁을 일으키려 하자, 미군이 참전할 것이고 남북이 서로 이득 없이 수많은 사람이 희생당할 것이라는 했으나 김일성은 듣지 않았고 한다. 6. 25 전쟁이 발발하자 군사위원회 평안북도 전권 대표로서 후방에서 북한군의 군량미를 생산하는 일을 했다. 이로 인해 김일성으로부터 로력훈장을 수여받았다. 남파활동을 벌이기도 했는데, 1954년 1월 25일 김원봉의 직접 지휘하에 대한민국의 경제 혼란 및 선거 방해를 목적으로 남파된 간첩단 4명이 체포되었다. 이후 김일성과의 정치암투에서 1958년 10월 숙청되었다. [출처] 위키백과.

하고 '조선인민군 행진곡' 등을 작곡한 정율성에 대해, 국가보훈처는 2018년 4월부터 국가유공자 서훈이 가능한지에 대한 공적 심사를 진행했고, 문재인 대통령은 당시 이를 적극 검토할 것을 보훈처에 주문했던 것으로 전해졌다.

㊹ 문재인 전 대통령은 육군사관학교의 6·25 전쟁사에 관한 교과과정을 변경하여 북한의 남침사실 등을 은폐했다. 또 홍범도 장군은 공산주의자라며 그의 흉상을 육군사관학교 교정에서 옮겨야 한다는 여론이 일자, 문재인 전 대통령은 SNS에 "홍범도장군 흉상 철거는 역사를 왜곡하는 처사"라며 "논란이 커졌으면 대통령실이 나서서 논란을 정리하는 게 옳다"고도 했다.

㊺ 문재인은 간첩인가요? 〈미디어F〉 여론조사 결과 "응답자의 89%가 '문재인은 간첩이다'라고 생각한다"로 나타났다. 단순 친북 성향이라고 생각하는 것이 아니라, 아예 북한의 간첩이라고 생각한다는 것이다. 2022년 11월 28일 시사경제 유튜브 채널인 〈미디어F〉가 실시한 설문조사에 무려 1만 8천명이 참여했다. 그 설문조사 내용은 다음과 같다. 1위: 간첩인 것 같다(89%), 2위: 간첩인지 아닌지는 모르지만 했던 일로 봐서는 그쪽에 가깝다(8%), 3위: 간첩이 아닌 것 같다(1%), 4위: 이런 거 왜 물어보냐?(1%), 5위: 멀쩡한 전직 대통령 욕하지 마라(1%)이다.

박재균 〈미디어F〉 여론조사 자문위원은 "〈미디어F〉가 우파성향의 구독자가 많다는 점은 고려해야 한다"라면서도 "그러나 우파 지지자 내부에서 압도적인 비율로 전직 대통령을 간첩이라고 생각한다는 것

은 유의미하다"라고 견해를 밝혔다.[50]

19. 현대사 및 정치사 바로 알기
– 역사기록이 심하게 왜곡되어 있어!

가. 대한민국 건국과 산업화 과정, 반공주의 실천

대한민국이 부강할 수 있었던 원동력은 민족지도자 이승만이 건국 대통령으로서 자유민주공화국 국가건설의 초석을 세웠고, 미국 대통령을 능가하는 국제적 외교 실력으로 「한미상호방위조약」[51]과 미국의 경제원조, 군사력 증강을 하여 북한, 중국, 소련의 공산주의로부터 국가안보와 국민을 지킬 수 있었기 때문이다.[52] 아울러 고 박정희 전 대

---

50. [출처] 파이낸스투데이(http://www.fntoday.co.kr).

51. 이승만 대통령은 미국의 약점과 여론을 정확히 파악하여 고단수 외교와 정치를 펼쳐 대한민국이 필요한 것을 받아낸 성과였다. 아이젠아워 대통령은 1953. 7. 12. "우리는 한국을 절대 퇴거하지 않는다. 공산주의자들이 한국을 차지하도록 절대 방치해서도 안 된다. 이승만 대통령의 불굴의 의지를 미국은 끝까지 지원한다"는 성명을 발표하기에 이르렀다. 그 결과 이승만 대통령이 세계 최강의 미국으로부터 휴전협정체결 조건으로 얻어낸 것이 첫째는 소련, 중국, 북한 등 공산주의와 세계열강으로부터 나라를 지키는 「한미상호방위조약」이다. 둘째는 대한민국이 잘 살도록 경제를 지원받는 것이었고, 셋째는 육군 20개 사단과 해군, 공군의 대폭 증강 및 현대화를 위한 원조였다. 이런 이유 때문에 아이젠아워 대통령의 전기에 "나는 이승만의 반공포로석방 때문에 나의 정치 인생의 최대 위기였다"고 회고했다.
  이처럼 이승만 대통령이 이끄는 대한민국은 3년 1개월 동안의 긴 전쟁 속에서 북한, 소련, 중공과의 수백 차례(765회)의 휴전 문제 등에 관한 회담과 미국과의 협상을 진행하면서도 이승만 대통령의 노력과 통찰력 외교로 대한민국을 굳건히 지킬 수 있는 원동력이 되었다.

52. 2023. 5. 28. 우여곡절 속에 '이승만 대통령 기념관 건립추진위원회'가 발족되었다. 대한민국 이승만 초대 대통령이 서거한 지 58년 만에 건국 75년 만에 이뤄진 일이다. 대한민국은 G8의 진입하는 나라가 됐다. 이런 길을 열어준 건국 대통령을 기리는 기념관이 없다는 것은 나라의 근간을 부정한 것과 같다. 이념편향 세력에 의해 그동안 일방적으로 매도당해온 그의 공이 이제는

통령은 그 기초 위에 부국강병의 원칙을 세워 시시탐탐 대한민국을 적화통일하려는 북한과 중국의 공산주의와 국내의 반국가 세력을 견제하면서 경부고속도로 건설, 중화학공업, 철강, 조선, 자동차산업 섬유산업 반도체 등 급속한 산업화를 이루었다.

이러한 산업화를 이룬 배경에는 걸쭉한 경제지도자들도 있었다. 어떤 일도 할 수 있다는 긍정적인 의지와 대단한 창의력을 가지고 중동 진출, 경부고속도로 건설, 자동차 독자개발, 조선건조 사업과 88서울올림픽을 유치한 현대그룹 고 정주영 전 명예회장[53]과, 불모지 포항에서 바다를 메꾸며 자본과 기술을 확보하고 제철공장을 건설하여 산업의 쌀이라는 철강을 생산한 고 박태준 포철 전 명예회장, 세계 최고의

공정하게 재평가돼야 할 것이다. 자유대한민국을 건국하고, 김일성의 6·25 남침에 맞서 공산화를 막아낸 공이 장기집권을 획책한 독재자라는 우려보다 훨씬 더 크다. 그가 없었다면 지금 우리가 누리는 자유와 번영도 없었을 것이다. 김황식 전 국무총리가 위원장을 맡은 건립추진위에 한화갑 전 민주당 대표 등 이승만 하야를 촉발한 4·19 학생시위 주역이 다수 참여하는 것은 물론 이승만·박정희·노무현·김영삼·김대중 5명의 전직 대통령 아들들이 고문을 맡기로 했다. 추진위는 100% 예산 지원을 받을 수 있는 '독립유공자법' 대신 총사업비의 30%만 지원되는 '전직대통령법'에 근거해 기념관을 짓기로 했다. 원로배우 신영균(95세)은 이승만 대통령 기념관에 서울 고덕동 땅 4,000평(약 1만 3223㎡)을 기부하겠다고 밝혔다.

53. [출처] <김기훈의 경제 TalkTalk> 조선일보 & chosun.com, 김기훈 기자와 박정웅 메이그린스톤국제컨설팅 대표와의 인터뷰 내용이다. ◀정주영 회장이 가장 어려웠던 시기는? "김영삼 대통령 시절이다. 김 대통령은 1992년 대선 때 국민당 대선 후보로 나와 자신과 경쟁했던 정 회장이 정치적으로 재기하는 것을 막기 위해 임기 내내 현대그룹을 억압했다. 김영삼 정부 동안 현대그룹은 시련의 연속이었다. 싱가포르에서 작지 않은 해외 공사를 수주했는데도 국책은행에서 당연히 해줘야 할 지급보증을 해주지 않았다. 그때가 정 회장이 가장 어려웠던 시기가 아닌가 싶다." ◀정 회장은 김 대통령을 어떤 사람이라고 생각했나? "멸치 어장을 가진 부잣집 아들로 태어난 덕택에 갑근세(근로소득세) 한 번 내 본 적이 없는 건달이라고 생각했다." ◀자신의 대선 출마 실패에 대해서는 뭐라고 했나? "정 회장은 당시에 '나와 대통령 당선자(김영삼)를 비교해서 나를 실패자라고 하는 사람이 있는데, 그러면 대통령이 안 될 사람이 대통령이 되어서 우리나라 최초로 IMF 외환위기를 초래하고 국민들과 기업을 고통에 몰아넣은 김영삼이 성공한 것이냐? 나는 국민들의 선택을 받지는 못했지만, 내가 하고 싶은 대로 출마를 했으니 실패했다고 생각하지 않는다'고 말했다."

삼성을 만들겠다며 전자산업과 반도체 신화를 이끈 고 이병철 삼성그룹 전 명예회장과 그 후 세계 최고의 반도체산업과 스마트폰 시대를 이끌고 평창동계올림픽을 유치한 그의 아들 고 이건희 전 명예회장 등등 훌륭한 경제인들이 있었다.

나. 3·15 부정선거와 이승만 대통령의 하야와 4·19 의거

이승만 대통령은 사사오입 개헌 등으로 12년의 장기집권을 하였다. 제4대 대통령과 제5대 부통령 선거가 1960년 3월 15일 예정되어 있었다. 그때 이승만 대통령은 85세의 고령으로 유고 시 부통령이 자동적으로 대통령 직위를 승계하게 되어 있으므로 자유당은 야당인 민주당(당시 장면 부통령)이 대통령직을 승계하면 정권을 잃을 수 있다는 강박 관념에 사로잡혀 있었다. 이에 불안을 느낀 자유당 부통령 후보 이기붕은 자신이 부통령이 될 수 있도록 이승만 대통령 몰래 3·15 부정선거를 획책하였다.

야당인 민주당에서도 이승만 대통령이 고령이므로 조병옥 박사와 장면 박사는 실제 자신이 부통령이 되기를 원했고 다퉜다. 결국 조병옥은 대통령 후보로, 장면은 부통령 후보가 되었다. 미국에서 위암 수술을 받던 조병옥 박사는 선거 1달 전 세상을 떠났다.

이승만은 자유당 대통령 단독 후보로, 자유당 부통령 후보로는 민의원 의장인 이기붕과 야당 민주당 후보로는 장면이 출마했는데, 이기붕 자유당 부통령 후보는 최인규 당시 내부부장관, 이강학 치안국장, 한희석 자유당 기획위원장 등과 공모하여 1960년 3월 15일 선거

당일투표함을 바꾸는 등 다양한 방법으로 부정선거를 저질렀다.[54]

그리고 국회는 3월 18일 자유당의 이승만과 이기붕을 대통령과 부통령 각 당선자로 발표하였다.[55] 때문에 전국적인 항의 시위가 일어났다. 이 일로 선거당일 10명이 사망하고, 60여 명이 다쳤지만, 이승만 대통령 주변의 최인규 내무부장관과 문교부장관 등 각료들과 이기붕 부통령 당선자는 이 사실을 숨겼다.[56] 그런데 4월 11일 마산 앞바다에서 김주열군(17세)의 시신이 발견되었다. 눈에 최류탄이 박힌 처참한 시신을 보고 시위는 불길처럼 다시 타오르고[57], 재선거를 요구하는 국민들의 외침이 일었다.

이에 자유당 정권 내내 기승을 부렸던 정치깡패들이 학생들에게 무자비한 폭력을 가하는 사건이 벌어져 1960년 4월 19일 하루동안 전국에서 186명이 사망하고 수천 명이 다치는 대참사가 일어났다.[58]

이승만 대통령은 "오늘은 내가 이거 무슨 전쟁 중에 있는 것 같아. 사람들이 나를 나가라고 하는 모양인데, 순순히 좋게 내주려 해. 하지만 무슨 이유인지는 똑똑히 알았으면 해. 뭣인지 까닭을 알아야 해결

---

54. 이기붕 일가는 3·15 부정선거에 항거하는 4·19 혁명으로 부통령직을 사임하고 이승만 대통령의 하야와 함께 자유당정권이 붕괴되자 경무대 관사에 피신하여 있다가 1960. 4. 28. 장남 강석의 총격으로 집단 자살하였다.

55. 대통령 후보로 자유당 이승만이 단독 출마하여 9,633,376표를 얻었고, 부통령 후보로는 자유당 이기붕이 득표수 8,337,059표(79.2%), 민주당 장면은 득표수 1,843,758표(20.5%)를 얻어 이기붕이 부통령으로 당선된 것으로 발표하였다.

56. 최인규 내무부장관은 한희석(자유당 기획위원장)과 함께 1961년 혁명재판부(군사재판소)에서 3. 15 부정선거를 지령한 혐의로 1961. 12. 6. 사형이 확정되었고, 12. 21. 사형이 집행되었다.

57. 마산 시위 배경에 공산당 개입 혐의가 있다고 언명.

58. 정현채, 앞의 책, 234쪽 참조.

할 것 아냐?" 이렇게까지 질문하면, 사실대로 답해야 하는데 각료들은 또 허위 보고를 하였다.

4월 21일이 되서야 이기붕 일당은 대통령께 사실대로 보고하고 각료들은 전원 사표를 냈다. 이승만 대통령은 부정선거를 기획하고 실행한 사람들의 사표를 받고 나서야 부정선거가 있었다는 사실을 뒤늦게 알게 되었고, 곧바로 부상자들이 있는 병원을 방문하였다. 그는 "학생들이 왜 이렇게 되었어. 부정을 보고 일어서지 않는 백성은 죽은 백성이지. 이 학생들은 참으로 장하다. 내가 맞을 총알을 너희가 맞았다." 하고 위로하며 비통하게 말했다.

이승만 대통령은 부정선거의 사태의 심각성을 깨달았지만 너무 늦어버렸다. 서울지역 대학교수 250명은 시내를 행진하며, "학생들의 피에 보답하자, 이승만 대통령 물러나라!"는 구호를 외치는 시위를 하였다.

이승만 대통령은 1960년 4월 26일 "국민이 원한다면 대통령도 물러나야 해, 그게 우리 민주주의이니까"라는 취지의 하야를 발표했다. 그는 제4대 대통령 및 제5대 부통령 선거를 다시 치를 것을 발표하고 이화장으로 거처를 옮겼다. 하야하는 이승만 대통령을 사랑하는 국민들은 이화장 담벽에 '만수무강 하소서!, 할아버지 만세!, 여생 평안하시라!'등의 벽보를 붙었다.

그 후 프란체스카 여사와 하와이로 떠난 이승만 건국 대통령은 고국을 매우 그리워하며 3년간의 투병 끝에, "나라를 한 번 잃으면 다시 찾기가 얼마나 어려운지를 우리 국민들은 잘 알아야 하며, 두 번 다시 종의 멍에를 메지 말아야 한다. 이것이 내가 우리 국민들에게 주는 유언이야. 반드시 자유를 지켜야 한다"는 말씀을 남기고 1965년 7월 19

일 세상을 떠났다.

단독 입후보해 당선된 이승만 대통령은 이기붕 일당의 3·15 부정선거 문제로 1960년 4월 26일 하야함으로써 다시 제4대 대통령과 제5대 부통령 재선거를 실시해야만 했다. 국회는 허정 대통령권한대행으로 하여금 1960년 6월 15일 제2공화국 헌법을 공포해 대통령 직선제를 국회의원들이 뽑는 간선제로 바꾸고, 국무총리를 두는 의원내각제를 선택하여 제4대 대통령에 윤보선을, 국무총리에 장면을 선출하였다.

그러나 집권당인 민주당이 신·구파간의 갈등으로 분열되어 있었고 다양한 사회세력들은 각각의 정치적 요구를 주장하여 장면 정권은 불안정한 상태에 놓여 있었다. 특히 혁신계 정치세력의 부상과 학생세력의 진출은 민족자주화운동, 통일촉진운동으로 전개되어 반공·분단 국가의 근본을 위협하기에 이르렀다.

다. 5·16 군사혁명 성공과 국가재건최고회의 설치

이에 육군 제2군사령부 부사령관 박정희 소장[59]은 김종필 중령(육군

---

59. 박정희(朴正熙, 1917.11.14. ~ 1979.10.26)는 대한민국 제5·6·7·8·9대 대통령이다. 본관은 고령, 호는 중수(中樹)이다. 대구사범학교를 졸업하고 3년간 교사로 재직하다 만주국 육군군관학교에 입학하였다. 졸업 성적 석차 2등으로 만주국 군관학교를 졸업한 후, 성적우수자 추천을 받아, 일본 육군사관학교에 57기로 입학한 후 1944년 수석으로 졸업했다. 일본이 제2차 세계 대전에서 패망할 때까지 일본 제국이 수립한 만주국의 일제관동군장교로 근무하였다. 병과(兵科)는 포병(砲兵)이다. 1945년 9월 21일 북경에서 활동하던 한국광복군에 편입되어 광복군 장교로 활동하다 1946년 5월 10일에 미 해군 수송선을 타고 부산항을 통해 한반도로 귀국한다. 이후 대한민국 국군 장교로 복무하던 중 셋째 형 독립운동가 박상희가 대구 10.1 사건에 연루되어 일제 순사 출신 구미 경찰관들과 대립하다 사살되었다는 소식을 듣게 된다. 사건 직후 형의 친구이자 사회주의자이던 이재복의 권유로 반 이승만파이던 남로당 명단에 이름을 올렸으나 김창룡이 주도한 숙군에서 여수·순천 사건 연루 혐의로 체포되어 파면, 급료몰수, 무기징역을 선고받았다. 1

사관학교 8기)과 함께 어지러운 정국을 수습하기 위한 군사혁명을 일으켰다. 실권이 없는 윤보선 대통령은 군사혁명을 묵인한 점도 있었다. 군사혁명의 성공으로 장면 내각은 총사퇴하고 6개 항의 혁명공약을 발표하였다.[60] 박정희 소장은 1961년 5·16 군사혁명으로 국가재건최고회의(의장 장도영 장군)를 설치하고 1961년 7월 3일 의장이 되었다. 그는 헌법의 일부 조항을 정지시키고 행정부와 국회의 기능을 부여받은 국가재건최고회의로 하여금 7개월 동안 헌법을 전면 개정하여 제3공화국 헌법(제6호, 1962. 12. 26. 전부개정)을 마련하고 국민투표를 거쳐 1963년 12월 17일 시행하였다.

　제3공화국 헌법은 제2공화국의 의원내각제 헌법과 달리 대통령중

심 판결 이후 남조선로동당 조직구도 윤곽을 증언한 뒤 백선엽 육군본부 정보국장과 김안일 방첩과장, 김창룡 방첩대장 세 사람의 보증을 받고 집행정지 조치로 풀려난다. 이후 백선엽 국장의 배려로 정보국에서 무급 문관으로 근무하다 6.25 전쟁 때 다시 현역 군인으로 복귀한다. 머리가 명석하고 통솔력이 있어 육군의 선두주자로 소장이 되었다. 그는 5·16 군사 정변을 주도하여 국가재건최고회의 의장이 되어 "군으로 돌아가겠다"는 약속을 깨면서 군복을 벗고 직선제로 치루어진 제5대 대통령 선거에서 민주당 윤보선 후보를 누르고 당선되는 등 1963년 12월부터 1979년 10월 26일까지 치러진 선거에 당선되어 16년간 대통령으로 재직하였다. 국가재건사업을 추진하여 1968년부터 경부고속도로 기공 및 개통, 서울 지하철 기공 및 개통, 농촌의 현대화 운동이었던 새마을 운동, 대규모 중화학 공업 건설 및 육성, 민둥산의 기적인 산림녹화 사업, 식량 자급자족 실현, 자주국방 및 군대 현대화 사업 등 국가 근대화 정책을 추진하여 국가 발전의 기반을 마련하였다. 그러나 3선 개헌 및 유신헌법 등의 장기집권을 반대하던 여야 및 학생운동이 일어났다. 1979년 9월 말에 일어난 김영삼 의원 제명 파동으로 같은 해 10월 16일 부마 민주 항쟁이 일어났다. 1979년 10월 26일 저녁, 궁정동에서 중앙정보주장 김재규에 의해 피살되었다.

60. 6개항의 혁명공약은 ① 반공을 국시의 제일로 삼고 반공태세를 재정비 강화할 것, ② 미국을 위시한 자유우방과의 유대를 공고히 할 것, ③ 모든 부패와 구악을 일소하고 청렴한 기풍을 진작시킬 것, ④ 민생고를 시급히 해결하고 국가자주경제의 재건에 총력을 경주할 것, ⑤ 국토통일을 위하여 공산주의와 대결할 수 있는 실력을 배양할 것, ⑥ 양심적인 정치인에게 정권을 이양하고 군은 본연의 임무로 복귀한다는 것이었다.

심제를 채택하였고 국회의 기능을 약화시켰다. 대통령의 임기를 4년으로 정하고, 1차에 한하여 중임할 수 있게 하였다(헌법 제69조). 국회의원 선거는 대통령 선거와 1개월 차로 치러졌다. 박정희 후보는 제3공화국 헌법 체제하에서 최초의 대통령인 제5대 대통령이 되었다. 국회의원(제6대)의 임기는 양쪽 모두가 국회가 개원한 날 개시해서 1967년 6월 30일에 만료되는 것으로 개정하여 이후 대통령과 국회의원이 같은 해 같은 날 동시에 4년 임기를 개시하고 만료하도록 하였다.

제5대 임기를 마친 박정희 전 대통령은 1967년 5년 3일 국민의 직접선거로 제6대 대통령으로 재선되었다. 그는 8년 대통령 재임기간 동안 앞에서 언급한 걸쭉한 경제지도자들과 함께 대한민국의 산업화를 이룩하였다.

라. 3선개헌과 유신헌법 개정

그러나 헌법을 개정하여 3선 연임 대통령이 되는 것은 쉬운 일이 아니었다. 박정희 대통령은 군인 출신으로, 혁명을 통해 정권을 잡았지만 경제를 잘 발전시키고 때가 되면 퇴임할 지도자라고 여기는 국민들이 많았다. 1969년 6월경 3선개헌의 움직임이 일었다. 그러나 집권 민주공화당 내에서부터 후계자로 유력시 되던 김종필 국무총리와 그를 지지하는 정치인들에 의해 반대에 부딪혔다. 1969년 7월 17일에는 야당의 3선개헌 반대투쟁위원회가 결성되기도 했다. 따라서 3선개헌과정과 제7대 대통령 선거에서 박정희 대통령 나름의 경제발전 성과에도 불구하고 지지율이 생각보다 낮았던 것은, 그가 점차 장기집권 의지를 보이자 국민 여론이 나름의 주의를 준 측면도 있었다.

어쨌든 3선개헌은 대한민국 헌법의 제6차 개정(헌법 제7호, 1969. 10. 21. 일부개정)이다. 3선을 허용하는 개헌안이 1969년 9월 14일 여당 민주공화당의 국회의원만이 모인 가운데 국회에서 통과되고, 동년 10월 17일 국민투표에서 확정되었다. 박정희 후보는 1971년 4월 27일 실시된 제7대 대통령 선거에 3번째 출마하여 총투표율 79.8%에서, 득표율 53.2%로 김대중 후보 45.2%을 이겨 재집권에 성공했다. 개헌 이유는 오늘에 이르기까지의 헌정을 통하여 경험한 실정법상 현하의 국내외 정세에 비추어 시급한 정국의 안정, 국방태세 확립 및 지속적인 경제성장 등의 제요청에 부응하기 위한 것이라고 밝혔다.

당시 박정희 대통령은 3선개헌의 당위성을 보여주기 위해 재임 중 많은 노력을 경주했다. 또한 경부고속도로 건설과 새마을운동을 속전속결로 밀어부쳤다. 일련의 정책들은 경제개발의 일환으로 진행한 것이기는 하지만 1971년 대통령 선거에서 압승을 거두려고 다소 무리하게 진행했던 면이 있었다. 하지만 1970년부터 경제성장률이 떨어지기 시작하면서 경제는 침체양상을 보이기 시작했고,[61] 40대 기수론을 내세워 7대 대통령 선거에 출마한 김대중 후보는 당초 대통령이되기에는 시기상조라는 평과 함께 최종적으로 낙선하긴 했지만 무려 45.2%의 득표율을 획득하며 상당히 선전했다.

---

61. 당시의 경기침체는 외부적으로는 미국의 금본위제 포기로 인한(닉슨 쇼크) 불안정성 때문이었고, 내부적으로는 비제도화 되고 낙후된 금융 인프라 때문이었다. 우선 은행에 자금이 많지 않아서 대출받기가 쉽지 않았던 데다가 1962년 4대 의혹 사건의 여파로 주식시장이 위험하다고 여겨져 투자자들이 주식에 투자하기를 꺼렸다. 그로 인해 기업들이 자금조달이 어려워지자 사채로 돈을 꾸었다. 그러나 사채가 워낙에 고이율이었기에 이자를 감당하지 못하는 기업들이 속출하면서 기업들의 자금난이 심해졌다. 이러한 기업들의 자금난이 해소된 것은 1972년 8월 3일 사채동결 조치로 이자가 탕감되고 주식시장이 활성화되고 나서의 일이었다.

마. 닉슨 독트린으로 미군 철수 통보와 일부 철수의 위기 상황

그러나 당시의 국제정세를 살펴보면 리쳐드 닉슨 미국 대통령은 베트남 전쟁에 대한 국내외의 반발과 경제난을 타개하기 위해 "아시아에서 전쟁이 발발했을 경우 방위의 1차적 책임은 당사국이 져야 하고, 미국은 선택적이고 제한적으로 지원할 것"이라는 내용의 '닉슨 독트린'을 1969년 7월 25일 발표했다. 이에 따라 미 행정부는 국회에 외교교서를 보내 대한민국에 5년 안에 주한미군 철수를 통보하였다. 그 후 실제로 1971년 3월에 주한 미 7사단 병력 2만여 명을 일방적으로 철수했다. 더구나 닉슨 대통령은 베트남에서 월남전 종전선언을 하여 71년 봄까지 미군 50만 명 중 30만 명을 철수시켜 공산화를 방치하고 있다는 지적을 받고 있었던 상황이었다. 남베트남과 쌍둥이 국가라고 비춰지던 대한민국에서도 위기가 온 것이다. 또한 1972년 2월엔 닉슨 대통령이 중국을 방문하여 우호적으로 노선변경을 하였다.

그 무렵 박정희 대통령은 이후락 중앙정보부장을 1972년 5월 2일부터 5일까지 평양에 비밀리 보내 김영주 중앙조직부장과 회담을 했고, 김일성 주석을 만났다. 이어서 북한의 박성철 부수상 역시 5월 29일부터 6월 1일까지 극비리 서울을 방문해서 이후락과 조율을 했고, 청와대에서 박정희 대통령을 만났다. 그 결과 쌍방은 다음의 조국 평화통일 3대 원칙의 기본합의를 이뤘다.

"첫째, 통일은 외세에 의존하거나 외세의 간섭을 받음이 없이 자주적으로 해결하여야 한다. 둘째, 통일은 서로 상대방을 반대하는 무력행사에 의거하지 않고 평화적 방법으로 실현하여야 한다. 셋째, 사상과 이념, 제도의 차이를 초월하여 우선 하나의 민족으로서 민족적 대단결을 도모하여야 한다"는 협약을 했다. 이것이 1972년 7. 4 남북공

동성명이었다.[62]

그러나 이승만 대통령의 "공산당과의 협상은 성공할 수 없다"라는 말씀처럼, 우드로윌슨센터가 확인한 7. 4 남북공동성명 이후 상황을 담은 루마니아 외교문서에는 북한 김일성이 남북대화를 추진한 속셈과 국제사회를 상대로 남한 정부를 고립시키려 했던 이른바 '평화·선전 공세'의 진면목이 잘 드러나 있다. 남북대화를 통해 박정희 정권의 기반을 흔들어 야당(김대중) 진영의 집권을 도우려 했음을 입증하는 외교문서가 공개된 것이다. 이처럼 당시 북한의 군사력은 남한의 2배였고, 국제정세를 모르는 대학생들의 극렬 시위와 고정간첩들의 암약, 이들의 선동으로 인한 학생들 시위, 이를 이용한 김대중 총재의 야망 등은 임기가 아직 2년 6개월 이상 남은 박정희 대통령이 헌법을 시급히 개정(유신헌법)한 원인이었다고 평가한다.

급기야 1972년 10월 17일 박정희 대통령은 조국의 평화적 통일을 위하고 정치체제를 개혁한다는 명분 아래 국가긴급권을 발동하여 국회를 해산하고 정치활동을 금지하는 동시에 전국적인 비상계엄령을 선포하였다. 이어 10일 이내에 헌법 개정안을 작성하여 1972년 11월 21일 국민투표를 통해 개정헌법을 확정하였다.[63] 개정헌법은 임기

---

62. 7.4 공동성명은 1972. 7. 4. 남북한이 분단 이후 최초로 통일과 관련해 합의·발표한 것으로, 자주·평화·민족대단결을 통일의 3대 원칙으로 정했다. 합의 당사자는 남측의 박정희 대통령과 북측 김일성 주석이다. 북한은 1972. 12. 28. 형식상 최용건이 북한의 국가원수(최고인민회의 상임위원장)에서 물러나고 국가원수(주석)로 김일성이 취임했으며 사회주의 헌법이 통과되면서 김일성의 1인 독재체제가 더욱 강화되었다.

63. 그 주요 내용은 법률유보 조항을 두어 기본권 제한을 보다 쉽게 했고 통일주체국민회의를 설치했으며, 대통령의 권한을 대폭 강화하여 영도적(領導的) 국가원수(元首)로서의 역할을 하도록 했다. 또한 국회의 회기를 단축하고 권한을 약화했으며, 법관을 대통령이 임명하게 했고, 대통령을 통일주체국민회의에서 선거하도록 하였다.

6년의 대통령(헌법 제47조)은 국민적 조직체인 통일주체국민회의에서 간접선거로 선출하도록 하였다. 이에 따라 1972년 12월 23일 제8대 대통령 선거가 실시되었고 그 취임일인 동년 12월 27일에 공포·시행되었다.[64] 이 헌법이 제4공화국의 유신헌법維新憲法(제7차 개헌 1972년 12월 27일 전부개정)이다. 박정희 대통령은 미군 철수의 위기 상황과 학생시위, 북한의 도발 의지 등 제반 상황을 볼 때 유신헌법을 추진한 것이 옳다는 평가와 유신헌법 추진은 무리라는 평가도 있다.

바. 영부인 육영수 여사의 피격

장충동 국립극장에서 1974년 8월 15일 치러진 제29회 광복절 기념식에서 박정희 대통령이 평화통일 3단계 기본원칙 등에 관한 경축사를 하던 도중 대통령을 암살하려 한 사건이 일어났다. 암살 저격은 실패하고, 뒤에 앉아 있던 영부인 육영수 여사가 재일교포 문세광[65]의

64. 대통령 후보는 통일주체국민회의 대의원 200인 이상의 추천장이 있어야 하며, 대의원은 후보자를 1명만 추천할 수 있도록 하였다. 또 당선인 결정은 통일주체국민회의에서 재적의원 과반수의 찬성을 얻은 자를 당선인으로 하되, 과반수의 찬성을 얻은 후보자가 없을 때에는 2차 투표를 하고, 2차 투표에서도 당선자가 없을 때에는 최고득표자가 1인이면 차점자에 대하여, 최고득점자가 2인 이상이면 최고득점자에 대하여 결선투표를 실시해 다수득표자를 대통령으로 선출하도록 하였다.

65. 범인은 재일교포 출신의 문세광으로 일본식 이름은 난조 세이코(南條世光)였고, 요시이 유키오(吉井行雄)라는 이름의 가짜 여권으로 입국하였다. 문제는 이미 문세광은 김대중 납치 사건 때 반한 운동을 벌인 전적이 있어서 중앙정보부의 요시찰 인물이었다는 것이다. 이 문세광이 가짜 여권으로 한국에 건너왔는데 오사카 총영사관은 문세광에게 비자를 내 주었고 이는 모두 중앙정보부에 보고가 올라갔다. 지금도 조총련의 김호룡을 통해서 공작금을 받고 북한과 연계되었다는 이야기가 많이 나오지만, 당시 일본 경찰의 조사에 의하면 김호룡이 줬다는 공작금은 문세광의 모친이 준 돈이었다고 한다. 2005년 MBC '이제는 말할 수 있다'에서 한국 언론 최초로 김호룡과 인터뷰를 했는데, 그는 자신이 암살을 교사했음을 부정했다. 무엇보다도 김호룡은 이 사건으로 한국 수사당국을 통한 어떤 조사조차 받은 적이 없다. 김호룡 연루 의혹에도 불구하고 한국 측에서 조총련 인사를 조사할 권한이 없었다는 것. 당시는 일본에서 재일교포의 숫자를 줄이기

총격에 의해 향년 48세의 젊은 나이로 숨졌다.

이런 국내외 격변과 정세 등으로 박정희 대통령은 제9대 대통령 선거에 재출마하였다. 1978년 7월 6일 실시되는 제9대 대통령 선거는 임기 6년의 기존 유신헌법에 의한 통일주체국민회의를 통한 간접선거였다. 박정희 후보는 제9대 대통령으로 당선되었다. 박정희 대통령의 장기집권으로 야당과 대학생들의 반대 시위는 날로 격화되었다. 1979년 10월 15일 부산과 마산에서 대학생들과 시민들이 민주공화당의 유신독재에 반대하여 방송국과 세무서 등을 점령하고 파괴하는 부마사태가 일어났다. 이에 박정희 대통령은 부산지역에 계엄령을 선포했다.

사. 박영수 여사에 대한 그리움과 집권말기(1975~1979)

박정희 대통령은 탈모현상으로 아침 샤워할 때마다 머리카락이 빠졌고, 좌골신경통을 앓고 있어 통증이 심할 때는 의자에 앉지도 못하고 서서 서류 결재를 하였다고 한다. 그래서인지 9대 대통령 임기를 다 채우지 않고 임기 1년 전에 사퇴할 뜻을 가지고 있었다는 주장이 있다. 이와 관련해 유신헌법 개정안 초안작업을 전 중앙정보부장 신직수에게 지시했다는 주장도 있다. 남덕우 전 총리에게는 "내가 봐도 유신헌법의 대통령 선출방법은 엉터리야. 그리고서야 어떻게 국민의 지지를 얻을 수 있어? 헌법을 개정하고 나는 물러날 거야"라는 말을

위해 한국의 반대를 묵살하고 만경봉호를 통해 북한으로 재일교포들을 북송하던 시절이었다. 북한 김일성은 다른 여러 북한이 저지른 테러와 마찬가지로 늘 그렇듯이 이 사건과 자신과의 연계를 부정했다. 그는 김대중 지지 세력이 배후인 것처럼 1974년 10월 25일 북한 주재 신임 소련 대사 글레브 크리울린에게 말한 것으로 밝혀졌다. [출처] 나무위키 '박정희 저격 미수 사건'.

남기기도 했다. 후계자로서는 김종필을 염두에 두고 있었다.

육영수 여사가 문세광에 의해 암살당한 지 1년 뒤인 1975년 8월 6일에는 거제시 장목면 저도에 위치한 청해대에서 '일수'(一首)라는 시(詩)를 썼는데 아내 육영수 여사와 함께 거닐던 곳에 혼자 와 보니 아내에 대한 그리움이 더욱 간절해진다는 내용을 담고 있다. 이 시는 2004년 가수 남상규가 '임과 함께 놀던 곳에'라는 제목의 음반으로 출시되기도 했다.

> "님과 함께 놀던 곳에 나 홀로 찾아오니 / 우거진 숲속에서 매미만
> 이 반겨하네 / 앉은 자리 밟던 자국 모래마다 밟던 자국 / 저도섬 백
> 사장에 체온마저 따스해라 / 파도소리 예와 같네 짝을 잃은 저 기러
> 기 / 나와 함께 놀다가렴"

이외에도 '한 송이 흰 목련이 바람에 지듯이'와 '추억의 흰 목련', '제야(除夜)' 등 많은 시를 지었는데 대부분 육영수 여사에 대한 그리움과 인생의 회한을 나타낸 시들이다. 그외 많은 그림들과 휘호를 남겼다.

아. 2017년 10·26 박정희 대통령 시해 사건과 12·12 사건

그 무렵 김재규 중앙정보부장은 이러한 부정적인 국내정세와 반대 시위, 차지철 경호실장 간의 알력 때문에 박정희 대통령과 차지철 경호실장을 살해하기로 마음을 먹게 된 것 같다.

그 결과 박정희 대통령은 믿었던 측근 전 중앙정보부장 김재규에 의해 1979년 10월 26일 오후 7시 50분경 궁정동 안가安家의 저녁 만

찬자리에서 피살되었다.[66] 이날 중앙정보부장 김재규는 김계원 비서실장만을 살려두고 함께 자리한 차지철 경호실장과 안가의 경호원들을 모두 사살했다.[67] 박정희 대통령의 피살은 권력의 공백과 안보 위기를 맞이하게 되었다.

김재규의 총격 시해로 박정희 대통령이 서거하자 최규하 국무총리는 헌법규정에 따라 다음 날 10월 27일 대통령 권한대행이 되었다. 그는 대통령 권한대행으로 10월 27일 비상국무회의를 소집하여 제주도를 제외한 전국에 비상계엄령을 선포하고 10월 28일 중앙정보부장 김재규를 해임했으며, 전두환 보안사령관(육군 소장)을 계엄사령부 합동수사본부장으로 임명했다.

최규하 대통령권한대행은 시국 안정을 위해 1979년 11월 6일 대국민 시국 담화문을 발표했다. 담화내용은 우선 북한은 직접 도발을 감행하기보다는 남한 내부 혼란 선동에 나선 것으로 진단하고, 이에 국민들의 주의를 촉구했다. 또한 세계적 불황과 석유파동으로 국내 경

---

66. 김재규 전 중앙정보부장은 1심 최후변론에서 "저의 10월 26일 혁명의 목적을 말씀드리자면 다섯 가지입니다. 첫 번째가 자유민주주의를 회복하는 것이요, 두 번째는 이 나라 국민들의 보다 많은 희생을 막는 것입니다. 또 세 번째는 우리나라를 적화로부터 방지하는 것입니다. 네 번째는 혈맹의 우방인 미국과의 관계가 건국 이래 가장 나쁜 상태이므로 이 관계를 완전히 회복해서 돈독한 관계를 유지하는 것입니다. 국방을 위시해서 외교, 경제까지 보다 적극적인 협력을 통해서 국익을 도모하자는 데 있었던 것입니다. 마지막 다섯 번째로 국제적으로 우리가 독재국가로서 나쁜 이미지를 갖고 있습니다. 이것을 씻고 이 나라 국민과 국가가 국제사회에서 명예를 회복하는 것입니다. 이 다섯 가지가 저의 혁명의 목적이었다"라고 말했다. 또한 "자유민주주의 회복을 위해 자유민주주의를 가로막는 유신정권의 희생은 피할 수 없었다"고 주장하는 피고인 김재규에 대해, 대법원은 1980. 5. 20. 내란목적살인죄와 내란수괴미수, 내란중요임무종사미수죄 등을 적용해 사형을 선고한 육군본부 계엄고등군법회의가 선고한 원심을 확정하였다. 그는 1980. 5. 24. 교수형으로 처형되었다.

67. 김재규가 김계원 실장을 살려둔 것은 김계원이 생명의 은인이었기 때문이라고 한다. 김계원은 그 인연으로 김재규가 자신을 권총으로 살해하지 못했을 것으로 회고하였다.

제도 어려움을 겪고 있음을 국제사회가 눈여겨보고 있다는 것을 강조하였다. 사회적 혼란을 우려하고 국법과 헌정질서 문란을 경계하면서 정치 일정에 대한 비전을 밝혔다. 조속한 시일 내에 당시 헌법에 따라 후임 대통령을 선출하고 새 대통령은 박정희 대통령의 잔여 임기를 채우지 않고 개헌을 하여 새 헌법에 의한 선거를 실시하겠다는 것이다.

최규하 대통령권한대행은 당시 헌법(유신헌법)에 의하여 대통령 유고 시 3개월 이내에 통일주체국민회의를 통해서 후임 대통령을 선출해야만 했다.[68] 그리하여 1979년 12월 6일 실시된 보궐선거에서, 통일주체국민회의 대의원들은 최규하 후보를 제10대 대통령으로 선출하였다. 이때 2,549명의 대의원이 투표하여 최규하 후보 2,465표, 무효 84표로 96.3%의 득표율로 당선되었다.

당시 중앙정보부장 김재규를 수사하던 합동수사본부장인 전두환 보안사령관[69]은 대통령 시해 현장 바로 옆 안가에 계엄사령관 정승화 육군참모총장이 있었다는 석연치 않은 이유 등으로 공모 여부를 수사, 확인하기 위해 1979년 12월 12일 수사관들을 보냈고, 전두환 합동수사본부장은 최규하 대통령에게 보고하고 승인을 받기 위해 청와대에 갔다. 그러나 최규하 대통령은 노재현 국방부장관의 결재가 없

---

68. 헌법 제45조 ①대통령의 임기가 만료되는 때에는 통일주체국민회의는 늦어도 임기만료 30일 전에 후임자를 선거한다. ②대통령이 궐위된 때에는 통일주체국민회의는 3월 이내에 후임자를 선거한다. 다만, 잔임기간이 1년 미만인 때에는 후임자를 선거하지 아니한다. ③대통령이 궐위된 경우의 후임자는 전임자의 잔임기간 중 재임한다.

69. 박정희 대통령은 1979년 3월 제1사단장 전두환 소장을 보안사령관으로 전격 임명하였다. 박정희 대통령의 총애를 받아 사단장 경력 1년 3개월 만에 중장이 지휘하는 군단장급 직위에 보직된 데다 보안사령관의 실질적 권력 서열이 상당하기 때문이기도 하지만 북한과 대치하고 있는 엄정한 상황을 직시하고 있었던 것으로 볼 수 있다. 측근 김재규 중앙정보부장에게 죽임을 당했지만 정국을 읽는 상황은 대단한 지도자였다.

다고 버텼다. 오랜 시간 경과 후 국방부장관의 나타나 결재를 받아 최규하 대통령은 정승화 계엄사령관의 체포승인을 하였다.

수사관들이 1979년 12월 12일 정승화 육군참모총장 겸 계엄사령관을 공관에서 연행하는 과정에서 정병주 특전사령관, 장태완 수경사령관 부대의 반발과 충돌이 발생했었다. 이 사건은 전두환 보안사령관과 노태우 9사단장, 장세동 부대 측의 승리로 끝났다.[70] 이후 정승화 계엄사령관을 체포한 12·12 사건에 대해서는 '정당한 수사권의 행사'로 평가되었다.

전두환 합동수사본부장은 1979년 10월 26일 박정희 대통령 시해 가담자들에 대한 수사를 마치고 피의자들을 군사재판에 회부하였다. 최규하 대통령은 전두환 합동수사본부장의 공로를 인정하여 1980년 3월 중장으로 진급시키고 1980년 4월 14일 중앙정보부장(서리)로 임명하였다. 대법원은 피고인 김재규 등 9인에 대해 1980년 5월 20일 '내란목적살인죄와 내란수괴미수, 내란중요임무종사미수죄 등'을 적용해 사형을 선고하였다.

자. 5·18 사건의 발발과 김대중 총재와의 관계

김대중 총재와 김영삼 총재가 이끄는 야당은 정권을 서로 잡기 위해 동분서주했고, 북한 김일성은 박정희 대통령의 유고로 인한 내부 봉기를 지켜 보면서 남침 기회를 엿보고 있었다. 1980년 4월 21일부

---

70. 대통령 시해 현장 바로 옆 동에 정승화 육군참모총장이 있었다는 허화평 당시 보안사령관 비서실장의 주장이다. 그래서 합동수사본부 수사관이 당연히 용의선상에서 수사해야 한다는 것이다. 한편 전두환 전 대통령은 "나는 정치적 야심이 없었고 ...군 동원은 정승화 육군참모총장이 저항했기 때문이다." 하고 말한 바 있다.

터 24일 사이의 강원도 정선군 사북면 소재의 사북탄광 사태가 있었고,[71] 1980년 5월 15일 서울역 광장에서는 대학생들과 시민들의 유신헌법 폐지, 계엄령 철폐와 조속한 민주화를 요구하는 격렬한 가두시위도 있었다. 대학생의 데모 시위와 고정간첩들의 테러활동과 함께 가짜루머 등이 퍼져 정국은 극도로 불안했다.

최규하 대통령은 각 여러 기관의 정보 및 정세 보고를 받고 1980년 5월 17일 전국에 계엄령을 확대 선포하였다.[72]

1980년 5월 18일, 전남 광주지역에서 민간 시민으로서는 도저히 할 수 없는 전남지역 17개 시·군에 위장 보관되어 있던 44개의 무기고가 5월 19일 잘 훈련된 시민군(?)에 의해 동시다발적으로 파괴되었고, 이곳에 보관되었던 무기들도 불과 4시간 만에 다 털렸다.[73] 잘 훈련된 시민군(광주시민들일까?)들은 약탈한 카빈총과 TNT 등을 광주시민들에게 나눠주고 광주교도소를 5월 22일 낮부터 밤중까지 다섯 차례 습격했다. 광주시를 날릴 수 있는 2,100발의 폭탄을 조립하고 도청도 장악하였다. 6·25 전쟁을 겪은 일부 광주시민들은 5·18 사태를

---

71. 이와 관련해 "북한 특공대는 오래전부터 2인조 3인조 형식으로 침투해 잠복하고 있다가 광주에 집결한 것으로 알려져 있다"며 "1979년 10월 부마사태 때에 잠입한 북한 공작원들과 1980년 4월 강원도 사북탄광 노사분규 때 침투한 공작원들도 북으로 가지 않고 잠복하고 있다가 광주사태에 합류한 것으로 알려져 있고 광주사태 작전 지휘부는 목포에 있었다고 한다"고 덧붙였다.

72. 계엄사령관은 현역 장성급(將星級) 장교 중에서 국방부장관이 추천한 사람을 국무회의의 심의를 거쳐 대통령이 임명한다. 계엄사령관의 계엄업무를 시행하기 위하여 계엄사령부를 둔다. 이 경우 계엄사령관은 계엄사령부의 장이 된다. 계엄사령관은 계엄의 시행에 관하여 국방부장관의 지휘·감독을 받는다. 다만, 전국을 계엄지역으로 하는 경우와 대통령이 직접 지휘·감독을 할 필요가 있는 경우에는 대통령의 지휘·감독을 받는다. [네이버 지식백과] 계엄령 (시사상식사전, pmg 지식엔진연구소)

73. 지만원 박사가 진술한 '5·18 답변서'의 내용이다.

제2의 6·25로 인식하여 피난 가는 일까지 발생하였다.

카. 5·18 사건의 진실과 가짜유공자 양산

40년간 미국 전 중앙정보국(CIA) 한국담당 요원이었던 마이클 리는 2023년 7월 19일 프란치스코 교육회관에서 열린 '5·18 가짜 유공자 진상규명 세미나' 기고문에서, "불과 4시간 사이에 44개의 예비군 무기고를 부수고 5,408정의 무기를 탈취했으며, 트럭 3대분의 폭약과 뇌관과 도화선도 탈취했다"고 밝혔다. 또한 그는 "170여 명의 좌익사범을 포함해 2,700여 명의 죄수가 수용돼 있는 광주교도소를 다섯차례나 야간 습격하고, 사망자 중 총에 맞아 사망한 116명 중에 진압군의 M16에 맞은 희생자는 36명이고 무기고에서 탈취한 카빈총에 맞은 사람은 80명으로 조사됐다"고 당시 상황을 전했다.

또 마이클 리는 "그 80명은 진압군 주둔 지역이 아닌 다른 장소에서 희생됐다. 우리는 절대로 광주시민군이 광주시민을 쏘았다고 생각할 수 없다"며 "이와 같은 사건을 우리는 어떻게 해석해야 하는가, 이것을 민주화 투쟁이라고 말할 수 있는가?" 하고 반문했다.

광주사태 진압 명령을 받은 변일남 대대장과 강지원 중사의 증언과 같이 5·18 당시 계엄사령관 이희성은 특전사령관(정호용 소장), 제3공수여단장(최세창 준장)으로 하여금 제3공수여단 제11대대, 12대대, 13대대(변길남 중령), 15대대(박종규 중령) 병력을 광주에 보내 광주시민들의 질서를 유지케 했다. 그들은 우선 폭도들이 탈취한 카빈총 등 무기와 시민들에게 나눠준 무기를 반납 받았다. 그리고 전남도청에 장치한 TNT폭탄을 제거하고 시민 폭도들을 진압함으로써 10일간의 5·18 사건을 수습했다.

최규하 대통령은 5·18 비상사태를 지혜롭게 수습하고 국가안위를 위해 전두환 보안사령관을 동년 5월 31일 국가보위비상대책위원회(약칭 국보위) 상임위원장에 임명하였다. 이처럼 국가 안위에 온 힘을 쏟았다.

다음은 5·18 사건의 급박한 작전상황에 대해, 국군 제3공수여단 제15대대 강지원 중사, 제13대대장 변길남 중령(육군 소장으로 예편하였다)이 〈펜앤드마이크〉에 특별출연해 김용삼 대기자와 인터뷰한 내용이다. 두 사람의 증언과 인터뷰 내용을 정리하였다.

제15대대 강지원 중사는, "제3공수여단 제15대대는 서울 현충원에서 주둔 중 1980년 5월 20일 전남 광주로 기차를 타고 실탄도 없이 (대대장은 실탄을 가지고 있었고, 부대에서는 실탄을 싣고갔으나, 부대원들에게는 배급하지 않았다) 진압봉만 가지고 광주역에 내려갔다. 광주로 내려간 제3공수여단 제15대대, 제13대대, 12대대, 제11대대 공수부대원들은 하루 종일(5월 21일) 엄청난 시위대와 대치하였다"고 증언했다.

제13대대장 변길남은, "부대원들에게는 실탄이 배급되지 않은 상태에서 엄청난 시위대와 계속 대치할 수 없고 안전을 위해 시위진압 포기 명령과 전남대학교로 이동하라는 명령을 받았다. 공수부대원들은 1980년 5월 21일 새벽 2시경 시위대를 뚫고, E-8 연막탄을 터트리며 전남대학교 교정으로 걸어서 이동하였다. 이동하는 중에 시위대들은 높은 곳에서 돌맹이를 던지거나 총을 쏴 부대원들이 총상을 입거나 죽었다. 부대원들은 총을 맞지만 않기를 바라며 전남대학교에 도착했다. 공수부대원들은 교실에서 잠시 눈을 붙이고 일부는 경계근무을 하였다"고 증언했다.

이날 새벽 제15대대 선임하사인 강지원 중사는, "좀 시간이 지나

소변을 보기 위해 일어나 밖을 보니 어둠 속에 시커먼 시민군들(?)이 듬성듬성 보였다. 날이 밝아오자 시민군들이 더 많이 보였다. 아침 8시 9시경 정문과 돌담을 통해 굉장히 많은 시민군들이 학교 안으로 들어왔다. 시위대들은 장갑차, 군용트럭, 소방차 등을 타고 어깨에는 흰 띠를 두른 채 정문으로 들어왔다. 그들은 들어오면서 각목을 들고 돌멩이 등을 던지며 공격해 왔다.

제15대대장은 당황하면서 "무조건 돌격 앞으로다"라는 말을 5번 정도 계속 반복하였다. 부대원 강지원 중사는 선임하사로서 "내가 먼저 나갈 테니 나를 따르라!" 하고 먼저 돌격하였다. 그러자 시민군들이 나를 보고 돌멩이를 던지며 '저놈 잡아라!' 하고 소리치기에 뒤를 쳐다보니 따르던 공수부대원들이 보이지 않아 뒤로 잠시 후퇴하였다. 시민군들은 공수부대(15대대, 13대대, 12대대, 11대대)의 용기와 겁 없이 돌격하는 나를 보고 도망갔다. 미처 도망가지 못한 키 작은 애가 잡혔다. 잡힌 애를 보고 뒤에 있던 후배 부대원이 물었다.

"너 몇 살이야?"

"초등학교 5학년인데요."

"5학년 짜리가 여긴 왜 왔어?"

아이는 긴장하면서 대답했다.

"형아들이 이곳에 가면 사이다도 주고 김밥도 준다고 해서 왔는데요."

후배 부대원은 어린 학생이라 경찰 등(경찰도 나와 있지 않았다)에 인계하지 못하고 "어서 집에 가"라고 말하며 돌려보냈다고 증언했다.

밀리고 미는 과정에서 전남대학교에서의 소요사태(?)는 큰 인명사고 없이 이동명령을 받았다. 강지원 중사는, "5월 22일 오후 2시경 광주교도소가 위험하니 공수부대는 교도소로 이전하라는 제15대대장의 명령을 받고 15대대의 첨병으로 부대원들과 함께 광주교도소로 이동하였다. 이동하던 중 시민군이 모는 군용트럭 두 대가 지나가면서 '두두둑'하며 우리에게 총격을 가했다. 이때 대대장 뒤의 무전병이 팔에 총상을 입었다"고 증언했다.

변길남 제3공수여단 제13대대장(중령)은, "숲속에 숨어 있던 시민군(폭도)들은 도보로 이전하는 제13대대 공수부대원들에게도 총격을 가하였다. 이렇게 제3공수여단 제15대대, 제13대대, 12대대, 11대대는 아직 실탄이 보급되지 않은 절제된 상황하에서 5월 22일 오후 4시 반경 광주교도소에 도착했다"고 증언하였다.[74]

강지원 중사는, "광주교도소 도착 후 각 대대장들은 대위급 장교들을 모아 놓고 광주교도소 안에서 자위권 발동으로 '긴급할 때만 써라'며 M16 실탄 10발씩 나눠 주었다. 선임하사인 나도 실탄 10발을 받았다. 5월 22일 밤 시민군(폭도?)들은 군용장갑차 1대와 버스 1대를 타고 야영경비 중인 우리 공수부대(11대대, 12대대, 13대대, 15대대)를 향해 총격을 가하였다. 매복 중인 15대대 부대원이 장갑차 덮개 문을 열고 안에 최류탄을 터트리자 시민군이 장갑차에서 내렸다. 이렇게 시민군들과 대치 중에 총소리 한 발이 터져나왔다. 그러자마자 총격전이 일어났다. 수차례 총격전이 끝난 후 제15대대장은 하얗게 질린 채 '총을 누가 먼저 쐈어?' 하고 질문하였다. 그러나 아무도 먼저 쐈다고 한 부대원은 없었다"고 증언했다.

변길남 제13대대장은, "5월 22일 하루 종일 대치하고 있는데 야밤이 되자 약 3,000여 명의 간첩들과 사상범들로 가득한 광주교도소를

---

74. 제13대대장 변길남 중령과 제15대대 선임하사 강지원 중사의 증언이다.

습격하기 위해 무장한 폭도(시민군)들이 지프차, 군용차를 몰고 정문으로 들어왔다. 그들은 차에서 내린 후 기어서 국군 공수부대를 5차례 습격하였다. 다행히 공수부대(제3공수여단 제15대대, 13대대, 12대대, 11대대)는 하루 전 삽으로 판 참호(개인호)에서 목숨을 걸고 사수함으로써 폭도들은 광주교도소 안의 죄수들을 탈옥시킬 수가 없었다. 이 과정에서 시민군(폭도)들과 공수부대원 사이의 인명 피해가 있었다"[75]고 증언했다.

변길남 제13대대장은 "간첩이나 사상범들이 약 3,000여 명이나 있는 광주교도소를 밤에 수차례 습격한 것은 광주시민들이 할 수 있는 것은 결코 아니며, 북한 특수군이 아니면 불가능하고, 다 계획된 것이다"라고 증언했다. 그는 "감청반에 따르면 시민군(폭도)들은 '광주교도소 공격은 더 이상 불가능하므로 이젠 철수해야 합니다.' 하고 북한에 무전을 보낸 사실이 감청되었고, '김일성이 이를 승낙했다'고 최세창 여단장으로부터 들었다"라는 증언을 했다.

다음은 20년 동안 검찰 수사기록이나 군기록, 법원의 공판기록과 판결문 등을 가지고 계속 연구한 지만원 박사가 저서와 재판과정에서 5·18 사건 상황을 밝힌 내용이다.

"시민군(폭도)들은 44개 무기고에서 털은 TNT와 카빈총 등을 가지고 있었다. 그들은 광주시를 날릴 수 있는 2,100발의 폭탄을 조립하고 도청도 장악하였다. 이곳에서도 도청을 장악한 시민군(폭도)들과 공수부대원들이 대치하면서 총격전이 발생하였다. 총상 사망자 117명

---

75. 국군 제3공수여단 제15대대 당시 대대장 변길남 중령과 선임하사 강지원 중사가 〈펜앤드마이크 유튜브〉에 출연해 증언하였다.

중 88명이 시민군이 훔친 총기(카빈총)에 의해 사망했다. 이러고도 광주 5·18 사건이 민주화운동인가? 했다."[76] 이점은 마이클 리와 다른 전문가들과 의견이 일치한다.

지만원 박사의 저서 등에 동의하는 국민들도 상당하다. 보는 관점에서 다를 수도 있다. 하지만 변길남 제3대대장과 강지원 중사의 증언, 검찰 수사기록이나 군기록, 법원의 공판기록과 판결문 등을 가지고 연구한 지만원 박사가 저서와 재판과정에서 진술한 객관적인 자료 등을 살펴 보건데,

광주 5·18 사건은 이처럼 잘 훈련된 폭도들(이들은 국내 고정간첩이라는 국민들의 주장과 지만원 박사는 북한의 특수군이 침투했다는 주장이다), 일부 선동 당한 광주시민들, 국군(공수부대) 사이에 진압과 유혈 충돌이 발생한 사건이었다.[77, 78]

---

76. 지만원은 1942년 강원도 횡성에서 태어났다. 1966년에 육군사관학교를 졸업해 소위로 임관하고 1967~71 베트남 전쟁 참전, 무공훈장 수훈 및 상이 유공자이다. 1973~75 미 해군대학원 경영학 석사, 1977~80 미 해군대학원 시스템공학(응용수학) 박사학위를 취득하였다. 이후 중앙정보부 특별보좌관, 국방연구원 책임연구위원, 미 해군 대학원 교수, 서울시 시정개혁위원 및 안기부 산하 국가안보정책연구소 자문위원 등을 역임하였으며 군사, 통일, 경영, 경제, 역사 분야 30여 권을 저술하였다. 현재는 프리랜서 및 시민활동을 하고 있다. 위 내용은 지만원 박사의 저서 중 『5·18 답변서』에 나오는 대목이다.

77. "5. 18은 김대중의 지시를 받은 전남대 학생회장 박관현이 학내시위를 도청 앞 분수대로 이끌어 확대시킨 것이 비극의 도화선이 되었음은 주지된 사실이다. 아직까지 이를 부정할 사람은 없다. 공수대원들의 진압에 맞서 무기고를 털어 총기로 무장하고 총을 쏘는 행위를 정당방위라 주장하는 논리를 우리는 지금도 이해할 수 없다. 총기로 무장한 자들이 광주 유지들의 총기반납 권유를 거부하고, 마침내 도청을 점거하여 도정을 마비시키고 있는 상황을 수수방관하고 바라보고만 있어야 한다는 것은 반란군이 아니면 동의할 수 없는 일이다. 더구나 무려 6차례에 걸친 교도소 습격을 민주화 운동이라 불러야 하는가?"
[출처] 시인 정재학의 2021. 12. 14.자 글에서.

78. 4년 전 김용장(전 미정보부대 군사정보관)과 허장환(전 보안사 특명부장)이 <오마이 뉴스>에 출연하여 발언한 주장은 그들 신분 자체가 수상하고, 직접 정보관으로 경험하였다는 주장도 모순

1980년 5월 18일부터 5월 27일 10일간의 5·18 사태가 수습되면서, 책임을 물어 당시 김대중을 비롯한 24명의 피고인들은 국가보안법, 내란예비음모, 계엄법, 반공법위반 등으로 구속 군법회의에 기소되고, 대법원에서 1981년 1월 23일 김대중은 사형, 관련자들은 실형을 선고(80도2756)받았다.[79]

최규하 대통령은 1980년 8월 16일 제10대 대통령직을 사임하고, 제4공화국 (유신)헌법 규정에 따라 그날 국무총리 박충훈이 대통령권한대행(1980년 8월 16일 ~ 8월 31일)이 되었다. 당시 헌법 규정에 따라 1980년 8월 27일 장충체육관에서 실시된 통일주체국민회의 대의원들에 의한 간접선거로 전두환 후보는 대통령에 당선된 후 1980년 9월 1일 제11대 대통령에 취임하였다.

제11대 대통령으로 취임한 전두환은 혼란한 정치질서의 난립하는 정당의 질서를 바로잡기 위하여 헌법 시행 당시의 모든 정당(다만, 늦어

이 있어 거짓, 허위인 것으로 판단되어 그 발언 내용을 싣지 않았다.

79. 육군본부계엄보통군법회의 재판부(재판장 문응식 소장, 심판관 박명철·이재흥·여운건 준장, 법무사 양신기 중령)는 1980. 9. 17 오전 10시 육군본부대법정에서 「김대중 등 내란음모 사건」 선고 공판에서 "나라가 망하고 난 다음에는 국민의 기본적 자유뿐만 아니라 민족의 생존권조차 있을 수 없다는 진실을 '인도지형 사태'의 교훈이 아니라도 잘 알고 있는 우리는 이 나라의 야당 대통령 후보까지 지낸 김대중 피고인이 반공이란 대한민국의 국시를 외면한 채 북괴의 주장과 노선에 적극 동조하는 반국가적 행위를 자행하고 선량한 학생들을 선동·오도하여 개인의 정치적 욕망 달성의 도구로 이용하고 국가와 사회를 혼란에 빠지게 했다는 것은 용납할 수 없다"고 판결이유를 밝혔다.

그러나 2004. 1. 29. 재심에서 법원은 1980년 5·18 민주화운동을 배후 조종하였다는 내란음모 및 계엄법 위반 공소사실에 대해서는 무죄, 국가보안법 위반과 반공법 위반, 외국환관리법 위반에 대해서는 면소 판결함으로써 사건이 종료되었다. 심재철 전 의원은 김대중 내란음모 사건과 관련하여 일부 민주당 의원들을 영웅화시키기 위해 역사적 사실을 왜곡해서는 안 되며, 이를 바로잡기 위해 2012년 민주당이 유네스코 세계문화유산으로 등재시킨 김대중 내란음모 사건 재판기록과 일부 피고인들의 반성문 일부를 블로그에 공개했다.

도 이 헌법에 의한 최초의 대통령 선거일 3월 이전까지는 새로운 정당의 설립이 보장된다)과 국회를 해산하는 1980년 10월 27일 제5공화국 헌법(8차 개헌)을 개정 공포하였다.[80] 헌법 부칙 제7조에서 국가보위입법회의를 두고 새 국회가 구성될 때까지 한시적인 입법부의 역할을 하도록 하였다.

국가보위입법회의는 헌법(1980년 10월 27일 공포) 부칙 제6조 및 「국가보위입법회의법」에 의거 1980년 10월 29일 설치된 임시 입법기구이다. 이로써 정계 20명, 학계 13명, 문화사회 9명, 국보위 10명, 여성 4명, 법조 8명, 종교 8명, 경제 3명, 언론 3명, 향군鄉軍 2명, 노조 1명 등 사회 각계를 망라한 81명의 위원으로 구성되었다.

전두환 대통령은 새로이 공포·시행된 제5공화국 헌법에 따라 1981년 2월 11일 통일주체국민회의 대의원들을 선출하고, 이들에

---

80. 헌법(1980. 10. 27. 공포) 헌법 부칙 제7조에 따라 제10대 국회는 해산되고, 그 대신 정계 20명, 학계 13명, 문화사회 9명, 국보위 10명, 여성 4명, 법조 8명, 종교 8명, 경제 3명, 언론 3명, 향군(鄉軍) 2명, 노조 1명 등 사회 각계를 망라한 총 81명의 위원으로 구성되었다. 1980. 10. 27. 국가보위비상대책위원회(국보위)에서 '국가보위입법회의법'이 통과됨에 따라 이튿날인 1980. 10. 28.부터 제11대 국회가 개원하기 전날인 1981. 4. 10.까지 존속하면서 제5공화국 수립을 위한 법적 토대를 마련했다. 국가보위입법회의는 1980년 11월 정치인 835명을 정치규제 대상자로 발표했으며, 재심을 청구한 569명 중 268명을 구제해 야당 창당의 계기를 마련해 주었다.
   - 부칙 제6조 ①국가보위입법회의는 이 헌법에 의한 국회의 최초의 집회일 전일까지 존속하며, 이 헌법시행일로부터 이 헌법에 의한 국회의 최초의 집회일 전일까지 국회의 권한을 대행한다. ② 국가보위입법회의는 각계의 대표자로 구성하되, 그 조직과 운영 기타 필요한 사항은 법률로 정한다. ③국가보위입법회의가 제정한 법률과 이에 따라 행하여진 재판 및 예산 기타 처분 등은 그 효력을 지속하며, 이 헌법 기타의 이유로 제소하거나 이의를 할 수 없다. ④국가보위입법회의는 정치풍토의 쇄신과 도의정치의 구현을 위하여 이 헌법시행일 이전의 정치적 또는 사회적 부패나 혼란에 현저한 책임이 있는 자에 대한 정치활동을 규제하는 법률을 제정할 수 있다.
   - 부칙 제7조 새로운 정치질서의 확립을 위하여 이 헌법시행과 동시에 이 헌법시행 당시의 정당은 당연히 해산된다. 다만, 늦어도 이 헌법에 의한 최초의 대통령선거 3월 이전까지는 새로운 정당의 설립이 보장된다.

의한 1981년 2월 25일 실시된 제12대 대통령 선거에서, 민주정의당 전두환, 민주한국당 유치송, 한국국민당 김종철, 민권당 김의택 후보가 출마하여 전두환 후보가 대통령에 당선되었고 1981년 3월 3일 제12대 대통령에 취임하였다. 전두환 대통령은 제5공화국 헌법에 따라 새 국회를 구성하기 위하여 **제12대** 국회의원 총선거일을 공고하고, 1981년 1월 29일 시행 제정된 「국회의원선거법(1선거구 2인 당선의 중선거구제, 전국구 92석)」에 의한 선거를 1981년 3월 25일 실시하였다. 총선거 결과 전두환 대통령은 민주정의당(총재 전두환) 151석, 민주한국당(총재 유치송) 81석, 한국국민당(대표최고위원 김종철) 25석을 얻어 안정된 국정을 운영할 수 있었다.

그는 대통령으로 취임한 후 경제전문가들을 등용하여 박정희 전임 대통령에 이어 호황기를 이뤘다. 전두환 대통령은 1983년 10월 9일 버마(현 미얀마) 방문 시 아웅산 묘소에서 17명이 사망하고 14명이 중경상을 입는 북한의 강력한 암살테러 사건으로 위기를 맞았으나 과도기 정부를 효율적으로 이끌었다. 그는 5년 단임 실천과 최고의 경제성장률을 이룩함으로써, 정주영 현대그룹 전 명예회장과 함께 88서울올림픽을 개최를 이끌어 세계인을 놀라게 했다.[81]

전두환 전 대통령의 뒤를 이은 민주정의당의 노태우 후보는 1987

---

81. "박정희 대통령께서 일으킨 한강의 기적이 전두환에 의해 완성되었다. 전두환은 단군 이래 최대 경제 호황기를 이룩한 위인이었다. 그리고 단임 실천과 88서울올림픽으로 인해 우리는 민주화의 첫걸음을 디뎠고, 이어 우리는 올림픽을 성공시켜 세계 속의 한국으로 발돋움하게 되었다. 지금의 한강이 저렇게 깨끗하게 단장된 것도 전두환의 공이었으며, 세계인이 부러워하는 깨끗한 화장실 문화를 범국민적 문화로 발전시킨 것도 전두환이었다. 전두환은 퇴임 후, 유럽의회가 추천한 노벨평화상 후보가 되었다. 피를 부르는 북한의 도발에도 불구하고 평화를 선택한 일과 단임 실천에 대한 공적을 기리기 위함이었다. 김대중과는 다른 참으로 진솔하게 느껴지는 대한민국의 영광이라 믿는다"라는 글을 썼다. [출처] 전라도에서 시인 정재학의 글. 2021. 12. 14.

년 12월 16일 제13대 대통령 선거에서 당선되었다. 그러나 노태우 정부는 1988년 4월 26일 13대 총선에서 총 299석 중 여당인 민주정의당 125석, 야당인 평화민주당 70석, 통일민주당 59석, 신민주공화당 35석, 한겨레민주당 1석, 무소속 9석의 여소야대 국회가 되어 민주정의당만으로는 국정운영이 힘들었다.

노태우 대통령은 이런 어려운 상황 속에서 88서울올림픽을 성공리에 마치고 북방정책과 외교를 강화했다. UN에도 가입하고, 신도시와 인천국제공항 건설도 추진하였다.

또 5·18 광주민주화운동의 실질적 시민 피해자를 위해 당시 김대중 야당 총재의 입장을 반영한 법률 제4266호「광주민주화운동관련자보상 등에 관한 법률(약칭: 5·18 보상법, 1990년 8월 17일 시행)」를 1990년 8월 6일 제정하여 그 유공자와 유족들에 대해 피해의 직접보상(제5조)과 의료보상(제6조), 생활지원(제7조)을 보조하여 왔다. 이 점은 실질적 피해자를 기준으로 보상한 것이므로 그리 문제될 것이 없었고, 국민의 큰 반대도 없었다.

타. 공산주의와 종북세력의 침투, 역사 바르게 알기와 재평가 문제

민주정의당 총재인 노태우 대통령은 1988년 4월 26일 13대 총선에서 패배하여 여소야대가 되었는데, 국정을 운용하기 위해선 김영삼 총재의 통일민주당, 김종필 총재의 신민주공화당과의 협력이 필요했다(이념이 다른 김대중 총재와는 거리를 두었다). 이에 여당인 민주정의당이 중심이 되어 1990년 1월 22일 3당 합당으로 민주자유당(민주정의당 127석 + 통일민주당 59석 + 신민주공화당 35석 = 217석)으로 변경되었고, 그 후 우여곡절의 권력다툼 속에 김영삼은 민주자유당 대통령 후보가 되었다. 그는 1992년 12월 18일 대통령 선거에서 당선되어 제14대 대통령으로 취임하였다.

제14대 김영삼 대통령은 1993년 8월 12일 금융실명제 도입 등 개혁을 단행하였다. 그러나 노태우 전 대통령으로부터 인계받은 민자당 선거자금이 김대중 총재에게 덜미가 잡혔다. 이미 '정당한 수사권의 행사'로 평가된 12·12 사건과 '김대중 내란음모 사건[82]'으로 평가된 5·18 사건에 대해, 새정치국민연합 김대중 총재와 소속 의원들의 집요한 요구에 응하여 '역사 바로 세우기'란 명분으로 5·18 사건의 기존 판결을 뒤집었다.

그리하여 1995년 12월 21일 법률 제5029호 「5·18 민주화운동 등에 관한 특별법(약칭 5·18 민주화운동법)」을 제정·공포 시행하게 되어 5·18 사건을 민주화 관련 국가기념일로 격상시켰다.

동시에 12·12 사건을 하극상에 의한 쿠데타 사건으로 규정하여 두 사건을 헌정질서 파괴 범죄와 반인도적 범죄로 규정하고, 국회를 통해 공소시효를 정지하는 소급입법을 하여 전두환, 노태우 두 전 대통령뿐만 아니라 최규하 대통령에 의해 임명된 이희성 계엄사령관,[83] 정호용 특전사사령관 등 관련자들을 처벌하였다. 김영삼 대통령은 육군

---

82. 이 사건으로 피고인 김대중은 내란음모 및 국가보안법·반공법·계엄법·외환관리법 위반 등으로 계엄군법회의를 거쳐 대법원에서 사형이 선고되고, 문익환·이문영·예춘호·고은태(고은)·김상현·이신범·이해찬 등도 징역 10년 이상의 중형을 선고받았으나 후에 재심에 의해 모두 사면·복권되었다. [네이버 지식백과] (한국근현대사사전, 2005. 9. 10., 한국사사전편찬회)

83. 1924년 경남 고성에서 출생한 이희성 전 계엄사령관은 49년 육군사관학교(8기)를 졸업하고 국방부 기획국장, 육군 제1군단장, 육군 참모차장, 중앙정보부 부장서리, 육군참모총장을 지냈다. 이후 교통부장관, 대한주택공사 이사장 등을 지냈고, 1997년 김영삼 정부 당시 내란죄 및 반란죄 수괴 혐의로 전두환 노태우 전 대통령은 사형, 이희성 전 계엄사령관은 징역 7년을 선고받았다.

사관학교 출신 장성들이 주축이 된 하나회를 숙청하였다. 2년 후 1997년 12월 22일 김영삼 대통령은 두 전직 대통령을 특별사면하였다.

따라서 정권에 따라 달라진 이 두 사건의 진실과 실체 역사적 평가에 대하여, 시위진압에 참여한 제3공수여단 지휘부와 공수부대원들, 시민군(폭도 포함)들, 광주시민들과 군사전문가들, 역사학자들의 증언과 기록, 군사자료와 군 및 검찰수사자료, 공판자료들을 기준으로 정확한 진상규명과 재평가가 필요하다. 역사가가 아닌 정권이 전 정권 및 자신의 역사를 소속 국회의원으로 하여금 법률로 평가한 오류를 범했다.

파. 5·18 사건 재조명에 관한 사회적 운동

2023년 7월 19일 오전 서울 중구 프란치스코 교육회관에서 〈스카이데일리〉가 개최하고 ㈔국민화합·자유민주시민연대가 후원한 5·18 성격 규명과 가짜유공자 규명 세미나와 '민간 5·18 진상규명조사위원회 출범식'이 있었다.

〈스카이데일리〉 고동석 편집국장이 1, 2부 사회를, 조성환 사회정의를 바라는 전국교수모임 공동대표가 1부 세미나 사회를 맡아 진행하였다. 1부 세미나에는 이혜진 선임연구원, 김준구 부국장, 김대호 사회디자인연구소장, 박인환 변호사 겸 자유민주시민연대 자문위원, 미국의 전 CIA요원 마이클 리(한국계)와 체코 주재 전 조선무역 대표였던 김태산 등이 패널과 토론자로 나섰다.

이들은 문재인 정부시절 5·18에 관한 발언 자체를 성역으로 묶어두고 통제하기 위해 도입한 특별법 시행에도 불구하고 〈스카이데일리〉와 관계단체의 노력으로 그동안 알려지지 않은 진짜와 가짜유공자를 구분하자는 분위기 형성에 크게 기여한 것으로 평가했다.

첫 번째 발제는 이혜진 5·18 역사연구원 선임연구원이 맡았다. 이 선임연구원은 〈스카이데일리〉가 입수한 유공자 명단을 처음부터 기획·조사·작성·기록한 핵심 기여자다. 그를 비롯해 5·18 관련 진실을 찾는 사람들이 광주 5·18 기념문화관 내 추모승화공간 오석烏石에 새겨져 있는 명단과 5·18 관련 단체들의 자료, 관계자 증언, 언론보도 등을 취합한 결과 명단은 7년여 만에 검증을 거쳐 세상의 빛을 보게 됐다.

이 선임연구원은 25년간의 탈북자 조사업무를 비롯해 30년간 공직에 있다 퇴임했다.[84] 그는 "5·18 단체는 대한민국 국군을 비폭력 민간인을 공격한 반란자이자 악마로 묘사하며 가해자로 적대시하고 있는 현실이 안타까웠다"고 유공자 명단조사에 착수한 배경을 처음 공개적으로 밝혔다. 그리고 "국방을 수호하는 국가공무원으로 자부심을 갖고 복무해야 하는데 몰매를 맞고 있어 직업군인들의 사기가 너무 저하된 실정"이라며 "실추된 군인의 명예를 회복해야 한다"고 역설했다.

그는 "밤낮 구분 없이 자료를 확인하면서 소위 좌파 활동을 해 온 운동권 사람들을 유공자로 많이 지정한 사실을 알고 경악을 금치 못

---

84. 2023년 7월 19일 일간지 〈스카이데일리〉가 개최한 세미나에서, '5.18 연구원' 선임연구원 이혜진이 매우 충격적인 발표를 하였다. 그는 "1990 ~ 2015년 사이, 25년 동안 탈북자 신문관으로 근무했다"는 사실을 털어놓았다. 그런데 국가정보원 고위직들이 일선 '탈북자 신문관'들에게 탈북자를 신문할 때 절대로 5.18 관련 사항을 묻지 못하게 금지시켜 왔다고 놀라운 사실을 폭로했다. 즉, 이 신문관이 "귀하는 혹시 5.18 때 광주에 온 사실이 있나요? 혹은 그런 사람을 보았거나, 소문을 들은 사실이 있나요?" 이런 질문은 절대 하지 못하도록 대못을 박았다는 사실을 폭로한 것이다. 이 사실은 국가정보원 고위 간부들 중 간첩이 있다는 0명백한 증거이다. 윤 정부의 국가정보원에도 그대로 암약하고 있다는 의심을 하지 않을 수 없는 것이다. [출처] 지만원 박사의 애절한 글 (열린한마당), 작성자 와이케이.

했다"며 "5·18정신을 계승하자고 방송·언론에서 부르짖고 계도하는
데도 5·18정신에 대해 제대로 말하거나 알고 있는 사람이 없는 사실
도 놀라왔다"고 말했다. 그러면서 "5·18은 광주와 유공자만의 전유물
이 될 수 없다"고 거듭 강조했다.

두 번째 발제자인 〈스카이데일리〉 김준구 부국장은, 5·18 유공자
의 직종별 분석 결과를 공개하고 "1980년 5월 민주화 현장에 있지도
않았던 사람들이 느닷없이 5·18 유공자로 둔갑하는 것 자체가 5·18
유공자의 의미와 가치를 떨어뜨리고 있다"며 "특히 거물급 정치인이
나 대학교수·총장들, 문화예술계 거목들, 언론사 사장 및 핵심 간부
들, 종교인 등 국내 여론을 이끌고 있는 사회지도층 인사들이 대거
5·18과는 상관도 없으면서 5·18 유공자로 등재되어 있는 게 확인돼
유공자 명단에 대한 전면적이고 객관적인 재검증 작업이 조속히 추진
돼야 한다"고 제언했다.

세 번째 발제자로 나선 김대호 사회디자인연구소장은, "5·18 단체
설립법 조항이 부정비리와 특권 특혜의 양산 공장과도 같다"며 주위
를 환기했다. 김 소장은 "5·18민주유공자는 대상자 규정이 부정이 밀
고 들어올 빈틈이 많고 관련자 단체가 주무르는 이권은 큰 데 반해 단
체운영에 대한 법적(공적) 통제는 부실해 부정비리의 복마전이 되기에
딱 좋은 조건을 가지고 있다"며 "5·18단체는 공직선거와 달리 선거관
련 사항이 법률에 규정돼 있지 않아 얼마든지 집행부가 농간을 부릴
수 있다"고 했다.

이에 "궁극적으로 법률을 개정해 보완해야겠지만 법개정 전이라도
시행령과 국가보훈부의 감시·감독을 통해 부정비리 소지를 줄여야
한다"고 덧붙였다. 그는 "「국가유공자법」의 보훈 대상은 대체로 이념

이나 정파를 초월한 비교적 흔쾌한 사회적 합의 위에 서 있지만 5·18 민주유공자는 그렇지 않다"며 "정부의 입증 책임을 강화해 5·18 유공자들의 공적 조서를 엄밀히 검증해야 한다"고 했다. "그런 점에서 이런 법 아닌 법을 만들거나 방조한 한국 정치권과 민주화 운동권, 더불어민주당은 스스로 자신의 가치와 존엄을 훼손해 그 도덕적 수준을 적나라하게 드러낸 것"이라고 질타했다.

토론자로 나선 고위급 탈북인사 김태산 전 체코 주재 조선무역 대표[85]는 '대한민국에 5·18 유공자는 없다'는 주제로 "5·18 북한 개입은 사실, 좌파들 잘 알면서도 자기들의 정치적 목적을 위해 철저히 숨길 뿐"이라고 강하게 꼬집었다. 김 전 대표는 "한국은 겉은 자유민주주의 법치국가라고 포장돼 있지만 속은 북한과 중국을 추종하는 자들이 깔고 앉은 공포의 나라"라며 "애국자들과 국민은 5·18은 민주화 운동이 아니라는 것과 5·18 재단은 가짜유공자들의 집단이라는 것을 뻔히 알면서 보복이 두렵고 눈치를 보느라 찍소리도 못하고 살아가는 것이 바로 그 증거"라고 했다.

그 당시에 내린 김정일의 명령이 아직 북한에는 보관돼 있고 그 증거는 많다고 발언했다. "아직까지 무기고 습격자와 정치범 교도소 습격자, 군용자동차 생산공장 습격자들과 전남도청에 폭약을 장치한 자들이 나타나지 않았다는 것이 그 증거"라며 "당시 모든 습격 장소에 북한군과 같이 참가한 한국인들도 있었지만 그들은 북한군의 지령에 따라 움직인 것을 알고 있기에 두려워서 정체를 숨기고 있다"고 주장했다.

---

85. 그는 탈북 후 대한민국에서 '남북함께국민연합' 상임대표를 맡고 있다.

40년간 미국 전 중앙정보국CIA 한국담당 요원으로 경험한 것을 토대로 쓴 책 『CIA요원 마이클 리』의 저자인 마이클 리는, 세미나에 보내온 기고문을 통해 "나는 결론적으로 5·18은 틀림없이 북한이 계획하고 지휘한 작전이었다고 단언한다"고 밝히면서, "1979년 후반에 북한에서는 조선노동당의 대남공작 총책이 김중린이었는데 남조선에 자리 잡고 있는 혁명역량, 한국식 표현으로 잠복간첩(고정간첩)들과 동조자들로 구성된 지하세력이 총동원해 남조선 민중봉기에 지도적 역할을 해야 한다고 지령을 내렸다"고 전했다.

박인환 변호사 겸 자유민주시민연대 자문위원은, 5·18에 관한 자유발언을 억압하는 특별법과 관련해 "5·18 허위사실 유포 처벌은 전체주의적 발상"이라고 공박했다. 박 변호사는 "5·18 허위사실 유포 처벌은 역사적 사건의 의미와 성격을 일방적으로 규정한 다음 역사를 장악하고 성역화하려는 전체주의적 시도"라고 규정하였다.

그러면서 "1980년 광주 5·18 민주화운동은 아직도 다양한 측면에서 진상 규명이 종료되지 않고 사실관계를 밝히고 확인해 나가는 과정에 있다"며 "역사왜곡 여부를 사법적 판단에 맡기는 방식은 결국 학문의 사법화·역사의 사법화·정치의 사법화를 초래할 위험성이 있다"고 우려를 표명했다.

2부는 민간 5·18 진상규명조사위원회 출범식이 열렸다. 고영주 자유민주당 대표(변호사)가 고문을 맡고 이두호 자유수호국민운동 이사장과 마이클 리Michael P. Yi 전 미국 중앙정보국CIA 동북아 담당 요원이 자문위원으로 참여했다. 위원장에는 정성홍 전 국가원로회 사무총장이 지명됐다. 위원으로는 조우석 문화평론가(전 KBS이사회 이사) 등 5·18 역사학회 회원들과 이혜진·최종원 5·18 역사연구원 선임연구원들, 하지호 대한민국지키기불교도총연합 사무차장(육사 제29기), 김동문 전 전남매일 기자, 이태규(필명 정의한) 전 전남도청 보건과 직원 등이 함께 했다. 성대군 자유시민연대 공동대표와 허겸 스카이데일리 사회부장이 간사를 맡았다.

정성홍 위원장은, "역사는 백 년이 가고 천 년이 가도 밝혀지고 또 밝혀진다"며 "방원의 난이 그러하였고 계묘정란이 그러하였으며 소련연방 해체 후 비밀이 해제된 6·25 남침이 그러하였다"고 했다. "1980년 오월의 광주 또한 이미 그 전모가 다 파악되고 있지만 단지 무능한 위정자들에 의해 진실이 잠자고 있을 뿐"이라고 지적했다.

정 위원장은 "문재인 시절 출범한 '5·18 민주화운동진상규명위원회'는 3년이 지나도록 제대로 된 규명을 하지 못하고 있고 김기현 국민의힘당 대표는 총선을 의식해 출장 간 미국에서 "5·18 관련해 어떤 모임도 국회의원 회관에서 열리지 않도록 해당의원에게 지시를 내렸다"며 "이것이 대한민국 정치권의 현주소"라고 질타했다.

이처럼 경제지도자 정주영, 이건희 전 명예회장의 평소 지론처럼 정치만은 과거 그대로였다.[86] 국민의 대표자라고 하는 국회의원들이 국민을 위한 정치를 하지 않고 자신들의 이익과 지역주의에 편승하여

---

86. 우리나라 정치 수준에 관한 기업인의 평가는 다음 두 사건에서 알 수 있다. 하나는 정주영 전 명예회장이 새로운 정치를 하려고 직접 통일국민당 후보로 제14대 대통령 선거에 나선 사건 이고, 다른 하나는 이건희 전 명예회장의 1995. 4. 13.자 베이징 발언이다. 그는 "(김영삼) 대통령이 개혁 의지가 높은데도 행정 규제, 권위 의식이 강해 21세기에 한국이 앞서 나가는 것은 상상도 못한다. 장쩌민(江澤民) 중국 주석을 만나보면 '반도체 몇 비트냐?' 'R&D 비용은 얼마냐?'고 묻는다. 한국에선 반도체 공장 건설을 신청해도 도장이 1,000개나 필요하고 허가도 잘 안 해준다. (...중략...) 솔직히 얘기하면 우리나라는 행정력은 3류급, 정치력은 4류급, 기업 경쟁력은 2류급으로 보면 될 것이다"라고 하였다. 당시 김영삼 정권은 발끈했고, 이를 진화하느라 삼성그룹은 진땀을 흘려야 했다.

세력을 확장하고 김영삼·김대중 전 대통령과 측근 권력자에게 아첨하고 이에 편승한 종북주의 민노총, 전교조, 5·18 가짜유공자, 경실련, 환경단체, 민변 등의 세력들이 정치·교육·종교·노동·문화 등 전 분야에 걸쳐 곳곳에 침투해 암약 활동할 수 있었다.[87]

하. 5·18 가짜유공자들, 국회 민주화운동조사위원회 등 여러 기관에 포진

특히 좌파정권 김대중 정부가 들어서자 북한을 돕는 햇볕정책을 펼치면서 국가정보원의 유능한 대공요원을 대거 해직하고, 대신 좌파 인사들을 이곳에 임명해 대공정보 기능을 대폭 축소했다. 시민군이라 할 수 없는 자들에 의해 야기된 5·18 사건의 피해자들에게도 지원한다는 명목하에 2002년 1월 26일 법률 6650호로 「광주민주유공자 예우에 관한 법률(약칭: 5·18 유공자법, 2002. 7. 27. 시행)」을 제정하여 그 지원대상을 크게 확대하면서 현재에 이르기까지 광주, 호남지역을 주무대로 하는 좌파 인사들을 계속 가짜유공자와 그 유족들로 만들었다.

즉, 다른 국가유공자와는 달리 이들에게 교육지원(제11조 ~ 18조), 취업지원(제19조 ~ 제32조, 채용시험 만점의 10% 가점 제25조), 의료지원(제33조 ~ 제38조), 대부지원(제39조 ~ 제54조, 주택분양 및 임대지원 제47), 기타지원(제55조 ~ 제63조, 양노, 양육, 수송시설 이용, 주택의 우선분양 등) 등 수많은 혜택을 부여하였다. 그리하여 그들은 국가의 엄청난 시혜를 받으면서 자유민주주의와 시장경제를 약화시키는 한편, 공산주의를 지향하는 민노총·전교조·경실련·민변·촛불행동시민연대 등 좌파 세

---

87. 공비 출신 김신조 목사가 "남한에 빨갱이 너무 많다"는 발언. 2008년 망명한 황장엽 비서에 의하면 "남한 내 5만 명이 넘은 고정간첩이 활약 중에 있다"고 하였다. 그 후 그를 암살하려는 간첩 2명이 탈북자들과 함께 남파되었다가 국가정보원에 의해 검거되었다.

력들로 공공연히 사회 곳곳에 뿌리내렸다.

그런데 특히 5·18 유공자는 다른 유공자 단체와는 달리 가짜유공자가 왜 그리 많은가? 그러면서 5·18 정신을 헌법전문에 넣자고 한다. 뭔가 수상하지 아니한가? 나아가 「5·18 민주화운동 진상규명을 위한 특별법」을 만들고, 위원장과 위원들은 자기들끼리 자리를 독식하면서 국고를 탕진했다. 이게 다 북한과 연계된 반국가 세력(간첩 등)들에게 공작금을 지급하는 것과 다르지 않다. 이제 국민들은 깨어나야 한다.

거. 대한민국 위기 다시 맞이했지만 기사회생하다

김대중 정부를 거쳐 문재인 정부와 당시 여당인 더불어민주당은 거짓 언론보도와 두루킹 댓글조작 등을 통해 국민을 선동하고 거짓 촛불시민혁명을 내세운 탄핵을 통해 성공한 주사파, 민노총, 전교조, 경실련 등 종북세력으로 구성된 정치집단이다.

이들은 중앙선관위(위원장은 대법원장이 추천하는 대법관이 겸한다)와 결탁하여 4·15 총선에서 확률적으로 일어날 수 없는 사전선거 득표율, 위조된 가짜 사전투표지 투입, 실제투표지 빼돌리기(없애기) 등의 부정선거로 180석까지 만들었다. 그렇다고 문재인 전 대통령이 자랑스럽게 말하는 촛불시민혁명의 결과 우리 사회가 나아졌을까? 모든 영역에서 분명 다 망가졌다. 박근혜 정부보다 나아졌다면 국민은 그나마 위안을 삼을 수 있을 것이다.

이런 정치 상황하에서 제1야당인 국민의힘당 이준석 대표의 리더십 위기와 "4·15 제21대 총선 부정선거 없었다. 앞으로도 부정선거는 없을 것이다. 탄핵이 옳았다"를 거짓 반복하며, 회색정치인의 대부격인 "김종인 전 비대위원장을 총괄선대위원장으로 정중히 모셔야 한다"고 계속 주장하고 이를 윤석열 후보가 수용함으로써, 2022년 3월 9일 대통령선거와 2022년 6월 1일 동시 지방선거와 2024년 4월 10일 제22대 총선에서 정권교체와 정치개혁(정치교체)는 물 건너갔다고 필자는 깊이 우려하고 있었다. 위기의 상황이 온 것이었다.

김종인 총괄선대위원장은 욕심을 더 내 2022년 1월 3일 열린 의원총회에서 윤석열 후보에게 "(자신이) 총괄선대위원장이 아니라 비서실장 노릇을 할 테니 후보도 태도를 바꿔 우리가 해준 대로 연기를 좀 해달라"고 하자 윤석열 후보는 즉각 그를 내쳤다. 다행히 검사 출신 윤석열 후보는 김종인 선대위원장의 꼼수에 속지 않았다. 김종인 총괄선대위원장은 과거에도 과도한 욕심을 냈다. 더불어민주당에 약점이 잡혀 있는 것 아닌가? 하는 생각이 들 정도이다.

보수우파 국민들의 우려와 성원, 지지에 힘입어 윤석열 후보가 2022년 3월 9일 제20대 대통령에 당선됨으로써 반쪽짜리 정권교체를 이루었다. 그나마 천만다행이었다. 국운은 아직 저물지 않았다.

DEMOCRACY

—XII—

결론

진정한

민주주의를 향해,

부정선거의

미래와 정치개혁

필자가 이 책에서 밝히고자 하는 다섯 가지의 결론 요지는,

첫째, 2024년 4월 10일 총선을 승리로 이끌 국민의힘당 지도부와 윤석열 정부와 함께 일할 수 있는 국민의힘당 국회의원 후보 공천에 대해 과연 공정하고 합리적이며 상식에 부합한 기준이 마련된 것인가?에 대한 문제 제기(두 차례의 국민의힘당 전당대회와 더불어민주당의 4.15 총선 및 대선후보 경선, 국회의원 선거와 당 대표 경선과정을 지켜본 바 부정선거의 의혹이 상당하다)와 시간 낭비에 대한 반성 및 책임이다.

둘째, 수많은 국민이 더불어민주당과 중앙선관위의 부정선거 의혹을 계속 제기하고 있음에도, 검찰·경찰·감사원이 수사나 감사를 하지 않고 방치한다면, 윤 대통령이나 국민의힘당이 부정선거 문제를 계속 눈 감고 있다면, 국민들이 등을 돌려 제22대 총선에서도 또 패배하여 다시 대한민국이 위기가 올 수 있기 때문이다. 따라서 헌법과 참정권을 유린하는 부정선거 수사를 늦었지만 반드시 해야만 한다.

셋째, 국민의힘당 의원들은 윤 대통령의 강렬한 정통 자유주의 노선과 엇박자를 내고 있다. 즉, 국민의힘당은 국민 마음을 그릇에 담지 못하고 있다. 이준석 전 대표 등의 사고 지구당 당협위원장 등의 공모를 제외했는데, 아직도 국민의힘당은 눈치만 보고 고통스러운 국민마음을 어우르지 못하고 있다. 2024년 4월 10일 제22대 총선에서 승리할 수 있을까? 걱정이다.

필자는 이 점에 관하여 일본 도쿄에서 발행되는 일간지 통일일보[1]의 2023년 6월 12일 자 1면의 "흔들리는 (대한민국) 공화제, (윤 대통령) 선관위와 대법관들 즉시 수사하라!"는 지적과 국민의힘당의 회색 박쥐 같은 기회주의 처신을 크게 꾸짖는 2023년 6월 21일 자 〈뉴데일리 류근일 칼럼〉 요지로 대신하고자 한다.[2]

알쏭달쏭 이철규

국민의힘당 사무총장 이철규가 이준석 공천 가능성에 관해 알쏭달쏭한 말을 여러 가지로 했다. 이준석 공천 여부를 묻는 것은 "우물가에서 숭늉 마시는 것. 아직은 미지수란 뉘앙스다. 그가 그간 어떤 모습을 보였는지가 판단할 문제다." 공천할 의도가 있음을 살짝 엿보인 어법이다. "당원 지지자가 판단할 문제"라고 슬쩍 발을 빼는 듯 능청을 부린다. 여론을 떠보는 것이다. "이준석·유승민 공천 배제? 그렇게 되어선 안 돼." 이쯤 되면 이건 공천을 주고 싶다는 속내를 완전히 드러낸 것이다. "이준석, 공천받으려면 더 성숙해져야." 아마도, 이준석이 훨씬 성숙해졌다. "그러니 이제 그를 살려주자"라는 수법을 쓸 모양이

---

1. '조국의 평화통일'을 사시(社是)로 삼고 있다. 도쿄[東京]에 본사를 두고 서울과 오사카[大阪]에 지사를 두고 있으며, 삿포로[札幌]·요코하마[橫濱]·나고야[名古屋]·고베[神戶]·후쿠오카[福岡] 등 주요 도시에 5개의 지국이 있다. 1959년 1월 1일에 「조선신문(朝鮮新聞)」이라는 제호로 순간(旬刊)으로 창간되었다가, 그해 11월 20일 제20호부터는 「조선통일신문(朝鮮統一新聞)」으로 개제하였고, 같은 해 3월부터 주간으로 발행되었다. 1973년 9월 15일 제호를 「통일일보」로 바꾸면서 일간이 되었다. 일본 내의 유일한 교포신문으로서 일어로 발간되며, 민단(民團)의 조직강화와 교포들의 의식개혁 및 지위 향상에 힘쓰는 한편, 통일문제와 남북대화 등에 역점을 두고 있다. 1995년 8월 현재 발행부수 21만 부이며, 이중 약 14%가 일본인 독자이다. [네이버 지식백과] 통일일보(統一日報)

2. 류근일 뉴데일리 논설고문, 전 조선일보 주필 입력. 2023. 6.21.

다. …(중략)…

비 좌파 내 두 개 노선

지금 한국 비 좌파에는 두 개의 상반된 노선이 대립하고 있다. 하나는, 윤석열 대통령이 보이는 [정통 자유주의 철학·세계관·정책]이다. 국제정치에서 이 자유의 세계관은 한·미·일 협력에 기초한 북·중·러 대륙 전체주의에 대한 가치론적·전략적 대치를 선명하게 부각했다. 국내적으로는 [주사파·불법 노동운동·좌익 이권 카르텔] 척결로 나타나고 있다.

이와는 달리 국민의힘당 당권파는 윤석열 대통령의 강렬한 자유 레지스탕스 면모와 정면으로 충돌하는, 쌀뜨물 같고 뜨뜻미지근하고 회색 박쥐 같은 기회주의 짓을 하고 있다. 그들은 '중도'입네 자처하지만, 실제론 그것은 공자님의 중용이나 부처님의 중도와는 아무 상관도 없는, 팔방미인까지는 아니더라도, 양방미인 같은 처세술 따위에 불과하다. 그들은 이런 궁리를 할 것이다. 세상은 좌향좌가 대세다. 우파는 20대 30대 40대 다 싫어한다. 페미니스트도, 환경론자들도, 좌파·중간파 언론도 우파를 적대하고 탓한다. 그래서 우리도 50% 정도는 좌로 클릭해야 한다. …우리는 데모할 용기는 없었다. 결론은? … "좌파는 우릴 안 찍을 것이다. 우린 그 대신 중도로 좌클릭하자. 그럼 꼰대·틀딱·우파 표는 어떡하느냐고? 그런 걱정일랑 하덜덜 말아라. 그것들, 우리 말고 또 누굴 찍겠어."

그래, 너희들 두 번 다시 안 찍어

"위 말에 이렇게 답해주마. …권위주의 시절에 데모 한번 뼈지게 못

해봤을 국민의힘당 흑싸리 쭉정이 것들아, 너희가 또 출마하면 나, 너희 것들 두 번 다시 절대로 안 찍어. 그럼 어쩌자는 거냐고? 그냥저냥 살다 죽으련다. 그래도 좌파는 아니니까 국민의힘당 찍어야 한다? 얼씨구, 놀고 있네. 노(no)!!! 퉤퉤퉤!!!"필자(류근일) 개인의 결의다.

요지는 나약하고, 우군과 적군을 제대로 구분하지 못하고, 이준석 전 대표 등에 휘둘리면서 가만히 있는 국민의힘당 지도부로는 새로운 정치교체와 제22대 총선 승리가 불가능하다. 대한민국이 위기를 벗어나고 선진국으로 도약하기 위해서는 우선 정치개혁과 희박한 공민의식 개혁이 선행되어야 하는 국민의힘당 내의 회색정치인과 그 추종 세력을 솎아내야 한다.

넷째, 대한민국은 이념전쟁과 내전, 북핵에 위협받고 있는 위기 상황이다. 윤 대통령과 정부는 각 부처나 도처에 암약한 문재인 전 대통령, 임종석 전 비서실장, 조국 전 법무부장관, 박지원 전 국가정보원장, 이해찬 전 대표, 백낙청 명예교수, 이재명 대표, 김명수 대법원장, 권순일 전 대법관 등등 부정·부패의 우두머리와 간첩조직 등 반국가 세력들을 색출 처벌하고, 자유시장경제와 한·미·일 동맹 자주국방을 강화하고 법치주의와 사법개혁을 실현하여야 한다.

윤석열 전 검찰총장은 박영수 특별검사 밑에서 박근혜 전 대통령과 인사들에 대해 적폐수사를 한 공로로 문재인 대통령에 의해, 검찰총장에 임명된 것은 주지의 사실이다. 따라서 우파 국민들은 윤석열 대통령에 대해 호好, 불호不好, 유보留保 등 판단이 다양할 것이다.

탄핵의 도화선이 된 제1, 제2 테블릿pc는 조작의혹을 받고 있다. 따라서 검찰은 읍참마속의 심정으로 테블릿pc 조작 의혹을 밝혀 박영수 전 특검과 이규철 전 특검보(대변인) 및 관련 검사와 거짓 진술 증거로 모해한 손석희, 고영태(5·18 가짜유공자 고규석의 아들이다), 장시호 등과 이재명 대표의 대장동·백현동·정자동 특혜사건과 대북송금 뇌물 등에 대해 부정·부패의 민·형사책임을 물어야 한다. 이게 거짓·사기·정치공작·괴담을 벌하는 권선징악勸善懲惡의 국민정서에 맞는 것이다.

한편 윤석열은 부모의 가르침, 자라온 환경, 검사 공직생활, 친구나 동료들의 발언, 검찰총장이 된 후 살아 있는 불법 권력에 저항하는 의지, 대통령이 된 후 법치주의, 한·미·일 동맹강화, 사기집단·이익카르텔·반국가 세력 척결 발언 등을 종합하여 보면, 보수우파의 인물임이 분명하다. 당시 검사로서의 상명하복의 체계와 정치의 불가피한 측면을 이해하여야 한다.

우파 국민들은 거짓말쟁이, 부정·부패의 상징인 더불어민주당 이재명 후보를 선택할 수 없었으니, 그래도 다행스런 일이 아니겠는가! 하는 넓은 마음으로 윤석열 대통령(정부)에 힘을 실어주어야 한다. 진정한 민주주의를 향하는 여정에서 박근혜 전 대통령도 윤석열 전 검사의 잘잘못을 잊고 윤석열 정부에 힘을 합할 것이다.

마지막으로 강한 애국자들과 시민들을 모아야 한다. 따라서 전광훈 목사, 김관진 전 국방부장관, 박재완 전 장관, 윤희숙 전 의원, 김문수 위원장, 한동훈 법무부장관, 원희룡 국토교통부장관, 박진 외부무장관, 이배용 국가교육위원장, 이문열 작가, 민경욱 전 의원, 장기표 전 의원, 박찬종 전 의원, 손인춘 전 의원, 최경환 전 의원, 우병우 전 민정수석 등과 야당인 시대전환당 조정훈 의원, 더불어민주당 김해영 전 의원 등등 바른 말하고 소신 있고 통찰력 있으며, 무게 있는 정치인이나 전문가, 시민을 영입하여 국가 기강과 인성, 역사관, 경제와 안보, 교육제도 및 선거제도를 바로 세우고 불법과 이권 카르텔을 깨트려 국가재건을 강력 추진해야 한다.

그래야만 윤석열 정부와 국민의힘당이 2024년 4월 10일 실시되는 제22대 국회의원 총선거에서 승리하여 완전한 정권교체를 이룰 수 있으며, 과거 더불어민주당이 잘못 만들어 놓은 법률 폐지나 개정을 통해 시국을 안정시키고 어려워진 민생 경제를 살려 세계를 선도하는 일등국가로 가는 길이 열릴 것이다. 이것은 문재인 전 정권이 유린한 자유민주주의, 법치주의, 주권재민의 이상과 가치, 진실과 정의, 자유와 평화를 되찾기 위한 기본권의 회복이다.

4년 전 광화문광장의 시위를 기리며,

2023. 10. 12.

윤석남 씀

참고문헌

단행본 및 논문

김형철, 『4·15 부정선거 비밀이 드러나다』, 대추나무, 2021.
김선덕, 『실록 대한민국 국군70년 본기』, 다물아사달, 2015.
유영익, 『이승만의 생애와 건국비전』, 청미디어, 2019.
정현채, 『엄마가 들려주는 이승만 건국 대통령 이야기』, 보담, 2020.
우종창, 『위선과 어둠의 기록(박근혜 탄핵백서)』, 거짓과진실, 2021.
윤석남, 『위기의 대한민국 누가 구할 것인가? – 정권교체의 걸림돌, 국민의힘당 이준석 대표와 김종인
　　　선대위원장의 리더쉽과 부정선거』, 한스하우스, 2022,
채명성, 『탄핵, 인사이드아웃』, 기파랑, 2019.
장 삼, 『문재인의 정체(촛불혁명과 문재인 정권의 실체를 밝힌다)』, 자유민주아카데미, 2022.
이경재, 박성현, 최명섭, 채명성, 도태우, 박주현, 이동환, 문수정, 김한성, 한석훈, 유장화 외, '박근혜 불
　　　법탄핵 법조세미나(1회~ 4회)', 2021. 5. ~ 2021. 10.
국민의힘당 국책자문위원회, '대한민국정상화플랜 컨퍼런스', 2021. 11.
황교안, '부정선거 전시회(2021. 12. 2.)'자료

국가기관 등 법령자료
법제처 국가법령정보센터(https://www.law.go.kr)

언론(유튜브) 방송
이봉규TV, 황교안TV, 공병호TV, 권순활TV, VON뉴스(김미영), 뉴스타운TV(조우석), 고성국TV, 강미
은TV(방구석외신), 마이클심TV, Scott 인간과 자유이야기, 프랭크남쇼TV, 김채환 시사사이다. 프리덤
뉴스(이상로), 뉴스데일리베스트, 비제이톨TV, 도태우TV, 박주현TV, 민경욱TV, 김문수TV, 너알아TV,
뉴스타운TV, 바실리TV(조슈아), 오늘도 김소연 Live(새마을방송), 손상대TV, 손상윤TV(뉴스타운), 데
이너김TV, 가세연TV, 성창경TV, 우종창TV(거짓과진실), 엄마방송(주옥순TV), 정광용TV(레지스탕스),
문갑식진짜TV, 엠킴TV, 조갑제TV, 펜앤드마이크TV(정규재), 김진TV.

신문기사 등

스카이데일리 2023. 5. 18. 자 1면 기사내용.

'가짜 판치는 5·18 유공자 … 진실을 묻다'외 다른 일자 기사 내용.

인터넷 미주통일신문 2017. 1. 7. 자 기사내용

통일일보 2023. 6. 12. 자 1면 기사내용

빅터뉴스(http://www.bigtanews.co.kr)

중앙일보 김방현 기자 kim.banghyun@joongang.co.kr "부여개표소 분류기 이상했다", 선관위 "기계 이상 없다"그런데 기사는 후에 사라졌다.

뉴스타운(http://www.newstown.co.kr)

이코리아(http://www. ekoreanews. co. kr)

연합뉴스TV 기사문의 및 제보 : 카톡/라인 jebo23

숟가락 타임즈 https://blog.naver.com/aghag7/222552904693

정연태의 만리풍취 블로그 blog.naver.com>johnjung56

네이버 지식백과

위키백과 한국

나무위키

부록

2023년 10월 11일, 강서구청장 보궐선거에서의 부정선거

사실관계

❶ 중앙선관위가 발표한 선거통계시스템의 아래 집계표 〈표 1〉에 의하면, 2023년 10월 11일에 실시된 강서구청장 보궐선거(이하 '2023년 보궐선거'라 한다)의 선거자수는 500,603명, 지난 2022년 6월 1일 지방선거(이하 '2022년 지방선거'라 한다)의 선거자수는 504,606명이다. 즉, 선거자수는 전년 대비 4,003명(-0.79%)이 감소했다.

❷ 2023년 보궐선거의 투표자수는 243,664명(투표율 48.7%), 2022년 지방선거 투표자수는 260,830명(투표율 51.7%)이다. 투표자수는 전년 대비 17,166명(투표자수 대비 -14.76%)이 감소했다. 이는 정치혐오와 관심 저하로 보인다.

❸ 〈표 1〉에서 살펴본 바와 같이 2023년 보궐선거의 **당일투표자수는 130,351명**이고, **2022년 지방선거 당일투표자수는 157,278명**이다. 즉, 당일투표자수는 <u>전년대비 총 26,927명</u>(-17.2%) 감소했다.

그런데 **두 당만의 감소 합계는 31,812명**이다. 이 중 **더불어민주당**은 **8,804명**(=71,670명 -62,866명, -12.3%)이고, **국민의힘당**은 **23,008명**(=83,915명 -60,907명, -27.5%)이다. 따라서 ① 2023년 **당일투표자수 총감소인원 26,927명 〈두 당만의 감소인원 31,812명의 통계상 모순**이 나타난다. 첫 번째 부정선거 증거다.

❹ 2023년 보궐선거에서의 특이사항은 2022년 전년대비 선거자수(-0.79%), 투표자수(-14.76%), 당일투표자수(-17.2%) 모두 감소했음에도 유독 **관내사전투표자수**는 **113,313명**으로, 2022년 지방선거 71,609명 대비 **41,704명(+58.2%)**이 증가했다. 두 당만의 증가된 사전투표자수 **38,304명** 중 **더불어민주당**은 2022년 지방선거 36,567명 대비 2023년 74,200명으로 **37,633명**(+102.9%) 대폭 증가했고, 반면 **국민의힘당**은 사전투표자 2022년 지방선거 33,914명 대비 2023년 34,585명으로 **671명**(+1.97%)의 증가에 그쳤다. 국민의힘당은 (사전투표에서 매번 져) 사전투표를 독려했으나 더불어민주당은 독려가 없었다. 그럼에도 국민의힘당은 +1.97%의 증가에 그쳤고, 더불어민주당은 +102.9% 대폭 증가했다. ② 이는 당일투표자를 관내사전투표자로 조작하고, 타당 국민의힘당 등의 득표수(약 18,800여표, 18.2%)를 빼앗아 더불어민주당에게 더해 자당 진교훈 후보를 당선시킨 것이다. 두 번째 증거다.

나. 부정선거 증거와 이유

부정선거 증거와 이유로, **국민의힘당 김태우 후보**는 2022년 6월 1일 강서구청장 지방선거에서 득표수 **132,080표**(득표율 50.6%)로 당선되었다. 그는 공직선거법이 아닌 다른 형사사건에서 집행유예가 선고되어 당선무효로 재공천받아 출마하였다. 국민의힘당은 2023년 5월 19일 문재인 정부 청와대 민정수석실의 감찰 무마 의혹을 폭로했던 김태우 전 서울시 강서구청장이 전날 대법원에서 신속하게 징역형 집행유예 확정판결을 받은 데 대해, "공익신고자가 벌 받는 해괴한 광경"이라며 "사법부의 흑역사"라고 비판했다.

③ 그러나 그는 **2023년 보궐선거**에서는 **득표수 95,492표**(득표율 39.2%)로 **낙선**하였다. 결과적으로 2022년 지방선거 득표수 **대비 36,588표(-27.7%)를 잃었다**. 과연 그러할까? **유권자의 투표성향**은 거의 **바뀌지 않는다**. 세 번째 증거다.

④ 또한, 2023년 보궐선거에서, **관내사전투표자 득표비율은** 더불어민주당 **68.2%** vs 국민의힘당 **31.8%**이다. **차이가 36.4p%**로 2배 (+214%) 이상 차이가 났다. 반면 **당일투표 득표비율**은 더불어민주당 **50.8%** vs 국민의힘당 **49.2%**로 **+1.6%p**에 **불과**했다. 모집단이 같으므로 '대수의 법칙상' 같거나 아주 근소한 차이(-1% ~ +1%)가 나야만 한다. '대수의 법칙 law of large numbers'이란 적은 규모 또는 소수로는 불확정적이나, 대규모 또는 다수로 관찰하면 거기에 일정한 법칙이 있게 되는데 이를 대수의 법칙이라고 한다. 사람의 사망에 관해서도, 어떤 특정인이 언제 사망할 것인지 예측할 수 없으나, 많은 사람들을 대상으로 해서 관찰해 보면 매년 일정한 비율로 사망하는 것을 알 수 있게 된다. 이 경우를 사망률에 관한 대수의 법칙이라 한다. 선거에서도 마찬가지이다. 적은 투표자로는 그 지지율이 정확하지 않으나, 천 명, 만 명 이상이 되면 지지율이 정확하게 나온다. 그래서 여론조사도 500명 내지 1,000명을 기준으로 사용한다. **인위적 조작**이 없는 한 **36.4%p**의 큰 차이가 날 수 없기 때문이다. 네 번째 증거다.

⑤ 2022년 지방선거에서도, 국민의힘당 김태우 후보의 당일투표자 득표수는 83,915표(53.9%)이고, 더불어민주당 후보는 71,670표(46.1%)이다. 관내사전투표자 득표수는 국민의힘당 김태우 후보가 33,914표(48.1%)이고, 더불어민주당 후보가 36,567표(득표율 51.9%)이다. 김태우 후보가 6,739표(+2.5%) 차로 강서구청장에 당선되었다. 그런데 2022년 지방선거의 **당일득표율**과 **사전득표율**과의 **차이**는 **11.6%**[=7.8% −(−3.8%)]이다. 통계학자, 수학자들은 모집단이 같아 '대수의 법칙상' 11.6%p의 편차가 생길 수 없다고 한다. 다섯 번째 증거다.

다. 결론

결론은, 더불어민주당은 2023년 강서구 보궐선거에서, 역대 사전투표 중 **조작 값** 36.4%p(=68.2% −31.8%)로 **가장 크게** 하였다. 이로써 2020년 4·15 총선 사전투표 부정선거 의혹과 2022년 6월 1일의 강서구청장 부정선거(조작 값 11.6%p)에 이어, 여러 역대 선거의 사전투표에서 계속 **부정선거 시비**가 끊이지 않고 있는 이유다. 그러나 당과 언론은 이번 강서구청장 보궐선거를 당의 공천 실패와 윤석열 정부의 지지도 추락(중간 평가)으로만 본다.

라. 대책

조작하기 쉬운 **전자개표분류기**(사실은 전자개표기로 조작 값만큼 상대 당의 득표수를 쉽게 훔친다. 그러나 조작증거를 찾기 어렵다. 그러므로 선진 외국처럼 수개표를 해야 한다.)와 표의 등가성원칙에 위배되고, 표 바꿔치기를 할 수 있는 **사전투표제도**를 없애야 한다.

〈표1〉 강서구청장 2022년 지방선거, 2023년 10월 보궐선거 여야득표율 비교표
– 중앙선관위가 발표한 선거통계시스템에 의함

구 분	2022. 6. 1. 동시지방선거: 국민의힘당 김태우 승					2023. 10. 11. 보궐지방선거: 더불어민주당 진교훈 승					증 감 (명, %)	비 고 (특이점)
	인 원	더불어민주당	국민의힘당	소계	차이	인 원	더불어민주당	국민의힘당	소계	차이		
선거자	504,606					500,603					▽ 4,003	-0.79% 감소
투표자	260,830	125,341	132,080	257,421	6,739	243,664	137,066	95,492	232,558	41,574	▽ 17,166	-14.76% 감소
투표율, 득표율	51.7%	48.1%	50.6%	98.7%	-2.5%	48.7%	56.3%	39.2%	95.4%	17.1%		이준석 18% 예측
당일 투표자	157,278	71,670	83,915	155,585	– 12,245	130,351	62,866	60,907	123,773	1,959	▽ 26,927	-17.2% 감소
감소 비율						-17.2%	-12.3%	-27.5%	-20.5%	15.2%		당일투표 큰 폭 감소
득표 비율		46.1%	53.9%	100.0%	-7.8%		50.8%	49.2%	100.0%	1.6%		당일득표차 1.6%에 불과
관내 사전 투표자	71,609	36,567	33,914	70,481	2,653	113,313	74,200	34,585	108,785	39,615	+ 41,704	큰 폭 증가 조작 의혹
증가 비율						58.2%	102.9%	1.97%			+ 58.2%	더불어민주당 102.9%, 국민의힘당 1.9% 증가
득표 비율		51.9%	48.1%	100%	3.8%		68.2%	31.8%	100%	36.4%		국민의힘당 -36.4% 큰 차 패배
관외 거소 투표자	31,385 558	16,866 238	13,965 286	30,831 524		-	-	-	-	-	▽ 31,385 ▽ 558	

(명, %)

진정한 민주주의를 향해,
부정선거의 미래와 정치개혁

초판 1쇄 인쇄 2024년 1월 10일
초판 1쇄 발행 2024년 1월 15일

지은이 윤석남
펴낸이 정문식
펴낸곳 도서출판 백암
신고번호 제313-2002-36호
주 소 서울시 마포구 신수동 219번지
전 화 02-712-3733
팩 스 02-706-9151
이메일 baekam3@hanmail.net

ISBN 978-89-7625-246-3 03340

책값은 뒤표지에 있습니다.